金蝶ERP实验课程指定教材

财务共享应用实践教程

基于金蝶EAS管理软件平台

许静 李舟 刘赟 陈茜/编著

清华大学出版社

北 京

内 容 简 介

本书以金蝶 EAS 在集团型企业广泛应用的财务共享服务平台为基础，提取了典型企业的真实业务场景，内容涵盖财务共享概述、企业从财务管理系统上线实施到财务共享服务中心建立的过程，并结合真实案例场景介绍了应收共享、应付共享、费用共享、固定资产共享、出纳总账报表共享等日常业务处理流程，最后介绍了企业财务共享服务中心的运营管理方法。书中的业务模块均配有相关教学视频，方便读者学习。

本书提供配套教学课件和教学视频(扫描前言及书中二维码获取)，适合作为高等院校财务管理、会计信息化、工商管理、信息管理等相关专业的教学用书，也可供企业财务和信息管理人员参考借鉴。

图书在版编目(CIP)数据

财务共享应用实践教程：基于金蝶 EAS 管理软件平台 / 许静 等编著. —北京：清华大学出版社，2020.9（2022.7 重印）
金蝶 ERP 实验课程指定教材
ISBN 978-7-302-56086-9

I. ①财… II. ①许… III. ①企业管理—财务管理系统—教材 IV. ①F275-39

中国版本图书馆 CIP 数据核字(2020)第 136991 号

责任编辑：崔 伟
封面设计：周晓亮
版式设计：孔祥峰
责任校对：马遥遥
责任印制：曹婉颖

出版发行：清华大学出版社
网 址：http://www.tup.com.cn，http://www.wqbook.com
地 址：北京清华大学学研大厦 A 座 **邮 编：**100084
社 总 机：010-83470000 **邮 购：**010-62786544
投稿与读者服务：010-62776969，c-service@tup.tsinghua.edu.cn
质 量 反 馈：010-62772015，zhiliang@tup.tsinghua.edu.cn
印 装 者：北京嘉实印刷有限公司
经 销：全国新华书店
开 本：185mm×260mm **印 张：**18.5 **字 数：**535 千字
版 次：2020 年 9 月第 1 版 **印 次：**2022 年 7 月第 5 次印刷
定 价：59.00 元

产品编号：089094-01

前 言

随着科技的革新和经济的全球化，大数据、云计算、移动互联网等各种新技术不断涌现，推动着集团企业的财务管理变革。在新的环境下，财务共享服务是集团企业财务变革和财务转型的必经之路。

20 世纪 80 年代，美国福特公司在底特律创建了世界上第一家财务共享服务中心，财务共享服务的理念逐渐得到财务界的认同。财务共享服务是将分散于各业务单位、重复性高、易于标准化的财务业务进行流程再造与标准化，并集中到一个新的独立运营的业务单元(财务共享服务中心)下统一进行处理，最终达到提高效率、创造价值、节约成本、降低财务风险的目的。

财务共享服务的实施对集团企业的益处是显而易见的，通过流程再造与技术创新可以显著降低集团日常事务的处理成本，提高效率，有效支撑公司战略。财务共享服务的应用给企业财务管理带来的突出效益，使得越来越多的集团企业积极开展财务共享服务模式的研究和财务共享服务中心的建设。在这种趋势下，企业对财务共享服务中心的实施和运营管理人才提出了更高的要求。

金蝶作为国内知名的管理软件厂商，一直致力于帮助中国企业借助信息化提升管理水平和竞争力，并在技术创新和管理模式的融合上不断突破，目前在财务共享与智能财务领域已经处于国内领先地位。故编者以金蝶的创新产品——金蝶 EAS 为蓝本，编写“互联网+”时代财务管理系统的相关案例教程，以满足财务共享服务专业人才培养的需求。

本书共分为 4 篇。第 1 篇为财务共享基础篇，对财务共享的起源、概念、发展与应用、价值，以及金蝶财务共享服务平台进行阐述；第 2 篇为集团财务体系规划篇，以金蝶 EAS 软件为工具，介绍企业从财务管理系统上线实施到财务共享服务中心建立的应用过程；第 3 篇为财务共享实践篇，结合企业真实案例场景介绍应收共享、应付共享、费用共享、固定资产共享、出纳总账报表共享模块的日常业务处理流程；第 4 篇为财务运营管理篇，介绍企业财务共享服务中心的运营管理。

为便于学习，本书提供了教学课件和示例性教学视频，读者可扫描二维码获取。读者还可登录金蝶社区(http://club.kingdee.com/)，选择 EAS，即可获取更多的学习资源，同时还有社区论坛可供学习、交流，便于读者自助解决学习中碰到的各种疑问。

教学课件

本书结合金蝶近年来参与的多家大型集团企业的财务共享建设案例，并融入编者所在团队的多年教学经验，非常适合作为高等院校财务管理、会计信息化、工商管理、信息管理等相关专业的教学用书，对于学生了解财务共享与实际业务，以及如何借助财务共享服务平台提升企业财务管理水平非常有帮助。当然，对于企业的财务和信息管理人员也是一本不错的参考书。

本书编写过程中，金蝶软件公司的刘婷、刘媛媛、傅仕伟参与了部分章节的编写工作，并提供了相关企业的案例，对他们的大力支持和付出表示衷心感谢！此外，在本书理论部分编写过程中，编者查阅了大量的书籍、文献，引用了一些网上资料，在此向这些文献的作者表示深切的谢意。

由于编者水平所限，书中难免存在不妥之处，希望读者予以谅解并指正。

编 者

2020 年 6 月

目 录

第4篇 财务运营管理

第1篇

财务共享基础

第1章

财务共享概述

财务共享服务源于共享服务的理念。共享服务最早由Robert Gunn等人在1993年提出，他们认为共享的核心就在于提供服务时共享组织的成员和技术等资源，使得公司能从分散管理中取得竞争优势。经过近三十年的发展，财务共享服务的理念也在不断优化。本书摘取了目前普遍认可的一个观点，即财务共享服务是指将企业集团大量重复、易于实现标准化或流程化的会计核算从分散的业务部门抽出，集中到一个新的独立运营的业务单元(财务共享服务中心)进行流程再造、标准化、集中处理，以达到提升业务处理效率，进而降低成本、加强管控、提升客户满意度、创造价值的目的，最终提升集团整体财务管理水平的一种作业管理模式。[1]

1.1 财务共享服务的应用与发展

业界普遍认为，共享服务基于成本驱动因素于20世纪80年代开始在全球企业普遍应用。福特汽车、通用汽车是最早一批建立财务共享服务中心的跨国企业，它们将重复性、机械性的业务放到成本较低的区域(如东欧、印度)进行处理。20世纪80年代中期至90年代中期，全球更多企业开始采用财务共享中心模式；1996—1997年，电信垄断模式被美国打破后，使得全球外包服务与共享中心选址成为可能，因此1995—2005年期间颇多跨国企业开始建设财务共享服务中心；2010年后，财务共享服务中心的成立因素更多是基于创新驱动和管控驱动，居于首位的不再是成本驱动因素，彼时企业更需要共享服务中心创造商业价值，做好合规及风险控制。

中国财务共享服务的建设相较于欧美企业晚了十年左右，国内最早开始设立共享服务中心的企业为IBM，于1995年建立。1995—2008年期间，国内更多民营企业，如海尔集团、平安集团开始筹建财务共享服务中心。2013年以后，财务共享服务在中国迅猛发展，据当前的调研分析报告显示，中国已建立410多个财务共享中心，选址趋势也由一线城市往二、三线城市迁移。[2]

生产力的不断发展，要求生产关系要适应生产力。企业未来的管理模式将会从传统金字塔模式转变为前中后台模式，如图1-1所示。在这种管理模式下，企业与企业之间的界限变得模糊，相互融合开放；前中后台同时分布业务、财务及其他相应职能，并保持互动。金蝶公司定义的财务职能分布在前中后台——前台是赋能服务网络、中台是共享营运中心、后台是决策创新中心，三个平台实时交互、协同联动。共享服务中心未来的发展趋势是业务中台(或数据中台)，共享服务中心是基于规则的可复用的标准化工作的集合，以及在此基础上对企业经营活动和决策的直接支持，所以共享中心同时兼具内控和合规性守门员、业务部门合作伙伴、未来业务中台(或数据中台)雏形，以及适当时推动企业生态创新的功能。[3]

---

[1] 张庆龙，聂兴凯，潘丽靖.中国财务共享服务中心典型案例[M]. 北京：电子工业出版社，2016.

[2] 周杰. 全球共享服务最新趋势及数字化共享应用，听德勤管理咨询合伙人分享[J]. FSSC共享服务中心，2020(01).

[3] 陈琳. 管理转型与财务转型的本质及趋势[J]. 金蝶，2020(03).

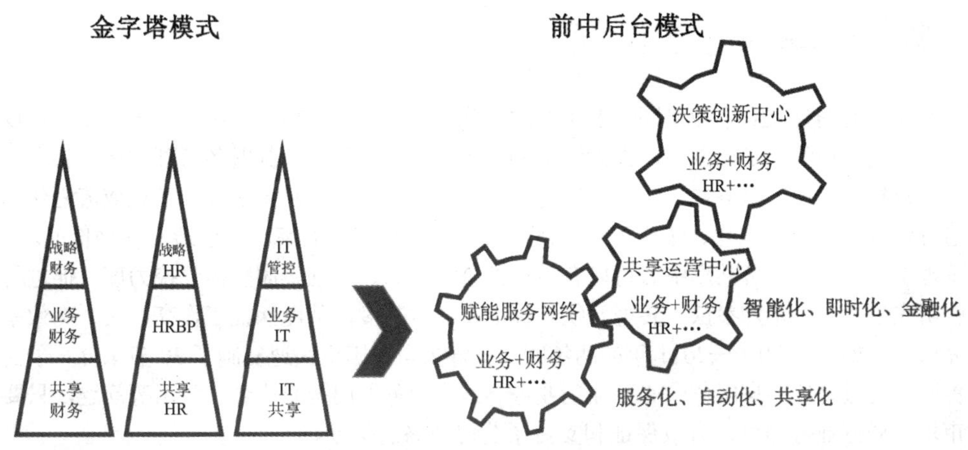

图 1-1 财务管理新思维：从金字塔模式到前中后台模式

传统金字塔模式将财务职能划分为战略财务、业务财务和共享财务三部分，并认为共享财务是这个财务金字塔的底层。这种观念导致人们普遍将财务共享中心定位为会计工厂，只能处理高重复性、低价值的事务性操作，而这些工作未来必然会被日趋成熟的财务自动化技术所替代，所以财务共享中心人员的职业发展是没有前途的。但通过对共享中心本质的理解，我们可以知道共享中心工作人员承担的不仅是财务职能中的底层工作，而是规则维护、例外管理、运营优化等高价值工作，因此职业发展也有极大的上升空间。同时，财务岗位也不会再按传统的费用、应收、应付、总账、成本、预算等设置，而是去中心化、动态协同的生态型组织。比如，企业前台的财务方案规划师会为一线的管理层、业务人员出谋划策，赋能一线；中台的共享运营中心会设置规则维护岗、运营优化岗、例外管理岗等支持所有交易处理和智能分析；后台决策创新中心的财务预测分析师、算法工程师、数据工程师等会支持管理层进行智能决策、智能预测、智能风控等。届时，财务人员带来的价值将是对企业全流程、端到端的。[1]

财务共享服务中心是可以成为推动业财融合的天然技术平台，通过构建业财税一体化的财务共享中心，企业在后台和前台之间形成了一个更灵活、更强大的业务支撑中台，能够连接前台和后台的大量交易处理和服务，实现对企业更广泛业务(从记账、算账到报账、采购、税务等)的数字化，大大提升运营效率，快速响应客户需求，实现财务、业务和税务的深度融合。[2]

财务中台从业务上来看，并不是介于业务前台和后台的中间，而是既在前台又在后台。财务中台在前端的业务是为了满足本地化需求，将必须在本地化服务的报税、海关及为业务前台部门服务的贴票、预算等功能前置，区别于传统的业务财务，在归属上从属于业务中台部门(或统称为财务共享中心)管理，并不像传统业务财务是属于前端组织(如销售分公司)的负责人管理。同样，财务中台的后端也会独立于后台，建立独立的财务共享服务中心，选址上可能会选择人工成本较低的区域。虽然前面说的财务中台也可以称为财务共享服务中心，但区别于共享服务模式的是，其前端的业务并不共享，也需要标准化和统一管理。如果将前端交由业务经理来管理，就会将后端共享的意义大大降低，因为非标准的服务完全业务管理，会被业务经理控制财务数据的及时性和准确性，从而降低整个财务中台的管理质量。[3]

[1] 陈琳. 疫情来袭，共享中心的挑战、对策及机遇[J]. 金蝶，2020(02).
[2] 余红燕. 2020 财务共享八大趋势[J]. 元年，2020(01).
[3] 钟民杰. 财务中台简要分析[J]. 远见先行，2019(03).

1.2 财务共享中心的价值

财务共享中心的建立对企业集团具有重要的实践意义，尤其是随着我国“一带一路”倡议的实施，越来越多的企业集团走出国门，经营结构和业务范围日益复杂，其财务管理的水平将会直接影响企业战略目标的实现。财务共享中心可以将企业集团大量重复、易于实现标准化或流程化的会计核算，进行流程再造、标准化、集中处理，既提高了会计核算的效率，又创造了各种价值。

在管理价值方面，财务共享中心可以有效支撑公司战略、加强集团整体管控力度、促进财务人员由“账房先生”向“军师参谋”转型、统一标准及规章制度，从而保证工作高品质、高效率、高强度地完成。例如，在2010—2011年的两年间，金蝶公司在国内快速复制了30多家分、子公司，基本财务服务通过财务共享服务中心延伸到业务一线，业务不用担心资金、费用等问题，只要轻松地面对市场，做好业务即可，有效保证和支持了公司战略的执行。

在效率方面，财务共享中心可以提高财务处理效率和财务服务满意度。财务共享服务以其标准化、专业化的服务向内、外部用户提供品质高、效率快的财务业务核算及决策资讯等支持服务。经过流程改造和组织架构调整，企业集团下辖的所有分、子公司业务都统一在服务中心作业，达到规模效益，把业务处理拆解得更加详细，并分配给专业人才负责，服务品质和效率得到大幅提升。例如，金蝶公司的费用报销，以前员工报销从提起流程到报销款最终到账，一般至少需要 7 天以上，有的甚至半个月，通过共享中心的处理，3 天时间可以完成上述流程，员工对财务服务满意度也由以前的60%左右提升到80%以上。

在成本方面，财务共享中心可以很好地降低人工成本和运营成本。实行财务共享服务之前，各个分、子公司都需要配备建制完整的会计人员及对应的业务支持人员，导致岗位重复且分散。当财务共享中心建立后，各分、子公司中的财务、支持人员得到整合，只需要较少人力资源的投入就能对该管辖区域内的所有业务进行集中处理，从而降低了人工成本，获得规模效益。例如，金蝶公司建成财务共享中心之前，公司总部和分、子公司的财务人员接近300人，现在减少了37%，每年节约人工费用 2000 多万元。而业务流程进一步的细致整合，将与之配套的支持服务也进行相应的流程再造和作业分工，使得企业集团内部分工更加细化，内部组织管理方式得到优化，重复的工作流程被简化，企业业务处理的标准化流程将被建立，员工的绩效考核标准也将被重新定义，运营成本的管理将会更有可预见性。

第 2 章

金蝶财务共享服务平台介绍

2.1 财务共享发展阶段

财务共享的发展经历了 EAS 财务共享 1.0 会计核算中心、EAS 财务共享 2.0 流程管控中心、EAS 财务共享 3.0 数据服务中心和 EAS 财务共享 4.0 智能财务四个阶段，如图 2-1 所示。

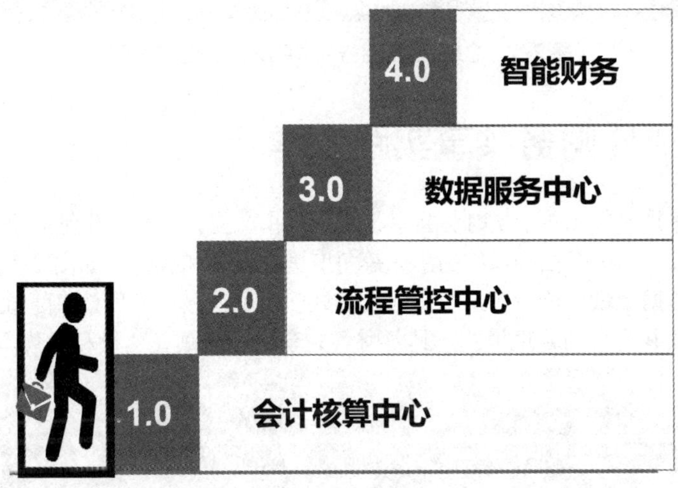

图 2-1　财务共享中心发展的四个阶段

金蝶 EAS 财务共享解决方案是业界领先的软件领导品牌。EAS 财务共享 1.0 是会计核算中心，主要是关注会计核算和财务报告的制定。EAS 财务共享 2.0 是流程管控中心，主要关注流程优化和风险控制。EAS 财务共享 3.0 是数据服务中心，主要关注提供决策支持和有效的财务中心。而我们所倡导的财务共享 4.0，利用共享中心标准化的大数据，结合各种新技术，赋能个体，建立高效且智能的服务决策层，形成集团企业的智能服务中心，推进企业数字化转型。

2.2 金蝶 EAS 财务共享系统框架

金蝶 EAS 财务共享解决方案为相关多元化集团、无关多元化集团、产业集团企业提供全面的一体化财务共享解决方案，全面覆盖费用、应收、应付、出纳、银企、资金、资产、总账、报表等共享服务涉及的领域，并以自主创新的商业操作系统(BOS、移动 BOS)满足集团企业随需应变的创新与发展需求，为集团企业提供最适合企业财务转型的财务共享解决方案。金蝶 EAS 财务共享系统整体业务框架如图 2-2 所示。

移动服务
付款申请服务
报销服务
查询服务
审批服务
手机影像
报表服务
……
异构业务系统
差旅服务商系统
销售系统
采购系统
企业OA应用
其他系统
……
单据生成
任务生成
EAS业务系统
EAS供应链
EAS生产制造
EAS建筑房地产
共享财务
费用共享
费用审核
智能记账
智能分析
应收共享
收入确认
智能记账
智能核销
智能对账
应付共享
付款审核
智能排程
智能记账
智能对账
银企共享
支付中心
银行付款
联机查询
日志管理
出纳共享
智能付款
智能收款
智能记账
智能对账
资产共享
智能折旧
智能记账
变动审核
智能盘点
总账共享
智能记账
智能对账
结账中心
结账监控
报表共享
报表任务
智能编报
智能合并
任务管理
任务分配
任务获取
任务处理
智能审核
影像查看
任务计时
任务监控
运营管理
质量管理
信用管理
满意度管理
服务标准
服务收费
绩效管理
知识管理
影像管理
影像系统
影像接口
OCR识别
电子档案
档案储存
档案调阅
建模平台
多组织
预警平台
BOTP/DAP
服务协议
后台事务
异构集成平台
流程自动引擎

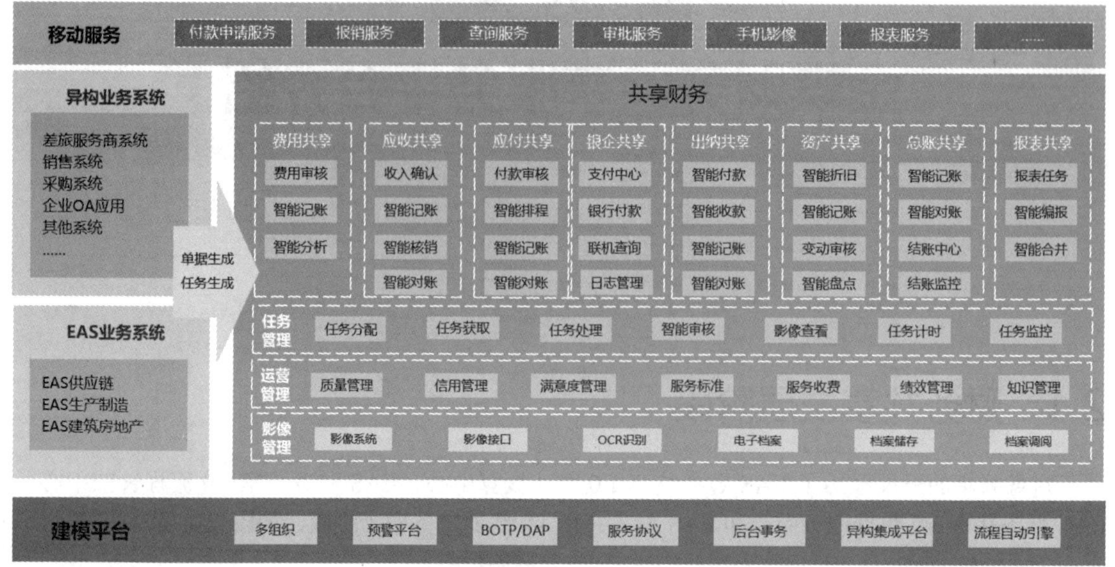

图 2-2 金蝶 EAS 财务共享系统整体业务框架

2.3 金蝶 EAS 财务共享实践教学

金蝶 EAS 财务共享实践教学从财务共享、费用共享、应付共享、出纳共享、资产共享、核算共享、报表共享，以及与影像扫描系统的集成等角度进行教学和实训，如图 2-3 所示。让学生学会影像扫描、多组织单据批量审核、多组织凭证批量处理、个人任务处理效率随时查询等业务操作，体验集团财务“全面共享”的管理模式，具备财务共享中心规划、建设和运营的能力。

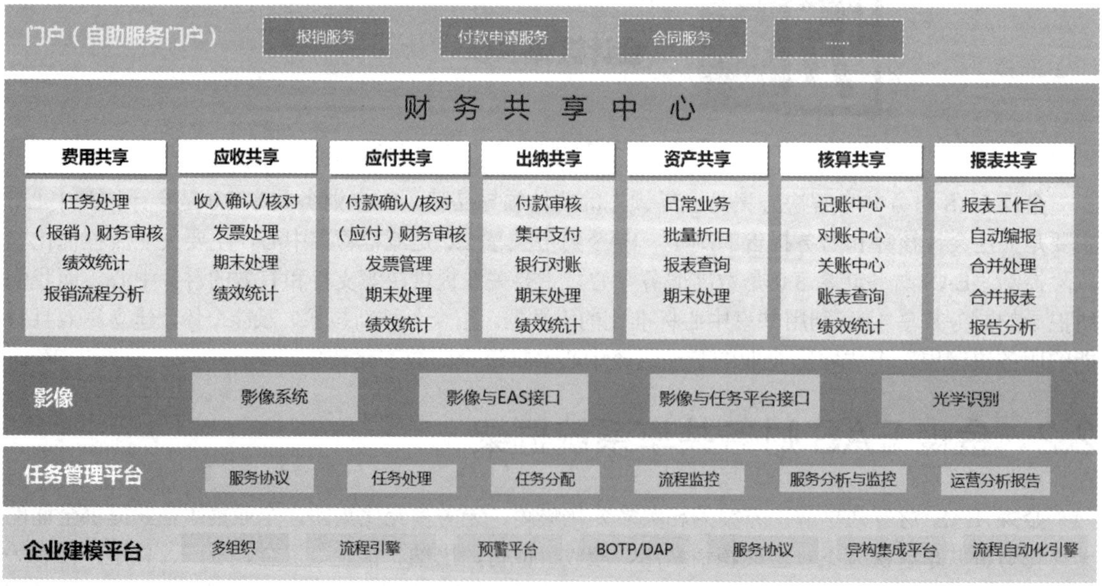

门户（自助服务门户）
报销服务
付款申请服务
合同服务
……
财 务 共 享 中 心
费用共享
任务处理
（报销）财务审核
绩效统计
报销流程分析
应收共享
收入确认/核对
发票处理
期末处理
绩效统计
应付共享
付款确认/核对
（应付）财务审核
发票管理
期末处理
绩效统计
出纳共享
付款审核
集中支付
银行对账
期末处理
绩效统计
资产共享
日常业务
批量折旧
报表查询
期末处理
核算共享
记账中心
对账中心
关账中心
账表查询
绩效统计
报表共享
报表工作台
自动编报
合并处理
合并报表
报告分析
影像
影像系统
影像与EAS接口
影像与任务平台接口
光学识别
任务管理平台
服务协议
任务处理
任务分配
流程监控
服务分析与监控
运营分析报告
企业建模平台
多组织
流程引擎
预警平台
BOTP/DAP
服务协议
异构集成平台
流程自动化引擎

图 2-3 财务共享中心实践教学整体解决方案

第 2 篇

集团财务体系规划

第3章

企业财务共享服务中心的建设

本教材模拟一家制造企业——环球日化集团，详细介绍财务管理系统从上线实施到财务共享服务实践的全过程。

环球日化集团创始于 1993 年，公司性质是股份制，总部位于广东省深圳市，全国员工近 80 000 人。环球日化在日用化妆品市场上的知名度相当高，以卓越管理、科学创新、体贴服务和优良业绩著称于业界，其产品包括洗护用品、化妆品、婴儿护理用品、妇女卫生用品、织物、家居护理、个人清洁用品等。

随着 IT 技术的快速发展，环球日化集团面临的竞争环境日趋激烈。在这种形式下，企业管理必须转变，从部门管理向企业级协同管理转变，财务工作的思路也应当与时俱进。环球日化集团决定采用统一的 ERP 系统来管理企业的财务业务数据。经考察、评估后，集团于 2016 年购买了金蝶 EAS 系统，并准备于 2017 年 1 月正式启用。

按照软件供应商的要求，上线前要先行整理集团的一些资料，如组织架构、人员等。环球日化集团下设环球日化集团本部、环球日化深圳销售有限公司和环球洗涤用品深圳有限公司三个法人组织。环球日化集团本部负责处理集团所有相关业务，下设集团总经办和日化研发中心两个部门；环球日化深圳销售有限公司作为公司主要的直销渠道，负责销售业务，下设营销中心、人事部、行政部；环球洗涤用品深圳有限公司主要负责原材料采购和产品生产，下设采购部、生产部、计划部。该集团的组织架构如图 3-1 所示。

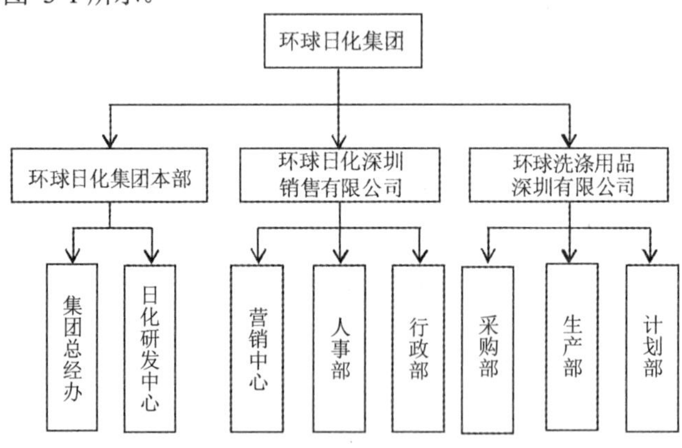

图 3-1 环球日化集团组织架构

随着环球日化集团的高速成长，如何降低财务成本和规避财务风险成为企业集团关注的重要问题。根据世界 500 强的成功经验，财务共享服务中心的构建可以帮助企业通过提高财务运作效率，降低财务成本，优化、细化财务流程，实时监控分子公司的财务状况和经营成本，最终支持企业集团扩张战略的实现[1]。因此，环球日化集团在学习世界 500 强企业先进管理理论和经验的基础上，决定于 2019 年开启财务共享服务模式。

[1] 陈虎，陈东升. 财务共享服务案例集[J]. 北京：中国财政经济出版社，2014(08).

3.1 建立集团

案例一 搭建组织

应用场景

为了处理环球日化集团和各个下属公司的业务，需要在系统中先进行管理单元和组织单元的搭建。使用 administrator 登录金蝶 EAS，在环球集团下创建环球日化集团，并新建集团的管理员用户。

实验步骤

- 新建管理单元。
- 维护超级管理员组织范围。
- 维护管理单元属性。
- 新建管理员。
- 新建组织单元。

实验前准备

- 使用教师提供的数据中心。

实验数据

环球日化集团的管理单元信息和管理员信息，如表 3-1 和表 3-2 所示。

表 3-1 环球日化集团管理单元信息

管理单元编码	管理单元名称
h01.学号	环球日化集团+姓名

表 3-2 环球日化集团管理员信息

用户账号	用户实名	所属管理单元	缺省组织	用户类型
学生姓名首字母拼音缩写+学号后四位	学生姓名	环球日化集团+姓名	环球日化集团+姓名	系统用户

环球日化集团及下属各组织的单元信息，如表 3-3～表 3-6 所示。

表 3-3 环球日化集团组织单元信息

<table>
<tr><td rowspan="7">环球日化集团
编码：h01.学号
名称：环球日化集团+姓名</td><td>行政组织</td><td>上级行政组织：环球集团
组织层次类型：集团
独立核算：勾选</td></tr>
<tr><td>财务组织</td><td>上级财务组织：环球集团
基本核算汇率表：基本核算汇率表
会计期间类型：大陆会计期间类型
本位币：人民币</td></tr>
<tr><td>采购组织</td><td>上级采购组织：环球集团</td></tr>
<tr><td>销售组织</td><td>上级销售组织：环球集团</td></tr>
<tr><td>库存组织</td><td>上级库存组织：环球集团</td></tr>
<tr><td>成本中心</td><td>上级成本中心：环球集团</td></tr>
<tr><td>利润中心</td><td>上级利润中心：环球集团</td></tr>
</table>

表 3-4 环球日化集团本部组织单元信息

<table>
<tr><td rowspan="4">环球日化集团本部
编码：h0101.学号
名称：环球日化集团本部+姓名</td><td>行政组织</td><td>上级行政组织：环球日化集团+姓名
组织层次类型：公司
独立核算：勾选</td></tr>
<tr><td>财务组织</td><td>财务实体组织：勾选
上级财务组织：环球日化集团+姓名
基本核算汇率表：基本核算汇率表
会计期间类型：大陆会计期间类型
本位币：人民币</td></tr>
<tr><td>成本中心</td><td>上级成本中心：环球日化集团+姓名</td></tr>
<tr><td>利润中心</td><td>上级利润中心：环球日化集团+姓名</td></tr>
<tr><td rowspan="2">集团总经办
编码：h0101.01.学号
名称：集团总经办+姓名</td><td>行政组织</td><td>上级行政组织：环球日化集团本部+姓名
组织层次类型：部门
记账委托财务组织：环球日化集团本部+姓名</td></tr>
<tr><td>成本中心</td><td>上级成本中心：环球日化集团本部+姓名
成本中心实体组织：勾选</td></tr>
<tr><td rowspan="2">日化研发中心
编码：h0101.02.学号
名称：日化研发中心+姓名</td><td>行政组织</td><td>上级行政组织：环球日化集团本部+姓名
组织层次类型：部门
记账委托财务组织：环球日化集团本部+姓名</td></tr>
<tr><td>成本中心</td><td>上级成本中心：环球日化集团本部+姓名
成本中心实体组织：勾选</td></tr>
</table>

表 3-5 环球日化深圳销售有限公司组织单元信息

<table>
<tr><td rowspan="7">环球日化深圳销售有限公司
编码：h0102.学号
名称：环球日化深圳销售有限公司+姓名</td><td>行政组织</td><td>上级行政组织：环球日化集团+姓名
组织层次类型：公司
独立核算：勾选</td></tr>
<tr><td>财务组织</td><td>财务实体组织：勾选
上级财务组织：环球日化集团+姓名
基本核算汇率表：基本核算汇率表
会计期间类型：大陆会计期间类型
本位币：人民币</td></tr>
<tr><td>采购组织</td><td>上级采购组织：环球日化集团+姓名</td></tr>
<tr><td>销售组织</td><td>上级销售组织：环球日化集团+姓名</td></tr>
<tr><td>库存组织</td><td>上级库存组织：环球日化集团+姓名</td></tr>
<tr><td>成本中心</td><td>上级成本中心：环球日化集团+姓名</td></tr>
<tr><td>利润中心</td><td>上级利润中心：环球日化集团+姓名</td></tr>
<tr><td rowspan="4">营销中心
编码：h0102.01.学号
名称：营销中心+姓名</td><td>行政组织</td><td>上级行政组织：环球日化深圳销售有限公司+姓名
组织层次类型：部门
记账委托财务组织：环球日化深圳销售有限公司+姓名</td></tr>
<tr><td>销售组织</td><td>销售实体组织：勾选
上级销售组织：环球日化深圳销售有限公司+姓名
记账委托财务组织：环球日化深圳销售有限公司+姓名</td></tr>
<tr><td>成本中心</td><td>成本中心实体组织：勾选
上级成本中心：环球日化深圳销售有限公司+姓名</td></tr>
<tr><td>利润中心</td><td>上级利润中心：环球日化深圳销售有限公司+姓名</td></tr>
<tr><td rowspan="2">人事部
编码：h0102.02.学号
名称：人事部+姓名</td><td>行政组织</td><td>上级行政组织：环球日化深圳销售有限公司+姓名
组织层次类型：部门
记账委托财务组织：环球日化深圳销售有限公司+姓名</td></tr>
<tr><td>成本中心</td><td>成本中心实体组织：勾选
上级成本中心：环球日化深圳销售有限公司+姓名</td></tr>
</table>

(续表)

行政部 编码：h0102.03.学号 名称：行政部+姓名	行政组织	上级行政组织：环球日化深圳销售有限公司+姓名 组织层次类型：部门 记账委托财务组织：环球日化深圳销售有限公司+姓名
	成本中心	成本中心实体组织：勾选 上级成本中心：环球日化深圳销售有限公司+姓名

表 3-6 环球洗涤用品深圳有限公司组织单元信息

环球洗涤用品深圳有限公司 编码：h0103.学号 名称：环球洗涤用品深圳有限公司+姓名	行政组织	上级行政组织：环球日化集团+姓名 组织层次类型：公司 独立核算：勾选
	财务组织	财务实体组织：勾选 上级财务组织：环球日化集团+姓名 基本核算汇率：基本核算汇率表 会计期间类型：大陆会计期间类型 本位币：人民币
	采购组织	上级采购组织：环球日化集团+姓名
	销售组织	上级销售组织：环球日化集团+姓名
	库存组织	上级库存组织：环球日化集团+姓名
	成本中心	上级成本中心：环球日化集团+姓名
	利润中心	上级利润中心：环球日化集团+姓名
采购部 编码：h0103.01.学号 名称：采购部+姓名	行政组织	上级行政组织：环球洗涤用品深圳有限公司+姓名 组织层次类型：部门 记账委托财务组织：环球洗涤用品深圳有限公司+姓名
	采购组织	采购实体组织：勾选 上级采购组织：环球洗涤用品深圳有限公司+姓名
	成本中心	成本中心实体组织：勾选 上级成本中心：环球洗涤用品深圳有限公司+姓名
生产部 编码：h0103.02.学号 名称：生产部+姓名	行政组织	上级行政组织：环球洗涤用品深圳有限公司+姓名 组织层次类型：部门 记账委托财务组织：环球洗涤用品深圳有限公司+姓名
	库存组织	上级库存组织：环球洗涤用品深圳有限公司+姓名 库存实体组织：勾选
	成本中心	成本中心实体组织：勾选 上级成本中心：环球洗涤用品深圳有限公司+姓名
计划部 编码：h0103.03.学号 名称：计划部+姓名	行政组织	上级行政组织：环球洗涤用品深圳有限公司+姓名 组织层次类型：部门 记账委托财务组织：环球洗涤用品深圳有限公司+姓名
	成本中心	成本中心实体组织：勾选 上级成本中心：环球洗涤用品深圳有限公司+姓名

↗ 操作指导

1. 新建管理单元

双击桌面快捷图标“金蝶 EAS 客户端”，打开 EAS 登录界面，如图 3-2 所示。切换语言至简体中文，选择数据中心(教师提供，实训平台练习任务可查看数据中心)，用户名输入 administrator，默认密码为 kdadmin，单击【登录】按钮，进入 EAS 系统管理界面。本案例以学号为 2001、姓名为花花的学生为例进行操作。练习时请替换本人的学号和姓名。具体操作可参考视频。

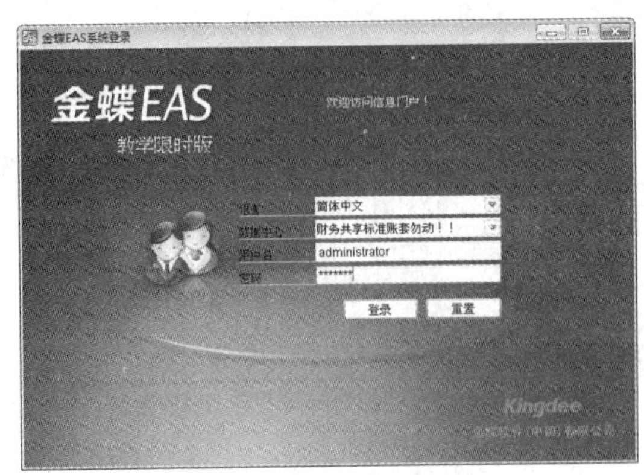

图 3-2 EAS 系统登录

搭建组织

单击【应用中心】-【企业建模】-【组织架构】-【管理单元】-【管理单元】选项，进入管理单元查询界面，如图 3-3 所示。

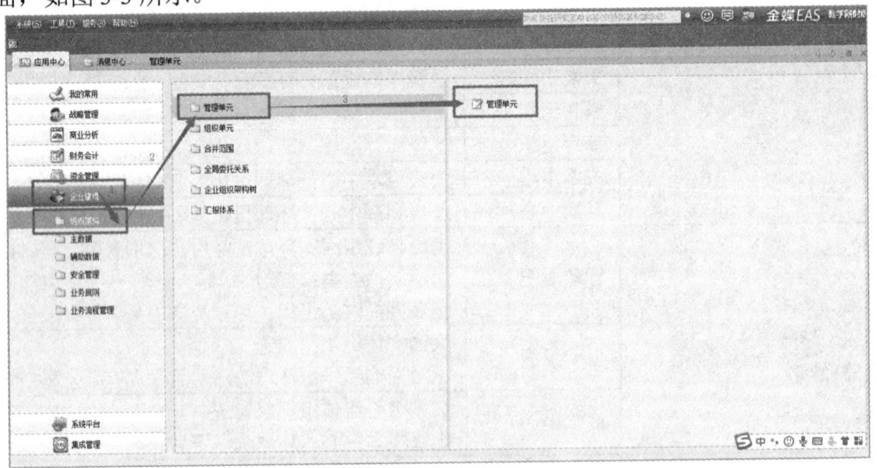

图 3-3 管理单元查询

选择环球集团，单击【新增】按钮，打开管理单元新增页面。根据实验数据新建环球日化集团，管理单元编码为 h01.学号，管理单元名称为环球日化集团+姓名，如图 3-4 所示。单击【保存】按钮，完成管理单元新增。

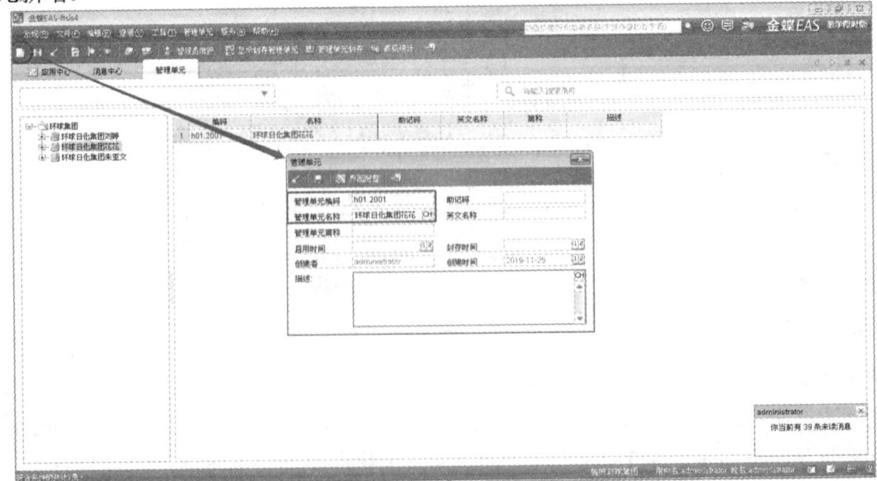

图 3-4 管理单元新增

2. 维护超级管理员组织范围

超级管理员 administrator 必须先维护新建管理单元的组织范围，然后该管理单元才能生效。故依次单击【企业建模】-【安全管理】-【权限管理】-【用户管理】选项，进入如图 3-5 所示的用户管理界面，选择用户 administrator，单击【维护组织范围】按钮，进入组织范围维护查询界面。

图 3-5　组织范围维护查询

在组织范围维护界面单击【增加组织】按钮，进入管理单元界面。添加管理单元范围为环球日化集团+姓名(姓名=学生姓名)。在管理单元选项中，选择环球日化集团+姓名的组织，双击该条目或者单击【加入】按钮，添加到下方的已选列表中，如图 3-6 所示。

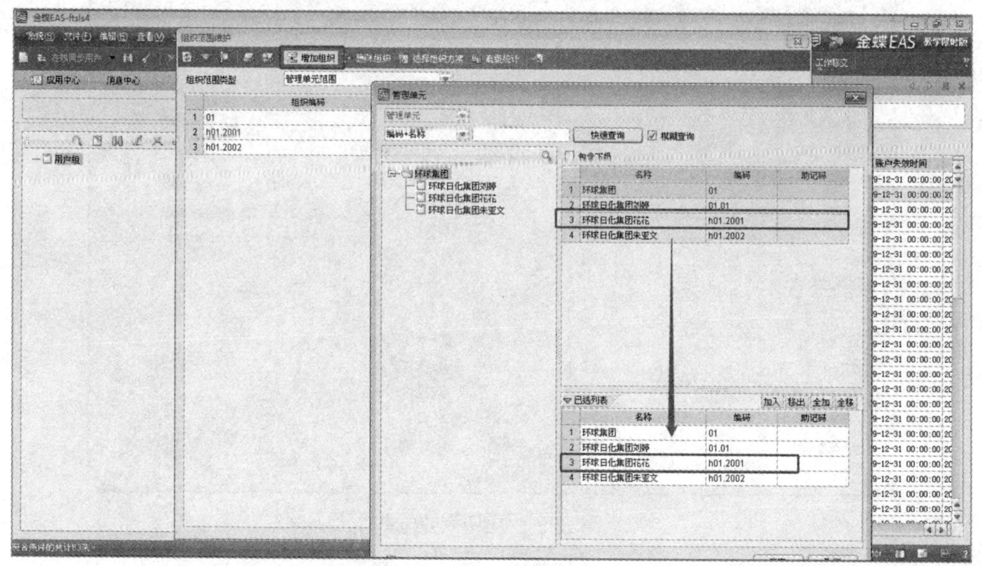

图 3-6　组织范围维护

3. 维护管理单元属性

由超级管理员 administrator 维护下属集团管理单元的组织属性。依次单击【企业建模】-【组织架构】-【组织单元】-【组织单元】选项，如图 3-7 所示，进入组织单元查询界面。

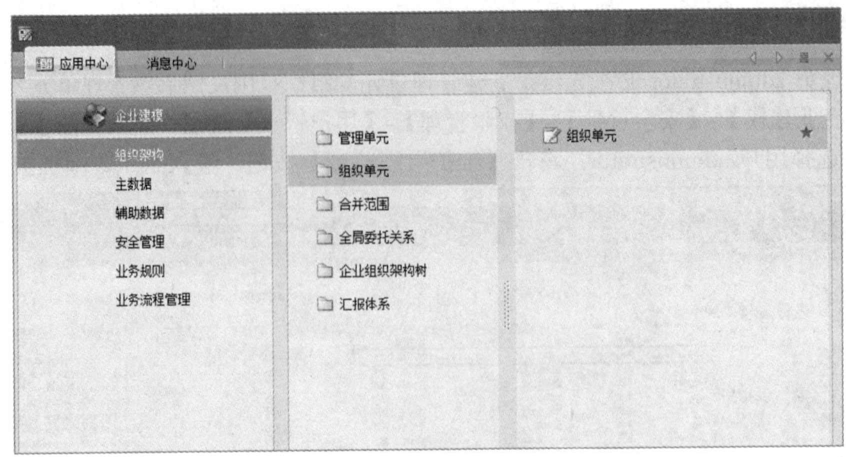

图 3-7　组织单元查询

单击管理单元右侧的放大镜图标，切换管理单元为新建好的环球日化集团+姓名，回到组织单元界面。单击【修改】按钮，按照表 3-3 中的实验数据填写环球日化集团组织单元信息，维护管理单元环球日化集团+姓名的组织属性，如图 3-8 所示。

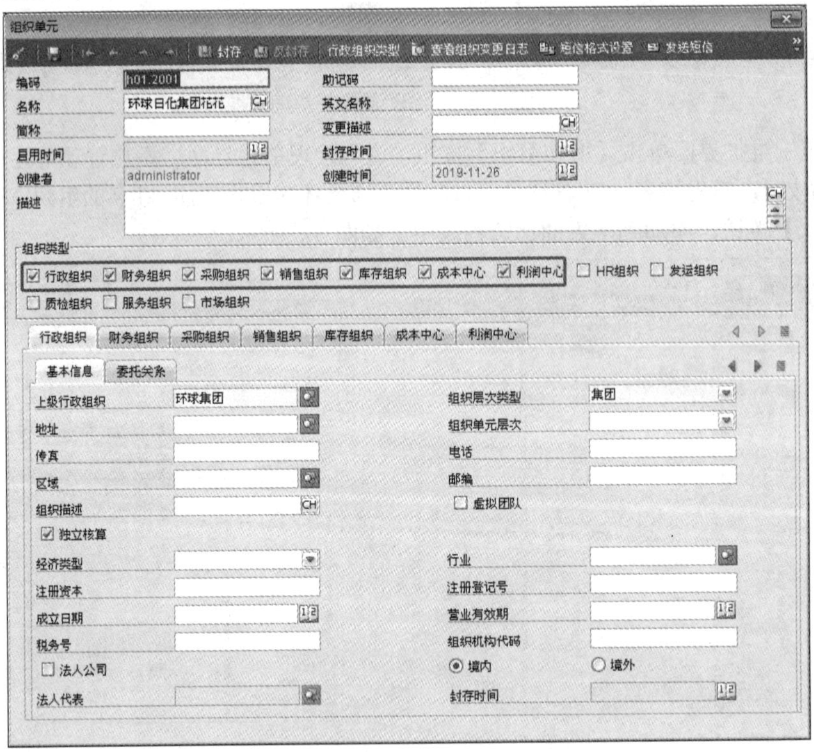

图 3-8　组织属性维护

4. 维护管理员

超级管理员可以为每个管理单元创建不同的管理员。管理员的职责为用户维护、权限管理、用户监控等管理工作。依次单击【企业建模】-【组织架构】-【管理单元】-【管理单元】选项，进入管理单元查询界面。选择新创建的管理单元(环球日化集团+姓名)，单击【管理员维护】按钮，如图 3-9 所示。

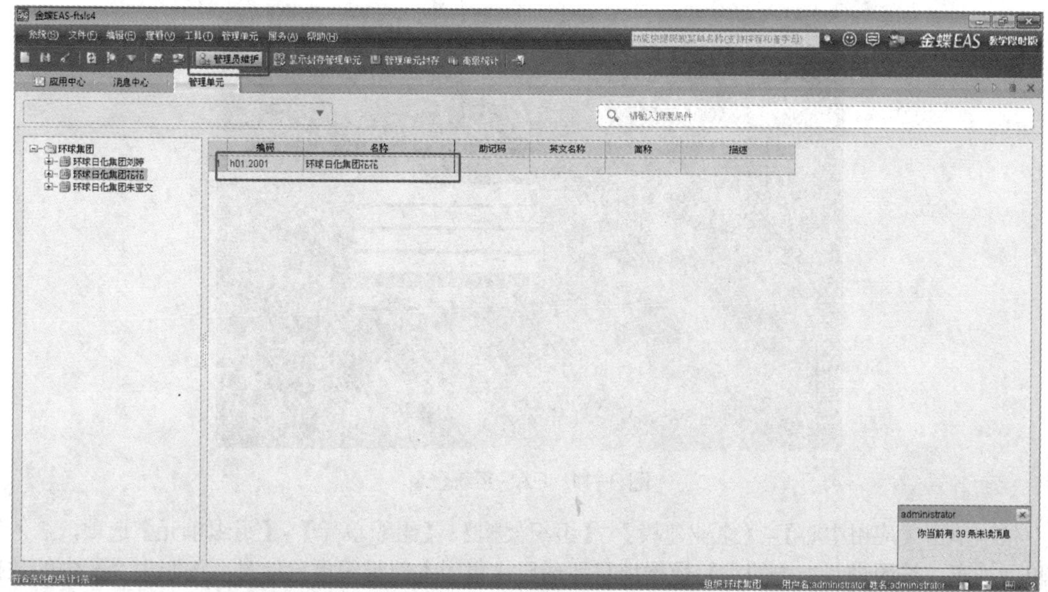

图 3-9　管理单元查询

根据实验数据为集团创建管理员，用户账号为学生姓名首字母拼音缩写，用户类型为系统用户，所属管理单元为环球日化集团+姓名，用户实名为学生姓名，缺省组织新增时默认为所属管理单元，其他默认，如图 3-10 所示。信息录入后，单击【保存】按钮完成操作。

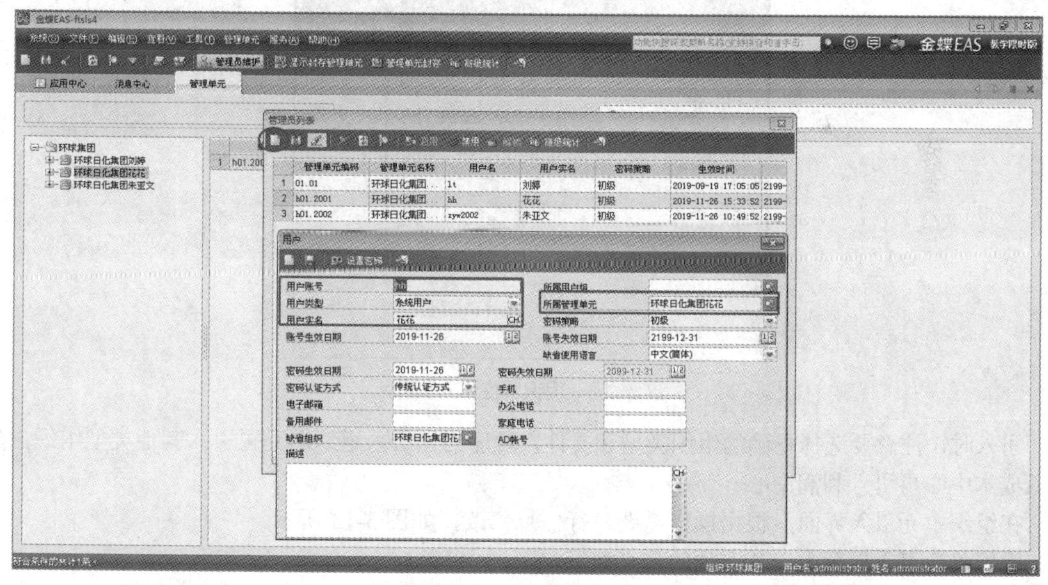

图 3-10　管理员维护

5. 新建组织单元

管理单元搭建完成后，开始搭建组织单元，从上往下一层层搭建组织机构，组织机构将作为后续业务的重要基础。单击桌面的“金蝶 EAS 客户端”，使用新建的管理员账号(学生姓名首字母拼音缩写+学号)登录，密码默认为空，如图 3-11 所示。单击【登录】按钮进入 EAS 系统管理界面。

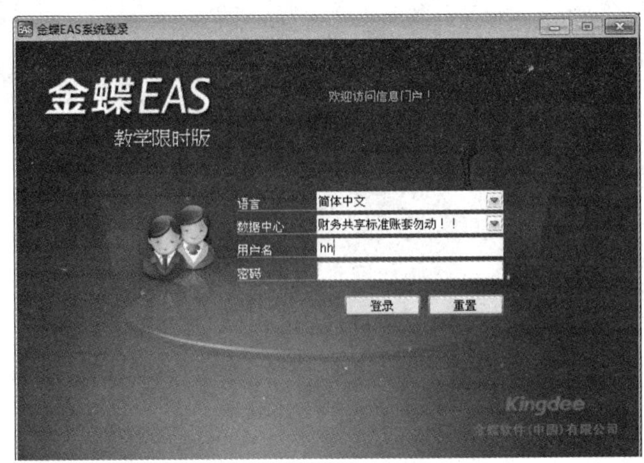

图 3-11　EAS 系统登录

依次单击【应用中心】-【企业建模】-【组织架构】-【组织单元】-【组织单元】选项，进入组织单元列表。按照表 3-4 中的实验数据填写环球日化集团本部组织单元信息；按照表 3-5 中的数据填写环球日化深圳销售有限公司组织单元信息；按照表 3-6 中的数据填写环球洗涤用品深圳有限公司组织单元信息。新建环球日化集团+姓名下的其他组织单元，并维护组织属性。

组织单元支持按照组织类型引入，从实训平台下载教学资源，替换文件内的学号和姓名后从组织单元界面引入，如图 3-12 所示。

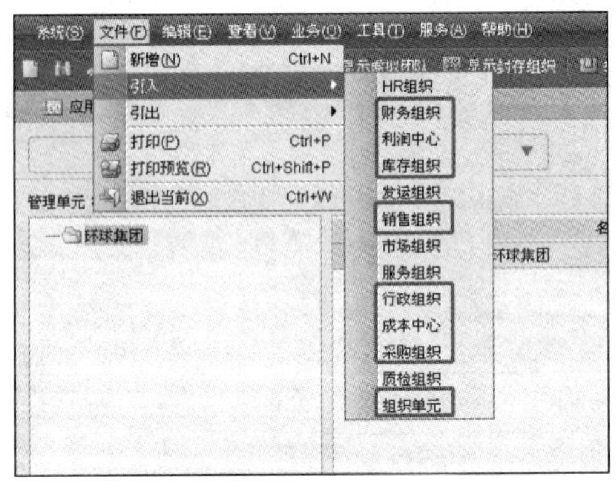

图 3-12　组织属性引入页面

引入时，注意要选择正确的组织类型和文件，顺序为先引入组织单元再引入其他类型组织，先引入成本中心再引入利润中心。

在组织单元引入界面，根据操作需要进行信息修改，如图 3-13 所示。

组织单元引入界面中，各选项的含义如下。

页签：引入的文件类型。

数据出错处理：“出现错误立即停止”表示从引入文件的第一行开始引入，出现错误即停止，但是不会撤回已经引入的数据；“跳过错误执行完毕才停止”表示发现有数据无法引入时跳过错误，引入下一行数据，直至全部数据执行完毕。

引入方式：“新增引入”为直接新增；“更新引入”为更新已经导入的数据，新增未导入的数据。

组织单元引入成功后的页面如图 3-14 所示。

图 3-13 组织单元引入页面

图 3-14 组织单元引入成功后页面

➚ 复习思考

(1) 维护超级管理员的业务组织范围的目的是什么？

(2) 用户的缺省组织有什么作用？

(3) 组织单元怎么移动？

案例二 新建职员

➚ 应用场景

王中军在环球日化集团任董事长职位，管理员(学生姓名缩写)将该信息维护到金蝶 EAS 系统。

➚ 实验步骤

- ❑ 新建职位。
- ❑ 新建职员。
- ❑ 新建用户。
- ❑ 新建角色。
- ❑ 分配角色。

➚ 实验前准备

- ❑ 案例一中新建完成的组织架构。

实验数据

环球日化集团的职位信息，如表 3-7 所示。

表 3-7　职位信息表

职位编码	职位名称	行政组织
h001.学号	董事长+学号	环球日化集团+姓名

环球日化集团的职员信息，如表 3-8 所示。

表 3-8　职员信息表

人员编码	人员名称	所属部门	所属职位
wzj 学号	王中军+学号	环球日化集团+姓名	董事长

环球日化集团的用户信息，如表 3-9 所示。

表 3-9　用户信息表

用户账号	用户类型	用户实名	所属管理单元	所属角色
wzj+学号	职员	王中军+学号	环球日化集团+姓名	全功能角色+学号

环球日化集团的角色信息，如表 3-10 所示。

表 3-10　角色信息表

角色编码	角色名称	所属权限
h001.学号	全功能角色+学号	所有权限

操作指导

1. 新建职位

维护完企业的行政组织后，便需要在相应的行政组织上增加职位。有了职位，才可以在职位下设置职员。本案例以学号为 2001、姓名为花花的学生为例进行操作。练习时请替换图片中的学号和姓名。

新建职员

管理员(学生姓名缩写)登录金蝶 EAS 客户端，依次单击【企业建模】-【组织架构】-【汇报体系】-【职位管理】选项，进入职位管理界面，如图 3-15 所示。具体操作可参考视频。

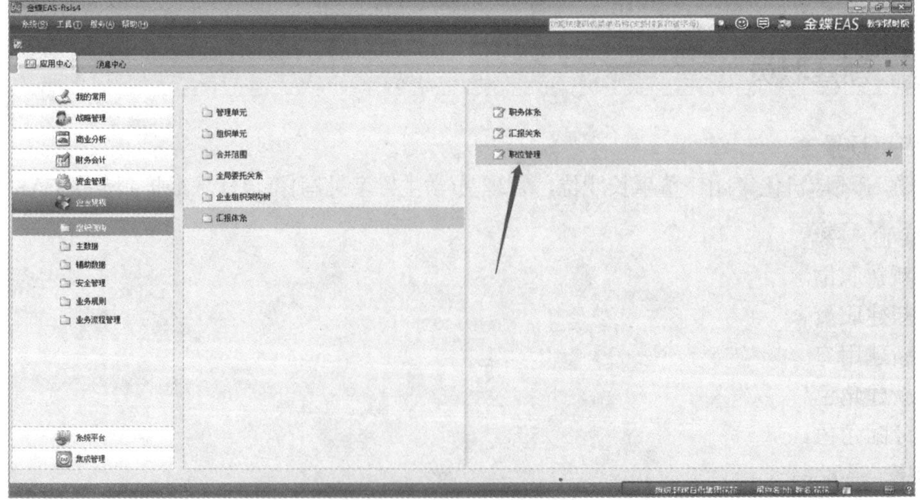

图 3-15　职位管理查询

选择环球日化集团+姓名，单击工具栏中【新建】按钮进入职位新增界面。根据表 3-7 职位信息表中信息填写董事长职位信息，职位编码为 h001.学号，职位名称为董事长+学号，上级职位为 big boss，行政组织为环球日化集团+姓名，如图 3-16 所示。录入完毕后，单击【保存】按钮完成操作。

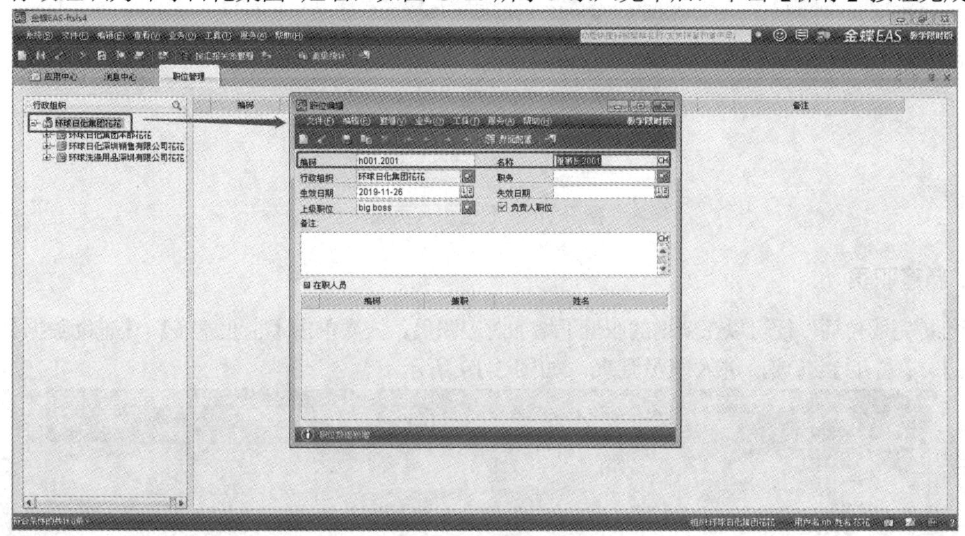

图 3-16 职位新增

也可使用工具栏中的【文件】-【导入】命令，批量导入职位，如图 3-17 所示。职位需要使用非系统用户引入，即不能使用管理员用户引入。

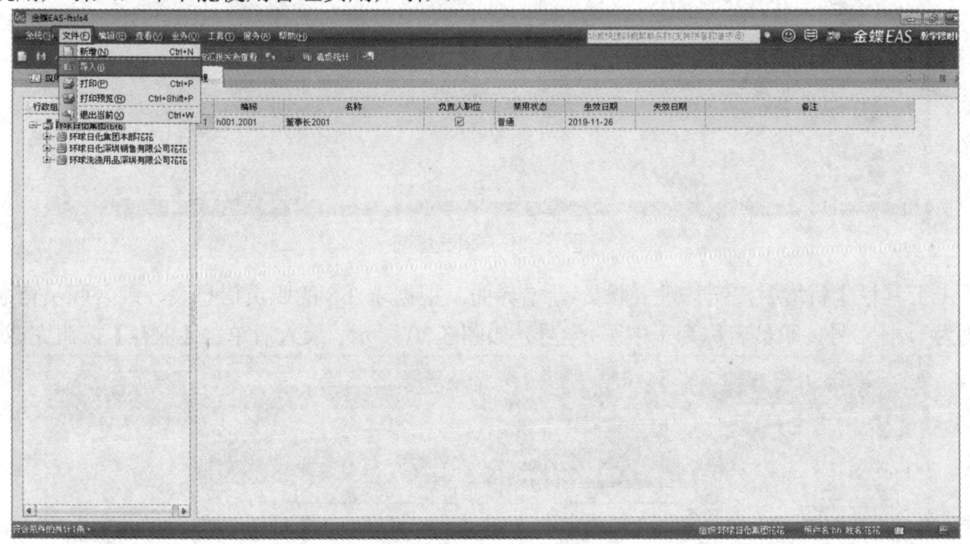

图 3-17 职位引入查询

在职位引入界面，根据操作需要进行信息修改，如图 3-18 所示。

职位引入界面中，各选项的含义如下。

页签：引入的文件类型。

数据出错处理："出现错误立即停止"表示从引入文件的第一行开始引入，出现错误即停止，但是不会撤回已经引入的数据；"跳过错误执行完毕才停止"表示发现有数据无法引入时跳过错误，引入下一行数据，直至全部数据执行完毕。

引入方式："新增引入"为直接新增；"更新引入"为更新已经导入的数据，新增未导入的数据。

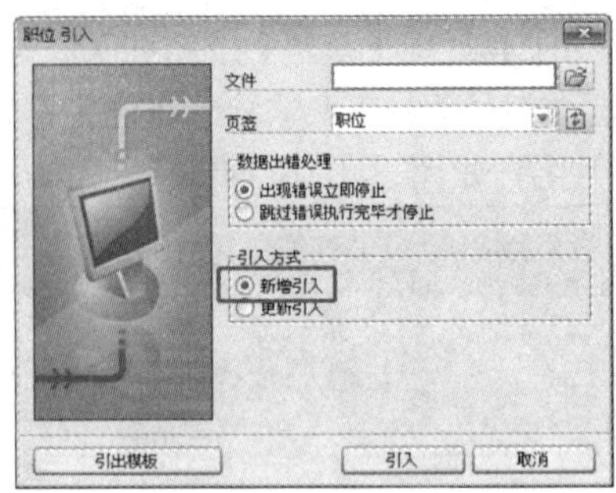

图 3-18 职位引入页面

2. 新建职员

当维护完职位后，便可以在新增的职位下增加对应职员。依次单击【企业建模】-【辅助数据】-【员工信息】-【员工】选项，进入职员列表，如图 3-19 所示。

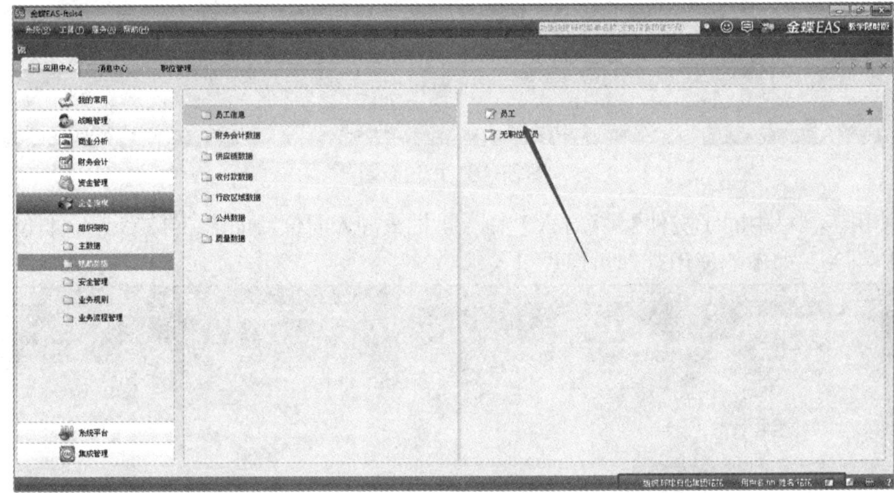

图 3-19 职员查询

单击工具栏【新增】按钮，进入职员-新增界面。根据表 3-8 的职员信息表，录入职员信息，职员编码为 wzj+学号，职员名称为王中军+学号，如图 3-20 所示。录入后单击【保存】按钮完成操作。

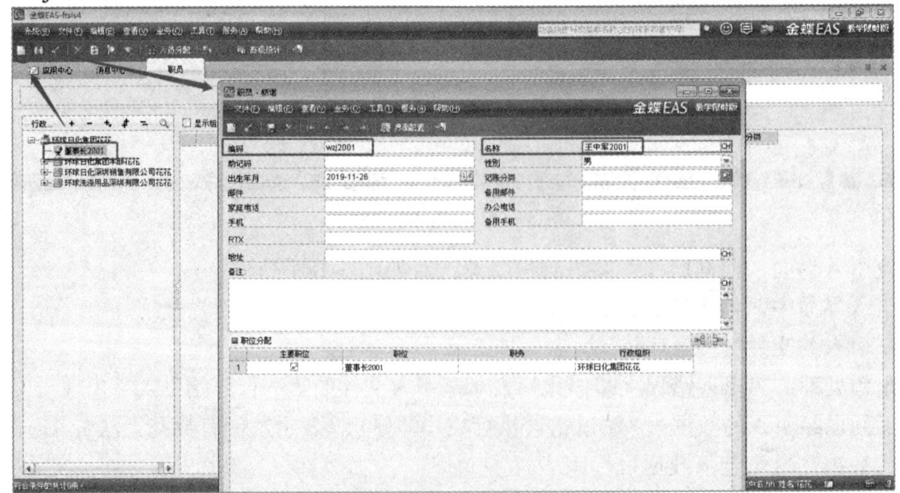

图 3-20 职员新增

也可使用工具栏中的【文件】-【引入职员】命令，批量引入职员，如图 3-21 所示。职员需要使用非系统用户引入，即不能使用管理员用户引入。

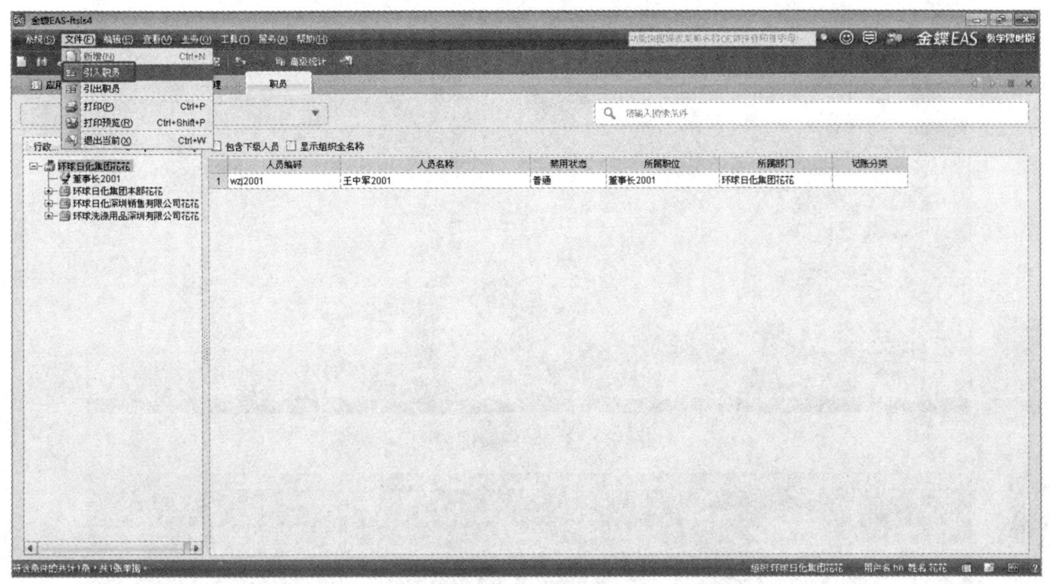

图 3-21　职员引入查询

在职员引入界面，根据操作需要进行信息修改，如图 3-22 所示。

职员引入界面中，各选项的含义如下。

页签：引入的文件类型。

数据出错处理：“出现错误立即停止”表示从引入文件的第一行开始引入，出现错误即停止，但是不会撤回已经引入的数据；“跳过错误执行完毕才停止”表示发现有数据无法引入时跳过错误，引入下一行数据，直至全部数据执行完毕。

引入方式：“新增引入”为直接新增；“更新引入”为更新已经导入的数据，新增未导入的数据。

图 3-22　职员引入页面

3. 新建用户

用户主要为进行系统操作维护而设立。用户被授予组织范围和功能权限后，便可登录 EAS 系统。依次单击【企业建模】-【安全管理】-【权限管理】-【用户管理】选项，进入用户管理界面，如图 3-23 所示。

单击工具栏中【新增】按钮，进入用户新增页面，根据表 3-9 中的用户信息新增用户。用户类型为职员，用户实名为王中军+学号，用户账号为 wzj+学号，所属管理单元为环球日化集团+姓名，如图 3-24 所示。录入后单击【保存】按钮完成操作。

在用户管理界面，单击工具栏中【维护组织范围】按钮，如图 3-25 所示，为该用户添加业务组织。

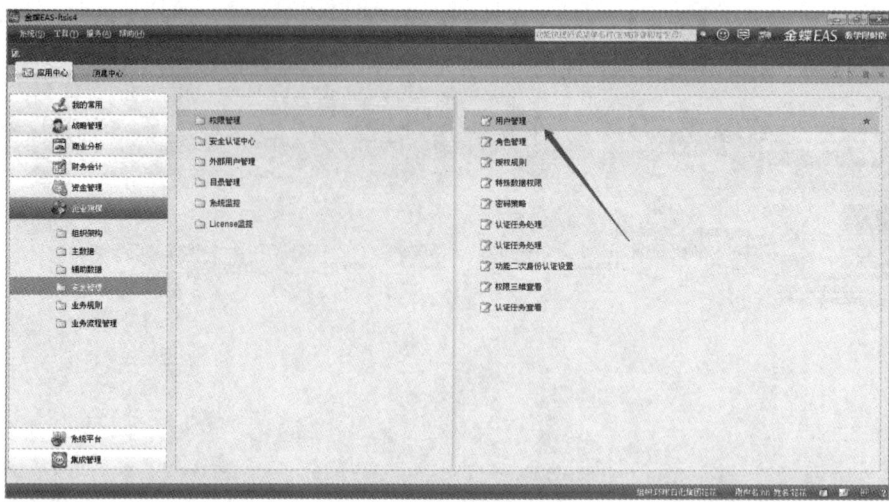

图 3-23　用户管理查询

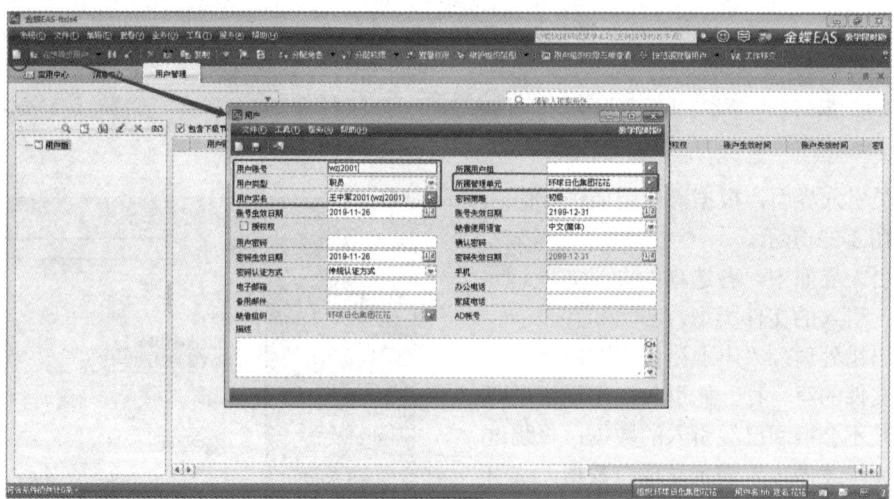

图 3-24　用户新增

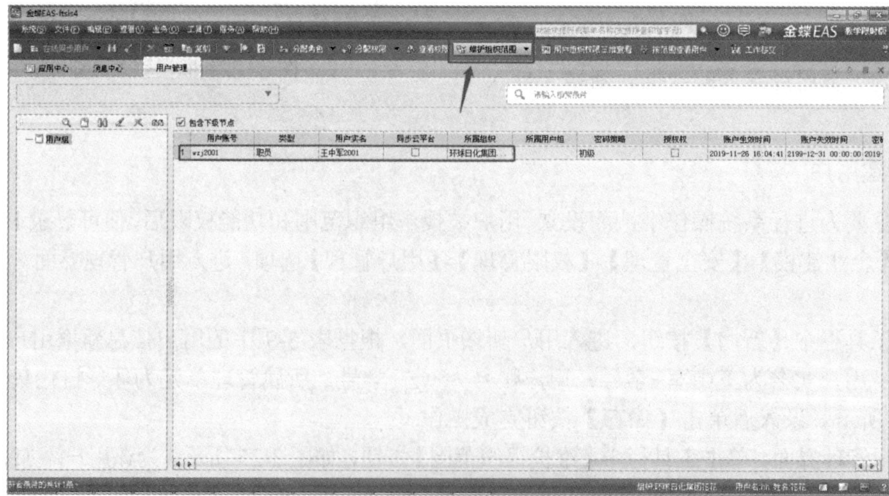

图 3-25　用户组织范围维护查询

在组织范围维护界面，选择组织范围类型为业务组织，单击【增加组织】按钮。在组织单元选择界面，选择环球日化集团+姓名，单击【全加】按钮，将环球日化集团+姓名下所有组织添加到已选列表，如图 3-26 所示。单击【确认】按钮完成操作。

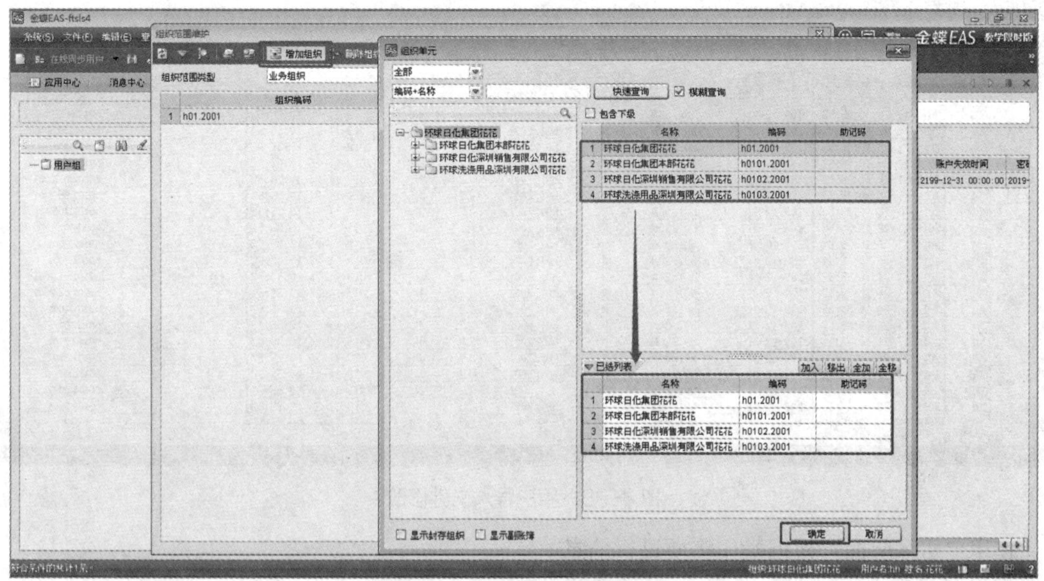

图 3-26 用户组织范围维护

也可使用工具栏上的【文件】-【引入】-【用户引入】功能，批量引入用户，如图 3-27 所示。

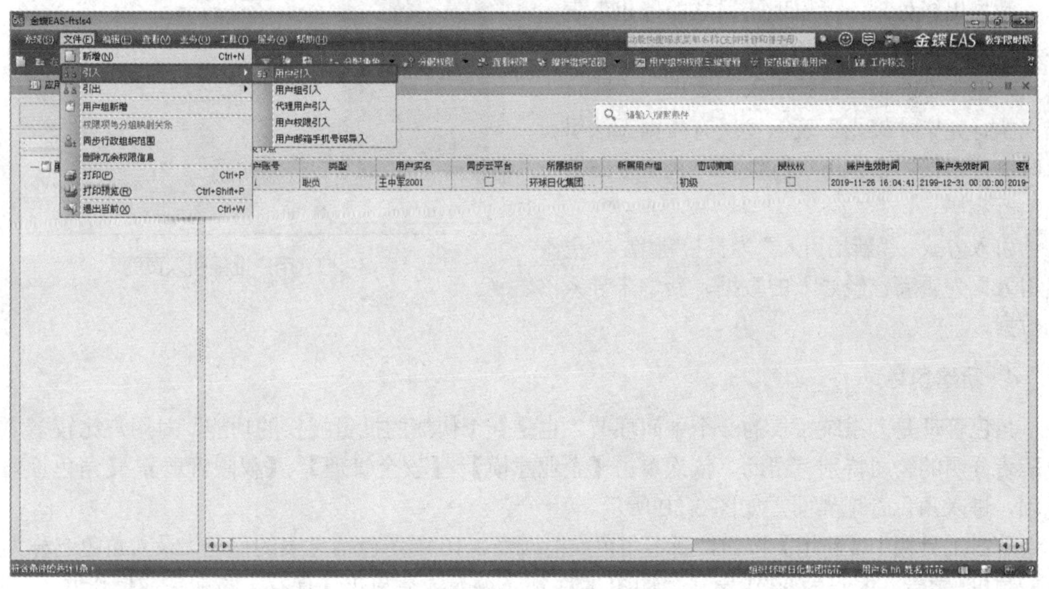

图 3-27 用户批量引入查询

用户导入时，修改用户生效日期和密码生效日期的年月日为系统当前日期。若第一次导入没有成功，那么后续引入时，请修改引入方式为更新引入，如图 3-28 所示。

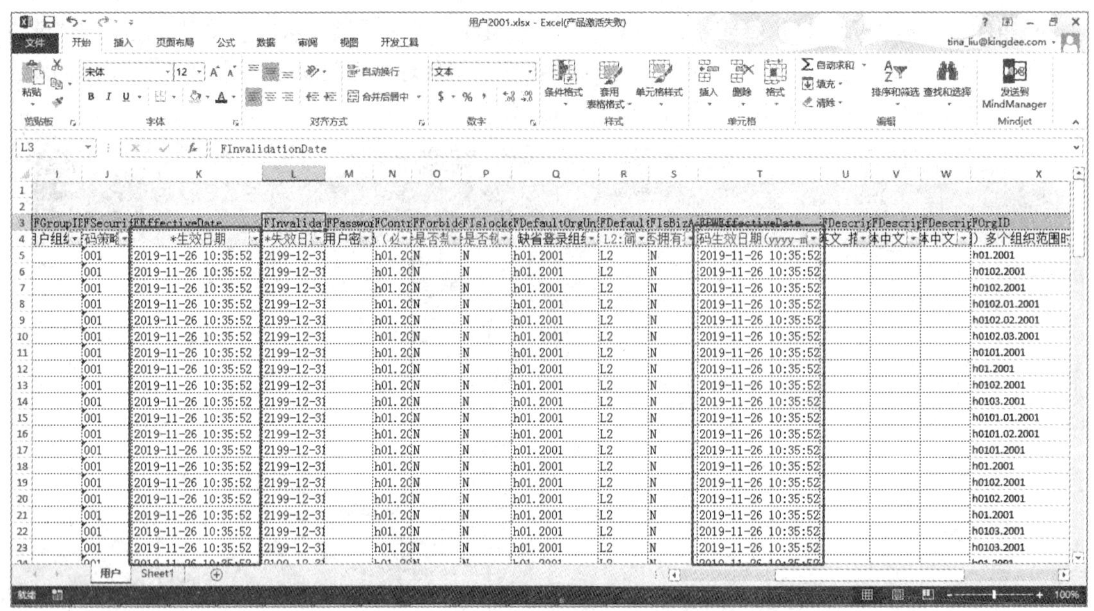

图 3-28 用户导入文件修改

在用户引入界面，根据操作需要进行信息修改，如图 3-29 所示。

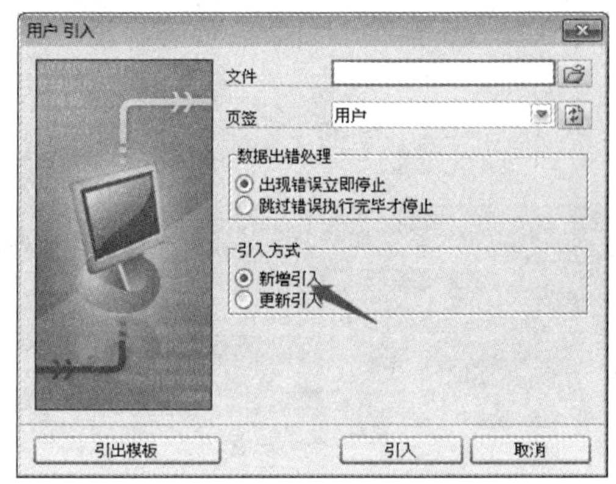

图 3-29 用户批量引入页面

用户引入界面中，各选项的含义如下。

页签：引入的文件类型。

数据出错处理："出现错误立即停止"表示从引入文件的第一行开始引入，出现错误即停止，但是不会撤回已经引入的数据；"跳过错误执行完毕才停止"表示发现有数据无法引入时跳过错误，引入下一行数据，直至全部数据执行完毕。

引入方式："新增引入"为直接新增；"更新引入"为更新已经导入的数据，新增未导入的数据。

4. 新建角色

角色管理是为系统授权的一个中间环节，也是一个快捷的批量授权的功能，对用户比较多，角色职责分明的公司特别有帮助。依次单击【企业建模】-【安全管理】-【权限管理】-【角色管理】选项，进入角色管理界面，如图 3-30 所示。

单击工具栏中【新增】按钮，新增角色。根据表 3-10 中角色信息表的信息，录入角色名称为全功能角色+学号，编码为 h001.学号，如图 3-31 所示。录入后单击【保存】按钮完成操作。

选择新建的全功能角色+学号，单击工具栏中【分配权限】按钮，进行分配权限操作，如图 3-32 所示。分配所有权限后，单击【保存】按钮，如图 3-33 所示。

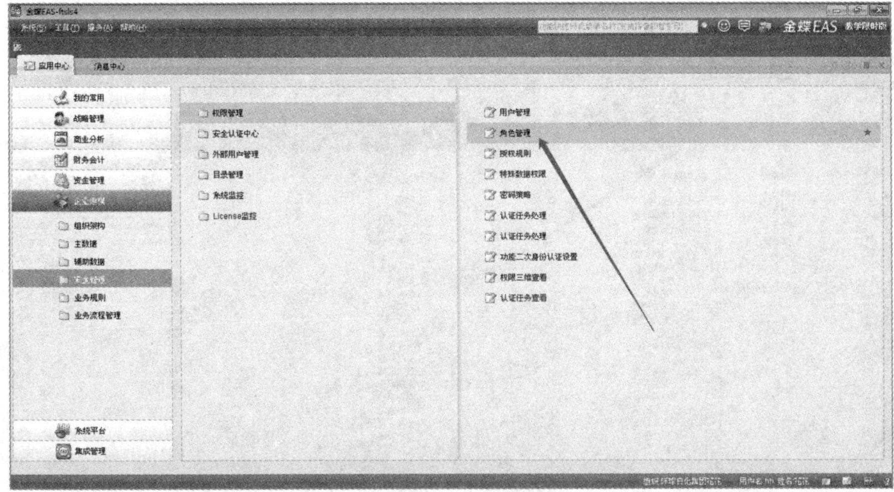

图 3-30 角色管理查询

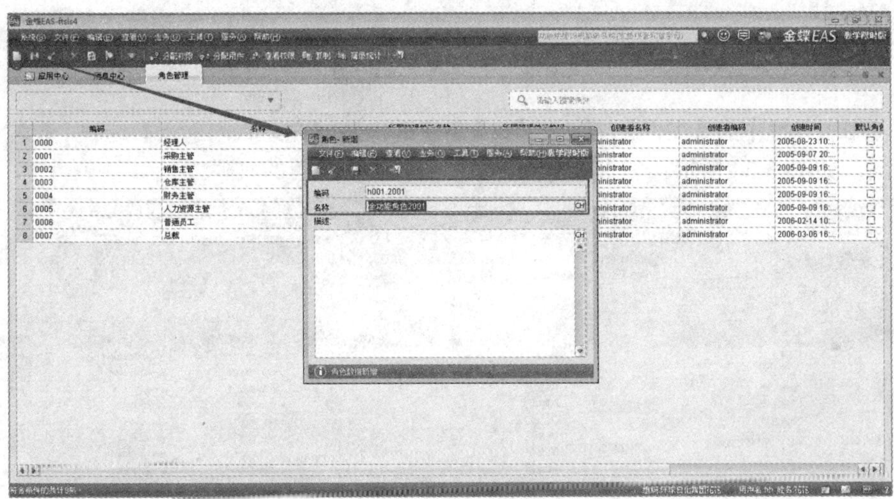

图 3-31 角色新增

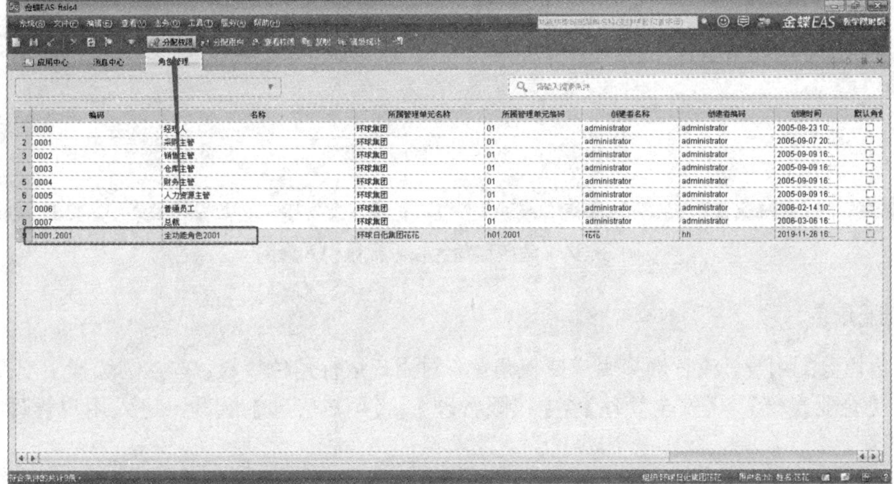

图 3-32 角色分配权限查询

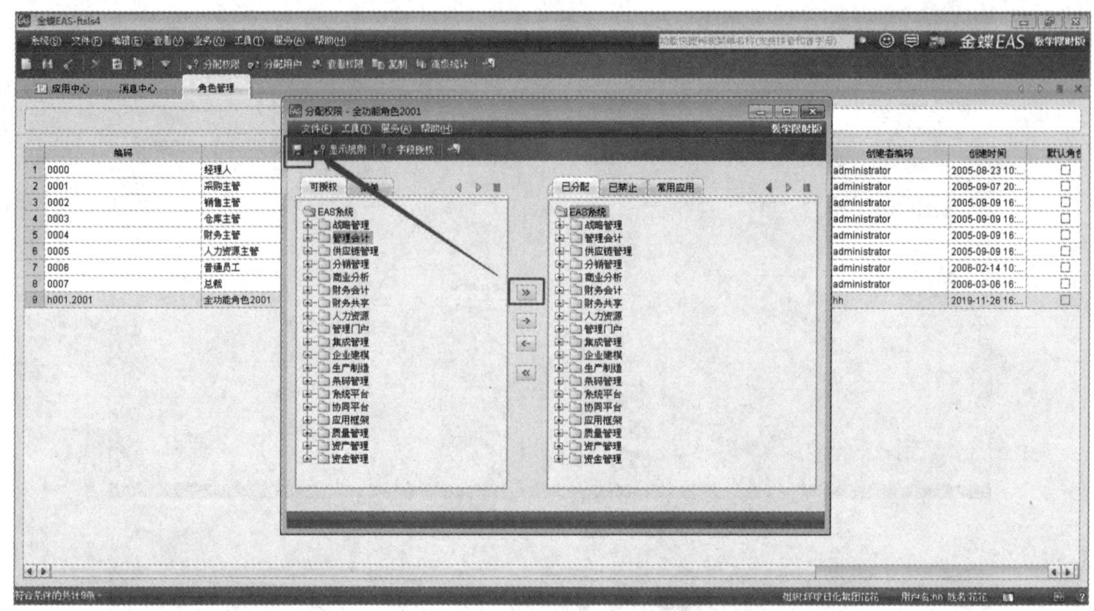

图 3-33　角色分配权限

也可使用工具栏中的【文件】-【引入】-【角色引入】/【角色权限引入】选项，批量引入角色和角色权限，如图 3-34 所示。先引入角色，才能引入对应角色的权限。

图 3-34　角色和角色权限批量引入查询

5. 分配角色

选择角色分配用户，或者选择用户授权角色，对用户进行角色授权。本案例选择用户授权角色，依次单击【企业建模】-【安全管理】-【权限管理】-【用户管理】选项，进入用户管理界面，如图 3-35 所示。

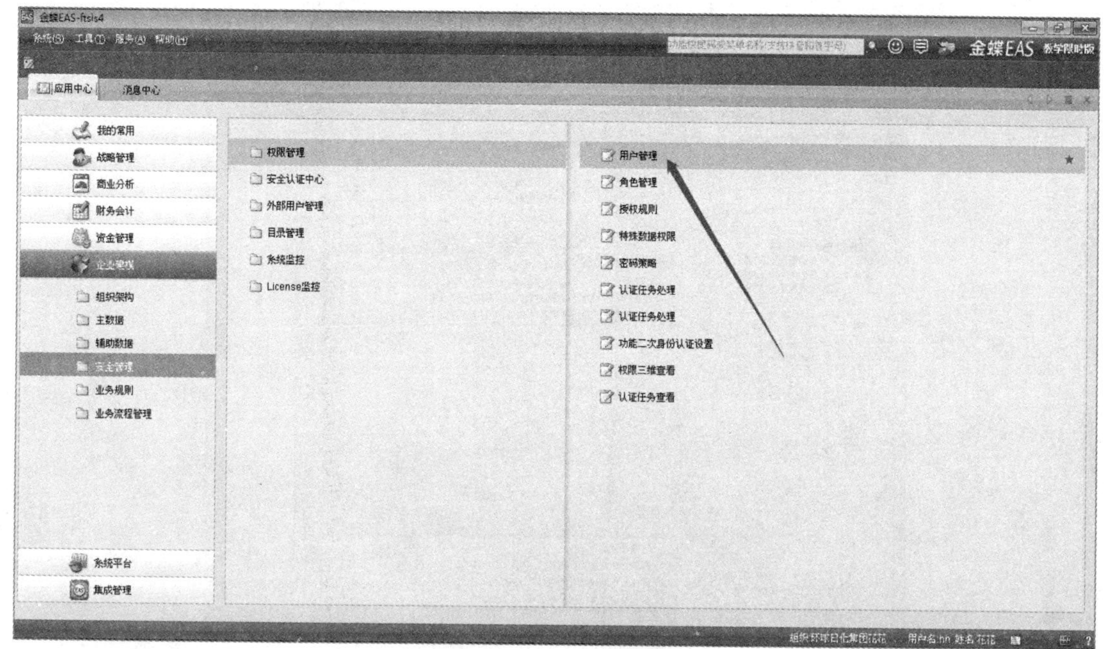

图 3-35 用户管理查询

选择用户王中军+学号，单击工具栏的【批量分配角色】选项，如图 3-36 所示，进入批量分配界面。

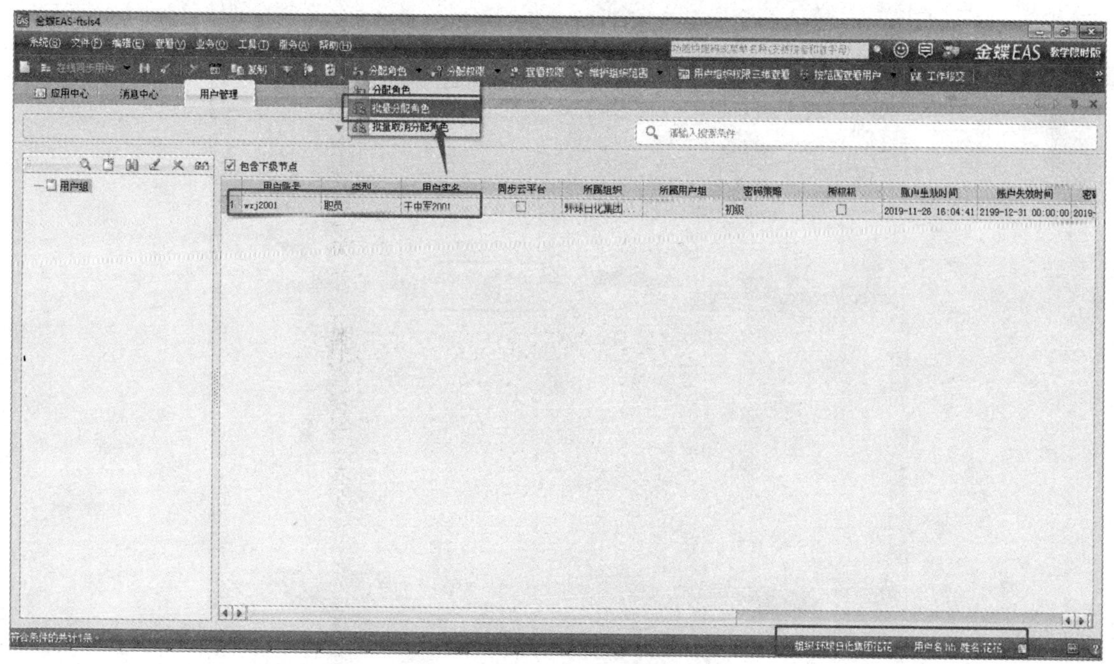

图 3-36 用户批量分配角色查询

在批量分配界面单击【选择组织】按钮，将环球日化集团+姓名下所有组织添加到已选列表，如图 3-37 所示。单击【确定】按钮完成操作。

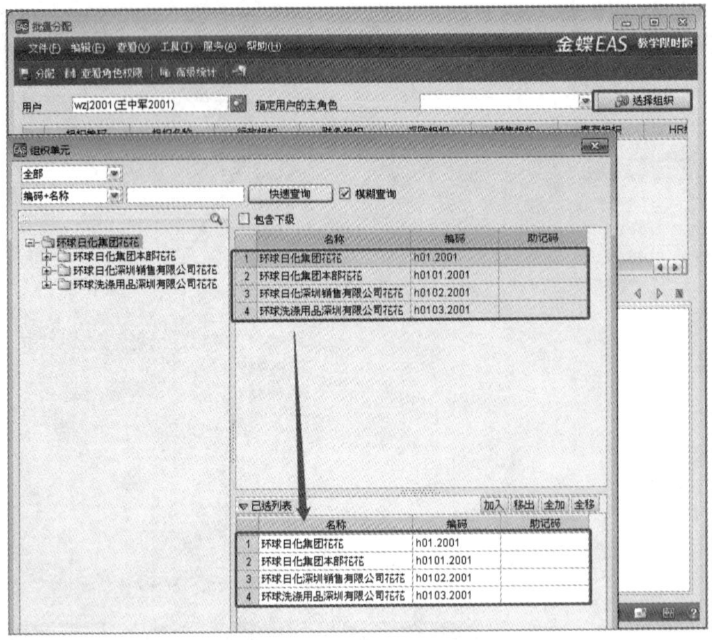

图 3-37 用户组织范围维护

将新建的全功能角色+学号分配给用户王中军+学号，双击全功能角色+学号，添加到已分配角色中，如图 3-38 所示。单击【分配】按钮完成操作。

图 3-38 用户分配角色

↗ 拓展任务

根据表 3-11 和表 3-12 中的基础资料，王中军(wzj+学号)在金蝶 EAS 系统中引入职位和职员，管理员(学生姓名缩写)在金蝶 EAS 系统中引入用户，并为用户分配所属角色。引入资料职位.xlsx、职员.xlsx、用户.xlsx 见实训平台。

表 3-11 职位与职员信息

人员名称/编码	所属职位	所属部门
王中军+学号/wzj+学号	董事长+学号	环球日化集团+姓名
陈晓陶+学号/cxt+学号	出纳+学号	环球日化集团本部+姓名
樊江波+学号/fjb+学号	总账会计+学号	环球日化集团本部+姓名
李卫玲+学号/lwl+学号	往来会计+学号	环球日化集团本部+姓名
齐振英+学号/qzy+学号	固定资产会计+学号	环球日化集团本部+姓名
杨振兴+学号/yzx+学号	首席财务官+学号	环球日化集团本部+姓名
陈军波+学号/cjb+学号	总账会计+学号	环球日化深圳销售有限公司+姓名
明大成+学号/mdc+学号	销售公司总经理+学号	环球日化深圳销售有限公司+姓名
毛伟文+学号/mww+学号	往来会计+学号	环球日化深圳销售有限公司+姓名
杨云云+学号/yyy+学号	销售公司财务经理+学号	环球日化深圳销售有限公司+姓名
周爱民+学号/zam+学号	固定资产会计+学号	环球日化深圳销售有限公司+姓名
张合凯+学号/zhk+学号	出纳+学号	环球日化深圳销售有限公司+姓名
曹国寅+学号/cgy+学号	洗涤公司财务经理+学号	环球洗涤用品深圳有限公司+姓名
崔文涛+学号/cwt+学号	固定资产会计+学号	环球洗涤用品深圳有限公司+姓名
赵姗姗+学号/zss+学号	出纳+学号	环球洗涤用品深圳有限公司+姓名
高倩兰+学号/gql+学号	往来会计+学号	环球洗涤用品深圳有限公司+姓名
马吉祯+学号/mjz+学号	总账会计+学号	环球洗涤用品深圳有限公司+姓名
高宏明+学号/ghm+学号	副总经理+学号	营销中心+姓名
郝晓娇+学号/hxj+学号	销售经理+学号	营销中心+姓名
贺小明+学号/hxm+学号	销售员+学号	营销中心+姓名
许赟+学号/xy+学号	人事经理+学号	人事部+姓名
李霞+学号/lx+学号	采购员+学号	采购部+姓名
张若阳+学号/zry+学号	采购经理+学号	采购部+姓名
吴华忠+学号/whz+学号	研发工程师+学号	日化研发中心
许彬+学号/xb+学号	研发技术员+学号	日化研发中心
康路达+学号/kld+学号	信息管理员+学号	集团总经办

表 3-12 用户与角色信息

用户名称/编码	所属角色	业务组织范围
陈军波+学号/cjb+学号	总账会计	环球日化集团+姓名、环球日化深圳销售有限公司+姓名
郝晓娇+学号/hxj+学号	经理人	环球日化集团+姓名、环球日化深圳销售有限公司+姓名
贺小明+学号/hxm+学号	普通员工	环球日化集团+姓名、环球日化深圳销售有限公司+姓名
明大成+学号/mdc+学号	经理人	环球日化集团+姓名、环球日化深圳销售有限公司+姓名
毛伟文+学号/mww+学号	往来会计	环球日化集团+姓名、环球日化深圳销售有限公司+姓名
许赟+学号/xy+学号	经理人	环球日化集团+姓名、环球日化深圳销售有限公司+姓名
杨云云+学号/yyy+学号	全功能角色	环球日化集团+姓名、环球日化深圳销售有限公司+姓名
周爱民+学号/zam+学号	固定资产会计	环球日化集团+姓名、环球日化深圳销售有限公司+姓名
张合凯+学号/zhk+学号	出纳	环球日化集团+姓名、环球日化深圳销售有限公司+姓名
陈晓陶+学号/cxt+学号	出纳	环球日化集团+姓名、环球日化集团本部+姓名
樊江波+学号/fjb+学号	总账会计	环球日化集团+姓名、环球日化集团本部+姓名
李卫玲+学号/lwl+学号	往来会计	环球日化集团+姓名、环球日化集团本部+姓名
齐振英+学号/qzy+学号	固定资产会计	环球日化集团+姓名、环球日化集团本部+姓名
吴华忠+学号/whz+学号	普通员工	环球日化集团+姓名、环球日化集团本部+姓名
许彬+学号/xb+学号	普通员工	环球日化集团+姓名、环球日化集团本部+姓名
曹国寅+学号/cgy+学号	全功能角色	环球日化集团+姓名、环球洗涤用品深圳有限公司+姓名
崔文涛+学号/cwt+学号	固定资产会计	环球日化集团+姓名、环球洗涤用品深圳有限公司+姓名

(续表)

用户名称/编码	所属角色	业务组织范围
马吉祯+学号/mjz+学号	总账会计	环球日化集团+姓名、环球洗涤用品深圳有限公司+姓名
赵姗姗+学号/zss+学号	出纳	环球日化集团+姓名、环球洗涤用品深圳有限公司+姓名
高倩兰+学号/gql+学号	往来会计	环球日化集团+姓名、环球洗涤用品深圳有限公司+姓名、环球日化深圳销售有限公司+姓名
李霞+学号/lx+学号	普通员工	环球日化集团+姓名、环球洗涤用品深圳有限公司+姓名
张若阳+学号/zry+学号	经理人	环球日化集团+姓名、环球洗涤用品深圳有限公司+姓名
高宏明+学号/ghm+学号	全功能角色	环球日化集团+姓名、环球日化集团本部+姓名、环球日化深圳销售有限公司+姓名、环球洗涤用品深圳有限公司+姓名
王中军+学号/wzj+学号	全功能角色	环球日化集团+姓名、环球日化集团本部+姓名、环球日化深圳销售有限公司+姓名、环球洗涤用品深圳有限公司+姓名
杨振兴+学号/yzx+学号	全功能角色	环球日化集团+姓名、环球日化集团本部+姓名、环球日化深圳销售有限公司+姓名、环球洗涤用品深圳有限公司+姓名
康路达+学号/kld+学号	信息管理员	环球日化集团+姓名、环球日化集团本部+姓名、环球日化深圳销售有限公司+姓名、环球洗涤用品深圳有限公司+姓名

复习思考

(1) 职位与组织、职员与用户、职位与职员、用户与角色之间有什么关联？

(2) 如何批量维护用户组织范围？

(3) 探讨角色设置的作用。

(4) 用户个人如何查看自己的权限？

案例三 新建物料

应用场景

环球日化集团主要从事化妆品和洗涤用品的生产销售，信息管理员康路达(kld+学号)在环球日化集团新增物料分类标准，并维护物料。分配物料给环球日化集团本部、环球日化深圳销售有限公司和环球洗涤用品深圳有限公司。

实验步骤

- ❑ 新建物料分类。
- ❑ 新建物料。
- ❑ 物料核准。
- ❑ 物料分配。

实验前准备

- ❑ 案例一新建完成的组织架构和案例二完成的职员维护。

实验数据

实训平台下载文件：

物料分类.xlsx；物料基本资料.xlsx；物料财务资料.xlsx。

操作指导

1. 新增物料分类

信息管理员康路达(kld+学号)登录金蝶 EAS 客户端，组织切换至环球日化集团+姓名，依次单击【企业建模】-【主数据】-【物料】选项，进入物料界面，如图 3-39 所示。

图 3-39 物料查询

手工新建物料分类，在物料分类界面，单击【新增】按钮，维护物料分类编码、名称、基本分类标准、上级分类等信息，单击【保存】按钮即可。

本案例中，我们使用引入引出工具，从实训平台下载文件：物料分类.xlsx。打开文件后，将各字段内的“学号”替换为“登录实训平台的账号”，如图 3-40 所示。

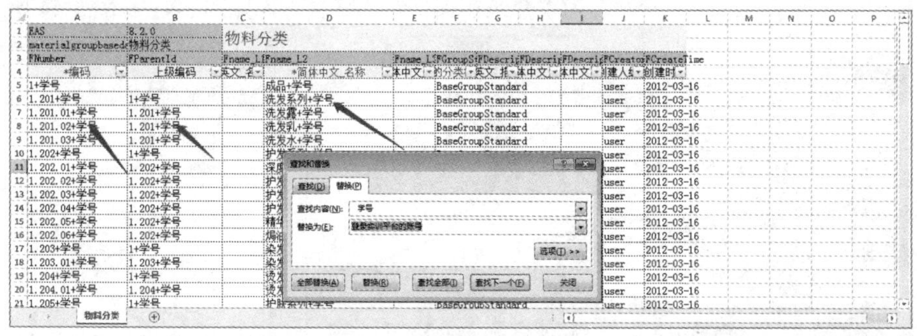

图 3-40 物料分类文件修改

依次单击工具栏中【文件】-【引入】-【物料分类】选项，进入物料分类引入界面，如图 3-41 所示。选择文件为物料分类.xlsx，引入方式为新增引入，单击【引入】按钮，如图 3-42 所示。

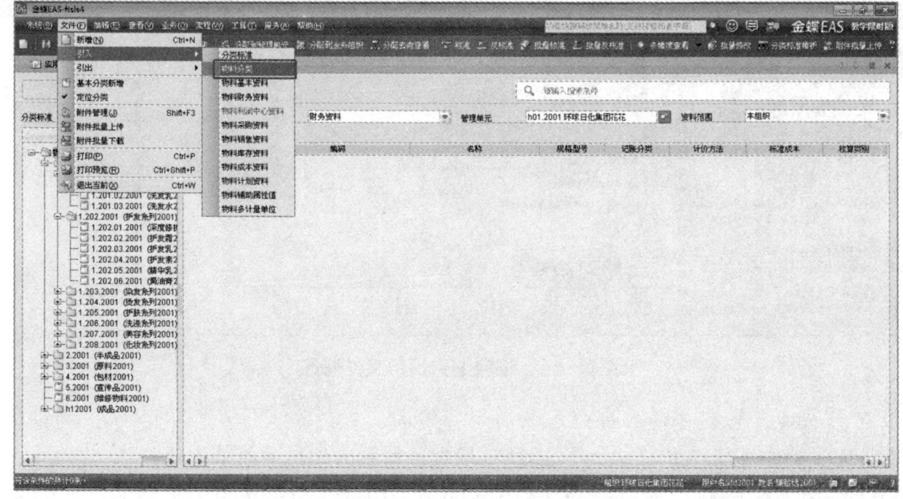

图 3-41 物料分类引入查询

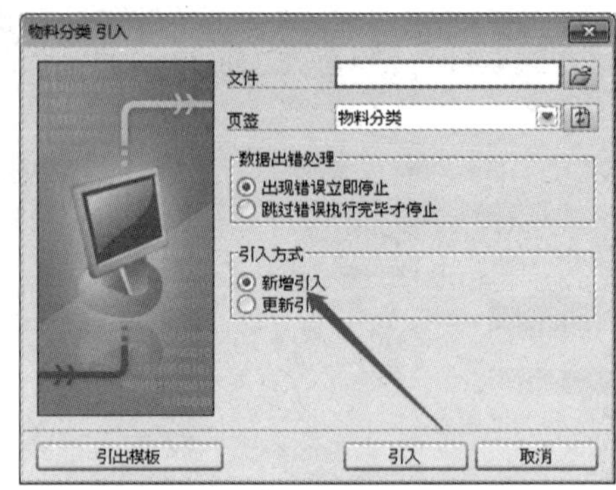

图 3-42 物料分类引入页面

2. 新建物料

手工新建物料，在左边选择物料对应的分类，单击工具栏中【新增】按钮，在【基本资料】页签录入物料的编码、名称、物料基本分类、基本计量单位；在【财务资料】页签选择财务组织为环球日化集团+姓名，录入完毕后单击【保存】按钮。

本案例，我们使用引入引出工具，从实训平台下载文件：物料基本资料.xlsx 和物料财务资料.xlsx。打开文件后，替换各字段内的“学号”为“登录实训平台的账号”，如图 3-43 和图 3-44 所示。

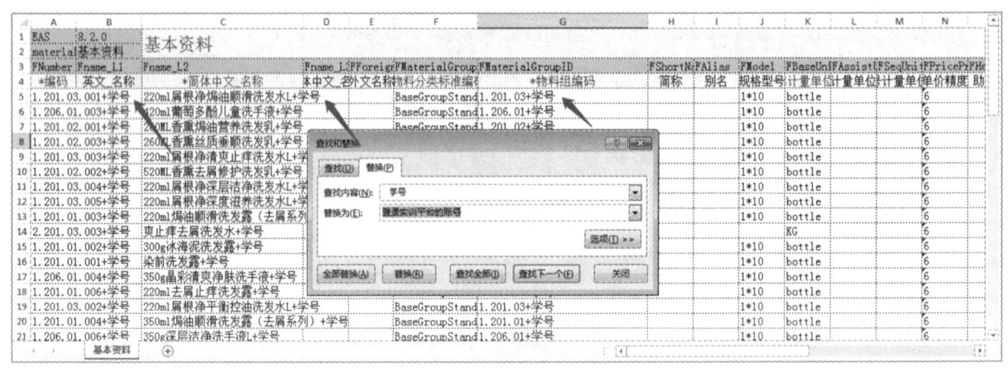
图 3-43 物料基本资料文件修改

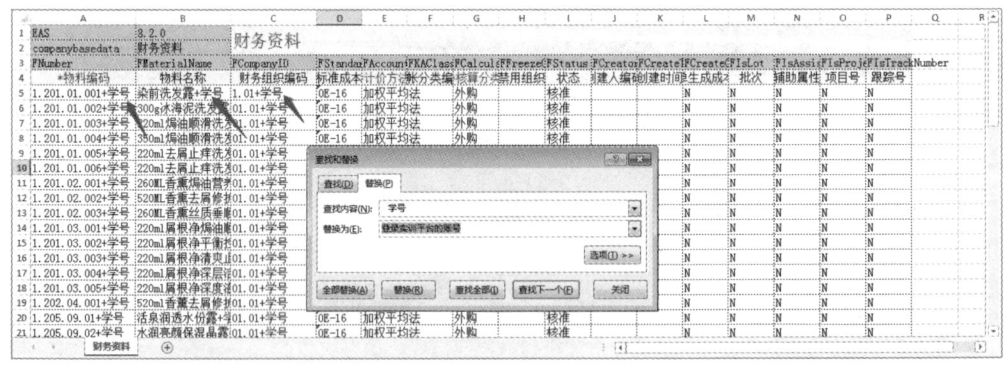
图 3-44 物料财务资料文件修改

注：应先引入物料基本资料，再引入物料财务资料。

依次单击工具栏中【文件】-【引入】-【物料基本资料】选项，进入基本资料引入界面，如图 3-45 所示。选择文件为物料基本资料.xlsx，引入方式为新增引入，单击【引入】按钮，如图 3-46 所示。

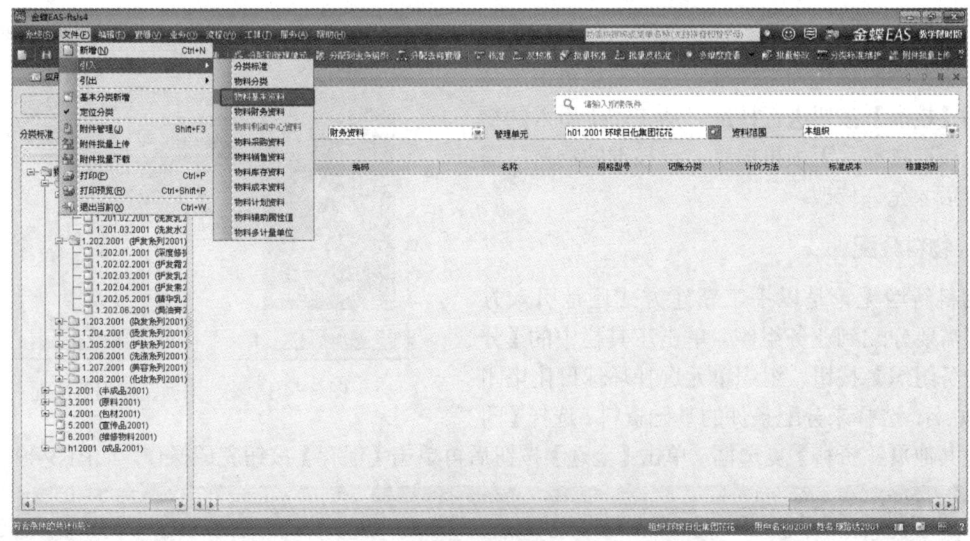

图 3-45 物料基本资料引入查询

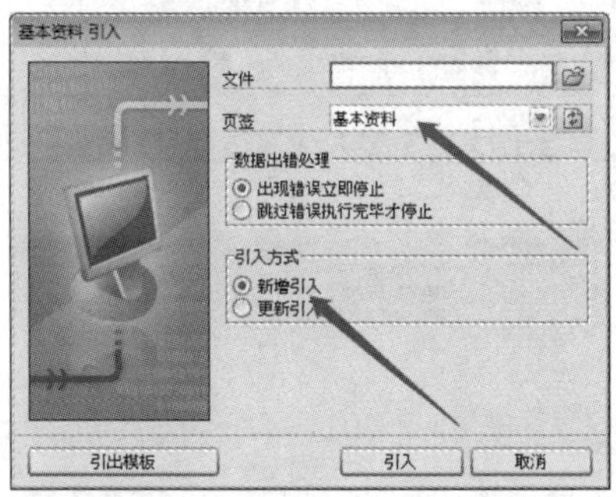

图 3-46 物料基本资料引入页面

依次单击工具栏【文件】-【引入】-【物料财务资料】选项，进入财务资料引入界面，如图 3-47 所示。选择文件为物料财务资料.xlsx，引入方式为新增引入，单击【引入】按钮，如图 3-48 所示。

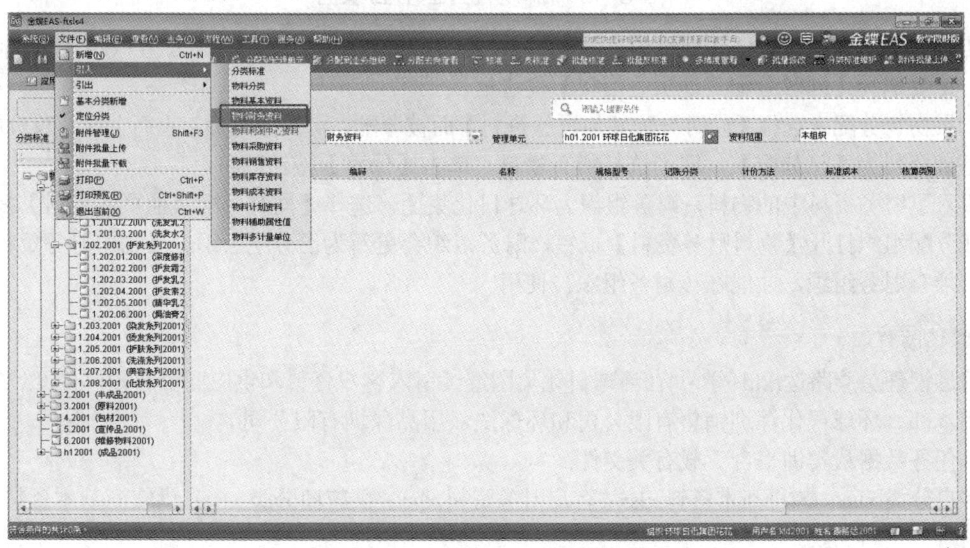

图 3-47 物料财务资料引入查询

3. 物料核准

手工新建的物料为未核准状态，需要单击工具栏中的【核准】按钮进行核准。从 Excel 引入的物料为已核准物料，无须再核准。已核准的物料，需反核准后才允许修改。

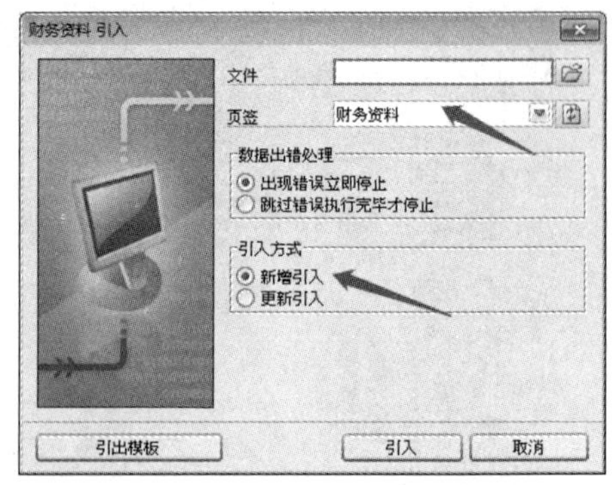

图 3-48　物料财务资料引入页面

4. 物料分配

物料新增无论是以手工新建方式还是引入方式，都需要分配到业务组织。单击工具栏中的【分配到业务组织】按钮，组织单元选择环球日化集团本部+姓名，选择未分配条件的基础资料、选择【同时分配其他页签资料】复选框，单击【全选】按钮后再单击【保存】按钮完成操作，如图 3-49 所示。

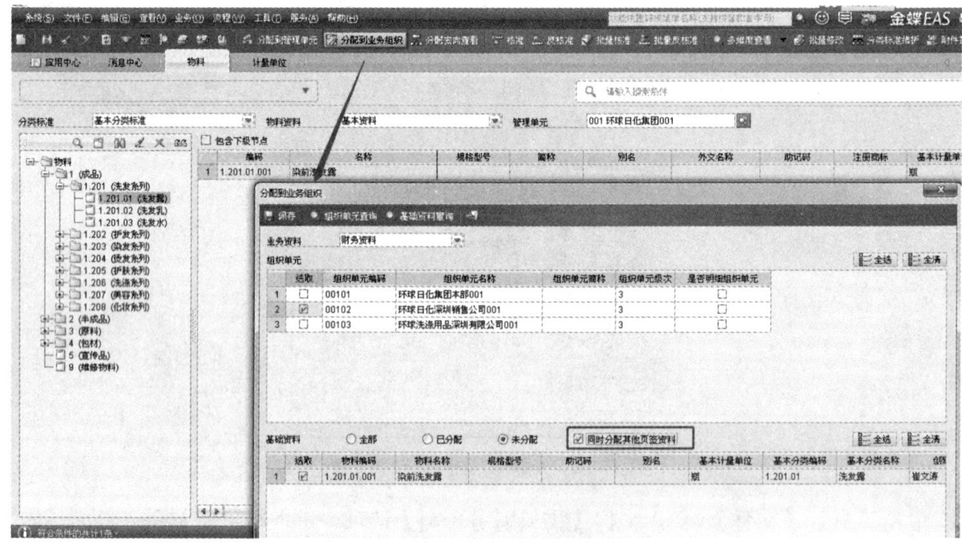

图 3-49　物料分配到业务组织页面

再选择组织为环球日化深圳销售有限公司+姓名、环球洗涤用品深圳有限公司+姓名，分配物料，注意一定要选择【同时分配其他页签资料】复选框。

如果物料分配未选择【同时分配其他页签资料】而被分配，可反分配后，重新分配。反分配时，选择基础资料为【已分配】，取消选择所有物料，单击【保存】按钮即可。

引入了财务资料中的物料，财务组织为环球日化集团，选择【同时分配其他页签资料】复选框后，在分配组织打开【物料财务资料】页签，财务组织会更新为已分配组织。【物料财务资料】页签中必须有财务组织，才能在该财务组织被使用。

↗ 拓展任务

信息管理员康路达(kld+学号)在环球日化集团继续引入客户资料和供应商资料，并分配给环球日化集团本部、环球日化深圳销售有限公司和环球洗涤用品深圳有限公司。

本任务数据从实训平台下载有关文件：

客户分类.xlsx；客户基本资料.xlsx；客户财务资料.xlsx；供应商分类.xlsx；供应商基本资料.xlsx；供应商财务资料.xlsx。

↗ 复习思考

(1) 某客户在环球集团既是客户又是供应商，如何设置？

(2) 客户被删除后，是否可以回收？

(3) 设置客户财务资料有什么用？

案例四 分配会计科目

↗ 应用场景

信息管理员康路达(kld+学号)将集团下的所有会计科目分配给环球日化集团本部、环球日化深圳销售有限公司和环球洗涤用品深圳有限公司使用。

↗ 实验步骤

❑ 会计科目分配。

↗ 实验前准备

❑ 完成前序案例。

↗ 实验数据

环球日化集团的会计科目分配信息，如表 3-13 所示。

表 3-13 科目分配信息

财务组织	会计科目分配组织
环球日化集团+姓名	环球日化集团本部+姓名
	环球日化深圳销售有限公司+学号
	环球洗涤用品深圳有限公司+学号

↗ 操作指导

信息管理员康路达(kld+学号)登录 EAS 客户端，依次单击【企业建模】-【辅助数据】-【财务会计数据】-【会计科目】选项，进入会计科目界面，如图 3-50 所示。

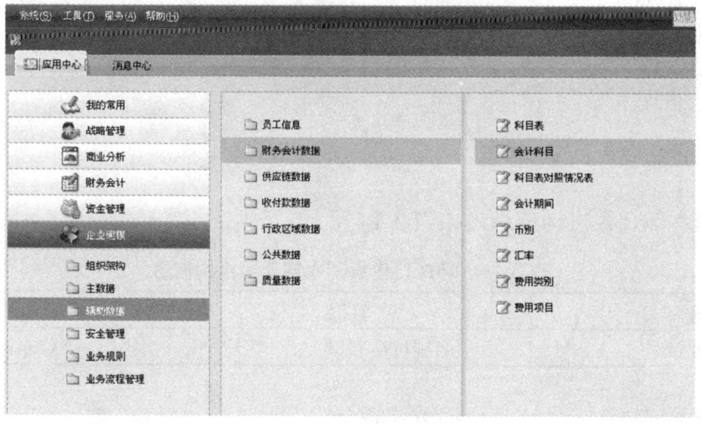

图 3-50 会计科目查询

在会计科目界面，单击工具栏的【分配】按钮，待分配的财务组织选择环球日化集团本部+姓名，选择显示未分配科目，单击【全选】按钮后再单击【分配】按钮完成操作，如图 3-51 所示。

再选择待分配组织为环球日化深圳销售有限公司+学号、环球洗涤用品深圳有限公司+学号进行分配，注意要逐个选择财务组织进行分配。

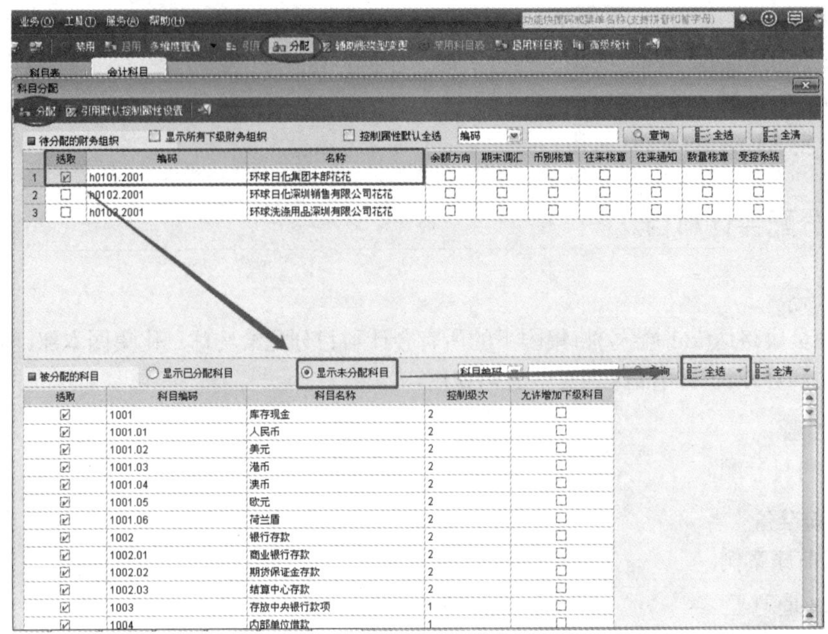

图 3-51　会计科目分配财务组织页面

案例五　新建银行账户

应用场景

环球日化集团本部出纳陈晓陶(cxt+学号)在招商银行高新园支行开户，建立环球日化集团本部收支账户，关联商业银行存款为付款科目。

实验步骤

- ❑ 建立金融机构(银行)。
- ❑ 新建银行账户。

实验前准备

完成前序案例。

实验数据

环球日化集团本部金融机构信息，如表 3-14 所示。

表 3-14　环球日化集团本部金融机构信息

编码	名称	上级机构
02.01.008.学号	招商银行高新园支行+学号	广东-招商银行

环球日化集团本部银行账户信息，如表 3-15 所示。

表 3-15　环球日化集团本部银行账户信息

编码	银行账号	名称	开户单位	金融机构	科目	币别	用途	收支属性
001.学号	自定义(建议 16 位数字)	招商银行高新园支行+学号	环球日化集团本部+姓名	招商银行高新园支行+学号	1002.(商业银行存款)	单一币别人民币	活期	收支户

➚ 操作指导

1. 新建金融机构

环球日化集团本部出纳陈晓陶(cxt+学号)登录金蝶 EAS，切换组织到环球日化集团本部+姓名。依次单击【企业建模】-【辅助数据】-【财务会计数据】-【金融机构银行】选项，进入金融机构(银行)界面，根据表 3-14 中的环球日化集团本部金融机构信息进行录入。金融机构编码为 02.01.008.学号，名称为招商银行高新园支行+学号，上级机构为广东-招商银行，录入完毕后单击【保存】按钮，如图 3-52 所示。

金融机构（银行）- 新增

界面配置

编码	2001	名称	招商银行高新园支行2001
地址			
电话		传真	
联系人		境内/外	中国大陆
上级机构	02.01 广东-招商银行	行号	

◉ 银行 ○ 非银行 ☐ 集团内部金融机构 ☐ 是否财务公司

备注：

图 3-52 金融机构新增

2. 新建银行账户

银行账户用于记录企业内部银行资金流动，出纳系统以银行账户为载体展示日记账和报表。依次单击【资金管理】-【账户管理】-【业务处理】-【银行账户维护】选项，进入银行账户界面，如图 3-53 所示。

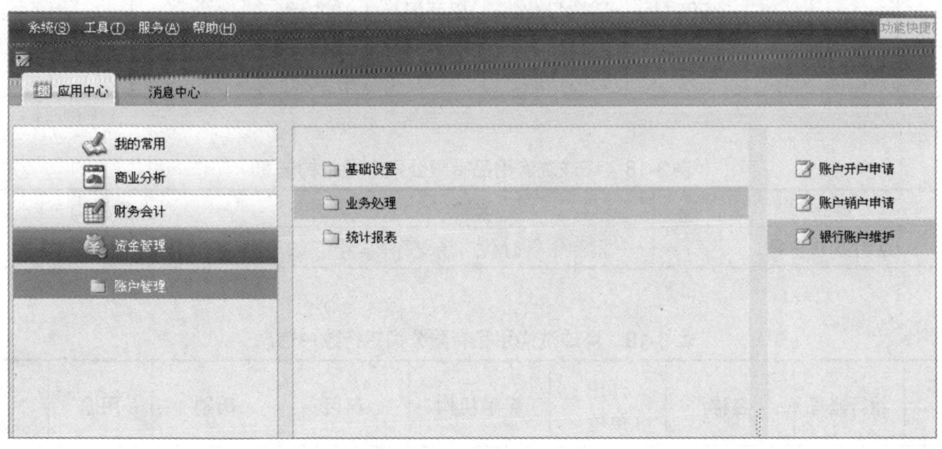

图 3-53 银行账户查询

单击工具栏中的【新增】按钮，根据表 3-15 中的环球日化集团本部银行账户信息进行录入。银行账户编码为 001.学号，银行账户自定义(建议 16 位数字)，银行账户名称为招商银行高新园支行+学号，开户单位为环球日化集团本部+姓名，金融机构为招商银行高新园支行+学号，科目为 1002.商业银行存款，币别为单一币别人民币，用途为活期，收支属性为收支户，如图 3-54 所示。

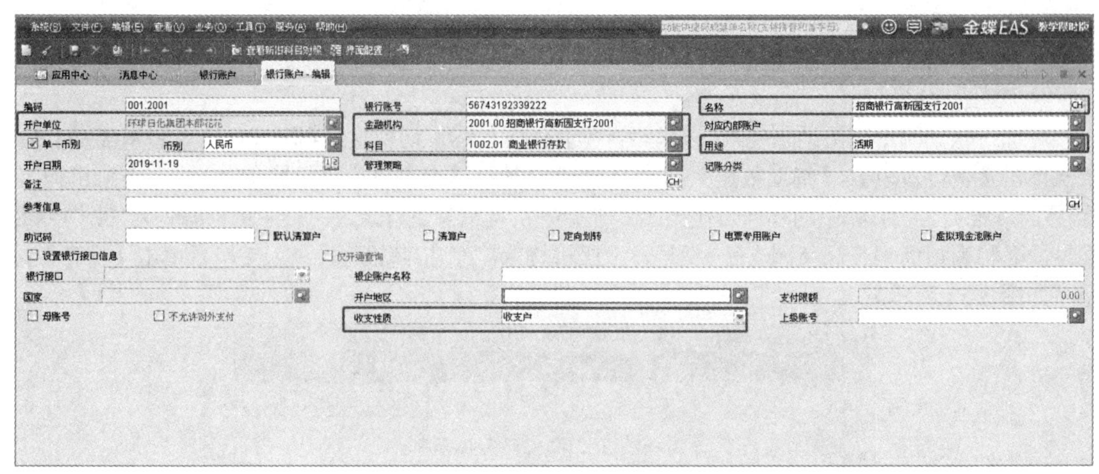

图 3-54 银行账户新增

↗ 拓展任务

(1) 环球日化深圳销售有限公司出纳张合凯(zhk+学号)新建本公司银行账户。

(2) 环球洗涤用品有限公司出纳赵姗姗(zss+学号)新建本公司银行账户。

环球日化集团下各分公司金融机构和银行账户信息，如表 3-16～表 3-19 所示。

表 3-16 环球日化深圳销售有限公司金融机构信息

编码	名称	上级机构
02.01.009.学号	招商银行龙华支行+学号	广东-招商银行

表 3-17 环球日化深圳销售有限公司银行账户信息

编码	银行账号	名称	开户单位	金融机构	科目	币别	用途	收支属性
002.学号	自定义(建议 16 位数字)	招商银行龙华支行+学号	环球日化深圳销售有限公司+姓名	招商银行龙华支行+学号	1002.(商业银行存款)	单一币别人民币	活期	收支户

表 3-18 环球洗涤用品有限公司金融机构信息

编码	名称	上级机构
02.01.010.学号	招商银行时代广场支行+学号	广东-招商银行

表 3-19 环球洗涤用品有限公司银行账户信息

编码	银行账号	名称	开户单位	金融机构	科目	币别	用途	收支属性
003.学号	自定义(建议 16 位数字)	招商银行时代广场支行+学号	环球洗涤用品深圳有限公司+姓名	招商银行时代广场支行+学号	1002.(商业银行存款)	单一币别人民币	活期	收支户

案例六 新增单据转换规则

应用场景

单据转换规则是 ERP 系统实现智能核算的基础。以应收单为例，信息管理员康路达(kld+学号)在环球日化集团新建并启用应收单转换凭证的规则。

实验步骤

- 新建凭证类型。
- 新建单据转换规则。
- 启用单据转换规则。

实验前准备

- 完成前序案例。

实验数据

环球日化集团的凭证类型和单据转换规则，如表 3-20 和表 3-21 所示。

表 3-20 凭证类型

编码	名称	创建单元
学号.01	记字+学号	环球日化集团+姓名

表 3-21 单据转换规则

业务系统	源单据	目标单据	管理单元
应收系统	应收单	凭证	环球日化集团+姓名

操作指导

1. 新建凭证类型

信息管理员康路达(kld+学号)登录金蝶 EAS 客户端，切换组织到环球日化集团+姓名。依次单击【财务会计】-【总账】-【基础设置】-【凭证类型】选项，进入凭证类型序时簿。单击工具栏中【新增】按钮，按照表 3-20 中的凭证类型进行录入。凭证类型编码为学号.01，名称为记字+学号，选择默认，录入完毕后单击【保存】按钮，如图 3-55 所示。

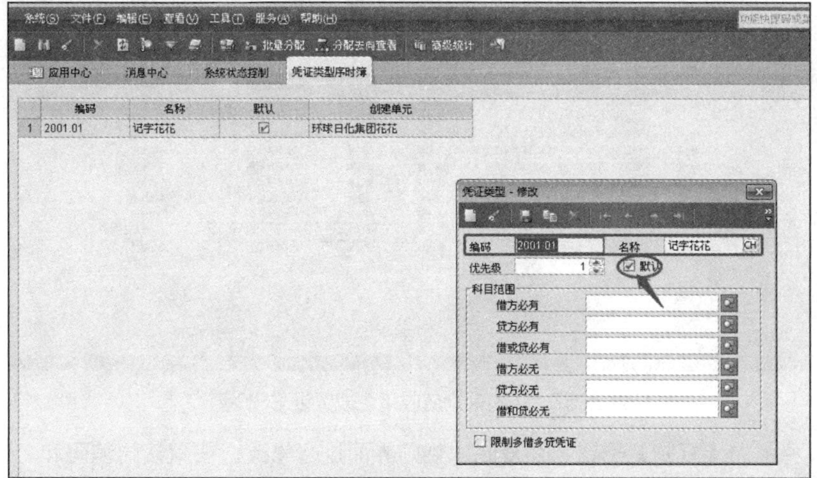

图 3-55 凭证类型新增

2. 新建单据转换规则

依次单击【企业建模】-【业务规则】-【单据转换规则】-【单据转换规则配置】选项，进入规则配置界面，如图 3-56 所示。

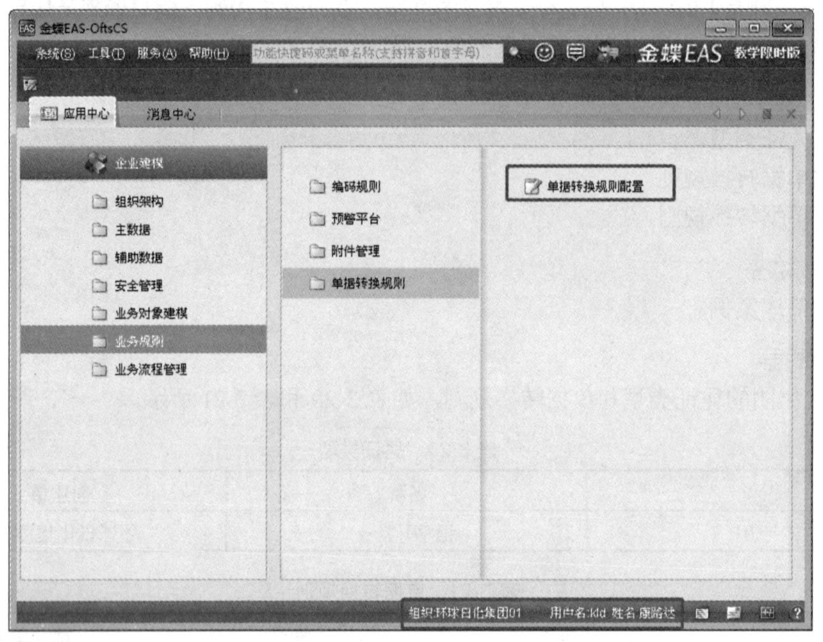

图 3-56 单据转换规则配置查询

在左边的树节点，选择【财务会计】-【应收系统】-【应收单】选项，查看与应收单有关的规则。双击查看转换规则“应收单生成凭证 SSC”，如图 3-57 所示。

	规则编码	规则名称	源单据	目标单据	类别	启用	管理单元
1	AR008	应收单生成收款单（正数）	应收单	收款单	单据转换规则	☐	环球集团
2	AR009	应收单生成凭证	应收单	凭证	动态会计规则	☐	环球集团
3	AR010	债权转移的应收单凭证	应收单	凭证	动态会计规则	☑	环球集团
4	AR012	应收单债权转移	应收单	应收单	单据转换规则	☑	环球集团
5	AR020	债权转移的应收单凭证（其他应收）	应收单	凭证	动态会计规则	☑	环球集团
6	AR023	应收单生成收款单（负数）	应收单	收款单	单据转换规则	☑	环球集团
7	AR041	应收转预付（正数）	应收单	付款单	单据转换规则	☑	环球集团
8	AR042	应收转预付（负数）	应收单	付款单	单据转换规则	☑	环球集团
9	AR043	应收转预付（正负数）	应收单	付款单	单据转换规则	☑	环球集团
10	AR044	应收单折让	应收单	应收单	单据转换规则	☑	环球集团
11	AR046	应收单生成收款单	应收单	收款单	单据转换规则	☑	环球集团
12	AR117	应收单生成借贷项调单	应收单	应收单	单据转换规则	☑	环球集团
13	ArGeneralInv	应收生成普通发票	应收单	应收发票	单据转换规则	☑	环球集团
14	ArToAp	应收单一应付单(内部)	应收单	应付单	单据转换规则	☑	环球集团
15	ArToAp_0011	销售方公司应收单一销售方公司的应付单	应收单	应付单	单据转换规则	☑	环球集团
16	ArToAp_0012	销售方公司应收单一结算方公司的应付单	应收单	应付单	单据转换规则	☑	环球集团
17	ArToAr_0013	销售方公司的应收单—发货方公司的应收单	应收单	应收单	单据转换规则	☑	环球集团
18	ArToAr_0014	销售方公司的应收单—结算方公司的应收单	应收单	应收单	单据转换规则	☑	环球集团
19	ArToPay	应收单一付款单(内部)	应收单	付款单	单据转换规则	☑	环球集团
20	ArVATInv	应收单生成增值税发票	应收单	应收发票	单据转换规则	☑	环球集团
21	sscAR009	应收单生成凭证SSC	应收单	凭证	动态会计规则	☑	环球集团
22	sscAR046	应收单生成收款单SSC	应收单	收款单	单据转换规则	☑	环球集团

图 3-57 转换规则应收单生成凭证 SSC 查询

单击工具栏上的【复制】按钮，在复制的规则界面进行修改。在默认的编码和名称后添加自己的学号，如图 3-58 所示。

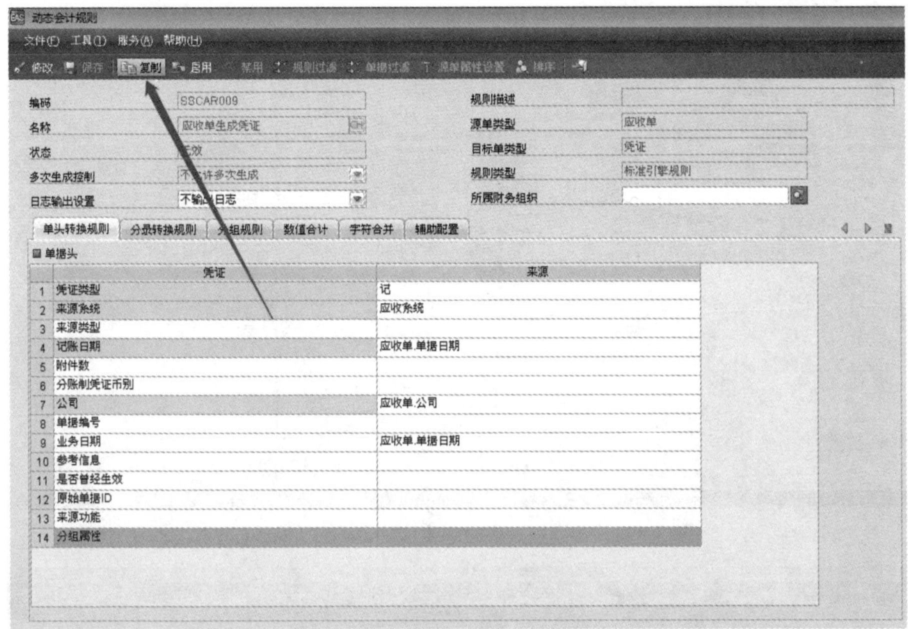

图 3-58 转换规则应收单生成凭证 SSC 复制

打开【单头转换规则】选项卡，单击凭证类型选择栏后的放大镜图标，进入凭证类型取值界面。单击【值列表】选项卡，双击管理单元环球日化集团+姓名创建的记字凭证号，单击【确定】按钮，如图 3-59 所示。

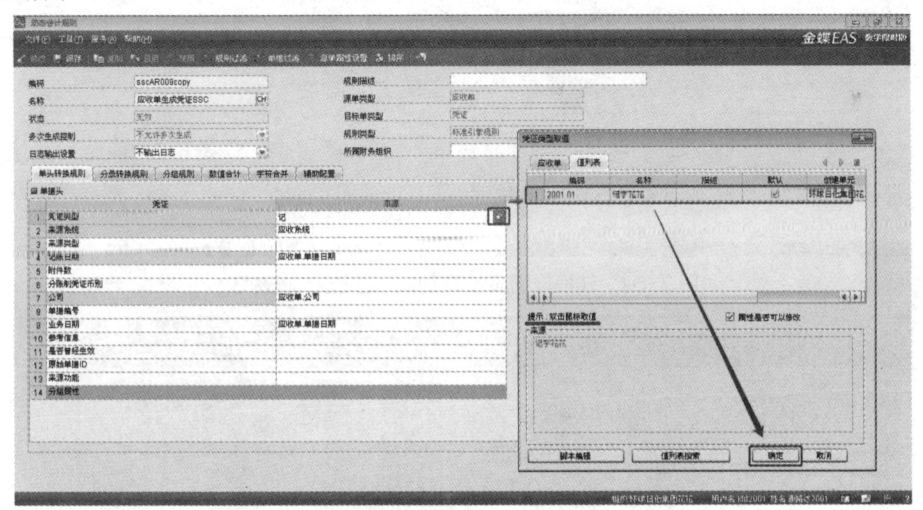

图 3-59 转换规则应收单生成凭证 SSC 修改(1)

单击【分录转换规则】选项卡设置科目，第一行科目为应收账款科目，单击科目右侧的放大镜图标，打开分录科目取值界面。在值列表中找到应收账款科目，双击选取科目，单击【确定】按钮，如图 3-60 所示。

在应收账款科目的辅助账行.核算项目组合选项下，单击放大镜图标，设置核算项目类型为“往来类型”，双击选择，单击【确定】按钮完成操作，如图 3-61 所示。

返回到分录，在辅助账行.核算项目组合取值界面，设置核算项目类型来源。选择应收单.往来类型，进入关联对象取值界面，单击【脚本编辑】按钮，如图 3-62 所示。

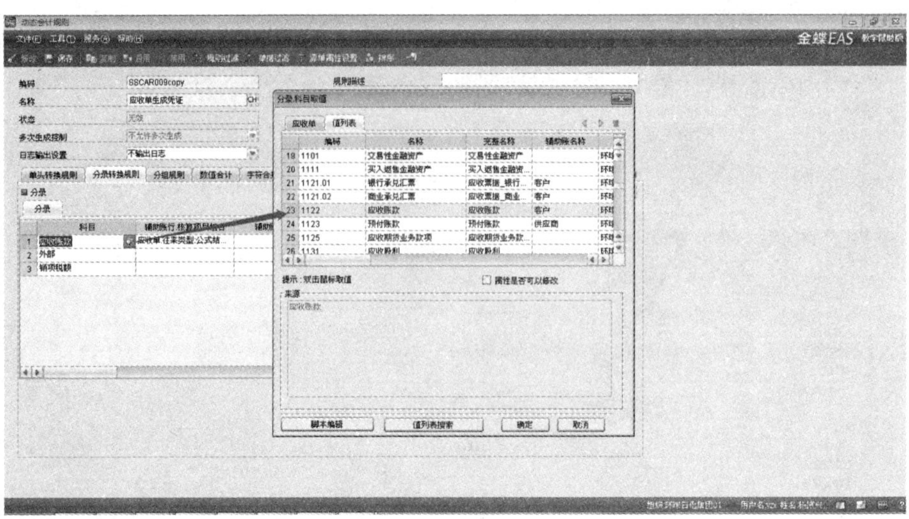

图 3-60 转换规则应收单生成凭证 SSC 修改(2)

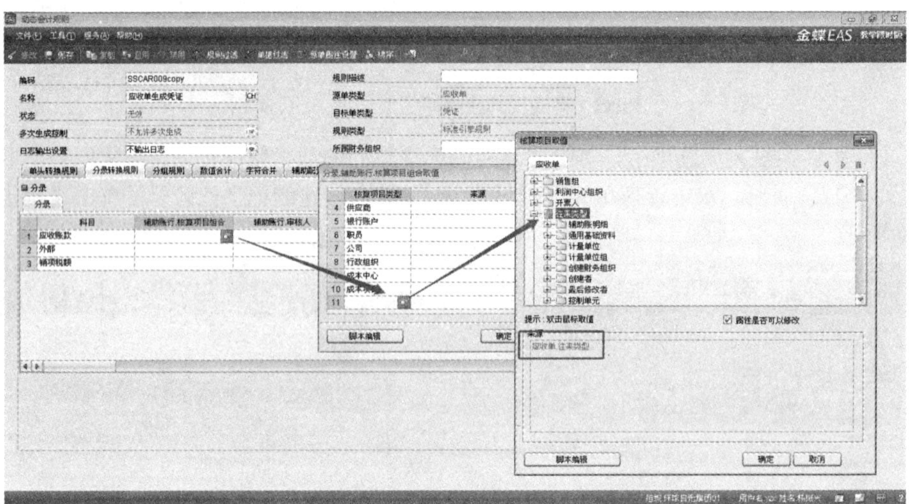

图 3-61 转换规则应收单生成凭证 SSC 修改(3)

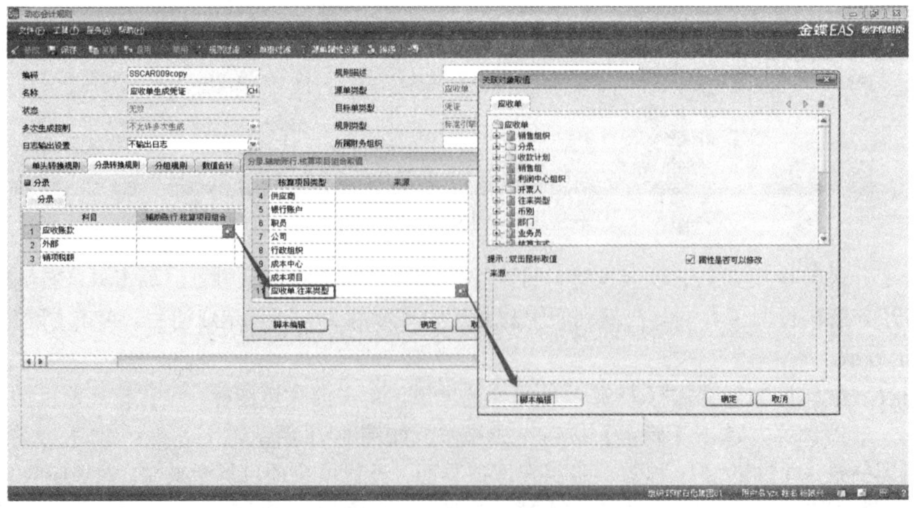

图 3-62 转换规则应收单生成凭证 SSC 修改(4)

选择【脚本编辑】-【公式平台】选项，在【公式编辑】选项卡中设置往来户取值公式。选择“公式结果”和“=”，如图 3-63 所示。

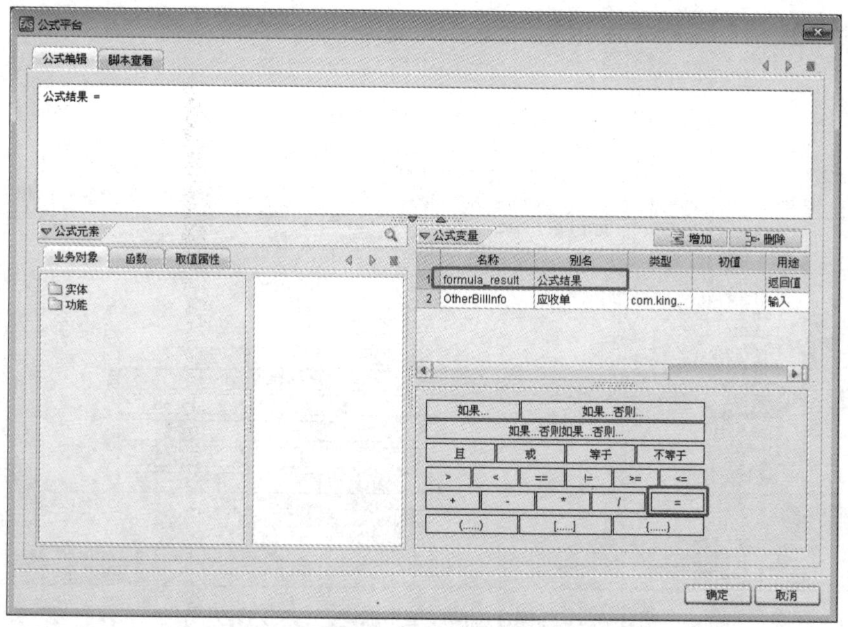

图 3-63 转换规则应收单生成凭证 SSC 修改(5)

在公式元素的【函数】选项卡下，打开基础资料函数，选择__BOTgetObjectFromCussent()，如图 3-64 所示。

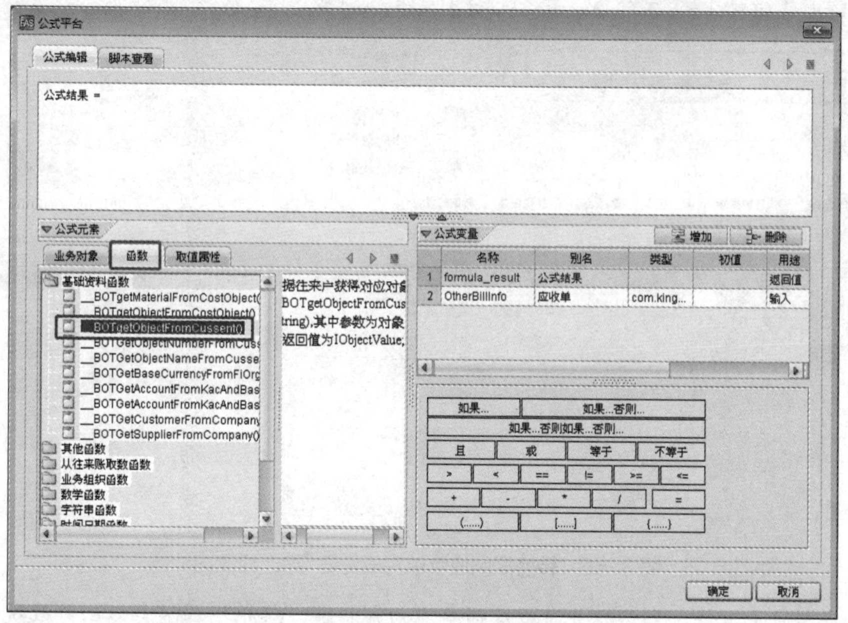

图 3-64 转换规则应收单生成凭证 SSC 修改(6)

在括号( )中添加业务对象为“应收单.往来户 ID”，在公式的最后，添加英文半角的分号“;”，单击【确定】按钮，如图 3-65 所示。在关联对象取值界面单击【确定】按钮，在分录.辅助账行.核算项目组合取值界面单击【确定】按钮，返回动态会计规则界面。

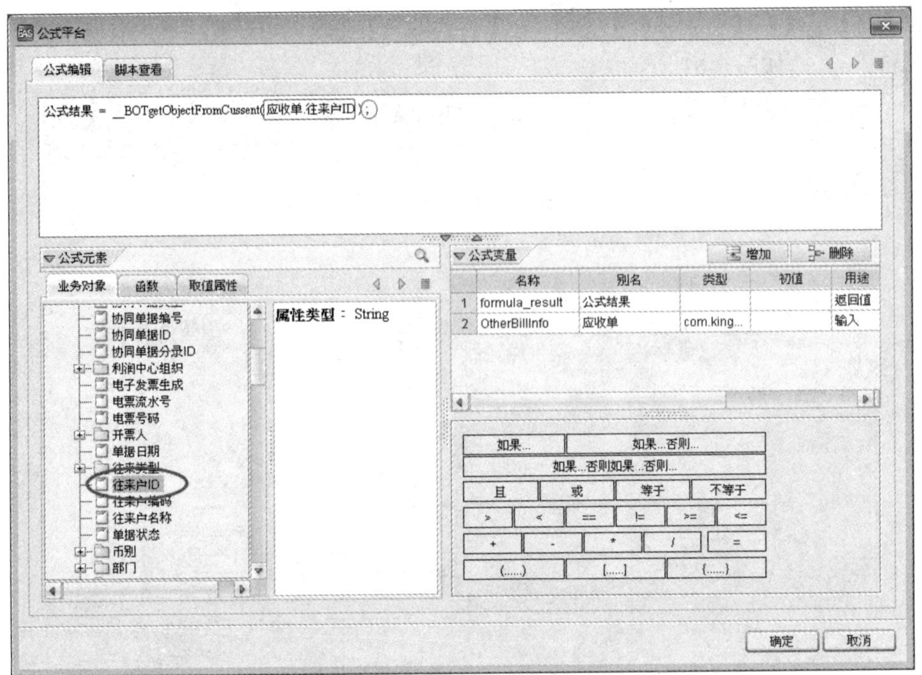

图 3-65 转换规则应收单生成凭证 SSC 修改(7)

再选择外部科目和销项税额科目为值列表的外部主营业务收入，即外部科目和销项税额科目，录入完成后，在规则编码和名称后面加上学号，单击【保存】按钮，如图 3-66 所示。

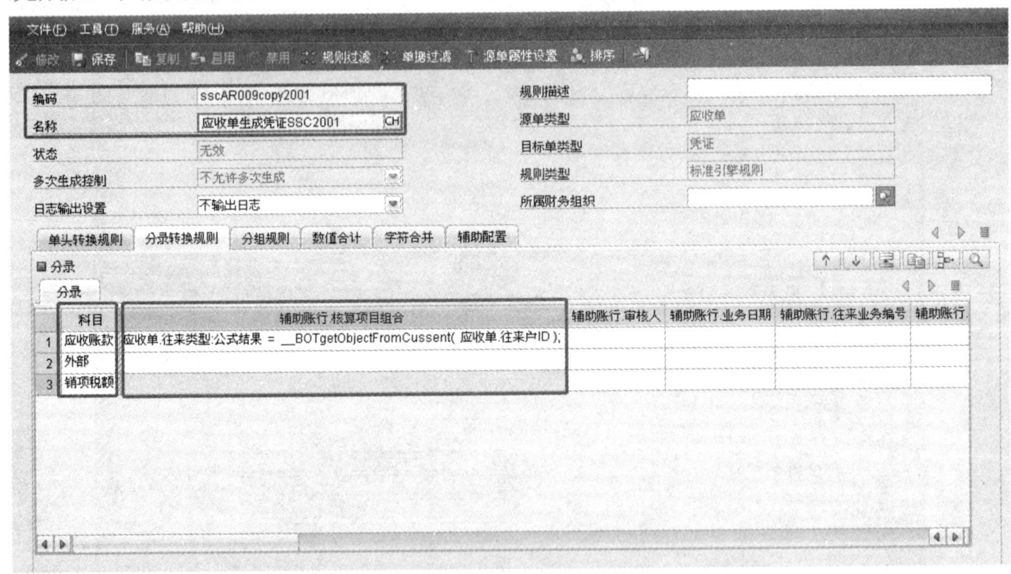

图 3-66 转换规则应收单生成凭证 SSC 修改(8)

注：如果科目没有修改到位，业务发生时会有对应提醒，可根据提醒再返回修改规则，必须禁用此规则才能修改规则。

3. 启用单据转换规则

单击工具栏中【启用】按钮，即可启用编码规则，如图3-67所示。编码规则必须禁用后才能修改。

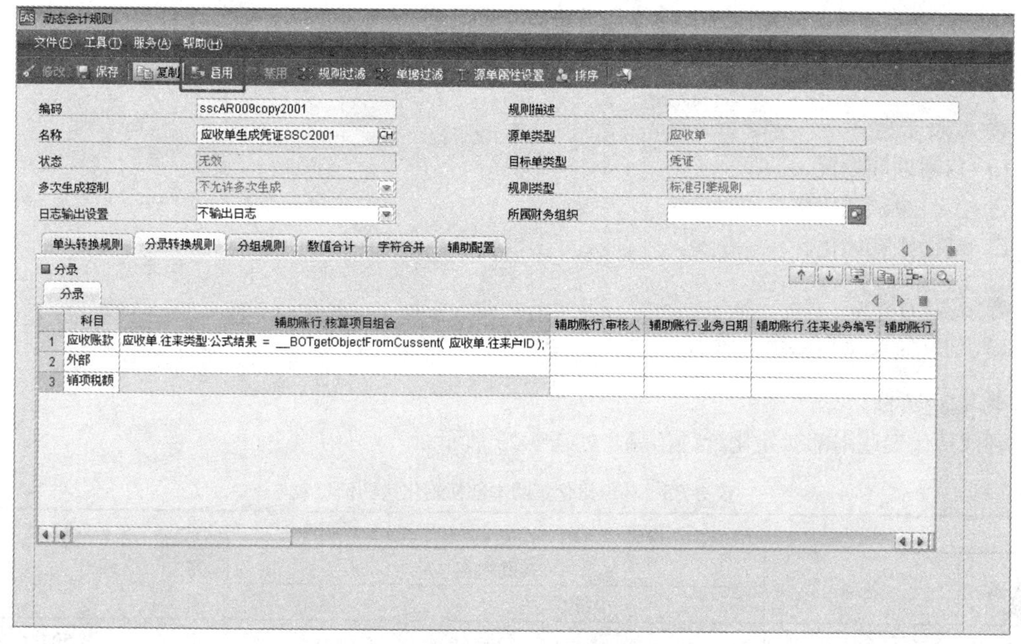

图 3-67 转换规则应收单生成凭证 SSC 启用

拓展任务

信息管理员康路达(kld+学号)复制环球集团 SSC 使用的单据转换规则，根据实验数据修改规则，并在环球日化集团启用规则。单据转换规则，如表 3-22 所示。

表 3-22 单据转换规则

业务系统	源单据	目标单据	管理单元	修改内容
应收系统	应收单	收款单	环球日化集团+姓名	单头转换规则对方科目，分录转换规则对方科目
应付系统	应付单	付款单	环球日化集团+姓名	单头转换规则对方科目，分录转换规则对方科目
应付系统	应付单	凭证	环球日化集团+姓名	凭证类型，分录转换规则科目

3.2 系统初始化

案例一 总账系统初始化

应用场景

总账系统是财务管理信息系统的核心，通过独特的核算项目功能，实现企业各项业务的精细化核算。

系统初始化是指在企业账务和物流业务的背景下设置和启用账套会计期间的期初数据。本案例主要讲述了金蝶 EAS 总账系统在使用前的初始化工作，主要包括科目初始余额录入、辅助账科目初始余额录入、往来账科目初始余额录入，以及现金流量初始化四部分的工作。而上述的四项录入工作均可分别独立完成，但必须保证四者之间明细金额合计与汇总金额相等。

以环球日化集团本部为例，信息管理员康路达(kld+学号)和本部总账会计樊江波(fjb+学号)结束环球日化集团本部总账初始化。

实验步骤

- 启用期间设置。
- 科目余额初始化。
- 辅助账初始化。

实验前准备

- 建立集团资料已全部录入。

实验数据

环球日化集团本部初始化余额信息，如表 3-23 所示。

表 3-23 环球日化集团本部初始化余额信息表

科目				期初余额	
代码	名称	辅助科目		方向	原币
		名称	原币		
1001	库存现金			借	150 000.00
1001.01	人民币			借	150 000.00
1002	银行存款			借	3 200 000.00
1002.01	商业银行存款	招商银行高新园支行+学号	3 200 000.00	借	3 200 000.00
1122	应收账款	广州天天日用贸易公司	100 000.00	借	100 000.00
1403	原材料			借	396 000.00
1403.01	原料及主要材料			借	396 000.00
1405	库存商品			借	2 800 000.00
1511	长期股权投资			借	125 667 142.86
1601	固定资产			借	24 000 000.00
1601.01	房屋及建筑物			借	24 000 000.00
1602	累计折旧			贷	12 317 142.86
1602.01	房屋及建筑物			贷	12 317 142.86
2202	应付账款	深圳市元动化工有限公司	60 000.00	贷	100 000.00
		深圳中富包装容器有限公司	40 000.00	贷	
4001	股本			贷	127 696 000.00
4101	盈余公积			贷	16 200 000.00
4101.01	法定盈余公积			贷	16 200 000.00

操作指导

1. 启用期间设置

启用期间设置是科目余额初始化的操作前提。信息管理员康路达(kld+学号)登录金蝶 EAS，切换组织到环球日化集团本部+姓名。单击【系统平台】-【系统工具】-【系统配置】-【系统状态控制】选项，进入系统状态控制界面，如图 3-68 所示。具体操作可参考视频。

总账系统初始化

在系统状态控制页面，单击总账系统启用期间栏后面的放大镜图标，进入会计期间列表，选择会计期间为 2017 年第 1 期，单击【确定】按钮，如图 3-69 所示。

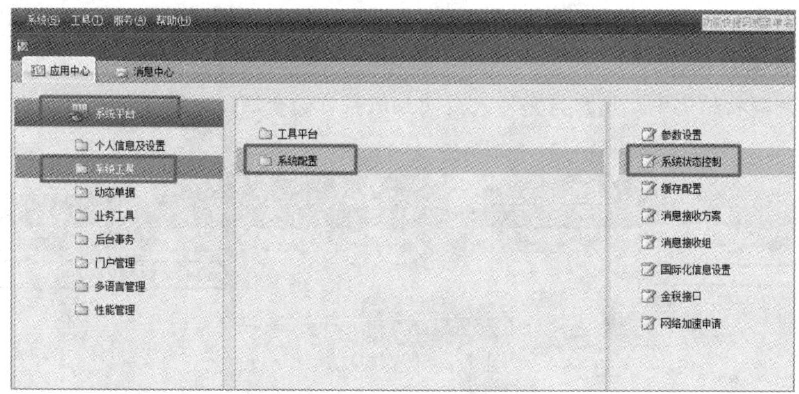

图 3-68　系统状态控制查询

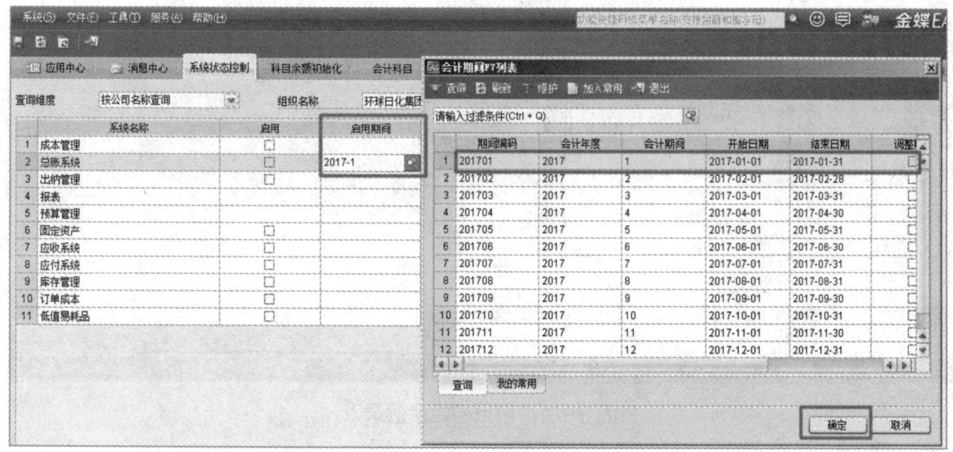

图 3-69　总账系统启用期间设置

2. 科目余额初始化

科目余额初始化操作是在使用总账系统进行日常业务操作之前，需要在总账系统中进行初始设置工作。本部总账会计樊江波(fjb+学号)登录金蝶 EAS，单击【财务会计】-【总账】-【初始化】-【科目初始余额录入】选项，进入科目余额初始化界面，如图 3-70 所示。

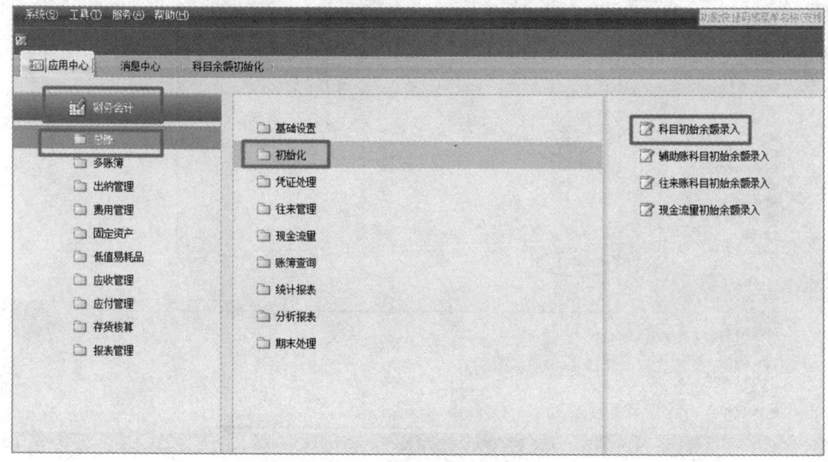

图 3-70　科目余额初始化查询

选择币别为人民币，根据表3-23中的实验数据录入环球日化集团本部初始化余额信息表的科目初始余额，如图3-71所示。

注： 科目余额初始化中，用户只需输入最明细级科目的金额，对于上级科目数据系统会自动进行汇总计算。

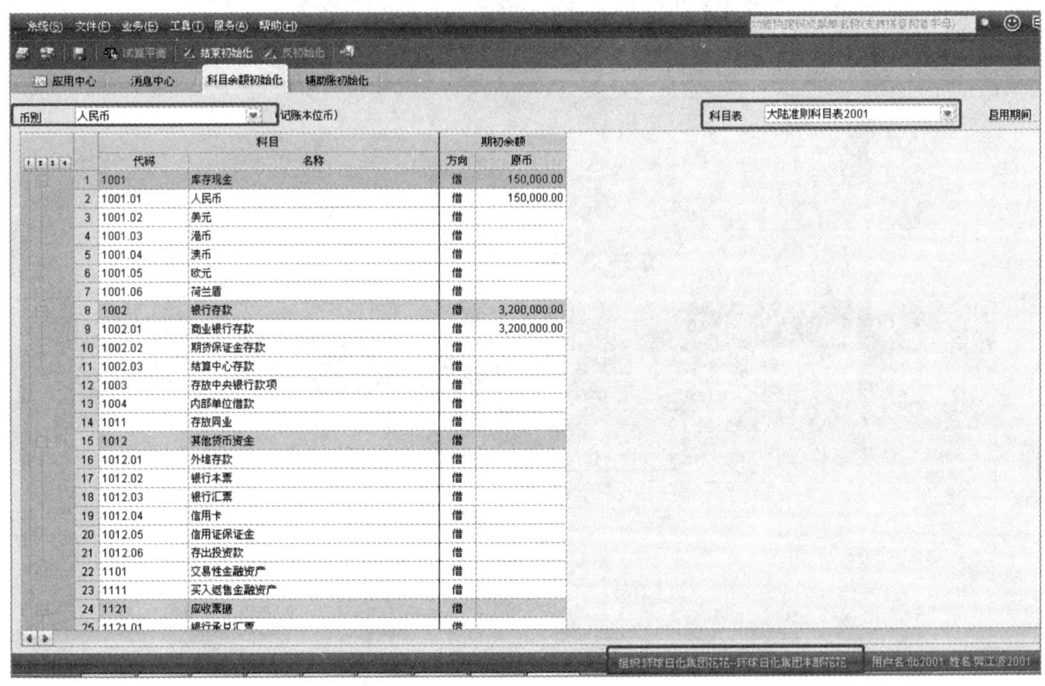

图3-71 科目初始余额录入

科目初始余额录入完毕后，选择币别为综合本位币，单击【试算平衡】按钮。若试算结果平衡，则单击【结束初始化】按钮；若试算结果不平衡，则根据差额提示检查、调整科目初始余额，直至试算结果平衡，如图3-72和图3-73所示。

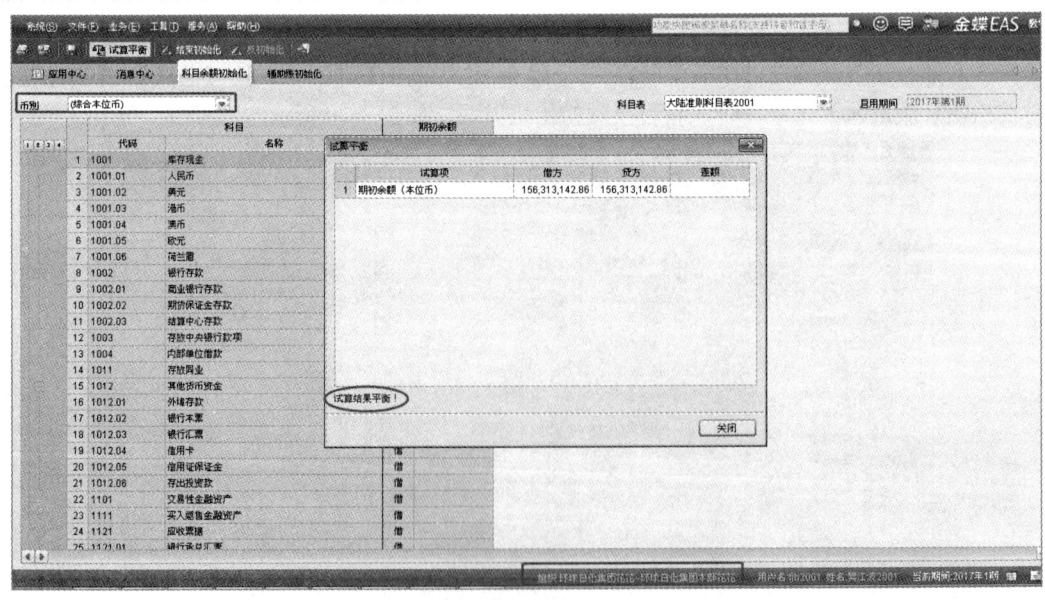

图3-72 试算平衡

币别 人民币 （记账本位币） 科目表 大陆准则科目表

	科目		期初余额	
	代码	名称	方向	原币
1	1001	库存现金	借	150,000.00
2	1001.01	人民币	借	150,000.00
3	1001.02	美元	借	
4	1001.03	港币	借	
5	1001.04	澳币	借	
6	1001.05	欧元	借	
7	1001.06	荷兰盾	借	
8	1002	银行存款	借	3,200,000.00
9	1002.01	商业银行存款	借	3,200,000.00
10	1002.02	期货保证金存款	借	
11	1002.03	结算中心存款	借	
12	1003	存放中央银行款项	借	
13	1004	内部单位借款	借	
14	1011	存放同业	借	
15	1012	其他货币资金	借	
16	1012.01	外埠存款	借	

图 3-73 结束初始化

3. 辅助账初始化

辅助账科目初始余额录入是针对有辅助账的科目，录入对应的辅助核算项目的初始数据。单击【应用中心】-【财务会计】-【总账】-【初始化】-【辅助账科目初始余额录入】选项，如图 3-74 所示。

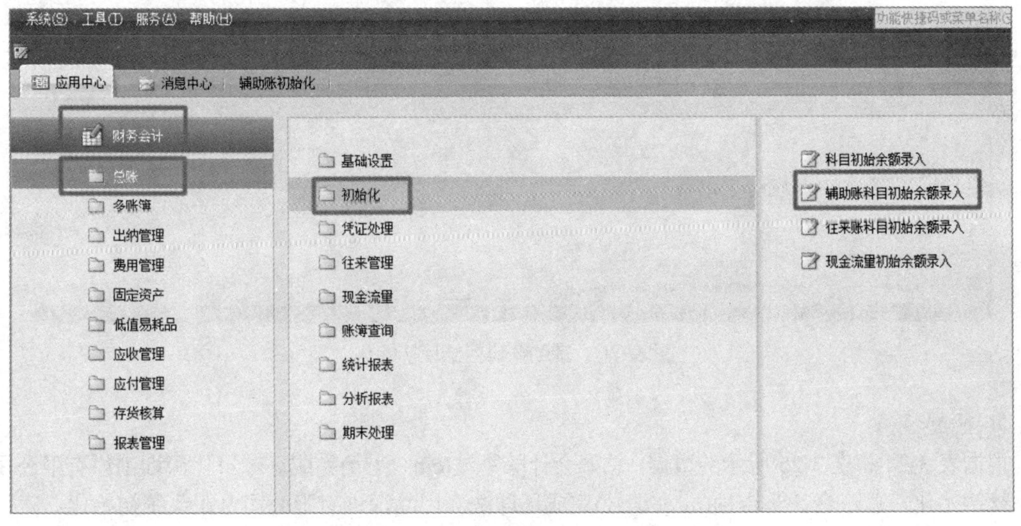

图 3-74 辅助账科目初始余额查询

在辅助账初始化页面，根据表 3-23 中的实验数据录入环球日化集团本部初始化余额信息表辅助账初始化信息。例如，挂有辅助账的科目商业银行存款，选择科目为商业银行存款，单击工具栏的【新增】按钮，新增辅助账。银行账户为招商银行高新园支行+学号，原币为 3 200 000，录入完毕后单击【保存】按钮，如图 3-75 所示。

按照相同的方法，录入所有挂有辅助账的科目：应收账款、应付账款。录入完成，单击工具栏的【全部结束初始化】按钮，如图 3-76 所示。

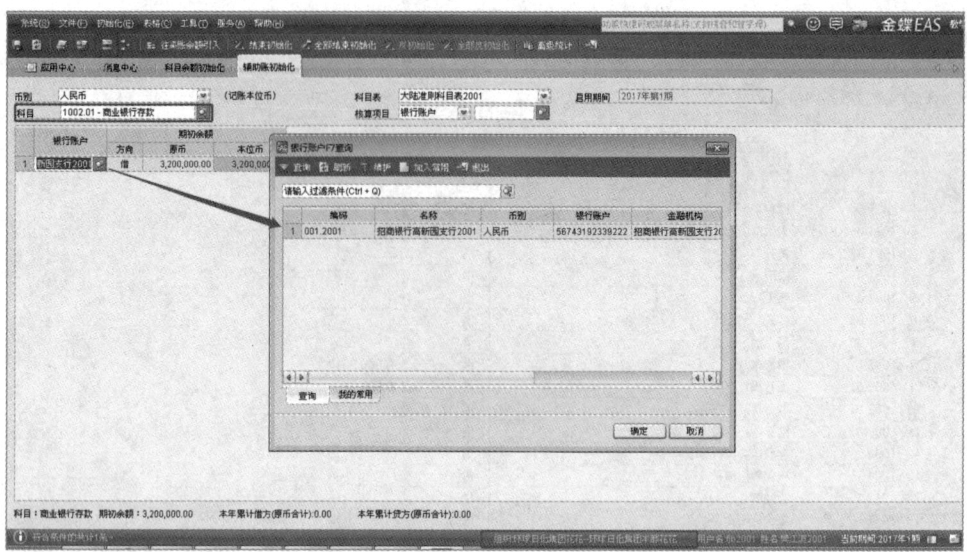

图 3-75 辅助账科目初始余额录入

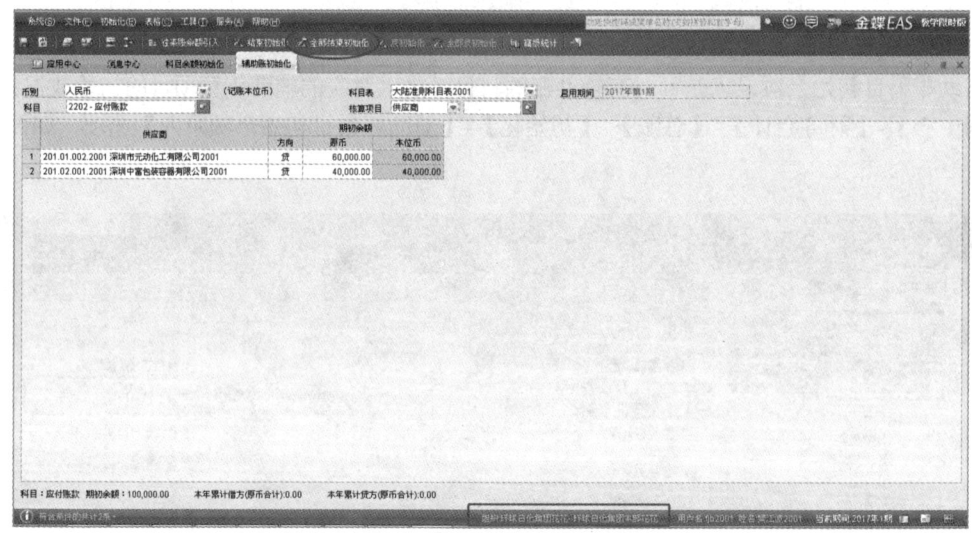

图 3-76 辅助账科目结束初始化

↗ 拓展任务

根据表 3-24 和表 3-25 所示的数据，总账会计陈军波(cjb+学号)完成环球日化深圳销售有限公司总账系统初始化，总账会计马吉祯(mjz+学号)完成环球洗涤用品深圳有限公司总账系统初始化。

表 3-24 环球日化深圳销售有限公司科目初始化信息表

<table>
<tr><th colspan="4">科目</th><th colspan="2">期初余额</th></tr>
<tr><th rowspan="2">代码</th><th rowspan="2">名称</th><th colspan="2">辅助科目</th><th rowspan="2">方向</th><th rowspan="2">原币</th></tr>
<tr><th>名称</th><th>原币</th></tr>
<tr><td>1001</td><td>库存现金</td><td></td><td></td><td>借</td><td>100 000.00</td></tr>
<tr><td>1001.01</td><td>人民币</td><td></td><td></td><td>借</td><td>100 000.00</td></tr>
<tr><td>1002</td><td>银行存款</td><td></td><td>3 100 000.00</td><td>借</td><td>3 100 000.00</td></tr>
<tr><td>1002.01</td><td>商业银行存款</td><td>招商银行龙华支行+学号</td><td>3 100 000.00</td><td>借</td><td>3 100 000.00</td></tr>
</table>

(续表)

科目				期初余额	
代码	名称	辅助科目		方向	原币
		名称	原币		
1122	应收账款	深圳盼盼洗涤用品贸易公司	50 000.00	借	150 000.00
		深圳日日用品贸易公司	100 000.00	借	
1601	固定资产			借	600 000.00
1601.03	固定资产-通用设备			借	600 000.00
2202	应付账款	深圳中富包装容器有限公司	200 000.00	贷	200 000.00
1602	累计折旧			贷	166 250.00
1602.03	累计折旧-通用设备			贷	166 250.00
4101	盈余公积			贷	3 583 750.00
4101.01	法定盈余公积			贷	3 583 750.00

表 3-25 环球洗涤用品有限公司科目初始化信息表

科目				期初余额	
代码	名称	辅助科目		方向	原币
		名称	原币		
1001	库存现金			借	80 000.00
1001.01	人民币			借	80 000.00
1002	银行存款		2 700 000.00	借	2 700 000.00
1002.01	商业银行存款	招商银行时代广场支行+学号	2 700 000.00	借	2 700 000.00
1601.02	固定资产-专用设备			借	480 000.00
1122	应收账款	成都贝贝商贸有限公司	100 000.00	借	100 000.00
1602.02	累计折旧-专用设备			贷	173 800.00
2202	应付账款	广州塑料包装材料有限公司	40 000.00	贷	120 000.00
		深圳市元动化工有限公司	80 000.00	贷	
4101	盈余公积			贷	3 066 200.00
4101.01	法定盈余公积			贷	3 066 200.00

案例二 出纳管理初始化

应用场景

出纳管理是企业日常收支必不可少的工作之一，涉及办理企业的现金收付、银行结算及有关账务。帮助企业及时地了解掌握某期间或某时间范围的现金收支记录和银行存款收支情况，并做到日清月结，随时查询、打印有关出纳报表。

出纳管理初始化是启用 EAS 出纳管理系统必需的前置步骤，用于将启用期间之前的现金、银行存款和银行对账单余额录入系统，以保证系统后续期间业务数据的连续性，初始化数据是否正确将直接影响整个出纳系统数据的正确性。出纳管理系统初始化包括现金、银行存款、银行对账单。

以环球日化集团本部为例，信息管理员康路达(kld+学号)和本部出纳陈晓陶(cxt+学号)结束环球日化集团本部出纳管理初始化。

实验步骤

- 启用期间设置。
- 录入初始余额。
- 结束初始化并与总账联用。

实验前准备

- 建立集团资料已全部录入。
- 总账系统已启用。

实验数据

环球日化集团本部出纳初始化信息，如表 3-26 所示。

表 3-26 环球日化集团本部出纳初始化信息表

现金初始余额	
现金科目	初始余额(人民币/元)
1001.01 人民币	150 000
银行存款与对账单	
银行账户名称	初始余额(人民币/元)
招商银行高新园支行+学号	3 200 000

操作指导

1. 启用期间设置

启用期间设置是出纳管理初始化操作的前提。信息管理员康路达(kld+学号)登录金蝶 EAS 客户端，切换组织到环球日化集团本部+姓名。单击【系统平台】-【系统工具】-【系统配置】-【系统状态控制】选项，进入系统状态控制界面，如图 3-77 所示。

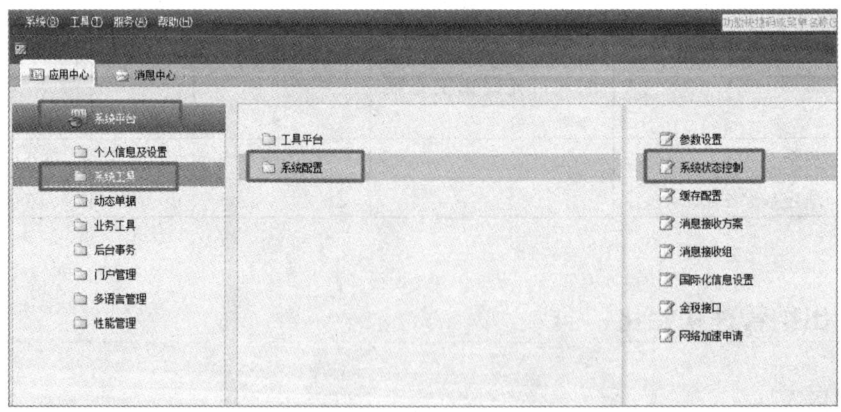

图 3-77 系统状态控制查询

单击出纳管理启用期间栏右侧的放大镜图标，进入会计期间列表，选择会计期间为 2017 年第 1 期，单击【确定】按钮，如图 3-78 所示。

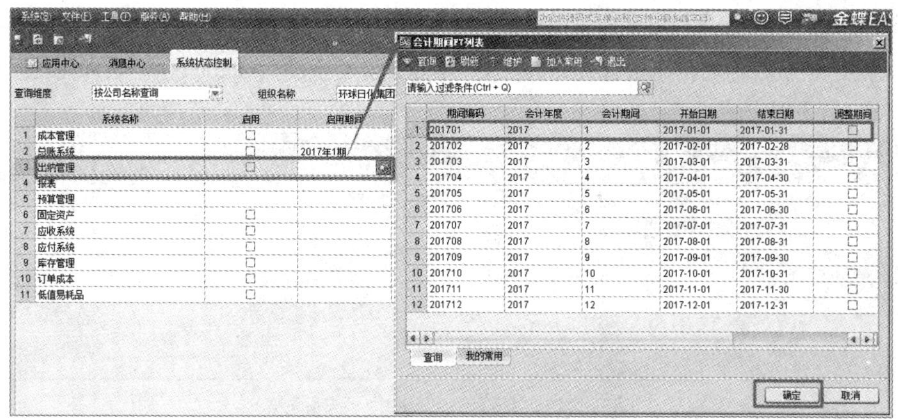

图 3-78 出纳管理系统启用期间设置

2. 录入初始余额

录入现金、银行存款、银行对账单初始余额，是启用 EAS 出纳管理系统的前置步骤。环球日化集团本部出纳陈晓陶(cxt+学号)登录金蝶 EAS 客户端，单击【财务会计】-【出纳管理】-【基础设置】-【出纳初始化】选项，进入出纳初始化界面，如图 3-79 所示。

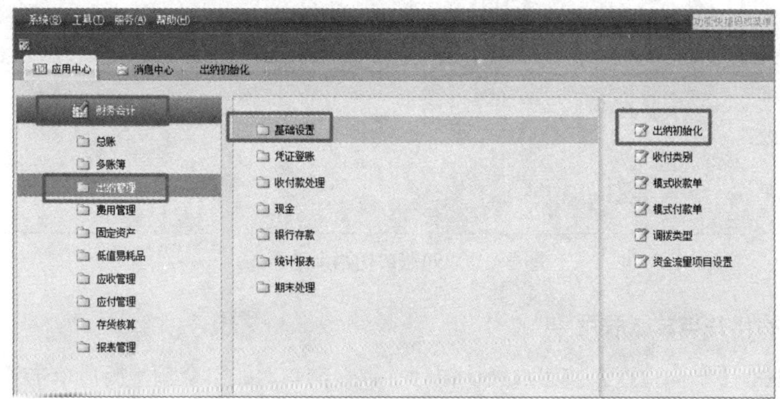

图 3-79 出纳初始化查询

选择类型为现金，币别为人民币，根据表 3-26 的实验数据录入环球日化集团本部出纳初始化信息。现金科目人民币的初始余额为 150 000，录入完毕后单击【保存】按钮，如图 3-80 所示。

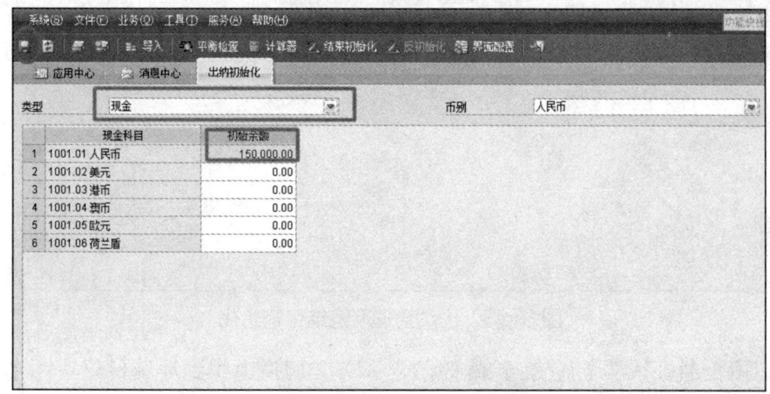

图 3-80 现金科目初始余额录入

选择类型为银行存款，币别为人民币，根据表 3-26 中的实验数据录入环球日化集团本部出纳初始化信息。银行账户名称为招商银行高新园支行+学号，初始余额为 3 200 000，录入完毕后单击【保存】按钮，如图 3-81 所示。

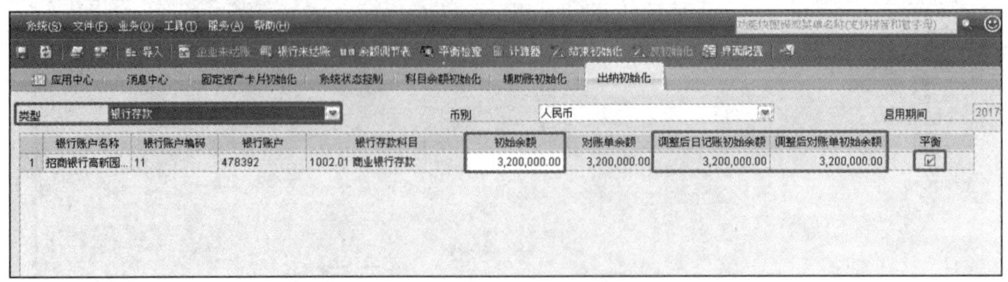

图 3-81 银行存款科目初始余额录入

选择类型为对账单，币别为人民币，根据表 3-26 中的实验数据录入环球日化集团本部出纳初始化信息。银行账户名称为招商银行高新园支行+学号，初始余额为 3 200 000，录入完毕后单击【保存】按钮，如图 3-82 所示。

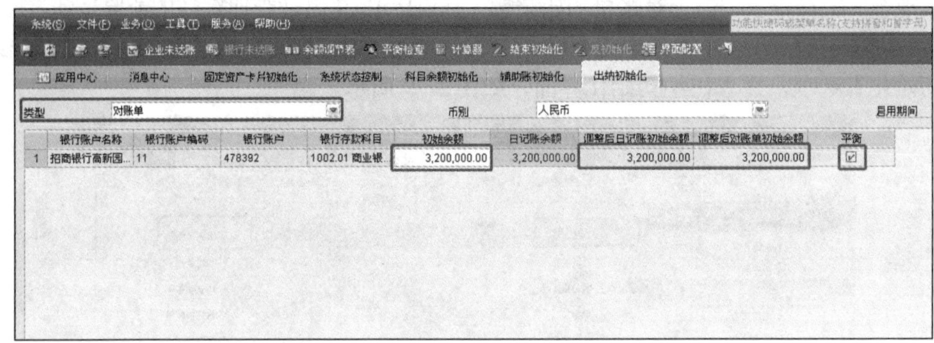

图 3-82 对账单初始余额录入

3. 结束初始化并与总账联用

单击工具栏的【平衡检查】按钮，确认银行存款金额与对账单金额平衡后单击【结束初始化】按钮，如图 3-83 所示。

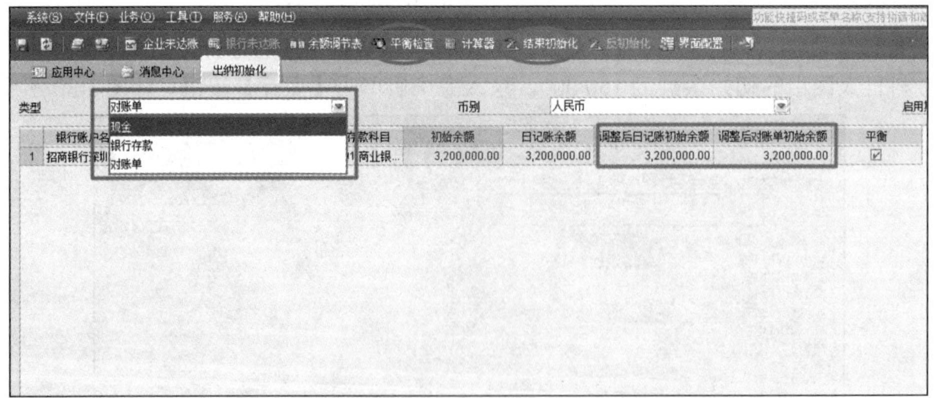

图 3-83 出纳管理系统结束初始化

信息管理员康路达(kld+学号)登录金蝶 EAS 客户端，切换组织到环球日化集团本部+姓名。单击【系统平台】-【系统工具】-【系统配置】-【系统状态控制】选项，选择出纳系统，单击工具栏中的【与总账联用】按钮，完成出纳系统与总账系统的联用，如图 3-84 所示。

注：联用的前提，一是当前期间一致；二是两个系统都结束了初始化；三是初始化余额相同。

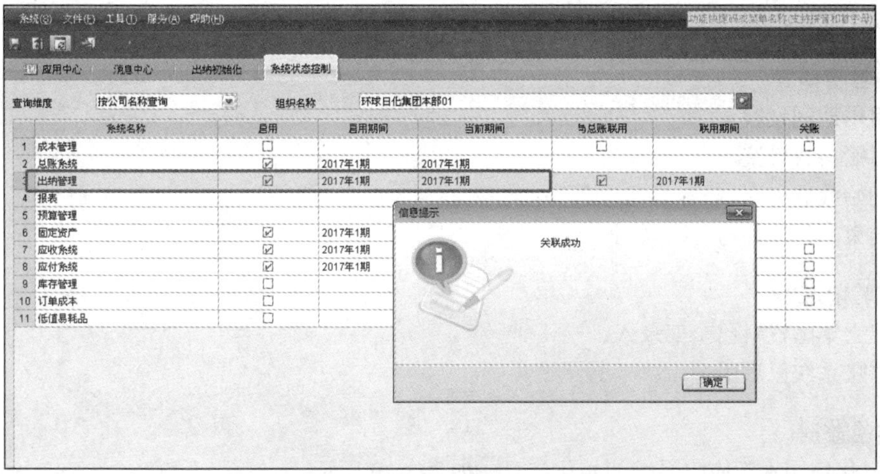

图 3-84 出纳系统与总账系统联用

↗ 拓展任务

根据表 3-27 和表 3-28 中的数据，出纳张合凯(zhk+学号)完成环球日化深圳销售有限公司出纳管理初始化，并与总账联用；出纳赵珊珊(zss+学号)完成环球洗涤用品深圳有限公司出纳管理初始化，并与总账联用。

表 3-27 环球日化深圳销售有限公司出纳初始化

现金初始余额	
现金科目	初始余额(人民币/元)
1001.01 人民币	100 000
银行存款与对账单	
银行账户名称	初始余额(人民币/元)
招商银行龙华支行+学号	3 100 000

表 3-28 环球洗涤用品深圳有限公司出纳初始化

现金初始余额	
现金科目	初始余额(人民币/元)
1001.01 人民币	80 000
银行存款与对账单	
银行账户名称	初始余额(人民币/元)
招商银行时代广场支行+学号	2 700 000

案例三 应收系统初始化

↗ 应用场景

应收管理系统处理客户往来管理的业务，是供应链销售及分销管理资金结算的重要流程部分，同时又是财务资金管理的重要内容。

初始化处理是进行应收业务处理的基础与前提条件，是对上线应收系统前的业务数据进行整理的过程。初始化处理包括启用期间设置、对账科目设置、期初单据录入、年初至启用期间的发生额录入、结束初始化。

以环球日化集团本部为例，信息管理员康路达(kld+学号)和本部往来会计李卫玲(lwl+学号)结束环球日化集团本部应收系统初始化。

实验步骤

- 启用期间设置。
- 对账科目设置。
- 初始数据引入。
- 结束初始化并与总账联用。

实验前准备

- 建立集团资料已全部录入。
- 总账系统已启用。

实验数据

环球日化集团本部应收系统初始化信息，如表 3-29 所示。

表 3-29　环球日化集团本部应收系统初始化信息表

组织名称	客户	启用期间	科目	业务类型	物料	期初余额
环球日化集团本部+姓名	广州天天日用贸易有限公司	2017 年第 1 期	应收账款	销售发票	彩膜	100 000

操作指导

1. 启用期间设置

启用期间设置是应收系统初始化的操作前提。信息管理员康路达(kld+学号)登录金蝶 EAS 客户端，切换组织到环球日化集团本部+姓名。单击【系统平台】-【系统工具】-【系统配置】-【系统状态控制】选项，进入系统状态控制界面，如图 3-85 所示。具体操作可参考视频。

应收系统初始化

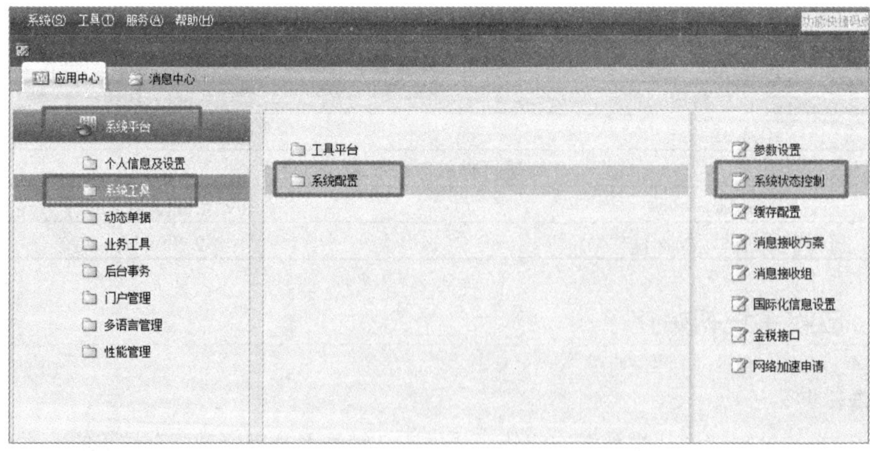

图 3-85　系统状态控制查询

单击应收系统启用期间栏右侧的放大镜图标，进入会计期间列表，选择会计期间为 2017 年第 1 期，单击【确定】按钮，如图 3-86 所示。

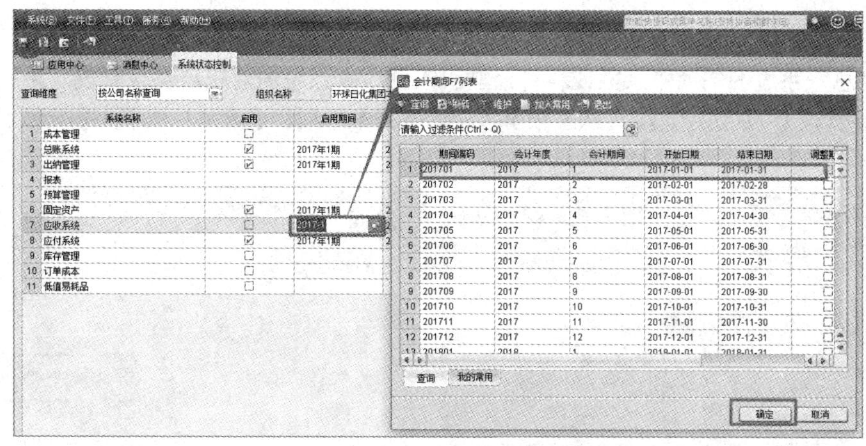

图 3-86 应收系统启用期间设置

2. 对账科目设置

设置需要在应收系统中与总账系统对账的科目。往来会计李卫玲(lwl+学号)登录金蝶 EAS 客户端，切换组织到环球日化集团本部+姓名。单击【财务会计】-【应收管理】-【初始化】-【对账科目设置】选项，进入对账科目设置界面，如图 3-87 所示。

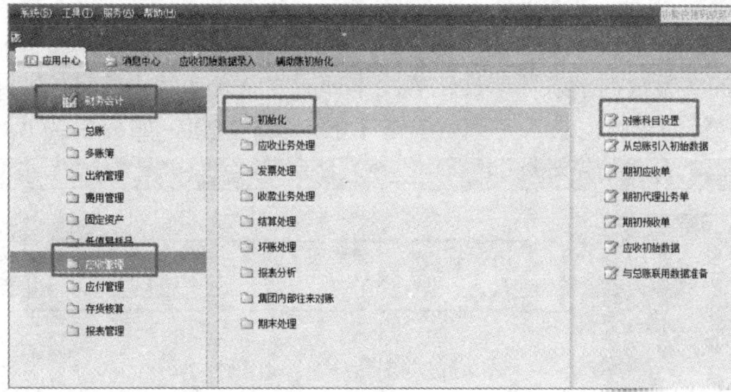

图 3-87 对账科目设置查询

单击工具栏中的【新增】按钮新增对账科目，科目编码为 1122 应收账款，其他为默认，单击【保存】按钮，如图 3-88 所示。

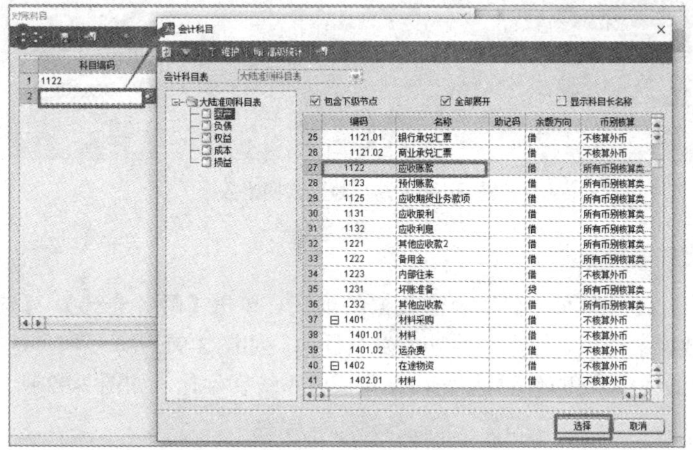

图 3-88 对账科目新增

3. 初始数据引入

系统将总账系统的辅助账余额或科目余额引入到应收系统的对账科目余额表。单击【财务会计】-【应收管理】-【初始化】-【从总账引入初始数据】选项，进入从总账引入初始数据界面，如图 3-89 所示。

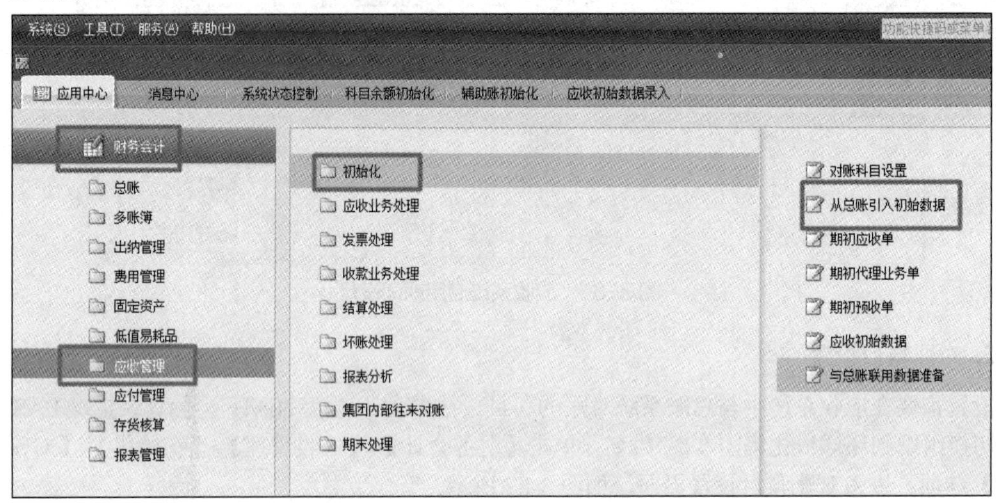

图 3-89 从总账引入初始数据查询

根据表 3-29 中的实验数据录入环球日化集团本部应收系统初始化信息，科目为应收账款，单据类型为销售发票，物料为彩膜，录入完毕后单击【下一步】按钮，如图 3-90 所示。

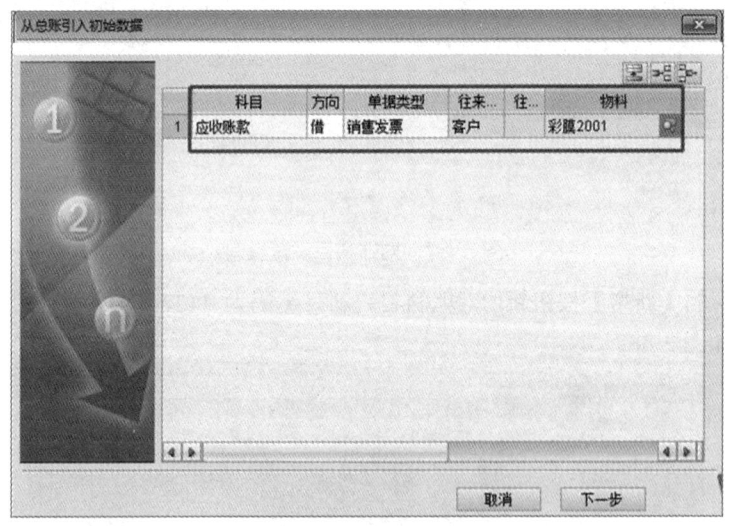

图 3-90 从总账引入初始数据

4. 结束初始化并联用总账

结束初始化是对启用期间、初始余额数据的确认。单击【财务会计】-【应收管理】-【初始化】-【应收初始数据】选项，进入应收初始数据界面，如图 3-91 所示。

单击工具栏中的【结束初始化】按钮，结束应收系统初始化，如图 3-92 所示。

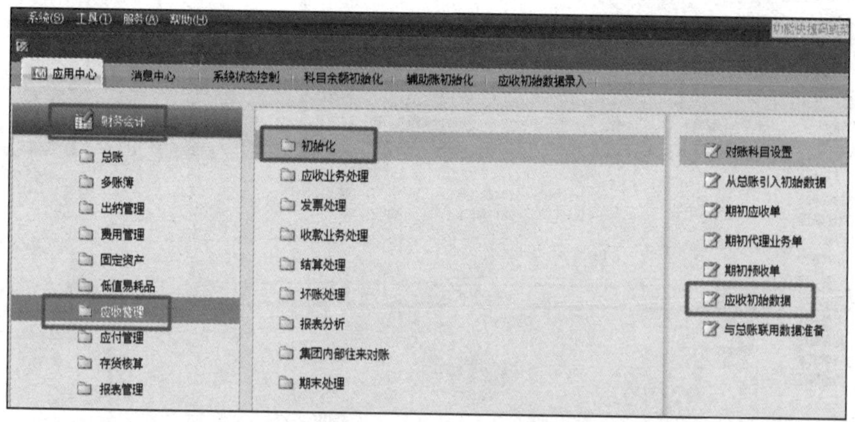

图3-91 应收初始数据查询

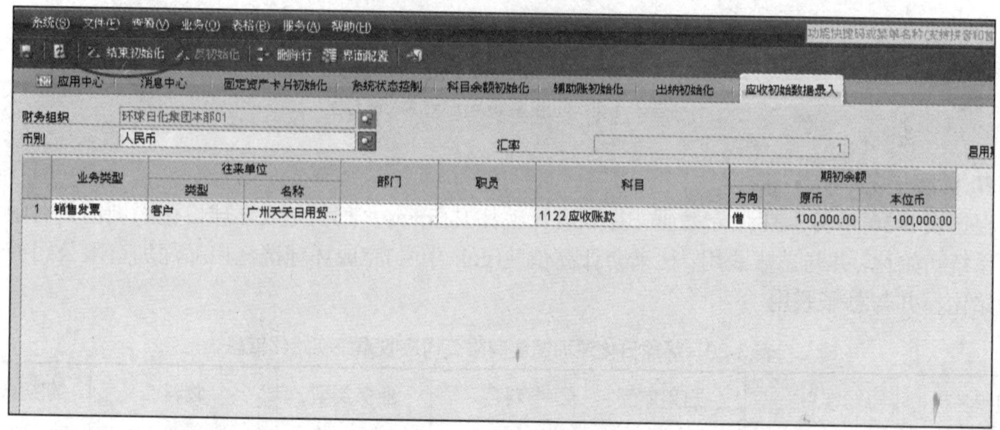

图3-92 应收系统结束初始化

信息管理员康路达(kld+学号)登录金蝶EAS客户端，切换组织到环球日化集团本部+姓名。单击【系统平台】-【系统工具】-【系统配置】-【系统状态控制】选项，进入系统状态控制界面，如图3-93所示。

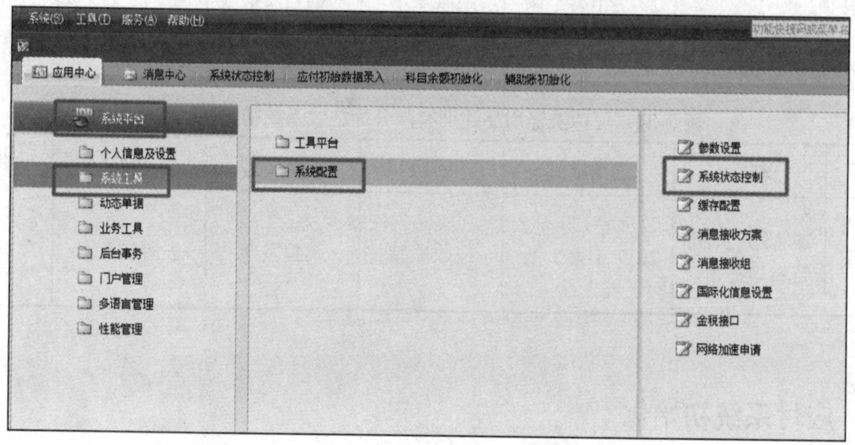

图3-93 系统状态控制查询

选择应收系统，单击工具栏的【与总账联用】按钮，完成应收系统与总账系统的联用，如图3-94所示。

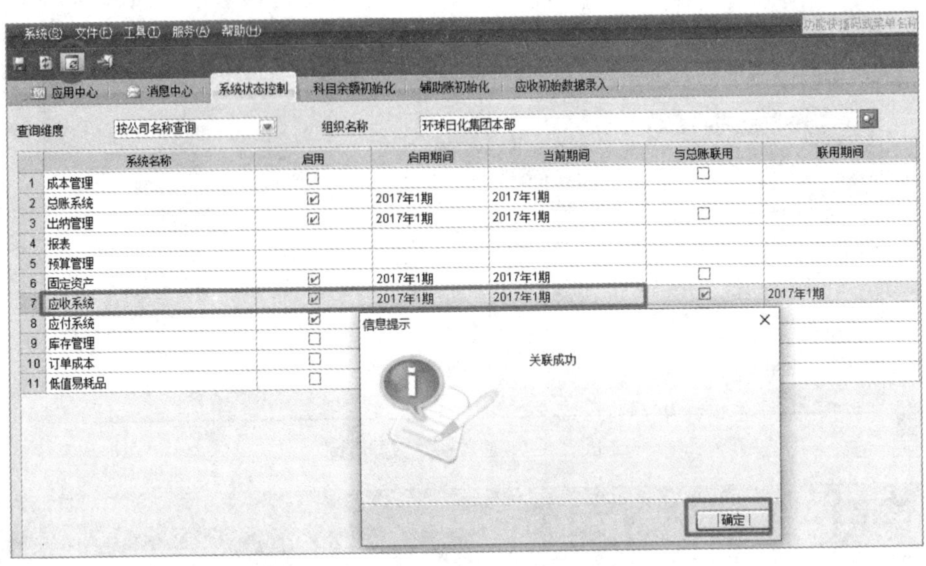

图 3-94　应收系统与总账系统联用

拓展任务

根据表 3-30 和表 3-31 所示数据，往来会计毛伟文(mww+学号)完成环球日化深圳销售有限公司应收系统初始化，并与总账联用；往来会计高倩兰(gql+学号)完成环球洗涤用品深圳有限公司应收系统初始化，并与总账联用。

表 3-30　环球日化深圳销售有限公司应收系统初始化信息

组织名称	客户	启用期间	科目	业务类型	物料	期初余额
环球日化深圳销售有限公司+姓名	深圳盼盼洗涤用品贸易公司	2017 年第 1 期	应收账款	销售发票	电波拉皮除皱仪	50 000.00
环球日化深圳销售有限公司+姓名	深圳日日用品贸易公司	2017 年第 1 期	应收账款	销售发票	电波拉皮除皱仪	100 000.00

表 3-31　环球洗涤用品深圳有限公司应收系统初始化信息

组织名称	客户	启用期间	科目	业务类型	物料	期初余额
环球洗涤用品深圳有限公司+姓名	成都贝贝商贸有限公司	2017 年第 1 期	应收账款	销售发票	去屑洗发水	100 000.00

案例四　应付系统初始化

应用场景

应付管理系统处理供应商往来管理的业务，是供应链采购及供应管理资金结算的重要流程部分，同时又是财务资金管理的重要内容。

初始化处理是进行应付业务处理的基础与前提条件，是对上线应付系统前的业务数据进行整理的过程。初始化处理包括启用期间设置、对账科目设置、期初单据录入、年初至启用期间的发生额录入、结束初始化。

以环球日化集团本部为例，信息管理员康路达(kld+学号)和本部往来会计李卫玲(lwl+学号)结束环球日化集团本部应付系统的初始化。

实验步骤

- 启用期间设置。
- 对账科目设置。
- 初始数据引入。
- 结束初始化并联用总账。

实验前准备

- 建立集团资料已全部录入。
- 总账系统已启用。

实验数据

环球日化集团本部应付系统初始化信息如表 3-32 所示。

表 3-32 环球日化集团本部应付系统初始化信息

组织名称	供应商	启用期间	科目	业务类型	物料	期初余额
环球日化集团本部+姓名	深圳市元动化工有限公司	2017 年第 1 期	应付账款	采购发票	矿油	60 000
环球日化集团本部+姓名	深圳中富包装容器有限公司	2017 年第 1 期	应付账款	采购发票	矿油	40 000

操作指导

1. 启用期间设置

启用期间设置是应付系统初始化的操作前提。信息管理员康路达(kld+学号)登录金蝶 EAS 客户端，切换组织到环球日化集团本部+姓名。单击【系统平台】-【系统工具】-【系统配置】-【系统状态控制】选项，进入系统状态控制界面，如图 3-95 所示。

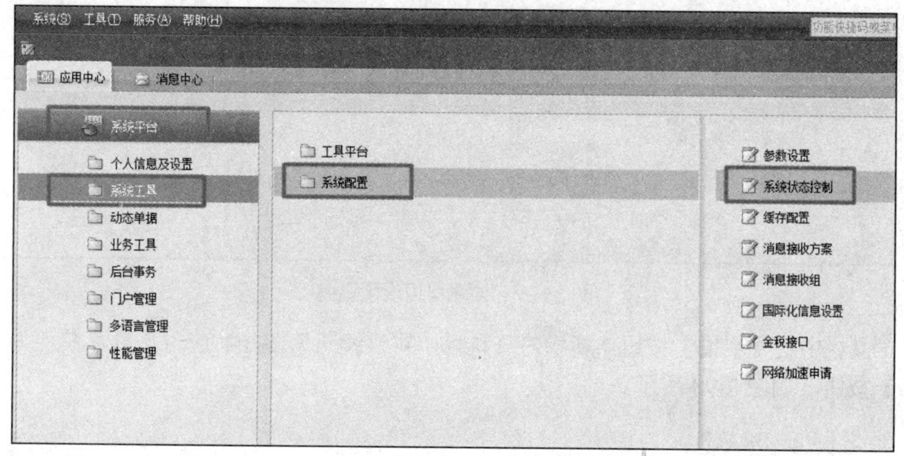

图 3-95 系统状态控制查询

单击应付系统启用期间栏右侧的放大镜图标，进入会计期间列表，选择会计期间为 2017 年第 1 期，单击【确定】按钮，如图 3-96 所示。

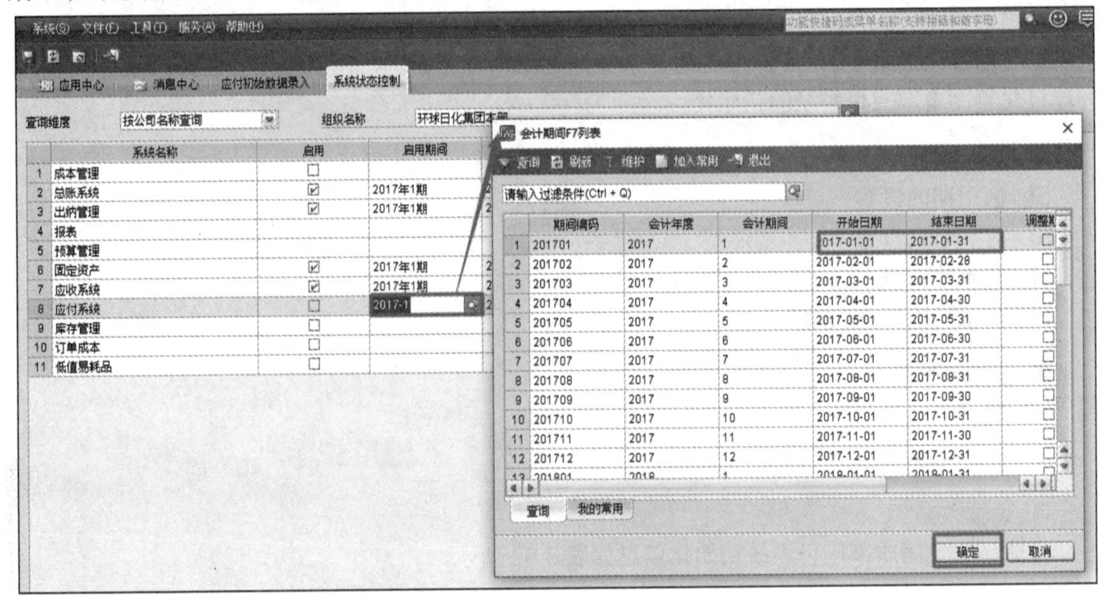

图 3-96 应付系统启用期间设置

2. 对账科目设置

设置在应付系统中需要与总账系统对账的科目。往来会计李卫玲(lwl+学号)登录金蝶 EAS 客户端，切换组织到环球日化集团本部+姓名。单击【财务会计】-【应付管理】-【初始化】-【对账科目设置】选项，进入对账科目设置界面，如图 3-97 所示。

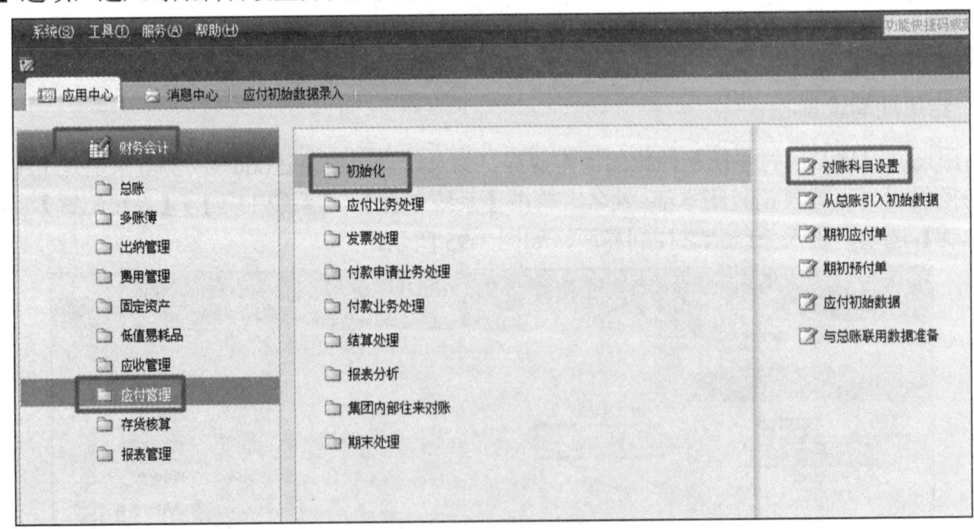

图 3-97 对账科目设置查询

单击工具栏中的【新增】按钮，新增对账科目，科目编码为 2202 应付账款，其他为默认，单击【保存】按钮，如图 3-98 所示。

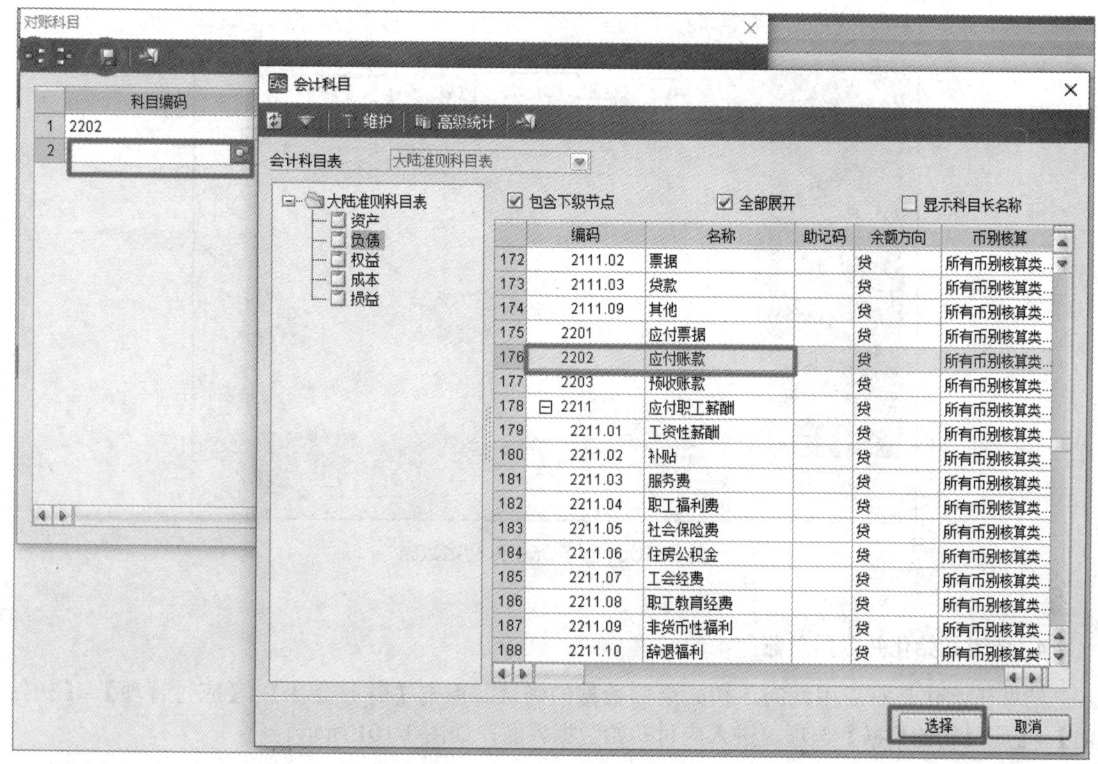

图 3-98 对账科目新增

3. 初始数据引入

系统将总账系统的辅助账余额或科目余额引入到应付系统的对账科目余额表。单击【财务会计】-【应付管理】-【初始化】-【从总账引入初始数据】选项，进入从总账引入初始数据界面，如图 3-99 所示。

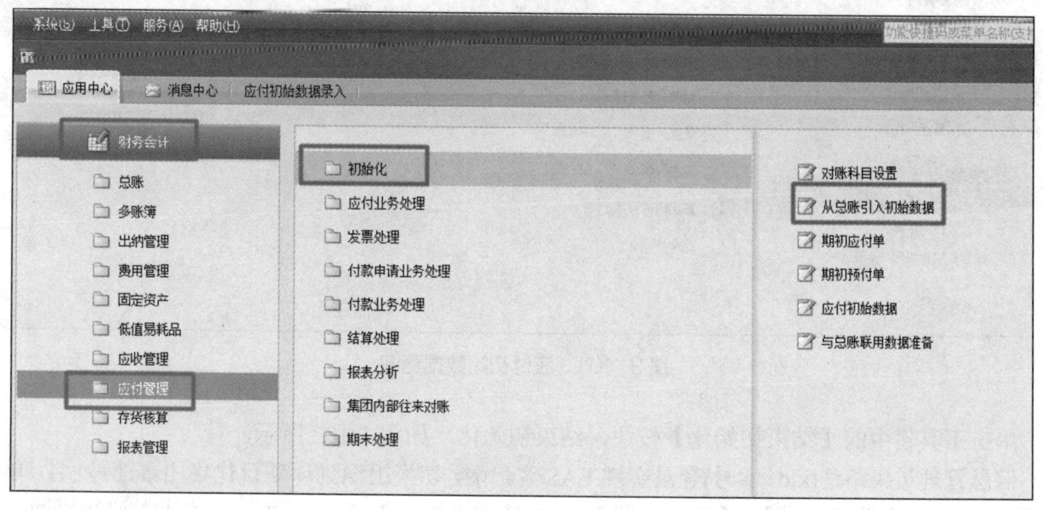

图 3-99 从总账引入初始数据查询

根据表 3-32 中的实验数据录入环球日化集团本部应付系统初始化信息，科目为应付账款，单据类型为采购发票，物料为矿油，录入完毕后单击【下一步】按钮，如图 3-100 所示。

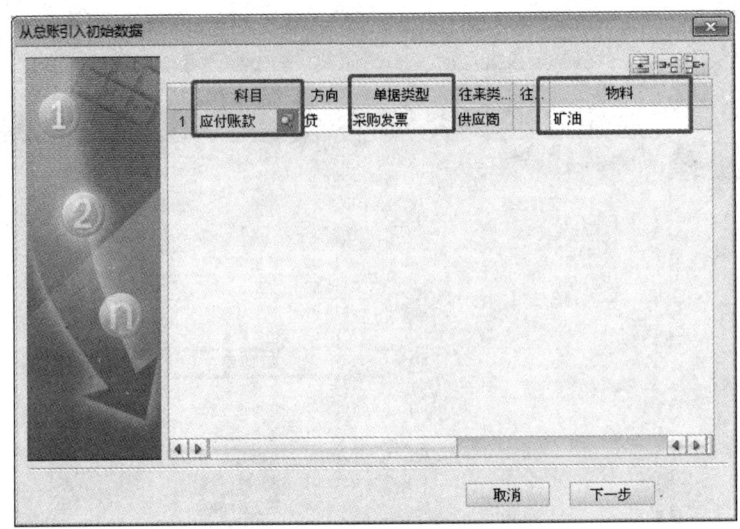

图 3-100　从总账引入初始数据

4. 结束初始化并联用总账

结束初始化是对启用期间、初始余额数据的确认。单击【财务会计】-【应付管理】-【初始化】-【应付初始数据】选项，进入应付初始数据界面，如图 3-101 所示。

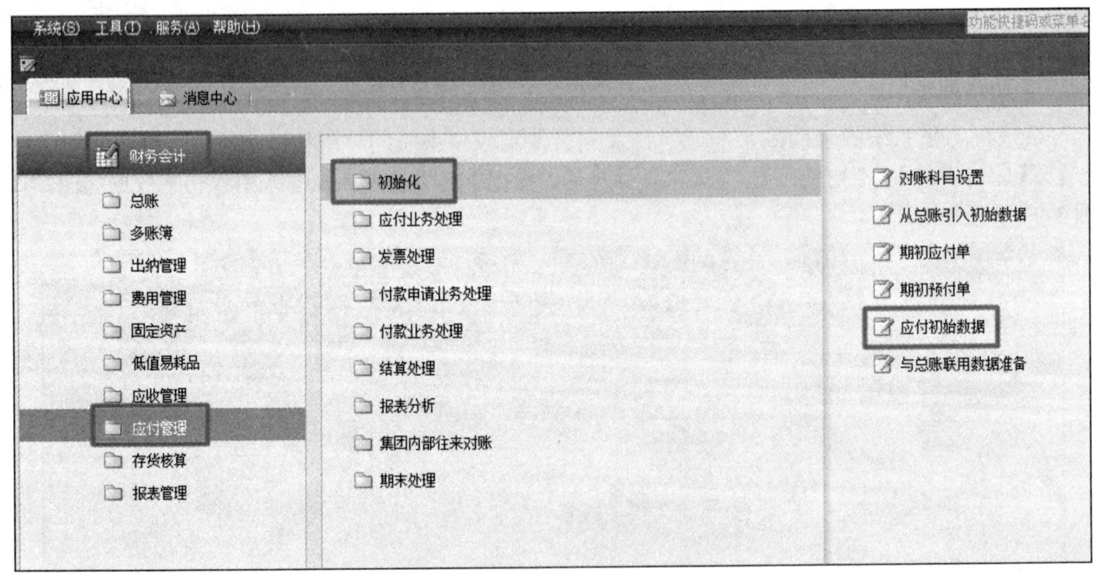

图 3-101　应付初始数据查询

单击工具栏中的【结束初始化】按钮，结束初始化，如图 3-102 所示。

信息管理员康路达(kld+学号)登录金蝶 EAS 客户端，切换组织到环球日化集团本部+姓名。单击【系统平台】-【系统工具】-【系统配置】-【系统状态控制】选项，进入系统状态控制界面，如图 3-103 所示。

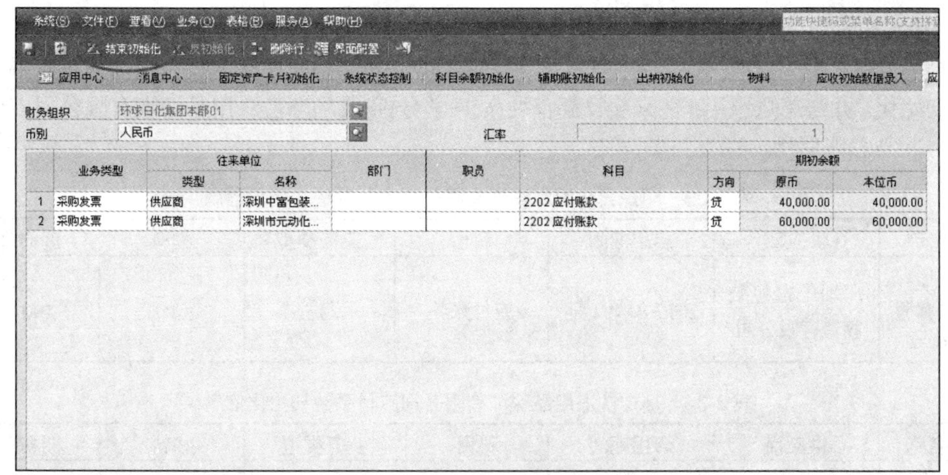

图 3-102 应付初始结束初始化

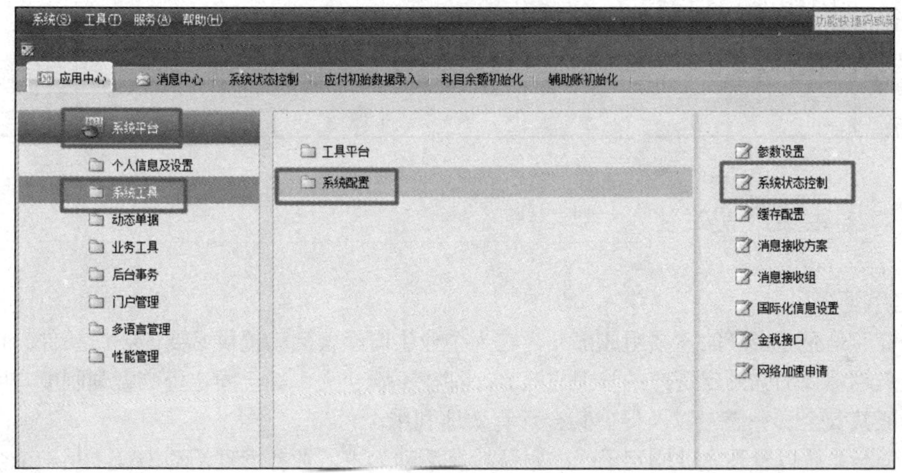

图 3-103 系统状态控制查询

选择应付系统，单击工具栏中的【与总账联用】按钮，完成应付系统与总账系统的联用，如图 3-104 所示。

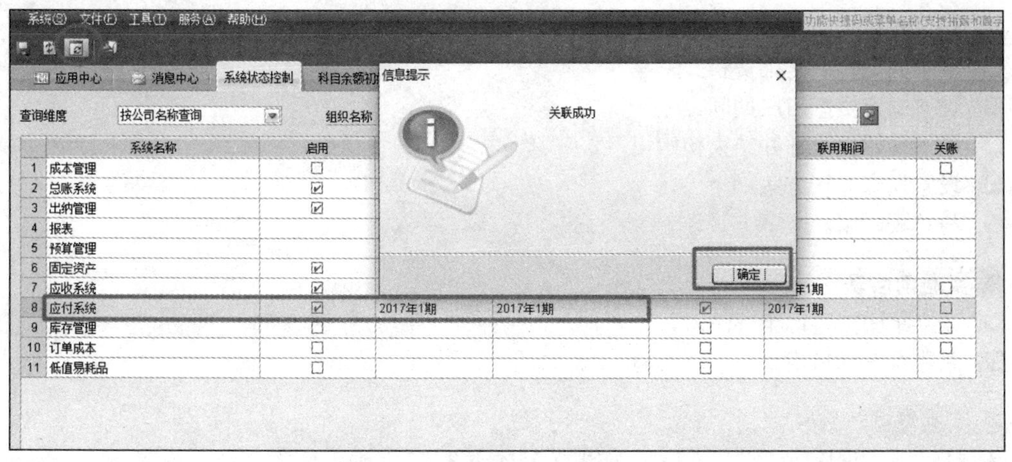

图 3-104 应付系统与总账系统联用

↗ 拓展任务

根据表3-33和表3-34中的数据，往来会计毛伟文(mww+学号)完成环球日化深圳销售有限公司应付系统初始化，并与总账联用；往来会计高倩兰(gql+学号)完成环球洗涤用品深圳有限公司应付系统初始化，并与总账联用。

表 3-33 环球日化深圳销售有限公司应付系统初始化信息

组织名称	供应商	启用期间	科目	业务类型	物料	期初余额
环球日化深圳销售有限公司+姓名	深圳中富包装容器有限公司	2017 年第 1 期	应付账款	采购发票	超滤膜	200 000

表 3-34 环球洗涤用品深圳有限公司应付系统初始化信息

组织名称	供应商	启用期间	科目	业务类型	物料	期初余额
环球洗涤用品深圳有限公司+姓名	广州塑料包装材料有限公司	2017 年第 1 期	应付账款	采购发票	220ml 屑根净深度滋养洗发水 L	40 000
环球洗涤用品深圳有限公司+姓名	深圳市元动化工有限公司	2017 年第 1 期	应付账款	采购发票	220ml 屑根净深度滋养洗发水 L	80 000

案例五 固定资产初始化

↗ 应用场景

固定资产是企业资产的重要组成部分，它为企业生产经营活动提供必要的物质条件。很多企业现在都越来越重视加强固定资产的管理与核算，都在不断建立、健全固定资产管理制度，明确管理责任，保证其安全、完整，以及促使其合理有效地利用。

固定资产系统以管理企业固定资产的财务核算活动为主，业务管理活动为辅，是一个全面的固定资产管理系统。

环球日化集团本部于 2017 年 1 月开始使用固定资产系统，由本部固定资产会计齐振英(qzy+学号)完成环球日化集团本部固定资产初始化。

↗ 实验步骤

- ❑ 维护固定资产基础资料。
- ❑ 设置固定资产启用期间。
- ❑ 录入初始化卡片并结束初始化。
- ❑ 设置期末对账方案。
- ❑ 与总账联用。

↗ 实验前准备

- ❑ 建立集团资料已全部录入。
- ❑ 总账系统已启用。

↗ 实验数据

环球日化集团固定资产相关信息，如表 3-35～表 3-37 所示。

表 3-35 环球日化集团地址簿信息

地址编码	学号.01
国家	中国
地址详址	高新南十二路
省份城市	广东深圳

表 3-36 环球日化集团本部对账方案信息

方案名	默认方案+学号	对账期间	2017 年 1 期
科目列表			
固定资产原值科目		1601 固定资产	
累计折旧科目		1602 累计折旧	
减值准备科目		1603 固定资产减值准备	

表 3-37 环球日化集团本部固定资产卡片初始化信息

资产类别	房屋及建筑物		资产名称	本部大楼	
公司			环球日化集团本部+姓名		
基本信息					
资产数量	1	计量单位	栋	实物入账日期	1996-01-01
来源方式	购入	使用状态	使用中	财务入账日期	1996-01-01
存放地点	中国广东深圳高新南十二路	经济用途	生产经营用	管理部门	环球日化集团+姓名
原值与折旧					
币别	人民币		原币金额	24 000 000	
交付日期	1996-01-01	开始使用日期	1996/1/1	已折旧期间数	251
预计使用年限	70		预计使用期间数	840	
累计折旧	12 317 142.86	预计净残值	2 400 000	净残值率	10%
折旧方法	平均年限法(基于原值)		全寿命累计折旧	12 317 142.86	
核算信息					
固定资产科目			固定资产—房屋及建筑物		
累计折旧科目			累计折旧—房屋及建筑物		
减值准备科目			固定资产减值准备—房屋及建筑物		
折旧费用分摊					
折旧费用分摊科目	管理费用—管理费用—折旧费		分摊比例	100%	
使用部门			环球日化集团本部		

↗ 操作指导

1. 维护固定资产基础资料

固定资产基础资料是固定资产系统发生业务的前提，基础资料不可跨级引用。环球日化集团本部固定资产会计齐振英(qzy+学号)登录金蝶 EAS 客户端，切换组织到环球日化集团+姓名。维护固定资产基础资料中固定资产的类别，单击【财务会计】-【固定资产】-【基础设置】-【固定资产类别】选项，进入固定资产类别界面，如图 3-105 所示。

注： 维护固定资产基础资料“固定资产类别”“使用状态”“变动方式”“经济用途”，需先在环球日化集团维护，才能在环球日化集团本部、环球日化深圳销售有限公司、环球洗涤用品深圳有限公司维护。固定资产基础资料不可跨级引用。

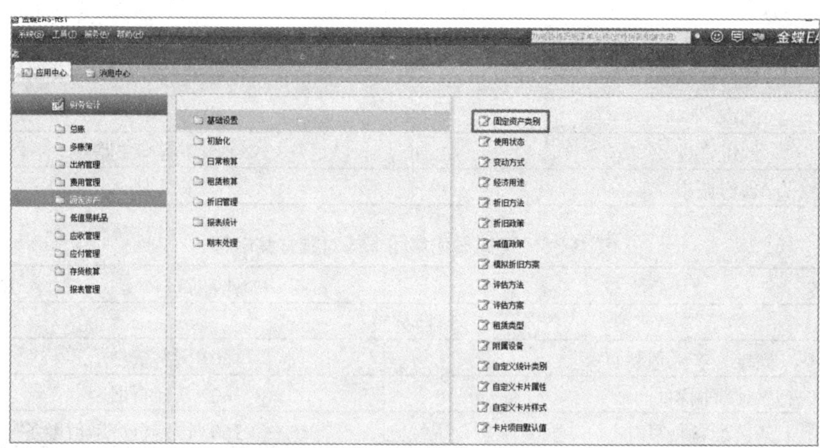

图 3-105 固定资产类别查询

单击工具栏中的【引入】按钮，进入固定资产类别引入界面。全选后，单击工具栏中的【引入】按钮，如图 3-106 所示。

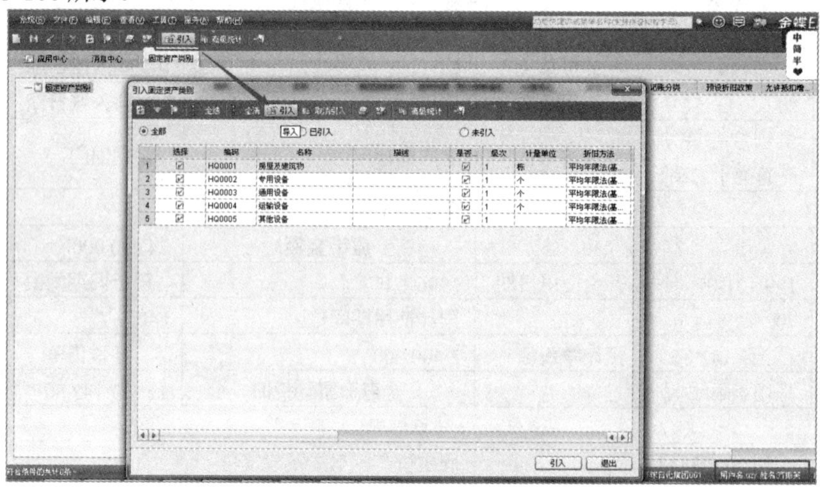

图 3-106 固定资产类别引入

维护固定资产基础资料使用状态，单击【财务会计】-【固定资产】-【基础设置】-【使用状态】选项，进入使用状态界面，如图 3-107 所示。

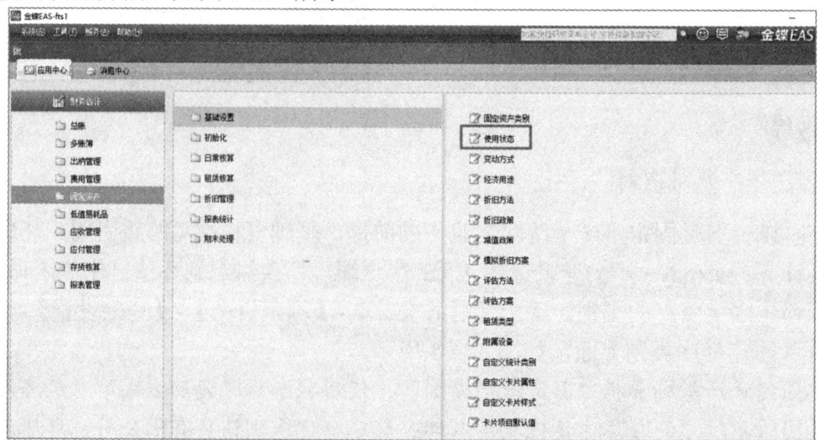

图 3-107 使用状态查询

单击工具栏中的【引入】按钮，进入使用状态引入界面。全选后，再单击工具栏中的【引入】按钮，如图 3-108 所示。

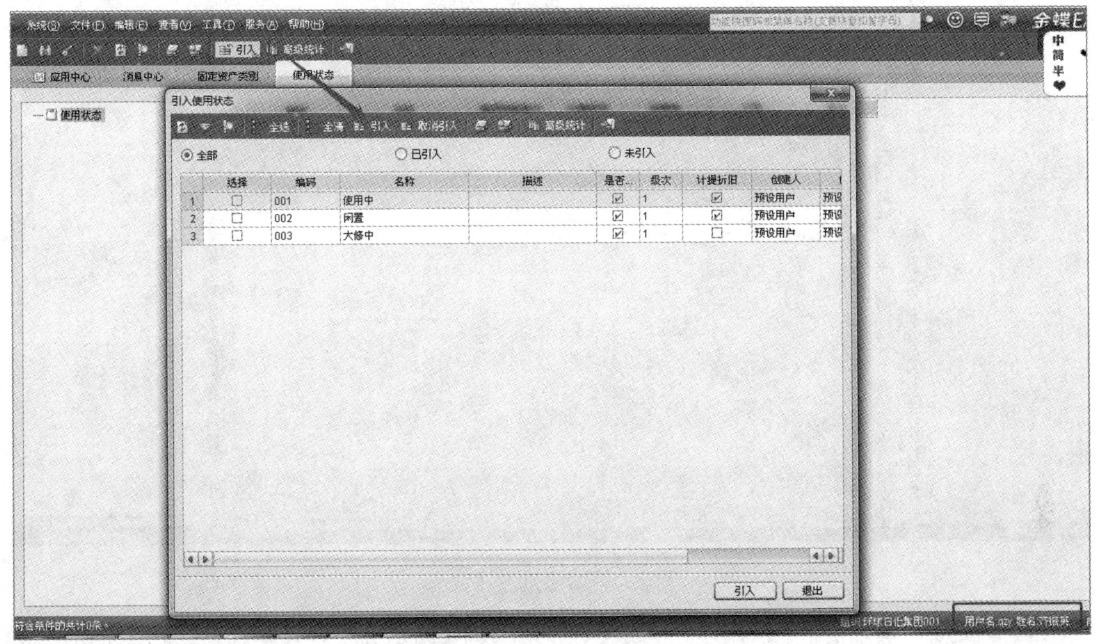

图 3-108 使用状态引入

维护固定资产基础资料变动方式，单击【财务会计】-【固定资产】-【基础设置】-【变动方式】选项，进入变动方式界面，如图 3-109 所示。

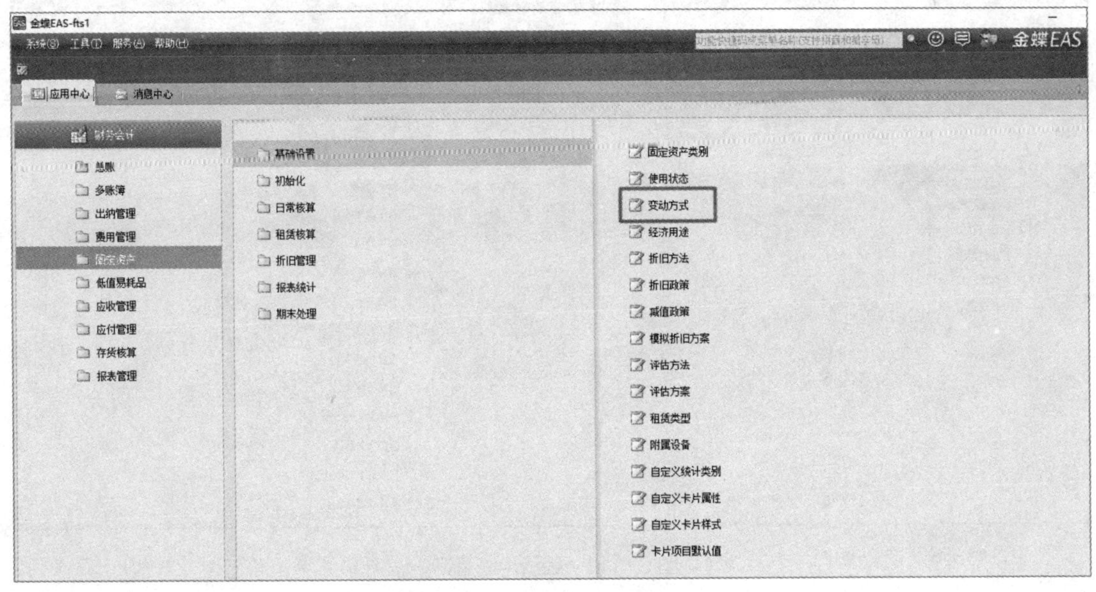

图 3-109 变动方式查询

单击工具栏中的【引入】按钮，进入变动方式引入界面。全选后，再单击工具栏的【引入】按钮，如图 3-110 所示。

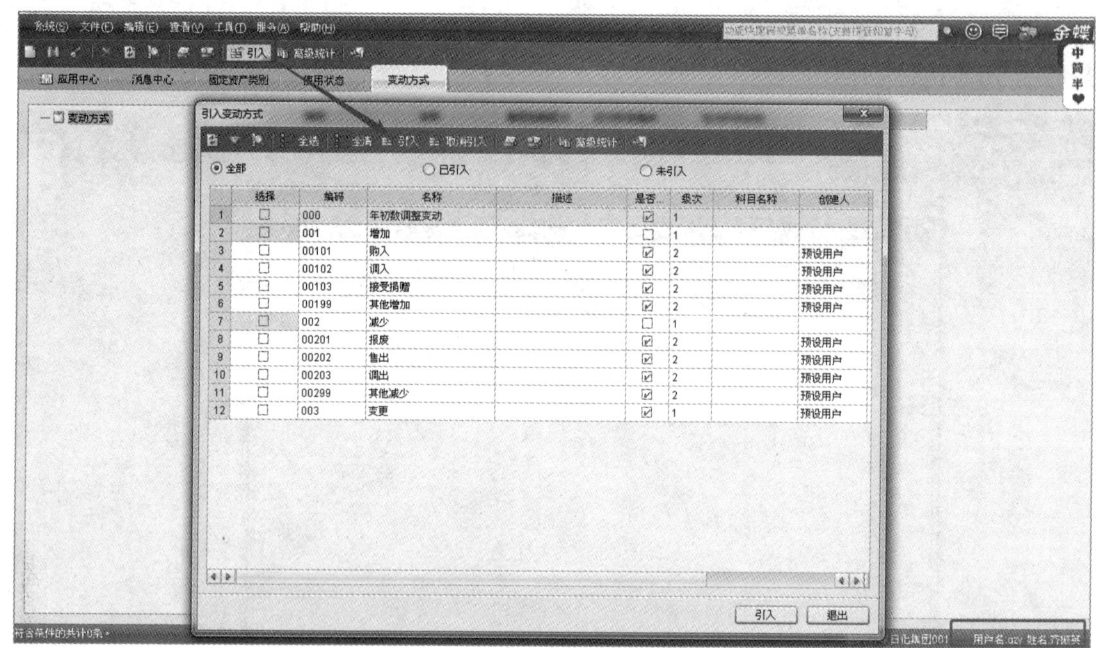

图 3-110　变动方式引入

维护固定资产基础资料经济用途，单击【财务会计】-【固定资产】-【基础设置】-【经济用途】选项，进入经济用途界面，如图 3-111 所示。

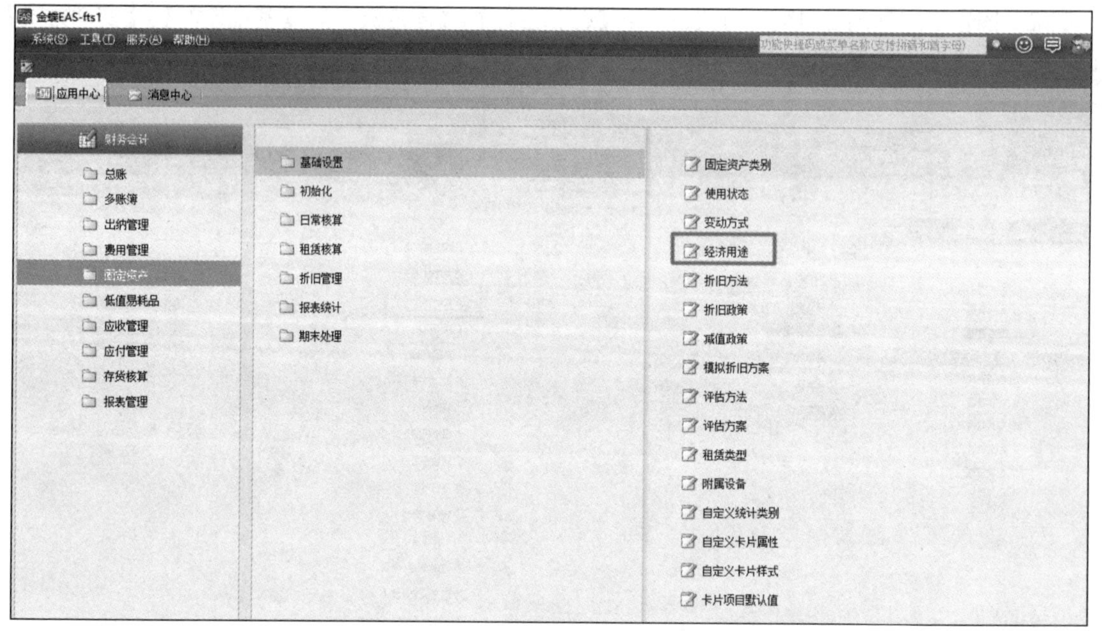

图 3-111　经济用途查询

单击工具栏中的【引入】按钮，进入经济用途引入界面。全选后，再单击工具栏的【引入】按钮，如图 3-112 所示。

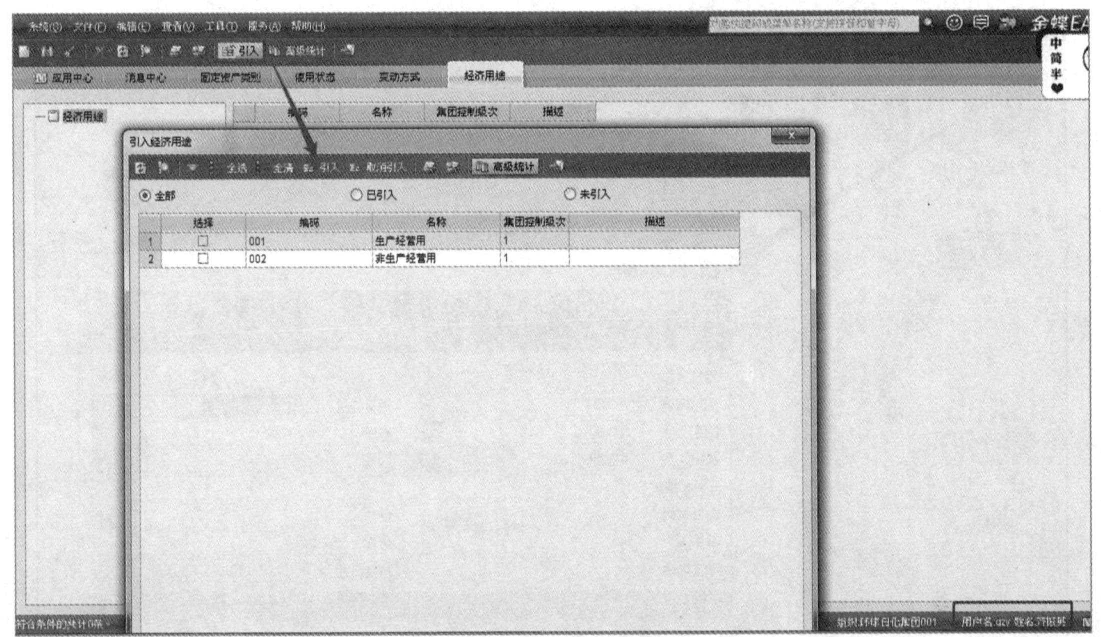

图 3-112　经济用途引入

切换组织到环球日化集团本部+姓名，再次操作本案例前序步骤。将基础资料引入到环球日化集团本部+姓名。

维护固定资产基础资料地址簿，单击【企业建模】-【辅助数据】-【公共数据】-【地址簿】选项，进入地址簿界面，如图 3-113 所示。

注：维护固定资产基础资料地址簿，只需在环球日化集团维护该固定资产基础资料。

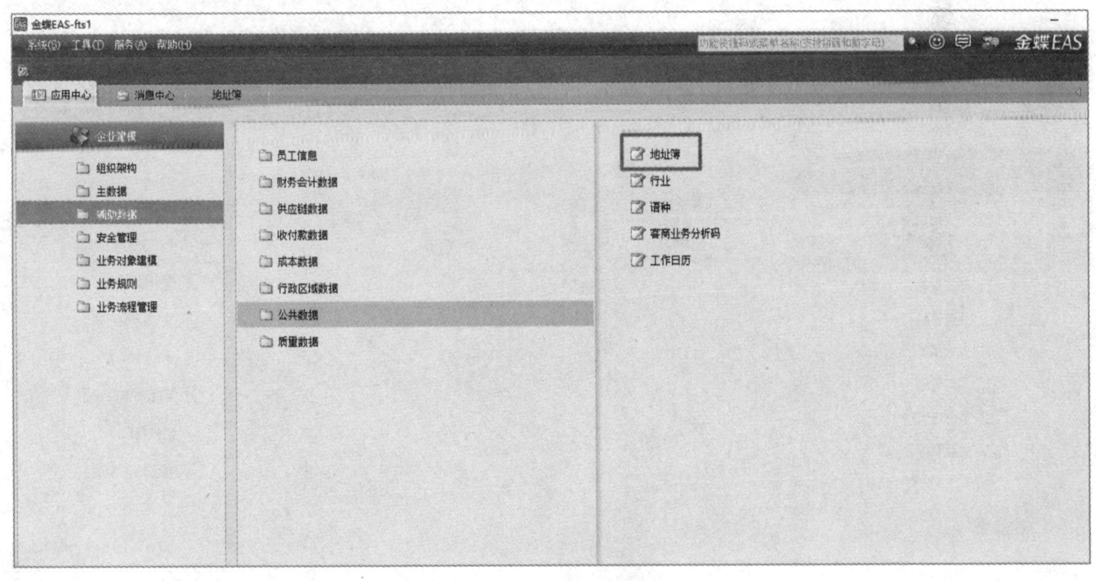

图 3-113　地址簿查询

在左侧栏选择地址类别为国内，单击工具栏中【新增】按钮，新增地址簿。根据表 3-35 中的实验数据录入环球日化集团地址簿信息，地址编码为学号.01，国家为中国，省份为广东，城市为深圳，地址详址为高新南十二路。录入完毕后单击【保存】按钮，如图 3-114 所示。

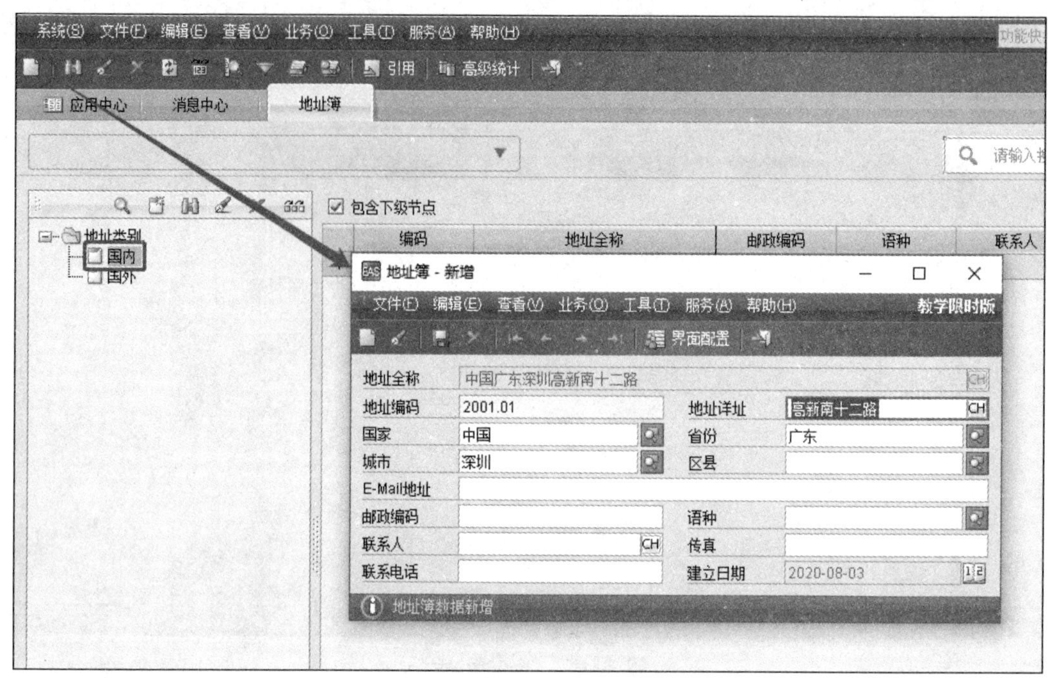

图 3-114　地址簿新增

2. 设置固定资产启用期间

启用期间设置是固定资产系统初始化的操作前提。信息管理员康路达(kld+学号)登录金蝶 EAS 客户端，切换组织到环球日化集团本部+姓名。单击【系统平台】-【系统工具】-【系统配置】-【系统状态控制】选项，进入系统状态控制界面，如图 3-115 所示。

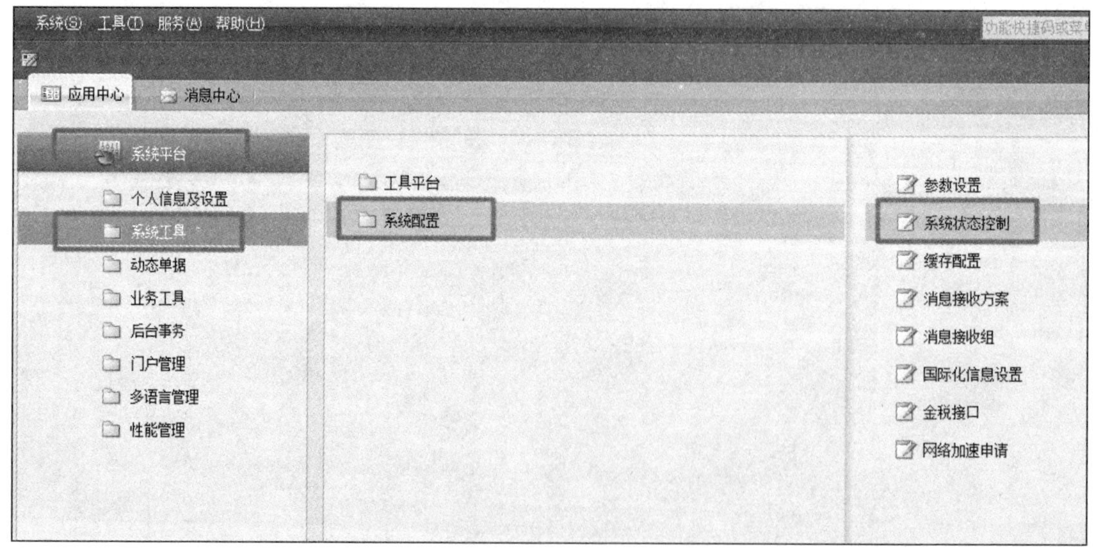

图 3-115　系统状态控制查询

单击固定资产启用期间栏后的放大镜图标，进入会计期间列表，选择会计期间为 2017 年第 1 期，单击【确定】按钮，如图 3-116 所示。

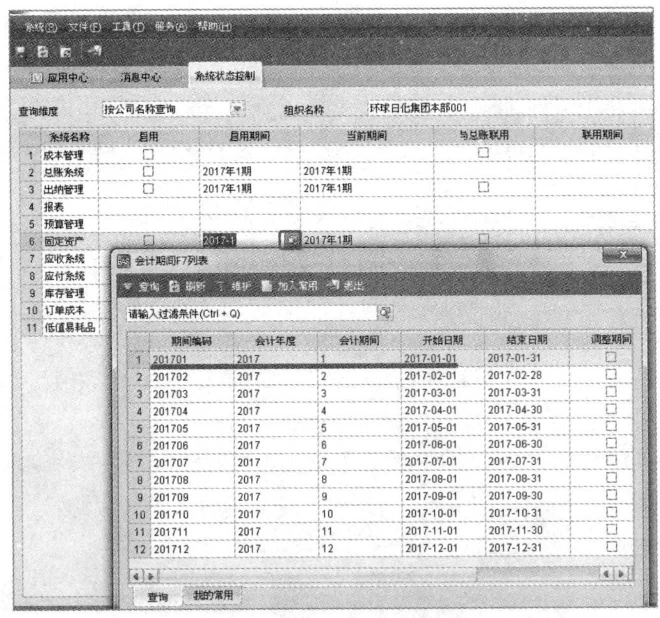

图 3-116 固定资产系统启用期间设置

3. 录入初始化卡片并结束初始化

固定资产卡片初始化是指固定资产期初数据的录入。环球日化集团本部固定资产会计齐振英(qzy+学号)登录金蝶 EAS 客户端，切换组织到环球日化集团本部+姓名。单击【财务会计】-【固定资产】-【初始化】-【固定资产卡片初始化】选项，进入固定资产卡片初始化查询界面，如图 3-117 所示。

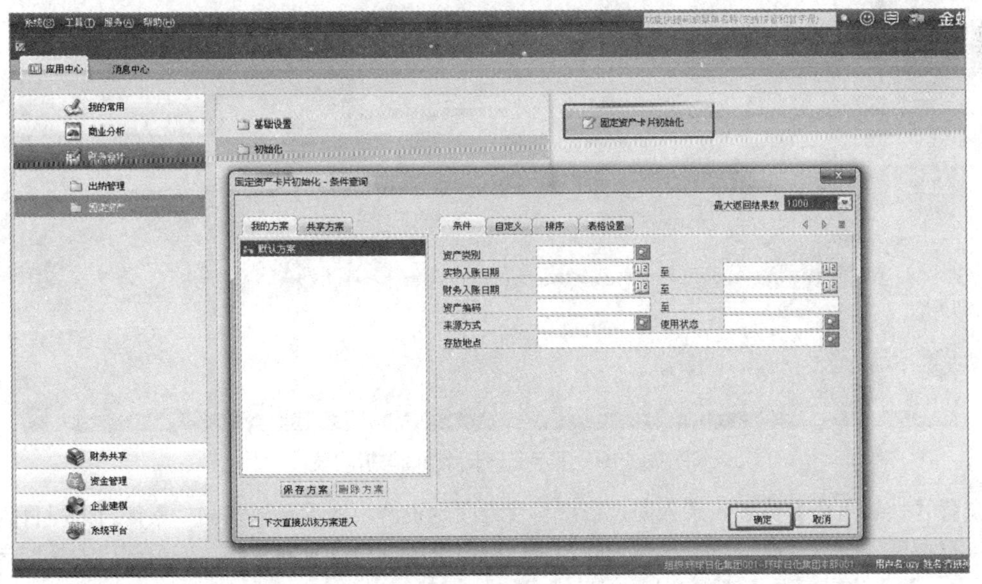

图 3-117 固定资产卡片初始化查询

单击工具栏中的【新增】按钮，根据表 3-37 中的实验数据录入环球日化集团本部固定资产卡片初始化信息。选择【基本信息】页签，录入资产数量为 1，计量单位为栋，来源方式为购入，使用状态为使用中，存放地点为中国广东深圳高新南十二路，经济用途为生产经营用，实物入账日期为

1996-01-01，财务入账日期为 1996-01-01，管理部门为环球日化集团+姓名，录入完毕后单击【保存】按钮，如图 3-118 所示。

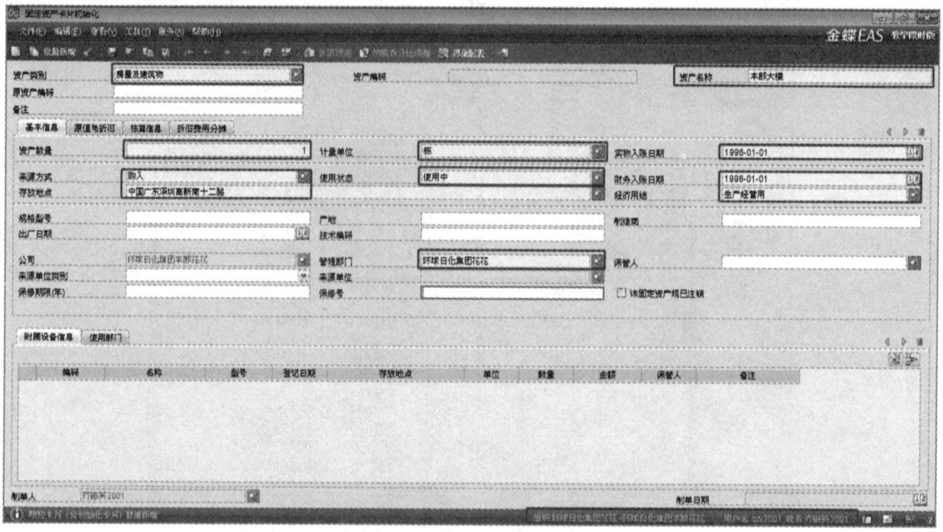

图 3-118　固定资产卡片基本信息录入

选择【原值与折旧】页签，录入币别为人民币，原币金额为 24 000 000，交付日期为 1996-01-01，开始使用日期为 1996-01-01，已折旧期间数为 251，累计折旧为 12 317 142.86，折旧方法为平均年限法(基于原值)，录入完毕后单击【保存】按钮，如图 3-119 所示。

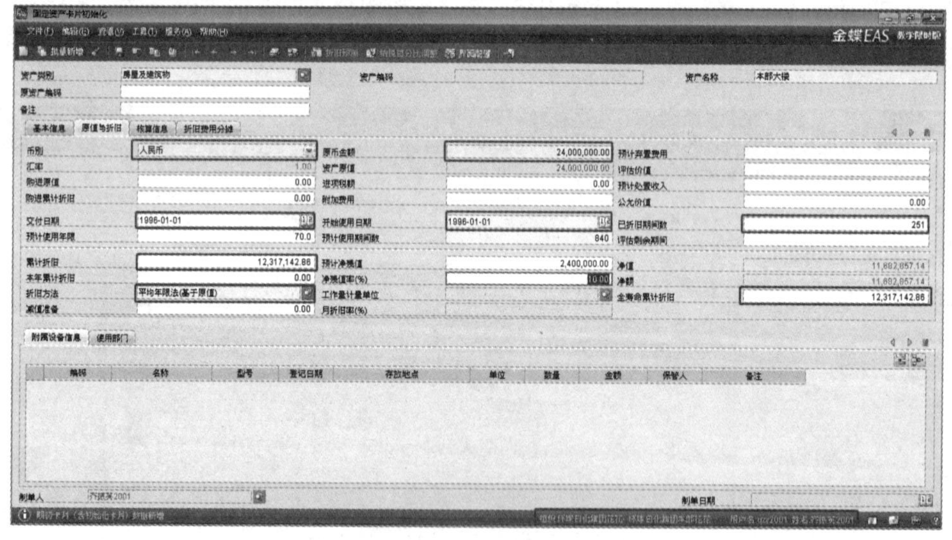

图 3-119　固定资产卡片原值与折旧录入

选择【核算信息】页签，录入固定资产科目为固定资产—房屋及建筑物，累计折旧科目为累计折旧—房屋及建筑物，减值准备科目为固定资产减值准备—房屋及建筑物，使用部门为环球日化集团+姓名，录入完毕后单击【保存】按钮，如图 3-120 所示。

选择【折旧费用分摊】页签，录入折旧费用分摊科目为管理费用—管理费用—折旧费，分摊比例为 100%，录入完毕后单击【保存】按钮，如图 3-121 所示。

固定资产卡片初始化信息录入完成后，单击【提交】按钮，完成固定资产卡片新增，如图 3-122 所示。

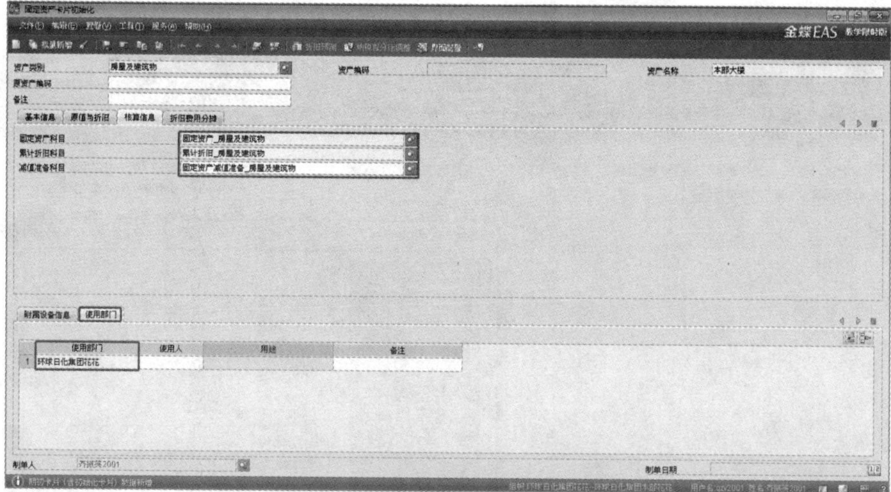

图 3-120　固定资产卡片核算信息录入

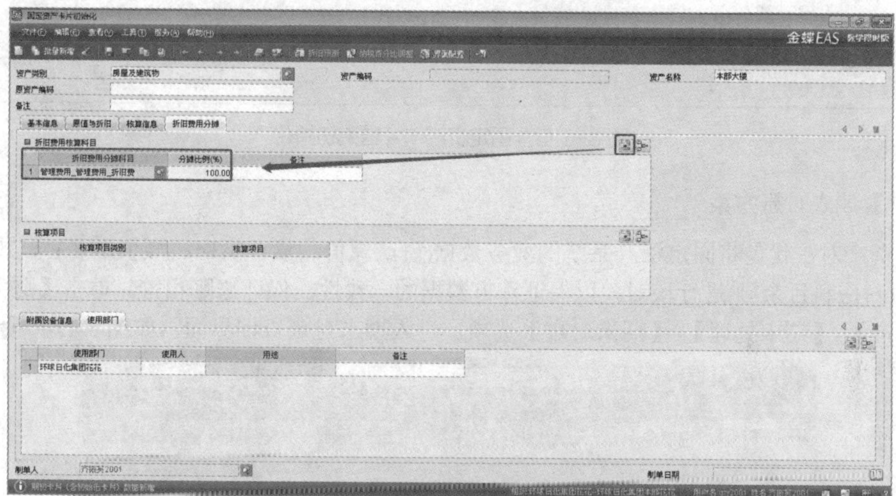

图 3-121　固定资产卡片折旧费用分摊录入

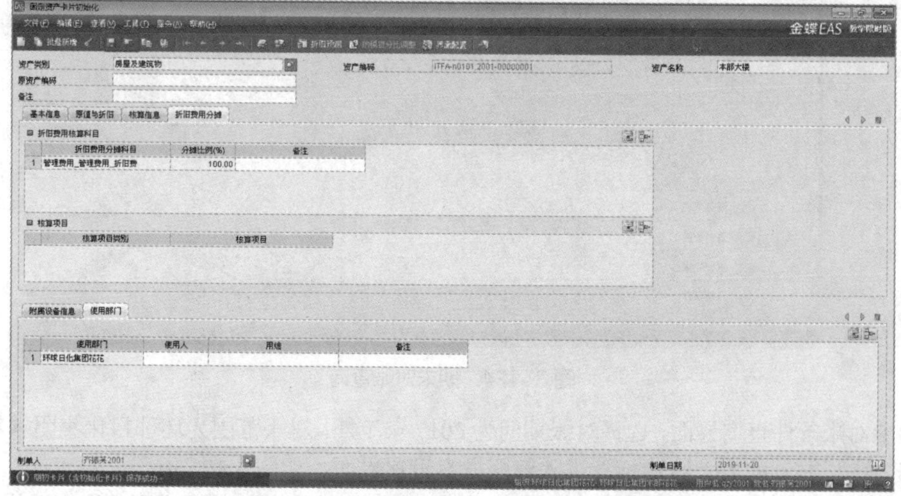

图 3-122　固定资产卡片新增完成并提交

在固定资产卡片初始化界面，单击工具栏中的【结束初始化】按钮，如图 3-123 所示。

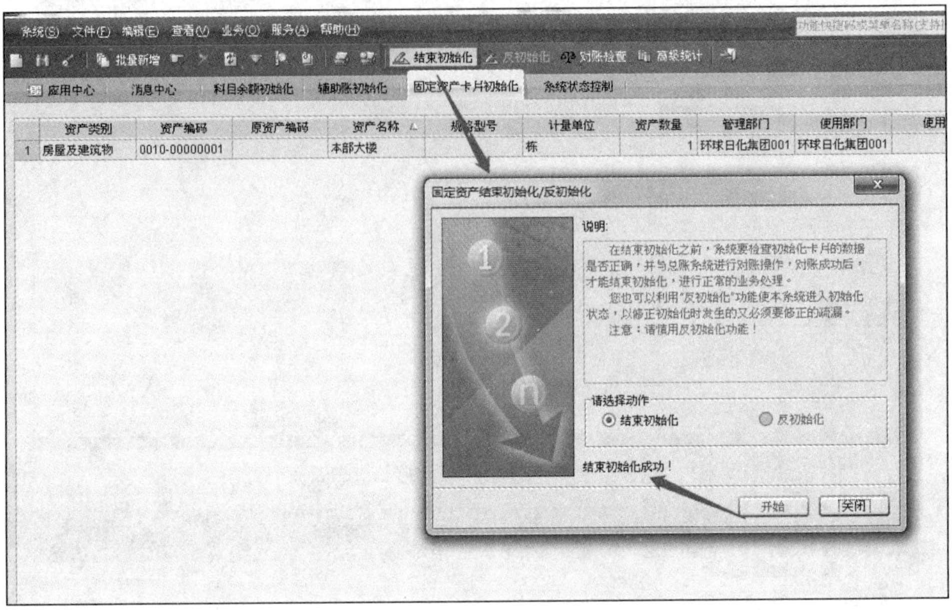

图 3-123　固定资产卡片结束初始化

4. 设置期末对账方案

固定资产对账就是将固定资产系统的业务数据(资产原值、累计折旧、减值准备)与总账系统的财务数据(对应科目余额)进行核对，以保证双方数据的一致性，保证账账相符。单击【财务会计】-【固定资产】-【期末处理】-【期末对账】选项，进入期末对账查询界面，如图 3-124 所示。

图 3-124　期末对账查询

在期末对账条件查询界面，选择对账期间为 2017 年 1 期，对账范围为环球日化集团本部+姓名，单击对账方案栏右侧的放大镜图标，进入对账方案设置界面，如图 3-125 所示。

根据表 3-36 中的实验数据录入环球日化集团本部对账方案信息。选择【固定资产原值科目】页签，单击工具栏中的【新增】按钮，科目列表为 1601 固定资产，如图 3-126 所示。

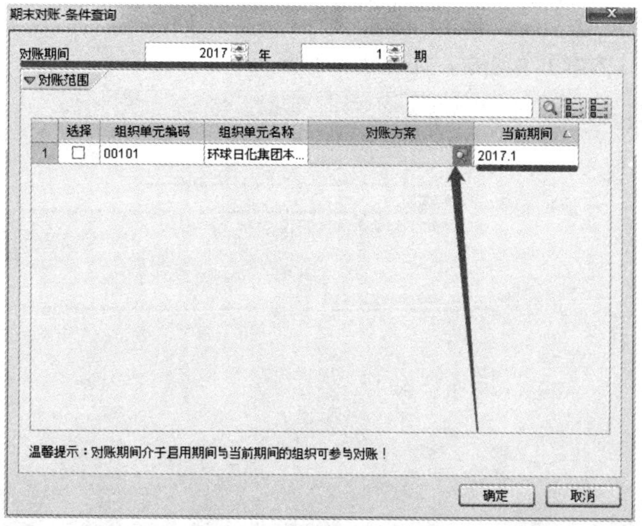

图 3-125 对账方案设置查询

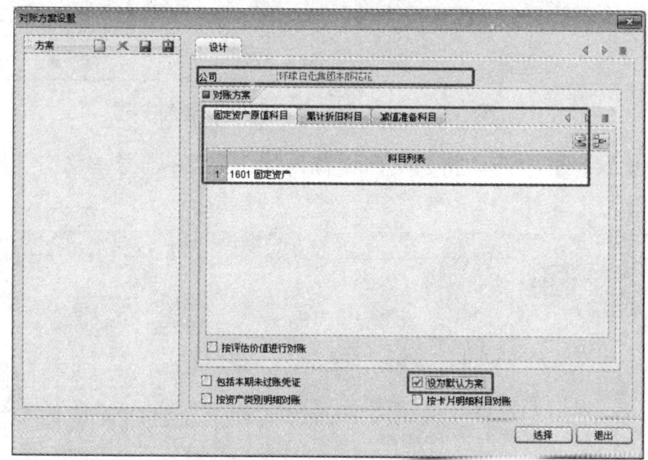

图 3-126 固定资产原值科目信息录入

选择【累计折旧科目】页签，单击工具栏中的【新增】按钮，科目列表为 1602 累计折旧，如图 3-127 所示。

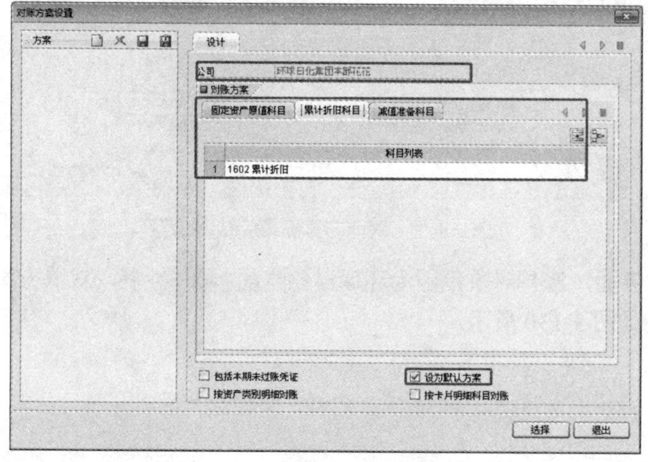

图 3-127 累计折旧科目信息录入

选择【减值准备科目】页签，单击工具栏中的【新增】按钮，科目列表为 1603 固定资产减值准备，选择【设为默认方案】复选框，如图 3-128 所示。

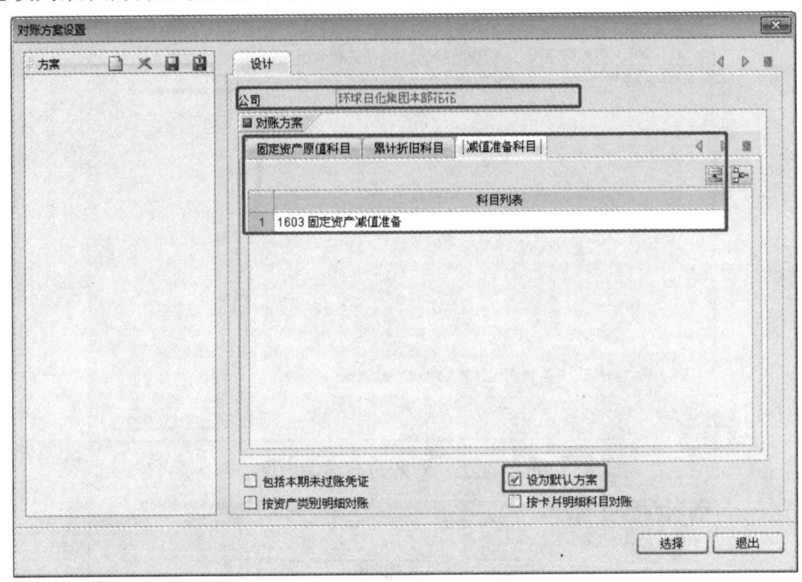

图 3-128 减值准备科目信息录入

单击工具栏中的【保存】按钮，将方案名设置为默认方案+学号，单击【确定】按钮完成方案新增，如图 3-129 所示。

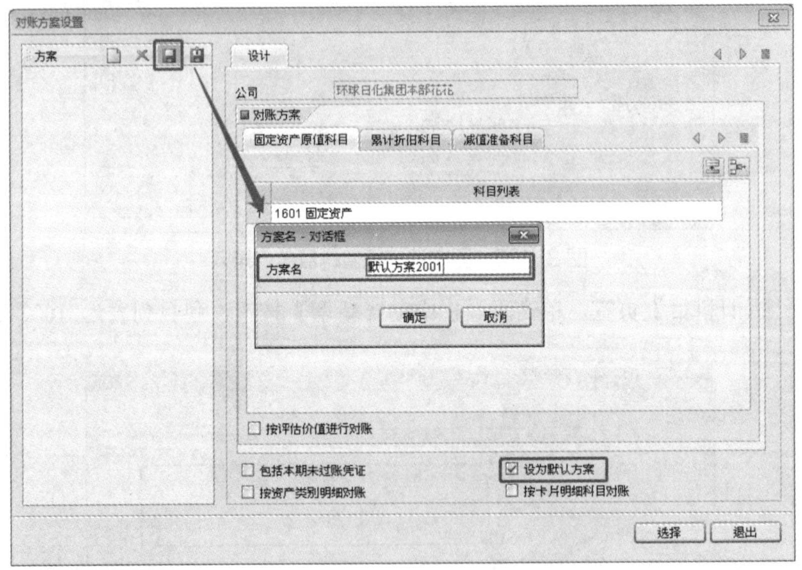

图 3-129 对账方案新增完成并保存

在期末对账查询界面，选择对账范围为环球日化集团本部+姓名，对账方案为默认方案+学号，单击【确定】按钮，如图 3-130 所示。

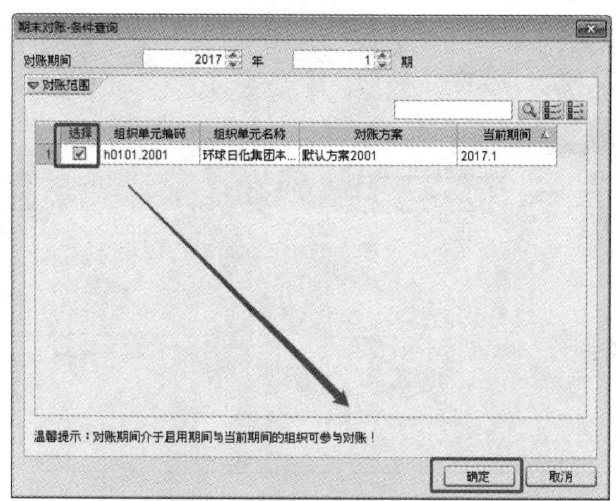

图 3-130 环球日化集团本部期末对账设置

在期末对账页面查看对账结果，如图 3-131 所示。

注：对账不平的原因通常有两个，一是总账系统未录入初始数据；二是总账系统未结束初始化。

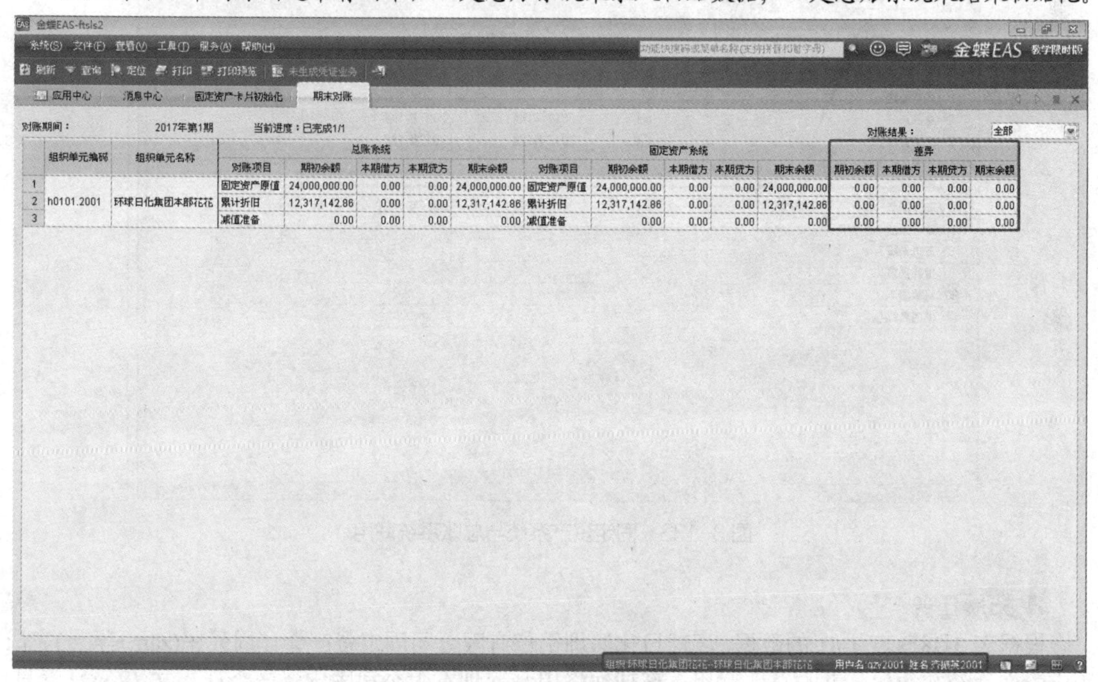

图 3-131 对账结果查询

5. 与总账联用

固定资产与总账系统联用的目的是为了加强管控，方便期末进行行账账核对，保证账账相符。信息管理员康路达(kld+学号)登录金蝶 EAS 客户端，切换组织到环球日化集团本部+姓名。单击【系统平台】-【系统工具】-【系统配置】-【系统状态控制】选项，进入系统状态控制界面，如图 3-132 所示。

系统名称选择固定资产，单击工具栏中的【与总账联用】按钮，完成固定资产与总账系统的联用，如图 3-133 所示。

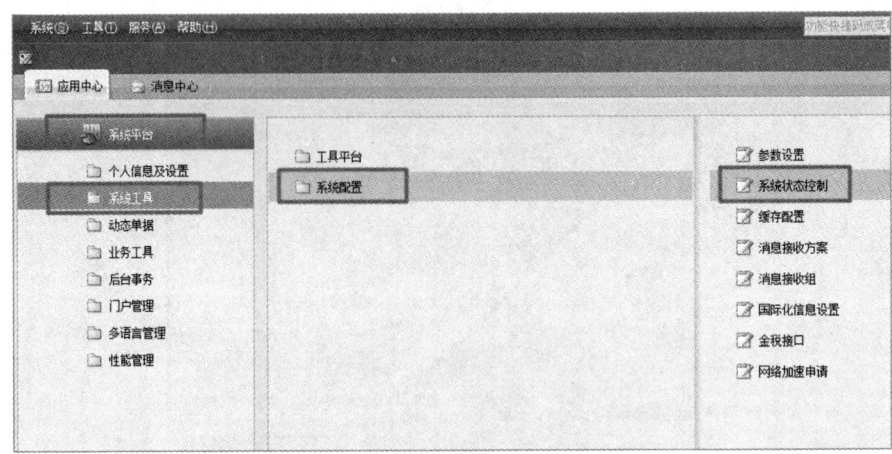

图 3-132　系统状态控制查询

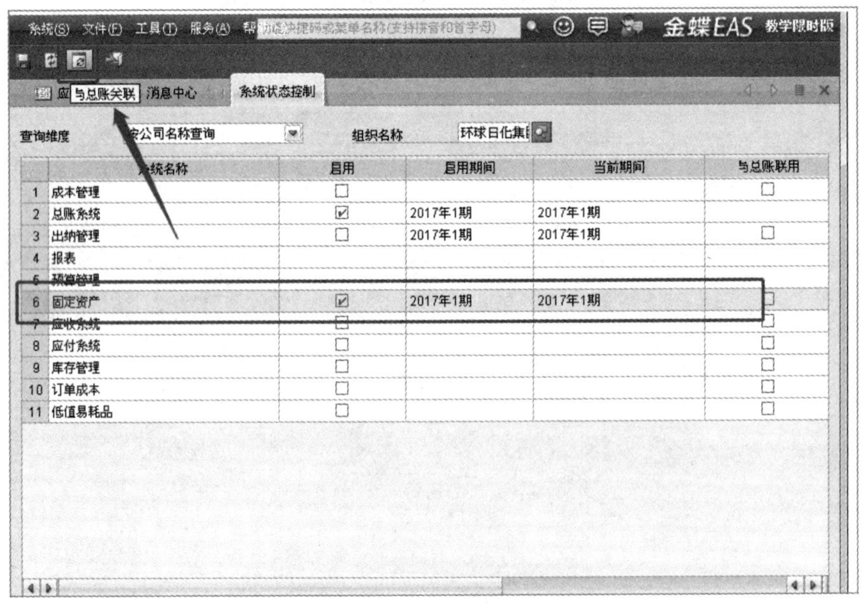

图 3-133　固定资产系统与总账系统联用

↗ 拓展任务

根据表 3-38～表 3-41 的数据，环球日化深圳销售有限公司固定资产会计周爱民(zam+学号)完成固定资产系统初始化，并与总账联用；环球洗涤用品深圳有限公司固定资产会计崔文涛(cwt+学号)完成固定资产系统初始化，并与总账联用。

表 3-38　环球日化深圳销售有限公司对账方案信息

方案名	默认方案+学号	对账期间	2017 年 1 期
科目列表			
固定资产原值科目		1601 固定资产	
累计折旧科目		1602 累计折旧	
减值准备科目		1603 固定资产减值准备	

表 3-39　环球日化深圳销售有限公司固定资产卡片初始化

资产类别	通用设备		资产名称	笔记本电脑	
基本信息					
公司			环球日化深圳销售有限公司+姓名		
资产数量	100	计量单位	台	实物入账日期	2014-01-03
来源方式	购入	使用状态	使用中	财务入账日期	2014-01-03
存放地点	中国广东深圳高新南十二路	经济用途	生产经营用	管理部门	环球日化深圳销售有限公司+姓名
原值与折旧					
币别	人民币		原币金额	600 000	
交付日期	2014-01-03	开始使用日期	2014-01-03	已折旧期间数	35
预计使用年限	10		预计使用期间数	120	
累计折旧	166 250	预计净残值	30 000	净残值率	5%
折旧方法	平均年限法(基于净值)		全寿命累计折旧	166 250	
核算信息					
固定资产科目			固定资产—通用设备		
累计折旧科目			累计折旧—通用设备		
减值准备科目			固定资产减值准备—通用设备		
折旧费用分摊					
折旧费用分摊科目	管理费用—管理费用—折旧费		分摊比例	100%	
使用部门	环球日化深圳销售有限公司				

表 3-40　环球洗涤用品深圳有限公司对账方案信息

方案名	默认方案+学号	对账期间	2017 年 1 期
科目列表			
固定资产原值科目		1601 固定资产	
累计折旧科目		1602 累计折旧	
减值准备科目		1603 固定资产减值准备	

表 3-41　环球洗涤用品深圳有限公司固定资产卡片初始化

资产类别	专用设备		资产名称	洗涤用品合成机	
基本信息					
公司			环球洗涤用品深圳有限公司+姓名		
资产数量	3	计量单位	台	实物入账日期	2015-01-01
来源方式	购入	使用状态	使用中	财务入账日期	2015-01-01
存放地点	中国广东深圳高新南十二路	经济用途	生产经营用	管理部门	环球洗涤用品深圳有限公司+姓名
原值与折旧					
币别	人民币		原币金额	480 000	
交付日期	2015-01-01	开始使用日期	2015-01-01	已折旧期间数	23
预计使用年限	5		预计使用期间数	60	
累计折旧	173 800	预计净残值	24 000	净残值率	5%
折旧方法	平均年限法(基于净值)		全寿命累计折旧	173 800	

(续表)

核算信息			
固定资产科目		固定资产—专用设备	
累计折旧科目		累计折旧—专用设备	
减值准备科目		固定资产减值准备—专用设备	
折旧费用分摊			
折旧费用分摊科目	制造费用—折旧费	折旧费用核算项目	成本中心-生产部
使用部门	环球洗涤用品深圳有限公司		

案例六 费用管理设置

应用场景

- 费用管理没有初始化概念，无须结束初始化。
- 员工提交费用报销前必须维护个人收款信息。本案例以环球日化深圳销售有限公司销售人员贺小明(hxm+学号)为例，维护贺小明个人收款信息。

实验步骤

- 费用管理—收款信息维护。

实验前准备

- 建立集团资料已全部录入。

实验数据

收款人信息如表 3-42 所示。

表 3-42 收款人信息

收款人	收款银行	收款账号	是否默认
报销人员姓名+学号	自定义	自定义(建议 16 位数字)	是

说明：收款银行建议设为中国工商银行、中国农业银行、中国建设银行、中国银行、招商银行、中信实业银行、中国光大银行、中国邮政储蓄银行之一。

操作指导

费用报销后涉及收款，需由报销人员自行维护收款信息。环球日化深圳销售有限公司销售人员贺小明(hxm+学号)登录 EAS 客户端。单击【财务会计】-【费用管理】-【基础设置】-【收款信息】选项，进入收款信息界面，如图 3-134 所示。

图 3-134 收款信息查询

单击工具栏中的【新增】按钮，根据表 3-42 中的实验数据录入收款人信息。收款人为贺小明+学号，收款账号建议 16 位数字，勾选默认账号，录入完毕后单击【保存】按钮，如图 3-135 所示。

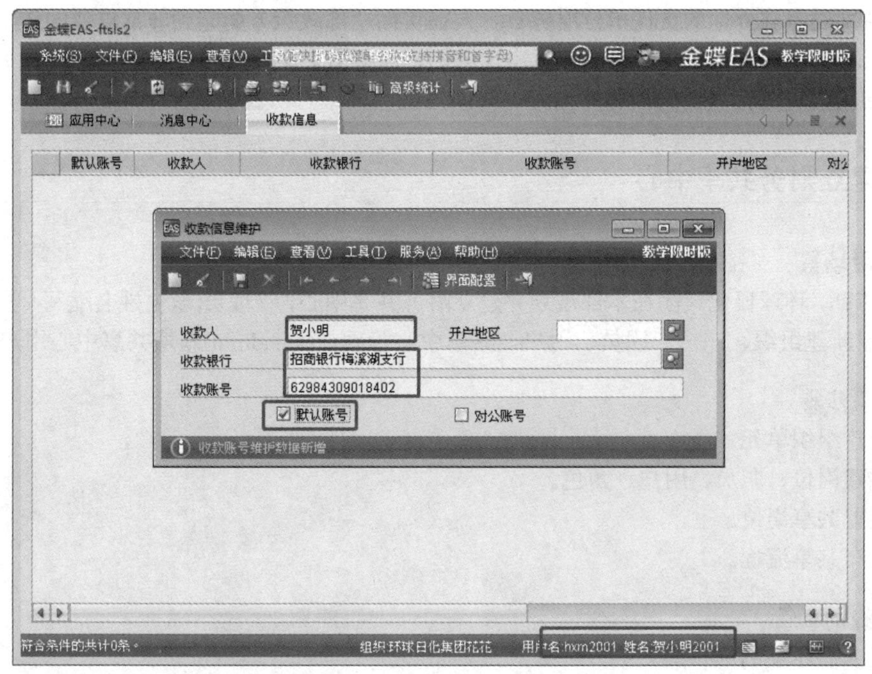

图 3-135 收款信息新增

3.3 财务共享

2007—2009 年是环球日化集团高速增长的黄金 3 年，虽然经历了 2008 年的金融危机，但截至 2008 年底集团在中国大陆的分公司增长了近 1 倍，达到 80 多家，并且有进一步增加的趋势。然而，在企业高速成长的同时也暴露出不少问题：

首先，公司成本居高不下，经营质量和效率下降。公司外部，人工、材料、税赋及营销成本不断增长。各机构分散采购，无法发挥集团统一采购的议价能力和价格优势；公司的人工成本占比由 2006 年的 55%上涨到 2008 年的 64%。公司内部，新成立的机构都要重复设置一套包括财务在内的职能组织，资源配置不合理。

其次，分、子公司各自为政，集团管控难度增加。各家分、子公司的财务管理、人力管理、资源配置各自为政，没有统一的标准和规范进行协调。例如，每年年初集团总部给各分、子公司确认年度经营指标时，总要持续很久，争论的焦点就在于费用是否充足，是否足以支持业务指标的达成。同时，由于各机构费用标准不统一，给成本费用的准确预测带来较大难度。

最后，方法不统一、信息不对称，总部对下属机构的评价遭遇挑战。下属机构是否准确执行了总部战略和政策，下属机构的资源配置是否符合公司战略方向，是集团公司在发展过程中经常遇到的问题。特别对于年度投资总结，总部往往要反复核对、确认机构提供的各种经营数据，才能最终准确确认各机构、各业务线的业绩情况。

此外，在财务管理方面，也面临了一些困难及问题：公司分散式的财务运作模式导致财务对战略支撑不足；财务人员无法形成专业化分工，效率不高，财务人员 70%以上的人力和时间用于日常基础业务处理，长期从事基础性工作，对财务价值的关注、影响和贡献很小，财务能力和价值没有得到有效发挥，无法有效深入业务进行决策支持；财务管理和思维模式仍停留在传统职能方面，对先进经验和发展方向学习不足，已不能适应新的市场和企业环境；财务团队的管理遇到较大挑战，财务人员特别是派驻外地的责任单位财务负责人在贯彻总部政策方面起到非常重要的作用，公司对这些财务人员的依赖和要求也较高。一旦出现问题，一方面会影响公司业务顺利开展，另一方面需要花很大的精力去进行人员的招聘和培养，时间短的一两个月，长的甚至半年。

案例 建立财务共享中心

应用场景

2019 年初，环球日化集团在本部规划并建立财务共享中心，管理员(学生姓名缩写+学号)在金蝶 EAS 客户端新建组织、职位、职员、用户，共享中心管理员(sscadmin)新增共享中心用户。

实验步骤

- 新建组织单元。
- 新建岗位、职员、用户、角色。
- 设置共享岗位。
- 发布共享流程。

实验前准备

- 完成前序案例。

实验数据

环球日化集团建设财务共享服务中心的相关信息，如表 3-43～表 3-46 所示。

表 3-43 财务共享服务中心组织属性

财务共享服务中心 编码：h0101.03.学号 名称：财务共享服务中心+姓名	行政组织	上级行政组织：环球日化集团本部+姓名 组织层次类型：部门
	成本中心	上级成本中心：环球日化集团本部+姓名 记账委托财务组织：环球日化集团本部+姓名

表 3-44 财务共享服务中心职位与职员信息

人员名称/编码	所属职位/编码	所属部门
杨振兴+学号/yzx+学号	共享中心总经理学号/h03.010.学号	财务共享服务中心+姓名
马超俊+学号/mcj+学号	费用共享岗学号/h04.002.学号	财务共享服务中心+姓名
卢芳军+学号/lfj+学号	收入共享岗学号/h04.003.学号	财务共享服务中心+姓名
赖红玲+学号/lhl+学号	成本共享岗学号/h04.004.学号	财务共享服务中心+姓名
欧阳杨+学号/oyy+学号	资金共享岗学号/h04.005.学号	财务共享服务中心+姓名
樊江波+学号/fjb+学号	总账共享岗学号/h04.006.学号	财务共享服务中心+姓名
齐振英+学号/qzy+学号	固定资产共享岗学号/h04.007.学号	财务共享服务中心+姓名
刘长欢+学号/lch+学号	报表共享岗学号/h04.008.学号	财务共享服务中心+姓名

表 3-45 财务共享服务中心用户与角色信息

用户名称/编码	所属角色	业务组织范围
杨振兴+学号/yzx+学号	全功能角色学号	环球日化集团本部+姓名 环球日化深圳销售有限公司+姓名 环球洗涤用品深圳有限公司+姓名
马超俊+学号/mcj+学号	费用共享岗学号	环球日化集团本部+姓名 环球日化深圳销售有限公司+姓名 环球洗涤用品深圳有限公司+姓名
卢芳军+学号/lfj+学号	收入共享岗学号	环球日化集团本部+姓名 环球日化深圳销售有限公司+姓名 环球洗涤用品深圳有限公司+姓名
赖红玲+学号/lhl+学号	成本共享岗学号	环球日化集团本部+姓名 环球日化深圳销售有限公司+姓名 环球洗涤用品深圳有限公司+姓名
欧阳杨+学号/oyy+学号	资金共享岗学号	环球日化集团本部+姓名 环球日化深圳销售有限公司+姓名 环球洗涤用品深圳有限公司+姓名
樊江波+学号/fjb+学号	总账共享岗学号	环球日化集团本部+姓名 环球日化深圳销售有限公司+姓名 环球洗涤用品深圳有限公司+姓名
齐振英+学号/qzy+学号	固定资产共享岗学号	环球日化集团本部+姓名 环球日化深圳销售有限公司+姓名 环球洗涤用品深圳有限公司+姓名
刘长欢+学号/lch+学号	报表共享岗学号	环球日化集团本部+姓名 环球日化深圳销售有限公司+姓名 环球洗涤用品深圳有限公司+姓名

表 3-46 财务共享服务中心权限设置

角色编码	角色名称	角色类型	任务类型	分配组织	分配用户
01.学号	共享中心总经理+学号	业务管理员	付款申请单 应收单 应付单 出差借款单 出纳收款单审核 出纳付款单审核 费用报销 差旅报销 借款单	环球日化集团本部+姓名 环球日化深圳销售有限公司+姓名 环球洗涤用品深圳有限公司+姓名	杨振兴+学号
02.学号	费用共享+学号	业务员	借款单 费用报销 出差借款单 差旅报销	环球日化集团本部+姓名 环球日化深圳销售有限公司+姓名 环球洗涤用品深圳有限公司+姓名	马超俊+学号
03.学号	收入共享+学号	业务员	应收单	环球日化集团本部+姓名 环球日化深圳销售有限公司+姓名 环球洗涤用品深圳有限公司+姓名	卢芳军+学号
04.学号	成本共享+学号	业务员	应付单	环球日化集团本部+姓名 环球日化深圳销售有限公司+姓名 环球洗涤用品深圳有限公司+姓名	赖红玲+学号

(续表)

角色编码	角色名称	角色类型	任务类型	分配组织	分配用户
05.学号	资金共享+学号	业务员	出纳付款单审核 出纳收款单审核	环球日化集团本部+姓名 环球日化深圳销售有限公司+姓名 环球洗涤用品深圳有限公司+姓名	欧阳杨+学号

↗ 操作指导

1. 新建组织单元

确定财务共享服务中心的组织属性，建立共享组织。环球日化集团管理员(学生姓名缩写+学号)登录金蝶 EAS 客户端，搭建财务共享服务中心组织。

依次单击【企业建模】-【组织架构】-【组织单元】-【组织单元】选项，进入组织单元界面。在左边树节点选择组织环球日化集团本部+姓名，单击工具栏中的【新增】按钮，根据表 3-43 中的实验数据录入财务共享服务中心组织属性。组织编码为 h0101.03.学号，名称为财务共享服务中心+姓名；选择【行政组织】页签，上级行政组织为环球日化集团本部+姓名，组织层次类型为部门；选择【成本中心】页签，上级成本中心为环球日化集团本部+姓名，记账委托财务组织为环球日化集团本部+姓名，录入完毕后单击【保存】按钮，如图 3-136 和图 3-137 所示。具体操作参考视频。

建立财务共享中心

图 3-136 组织单元新增

图 3-137 组织单元新增完成并保存

2. 新建职位、职员、用户、角色

管理员(学生姓名缩写+学号)在组织财务共享服务中心下新增职位、职员、用户、角色。依次单击【企业建模】-【组织架构】-【汇报体系】-【职位管理】选项，进入职位管理界面。选择行政组织为财务共享服务中心+姓名，单击工具栏中的【新增】按钮建立共享职位，根据表 3-44 中的实验数据录入共享职位与职员信息，依次新建共享中心职位，如图 3-138 所示。本操作步骤可参考建立集团案例二：新建职员。

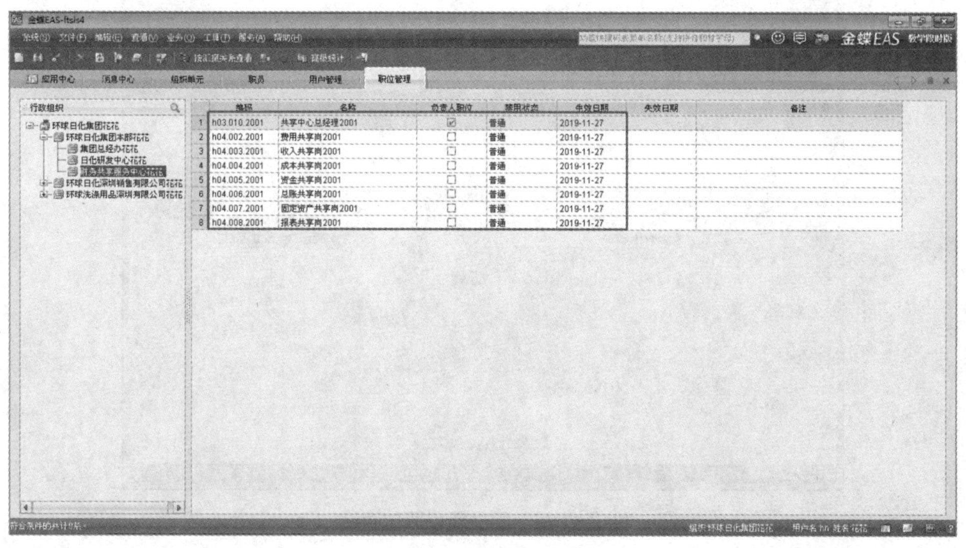

图 3-138 共享职位新增

财务共享服务中心职位新建完成后，接着新建对应职位的职员。依次单击【企业建模】-【辅助数据】-【员工信息】-【员工】选项，进入职员列表。按照表 3-44 中的实验数据录入财务共享服务中心职位与职员信息。

在系统中，杨振兴、齐振英、樊江波兼任财务共享服务中心的岗位，同时担任多个职位。例如，杨振兴，在财务共享服务中心建立前，他在环球日化集团担任首席财务官，可搜索 yzx，双击 yzx+学号查看职员信息。在职位分配信息栏，可以看到杨振兴的主要职位为首席财务官，如图 3-139 所示。

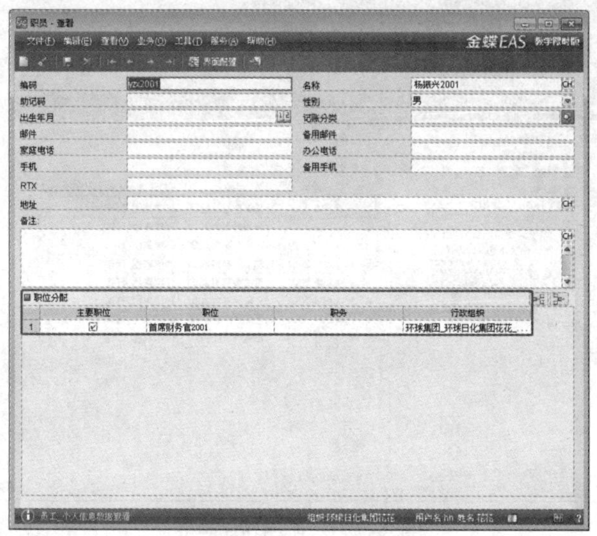

图 3-139 职员查看

在职员信息查看界面，单击工具栏中的【修改】按钮，并在职位分配栏右侧单击新增图标，可新增杨振兴的其他职位，如图 3-140 所示。

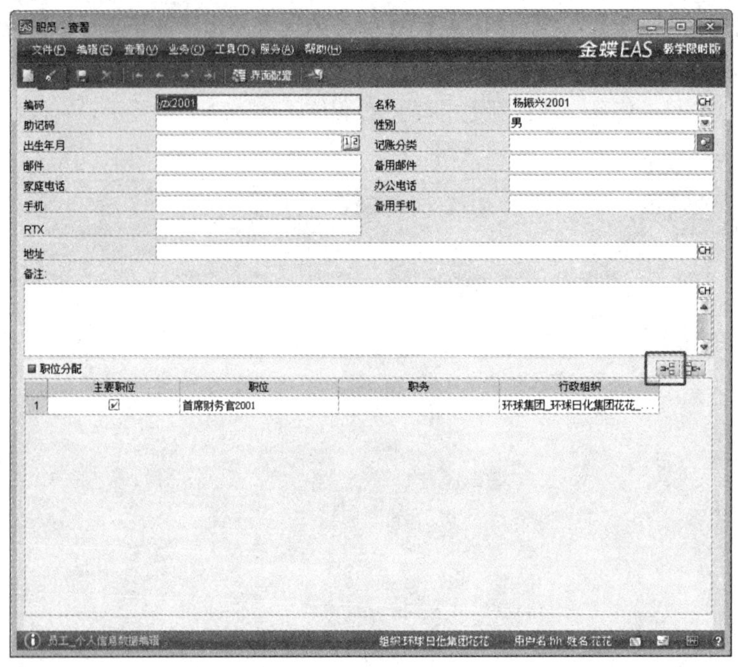

图 3-140 职员新增职位查询

在分配职位界面，选择职位名称后的放大镜图标，然后依次选择【环球日化集团本部+姓名】-【财务共享服务中心+姓名】-【共享中心总经理+学号】选项，新增职员职位，录入完毕后单击【保存】按钮，如图 3-141 和图 3-142 所示。

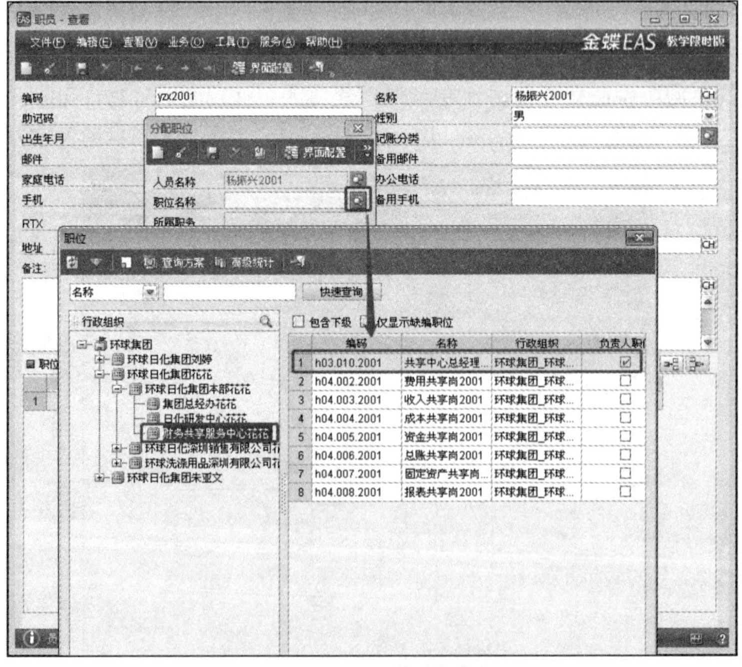

图 3-141 职员新增职位

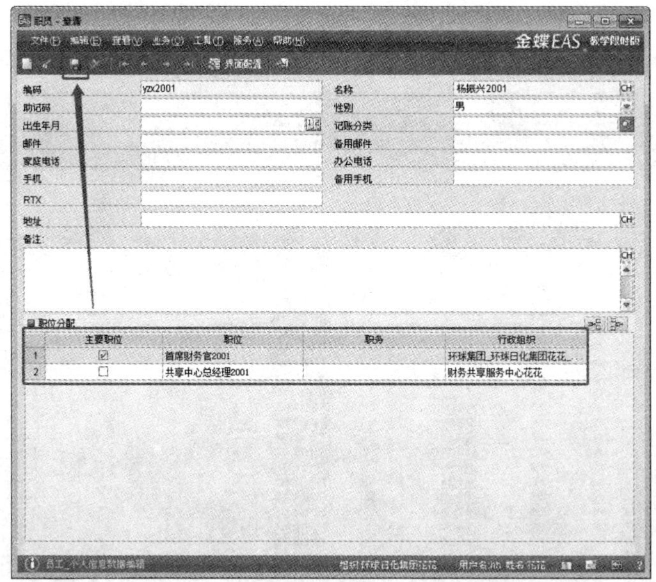

图 3-142 职员新增职位完成并保存

齐振英、樊江波也在财务共享服务中心兼任岗位。按照相同的操作步骤，为其新增其他职位。财务共享服务中心所有职员设置完毕后，如图 3-143 所示。

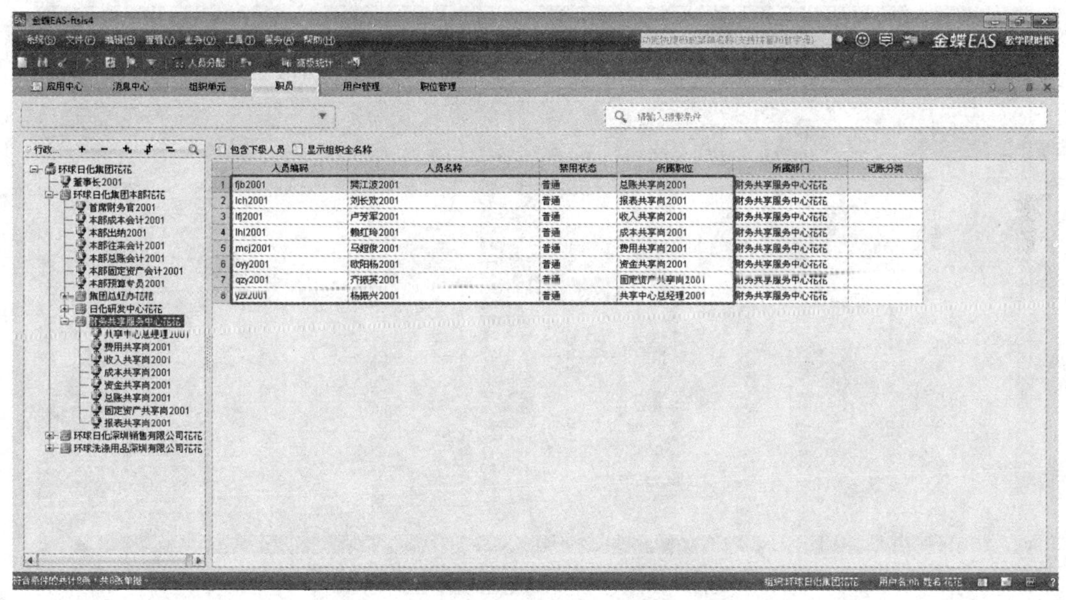

图 3-143 财务共享服务中心职员新增职位

职位与职员信息设置完毕后，开始新建用户。依次单击【企业建模】-【安全管理】-【权限管理】-【用户管理】选项，进入用户管理界面。按照表 3-45 中的实验数据录入财务共享服务中心用户与角色信息，新建共享用户、批量维护用户组织范围，并分配对应角色。

在系统中，杨振兴、齐振英、樊江波在建立集团之前已经有任岗记录，跳过新建用户环节，只需维护用户组织范围、分配权限。

注：共享角色和权限在建立集团案例二中，一次性导入了所有角色和权限，无须再次新建和导入，直接分配用户角色即可。

批量维护用户的组织范围，选择刚刚新建的所有用户，单击工具栏中的【维护组织范围】-【组织范围批量增加】按钮，可一次性维护所有所选用户的组织范围，如图 3-144 和图 3-145 所示。

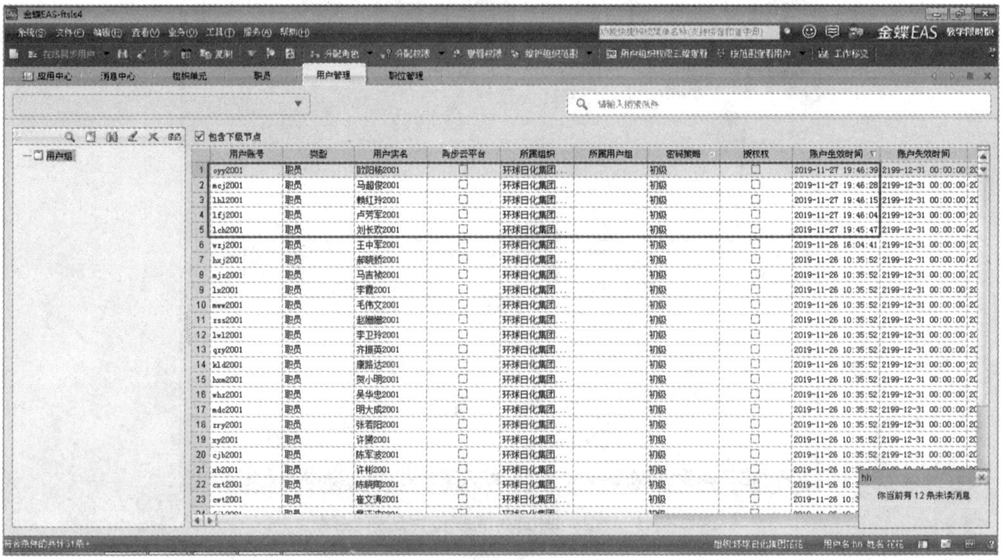

图 3-144　用户管理查询

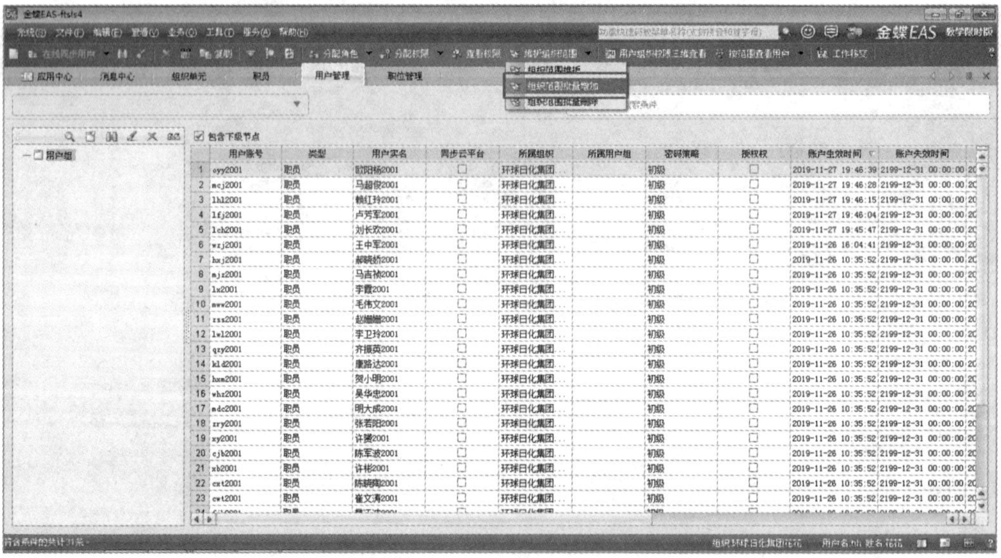

图 3-145　用户组织范围批量增加查询

选择组织范围类型为业务组织，单击【选择组织】按钮，加入环球日化集团+姓名下的所有组织。再单击用户列表左侧的【新增】按钮，添加财务共享服务中心所有用户，单击工具栏中的【分配】按钮，如图 3-146 所示。

为一个用户分配多个组织角色权限，以欧阳杨为例，选择 oyy+学号，单击工具栏中的【分配角色】-【批量分配角色】按钮，如图 3-147 所示。

单击【选择组织】按钮，加入环球日化集团+姓名下的所有组织，再添加资金共享岗，单击工具栏中的【分配】按钮，如图 3-148 所示。

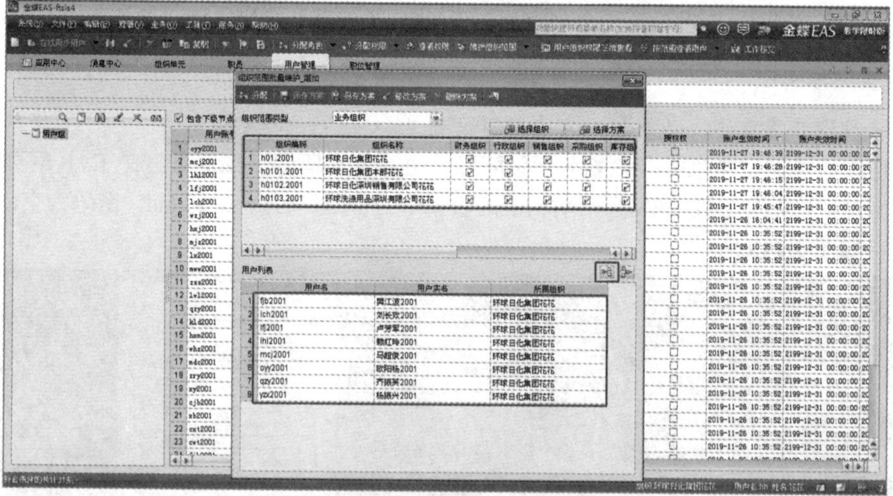

图 3-146 用户组织范围批量增加

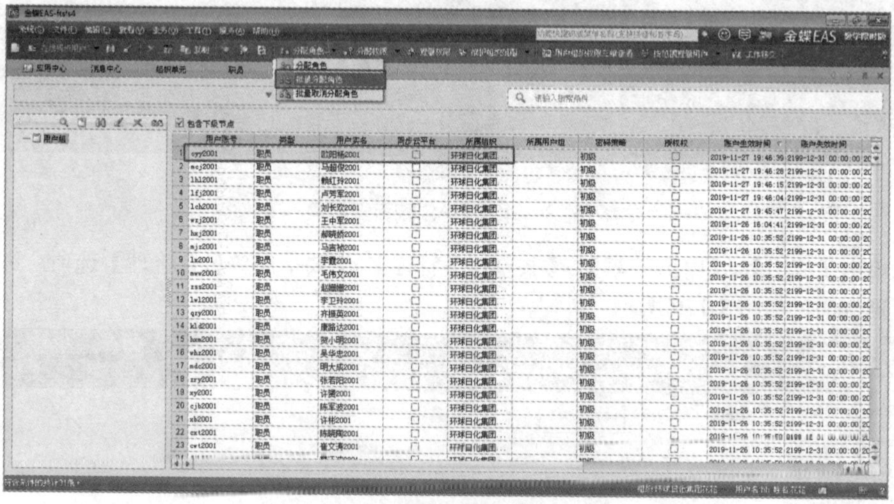

图 3-147 用户批量分配角色查询

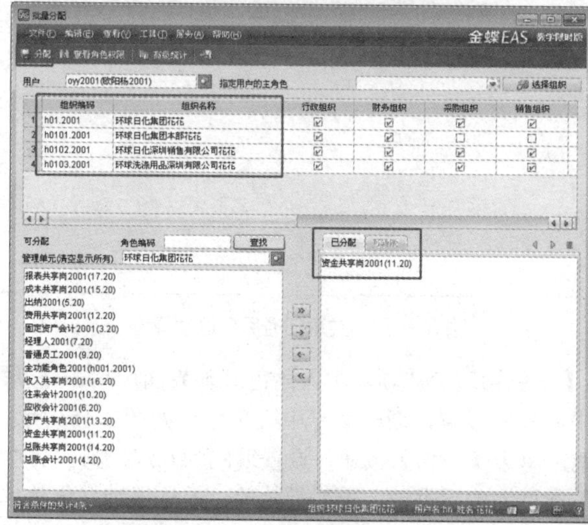

图 3-148 用户批量分配角色

根据表3-45中的实验数据录入共享用户与角色信息，为财务共享服务中心其他用户分配对应角色。

3. 设置共享岗位

注：此步骤非常重要，必须按照实验数据设置。

共享服务中心通过角色类型来划分岗位职责。由共享管理员 sscadmin 登录 EAS 网页端设置。

打开网址，选择与金蝶 EAS 客户端相同的数据中心，用户名为 sscadmin，密码为空，单击【登录】按钮，如图 3-149 所示。

图 3-149 EAS 网页端登录

依次单击【应用】-【财务共享】-【共享任务管理】-【共享任务后台管理】选项，进入共享任务后台管理界面，如图 3-150 所示。

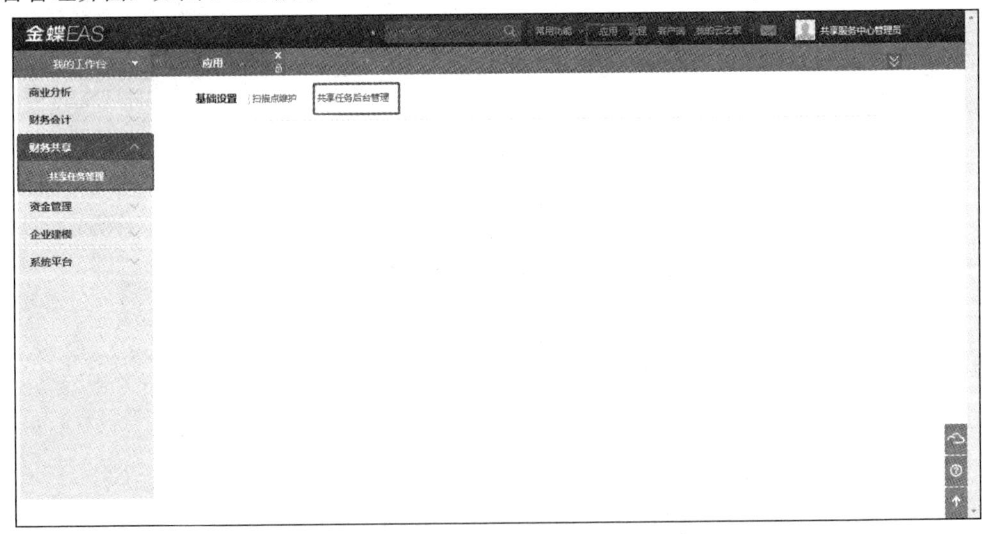

图 3-150 共享任务后台管理查询

单击【权限管理】-【角色管理】选项，进入角色管理界面。单击【新增】按钮，根据表 3-46 中的实验资料进行共享中心权限设置，新建共享中心角色，如图 3-151 所示。

以费用共享角色为例。单击【新增】按钮，设置编码为 02.学号，名称为费用共享+学号，角色类型为业务员，添加任务类型为费用报销、出差借款单、差旅报销、借款单，录入完毕单击【保存并新增】按钮，如图 3-152 所示。

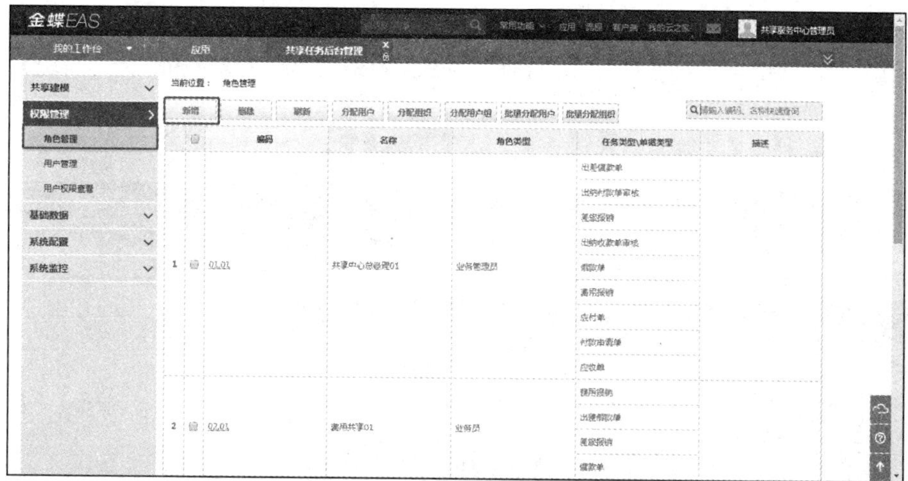

图 3-151 共享中心角色新增

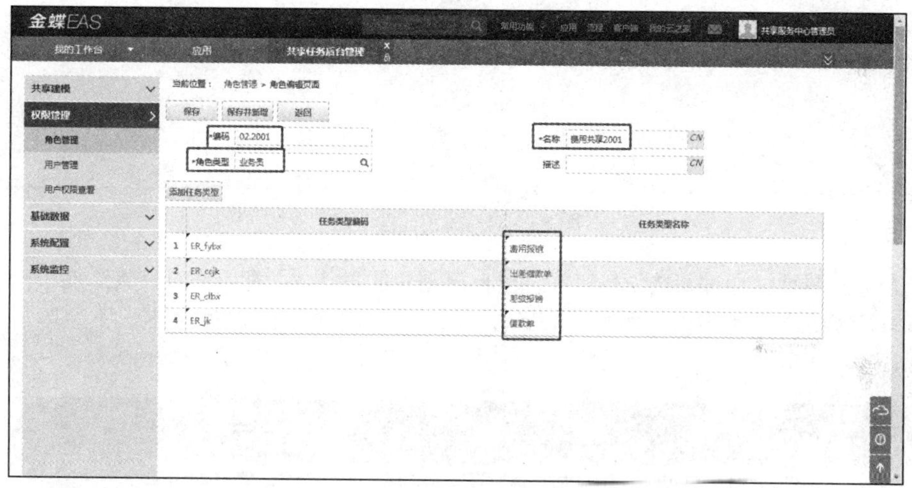

图 3-152 共享中心角色新增完成并保存

根据表 3-46 中的实验资料进行共享中心权限设置，添加其他角色，如图 3-153 所示。

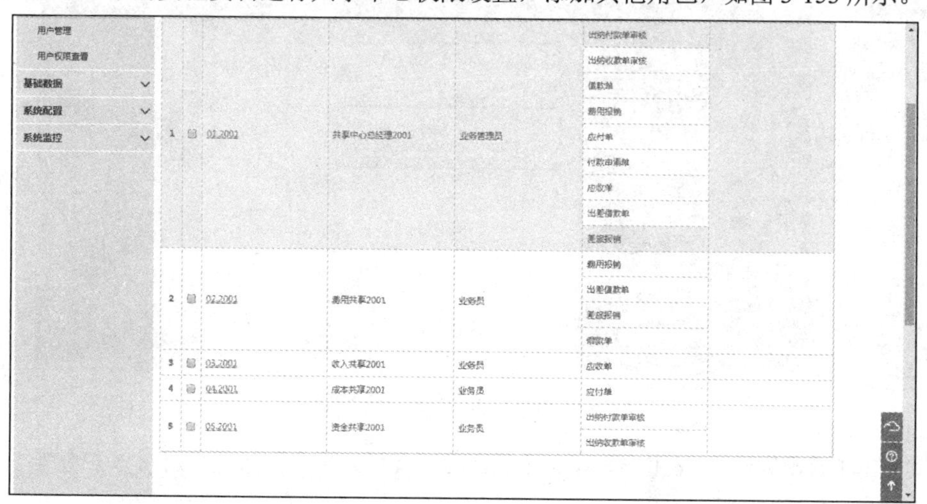

图 3-153 共享中心角色权限设置

添加全部共享角色后，返回角色管理界面，为新建好的角色分配组织。单击右上角的【搜索】按钮，通过学号筛选出自己创建的角色，选择带自己学号的角色，单击【批量分配组织】按钮，如图 3-154 所示。

注：分配组织时一定要注意，应选择带自己学号的角色，分配到自己创建的组织。

图 3-154 角色管理查询

在角色管理界面，通过筛选学号可筛选出自己创建的角色。分配组织时，只添加自己创建集团下的组织。在给角色添加组织界面中，选择自己所创建的环球日化集团+姓名，下拉单击【确定】按钮，如图 3-155 所示。

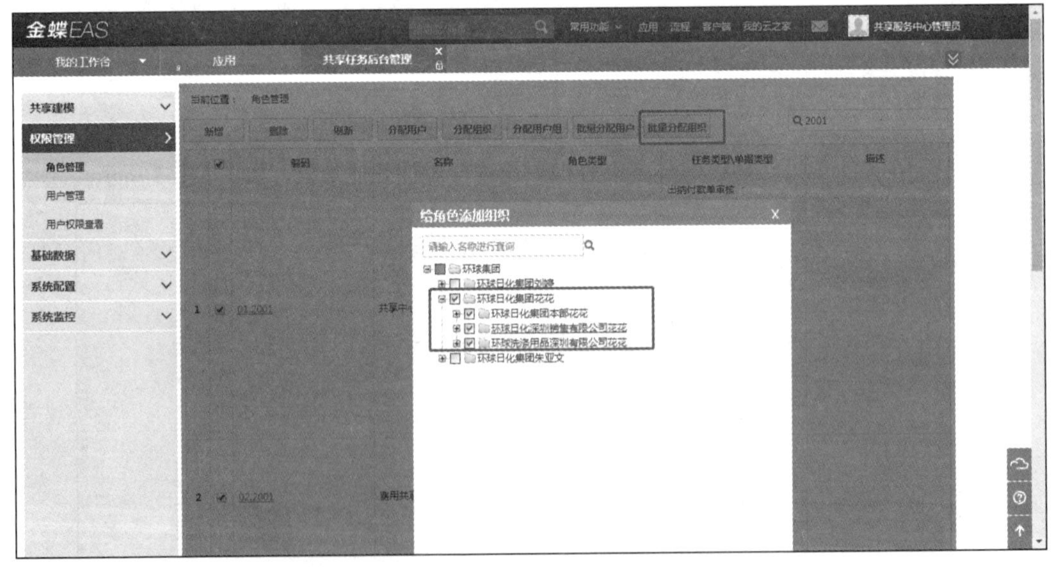

图 3-155 共享角色批量分配组织

依次单击【权限管理】-【用户管理】选项，单击【引入用户】按钮，可引入在金蝶 EAS 客户端创建的用户，如图 3-156 所示。

图 3-156 引入用户查询

选择组织为财务共享服务中心+学号下的用户，单击【引入用户】按钮，先引入共享中心的所有用户，如图 3-157 所示。再引入兼职的樊江波、齐振英、杨振兴。

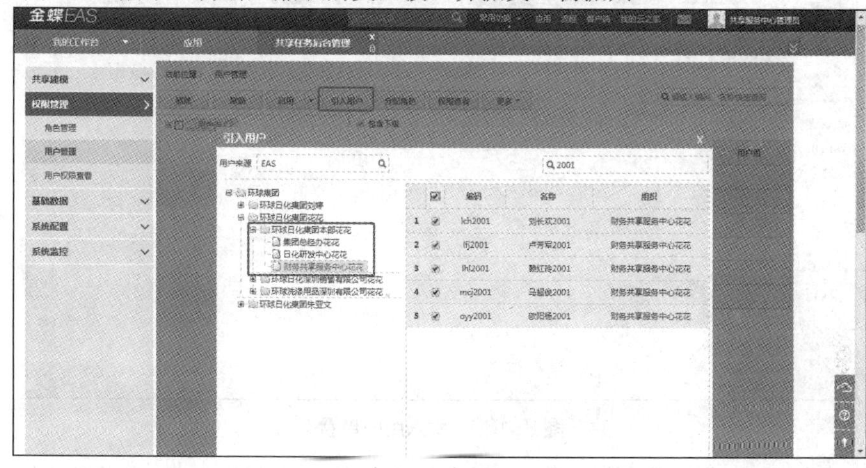

图 3-157 引入所有用户

切换下一页时，会清空已经选择的用户，请逐页引入用户，如图 3-158 和图 3-159 所示。

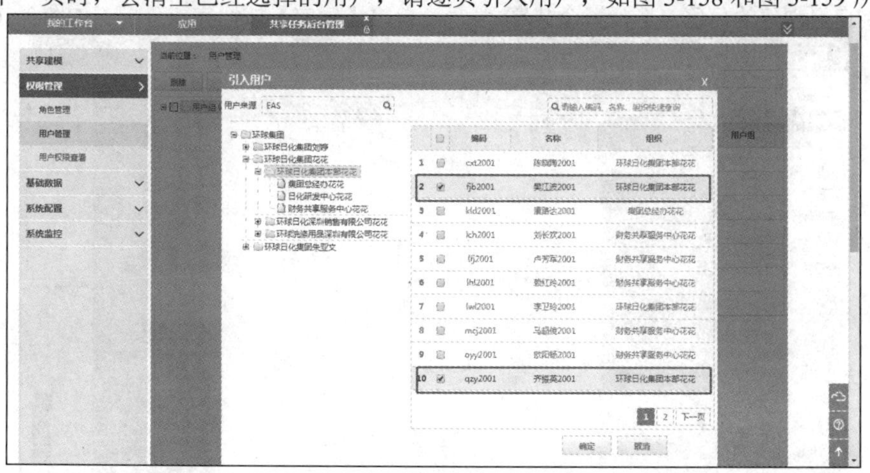

图 3-158 用户引入(第 1 页)

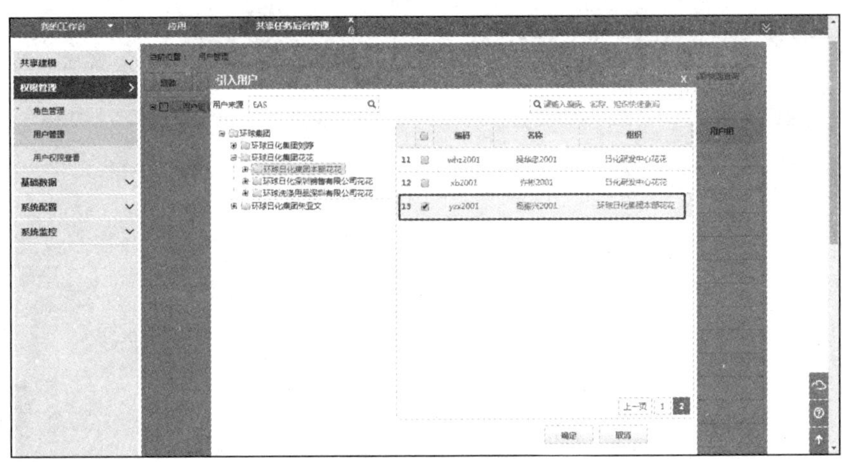

图 3-159 用户引入(第 2 页)

通过筛选学号，可以筛选出自己引入的所有用户，如图 3-160 所示。

图 3-160 引入用户查看

用户引入后，为引入的用户添加角色。添加角色时，通过学号筛选到自己创建的角色，选择该用户对应的角色分配。例如，选择用户欧阳杨，单击【分配角色】按钮进入给用户添加角色界面，通过学号筛选到自己创建的角色，选择资金共享+学号，单击【确定】按钮完成分配，如图 3-161 所示。

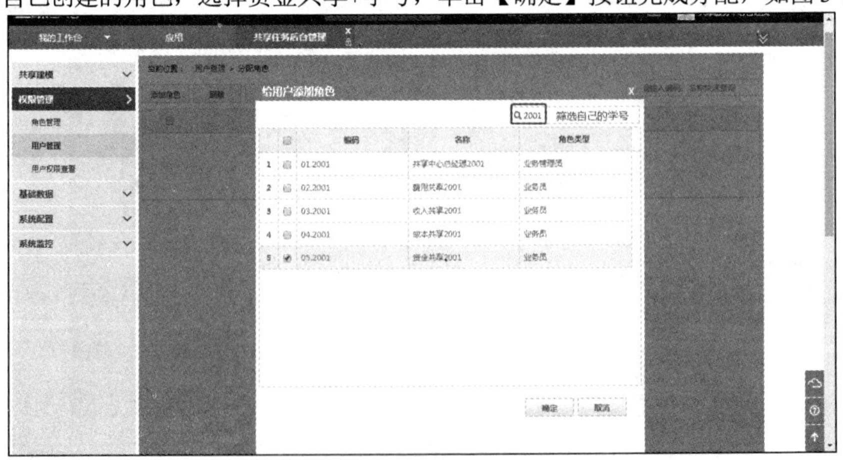

图 3-161 用户分配角色

根据表 3-46 中的实验数据进行共享中心权限设置，分配对应角色。

4. 发布共享流程

打开金蝶 BOS 集成开发环境，录入登录信息，选择正确的数据中心，使用自己集团创建的管理员登录操作。录入教师提供的 IP 地址为应用服务器地址，更新端口默认为 8888，选择实验用到的数据中心，登录用户为自己集团创建的管理员(学生姓名缩写+学号)，密码为空，单击【登录】按钮，如图 3-162 所示。

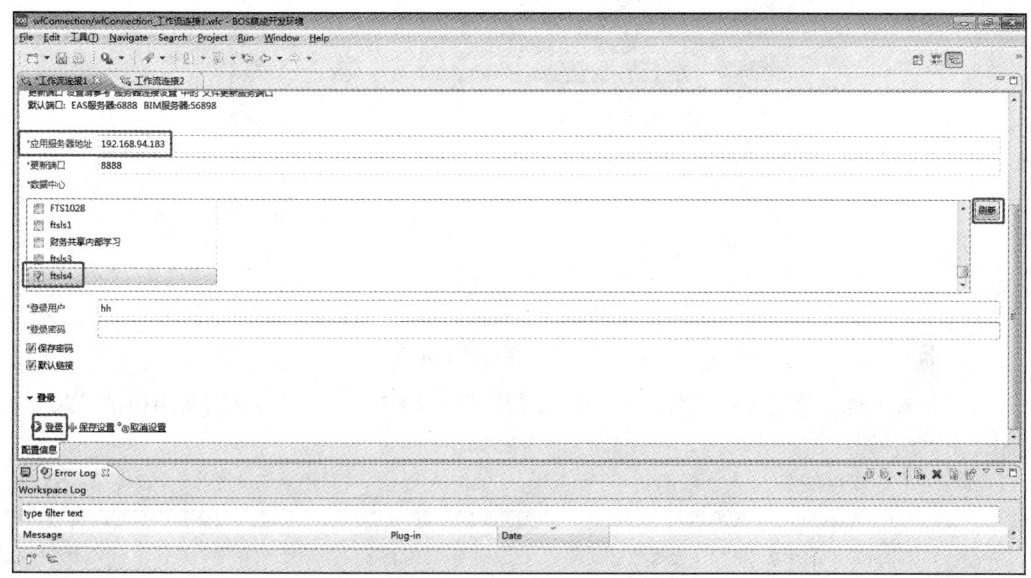

图 3-162　工作流连接信息

以费用报销单为例，在流程中选择【财务会计】-【费用管理】选项，单击鼠标右键并从弹出的菜单中选择【新建业务流程】选项，如图 3-163 所示。

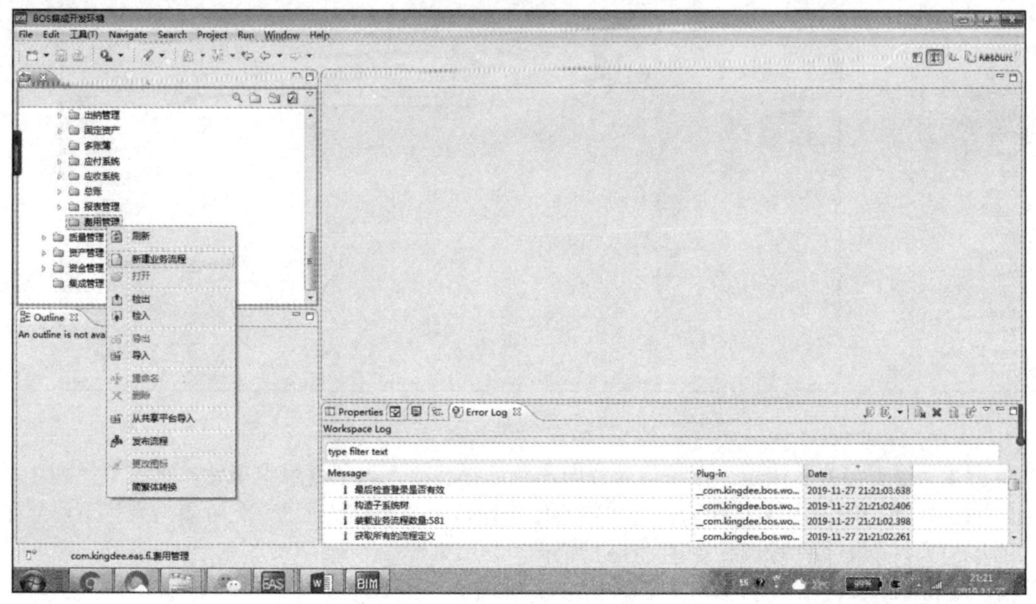

图 3-163　新建业务流程查询

根据表 3-47 中的实验数据新建共享流程。流程编码为 001.学号，流程名称为费用报销单共享+姓名学号，流程类型为普通流程，创建方式为根据现有流程生成，单击 Next 按钮，如图 3-164 所示。

图 3-164 业务流程新建

在流程选择界面，依次单击【财务会计】-【费用管理】选项，选择名称为费用报销单共享的流程，单击 Next 按钮。流程导入后，需要修改的内容如下：

(1) 修改提交节点的参与人。双击提交节点进入参与人界面，将原参与人删除，如图 3-165 所示。

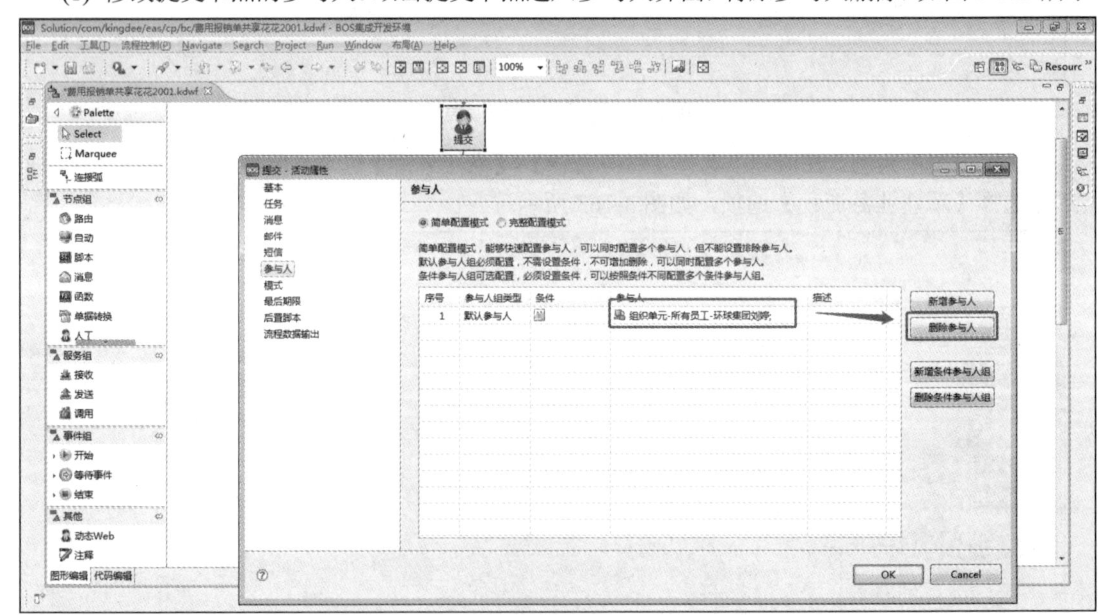

图 3-165 业务流程提交节点参与人修改

单击【新增参与人】按钮，在参与人界面左侧选择参与人类型为组织单元，组织单元为环球日化集团+姓名，单击【添加】按钮后，再单击 OK 按钮，如图 3-166 所示。此时参与人栏下已显示新增加的参与人，单击 OK 按钮，如图 3-167 所示。

(2) 修改共享审批节点的参与人。双击共享审批节点进入参与人界面，将原参与人删除，如图 3-168 所示。

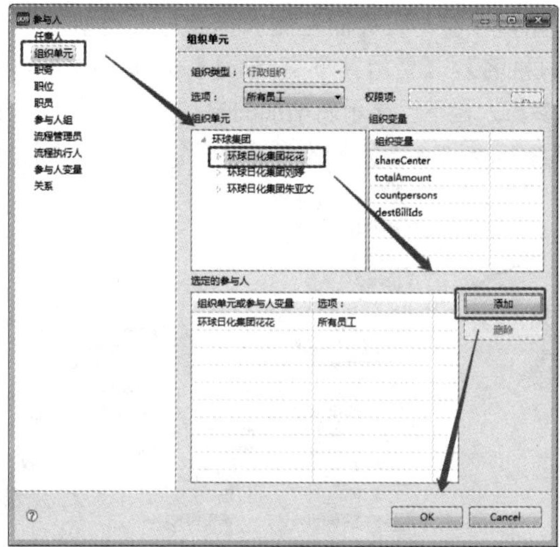

图 3-166 业务流程提交节点参与人修改

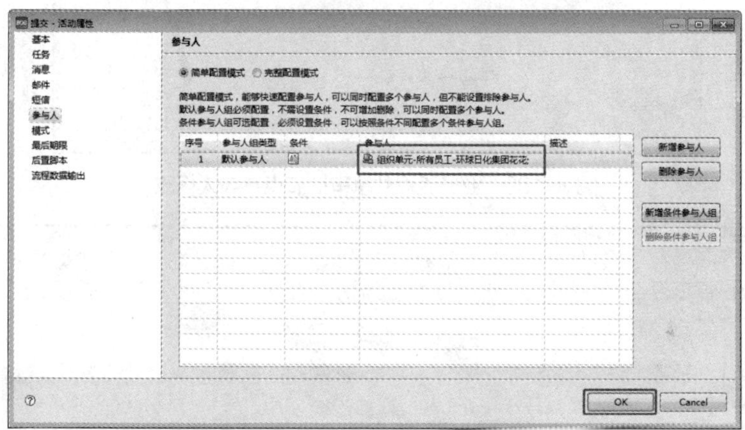

图 3-167 业务流程提交节点参与人修改

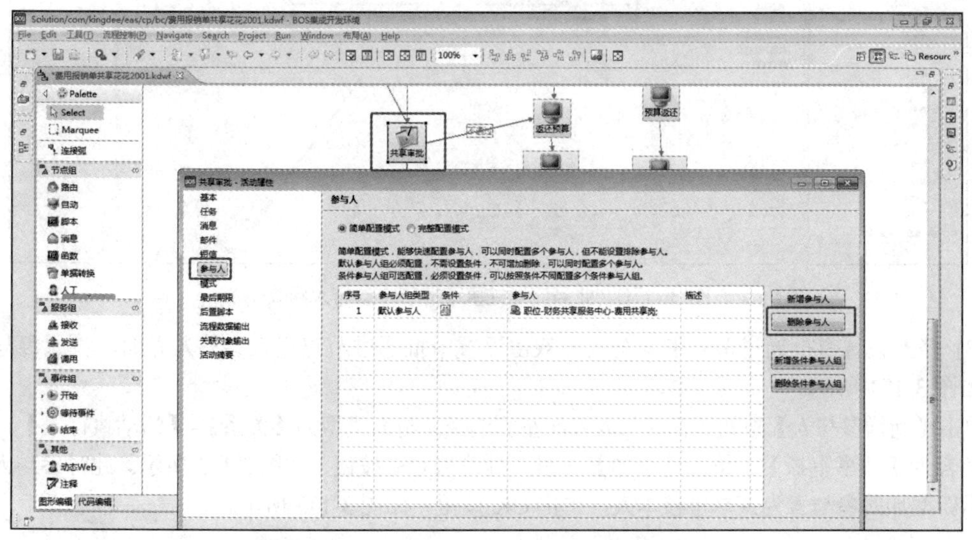

图 3-168 业务流程共享审批节点参与人修改

单击【新增参与人】按钮，在参与人界面左侧选择参与人类型为职位，选择【环球日化集团+姓名】-【财务共享服务中心+姓名】-【费用共享岗+学号】选项，单击【添加】按钮，再单击 OK 按钮，如图 3-169 所示。此时参与人栏下已显示新增加的参与人，单击 OK 按钮，如图 3-170 所示。

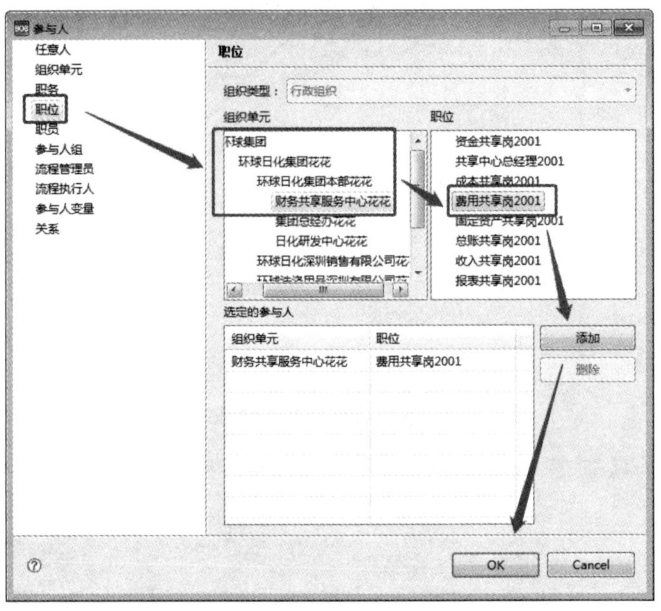

图 3-169　业务流程共享审批节点参与人修改

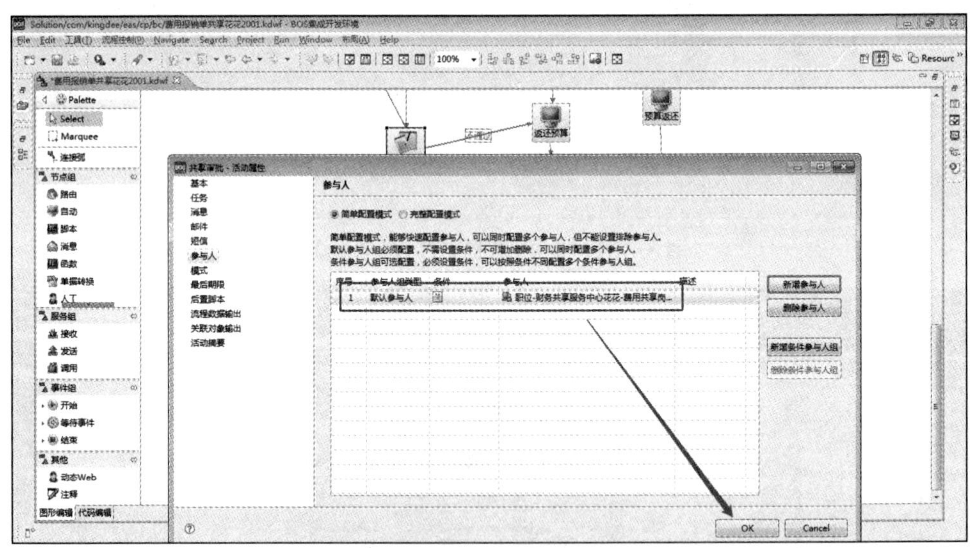

图 3-170　业务流程共享审批节点参与人修改

(3) 修改设置审批通过节点的参与人。双击设置审批通过节点进入参与人界面，将原参与人删除，如图 3-171 所示。

单击【新增参与人】按钮，在参与人界面左侧选择参与人类型为【关系】-【活动执行人】，选择活动集合为【共享审核】，单击【添加】按钮，再单击 OK 按钮，如图 3-172 所示。此时参与人栏下已显示新增加的参与人为共享审核本人，单击 OK 按钮，如图 3-173 所示。

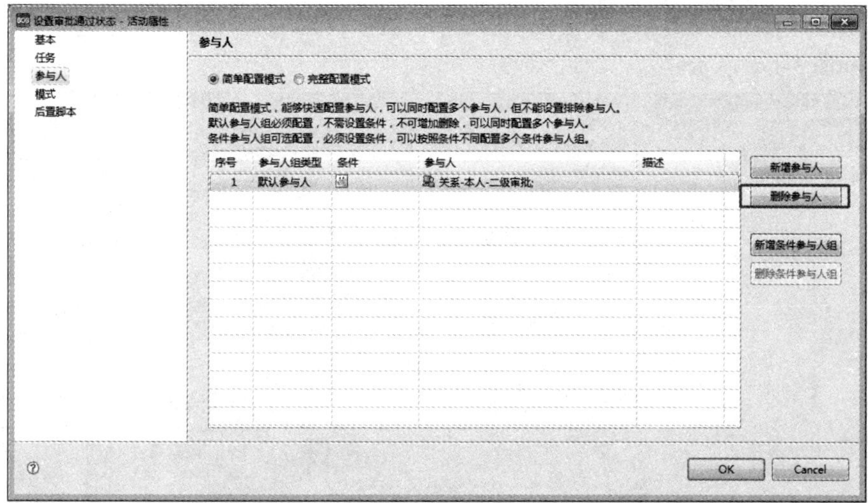

图 3-171　业务流程设置审批通过节点参与人修改

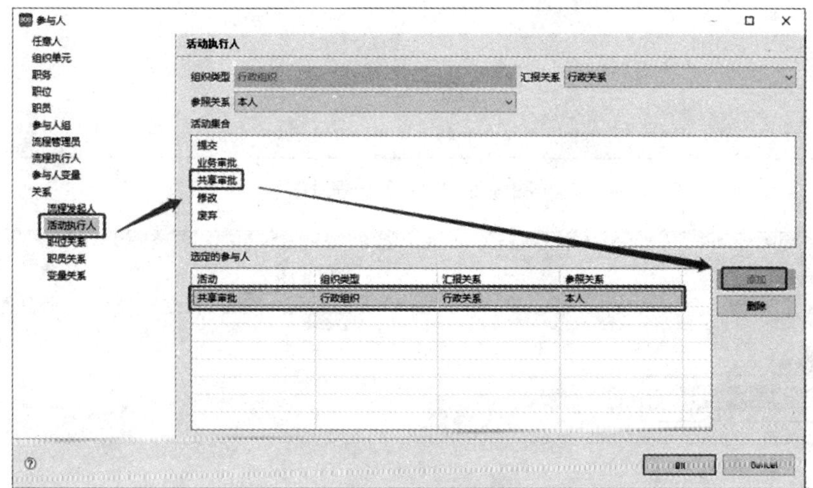

图 3-172　业务流程设置审批通过节点参与人修改

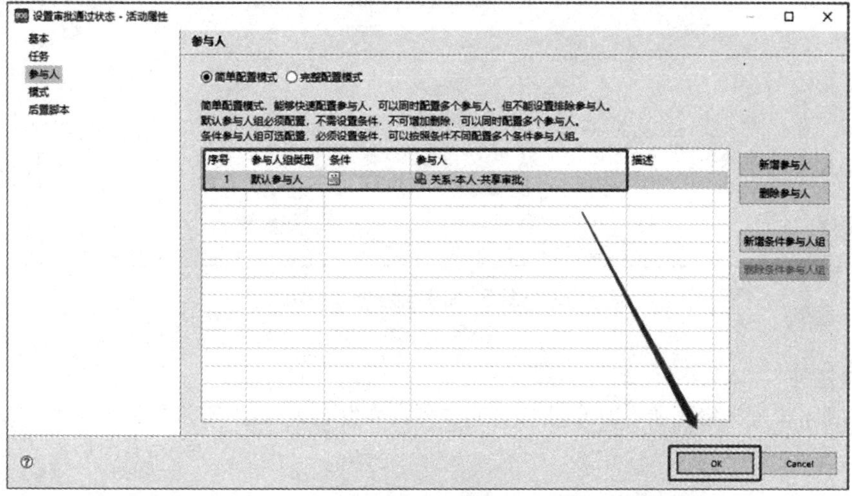

图 3-173　业务流程设置审批通过节点参与人修改

流程设置完毕并检查无误后，在流程空白处单击鼠标右键，从弹出的菜单中选择【发布】选项，如图 3-174 和图 3-175 所示。

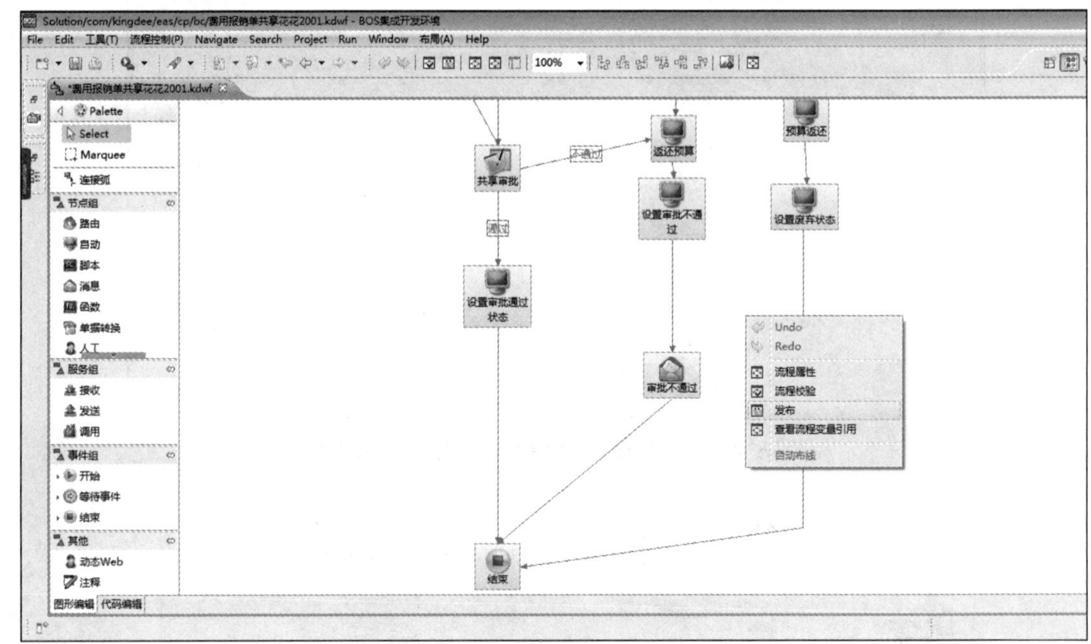

图 3-174 业务流程发布

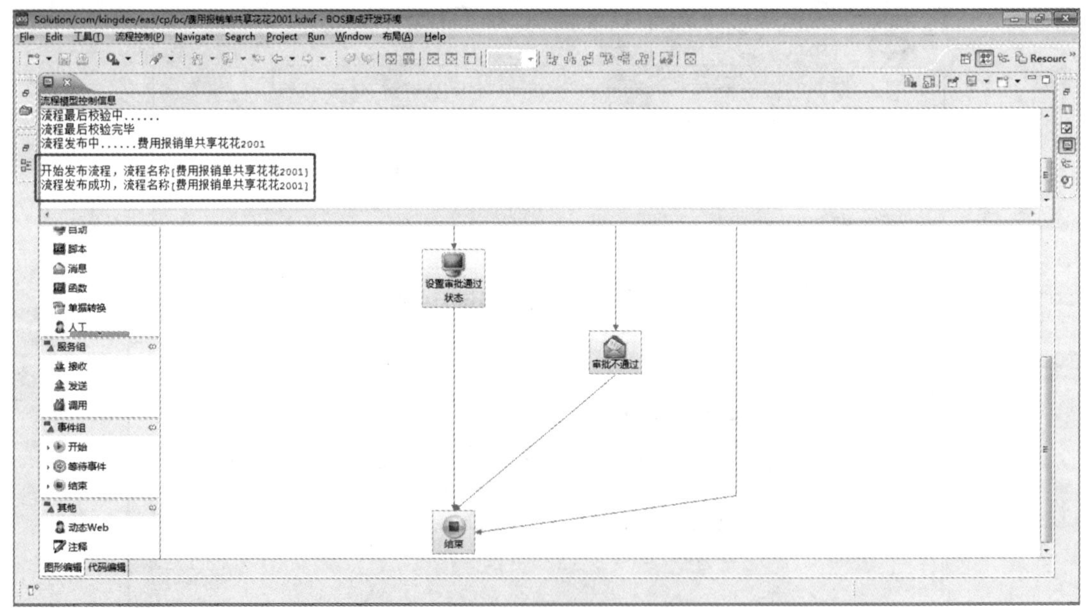

图 3-175 业务流程发布成功

↗ 拓展任务

新增完成环球日化集团所有共享业务员的信息，并发布表 3-47 所示其他模块的共享流程。

表 3-47 新建共享流程

新建流程名称	新建流程编码	引入流程名称	修改节点
费用报销单共享姓名+学号	001.学号	费用报销单共享	提交节点参与人、共享审批节点参与人
费用借款单共享姓名+学号	002.学号	费用借款单共享	借款单共享、单据提交节点参与人、共享审批节点参与人
出差借款单共享姓名+学号	003.学号	出差借款单共享	单据提交节点参与人、共享审批节点参与人、设置审批通过状态节点参与人
差旅报销单共享姓名+学号	004.学号	差旅报销单共享	提交节点参与人、共享审批节点参与人、审批通过节点参与人
付款申请单共享姓名+学号	005.学号	付款申请单共享	应付系统管理、付款申请单提交节点参与人、共享审批节点参与人、审批通过节点参与人
应收单共享姓名+学号	006.学号	应收单共享	单据提交节点参与人、业务审批节点参与人、共享审批节点参与人、设置审批通过状态节点参与人
收款单共享姓名+学号	007.学号	收款单共享	出纳管理、收款单提交节点参与人、共享审批节点参与人、设置审批通过状态节点参与人
应付单共享姓名+学号	008.学号	应付单共享	单据提交节点参与人、业务审批节点参与人、共享审批节点参与人、设置审批通过状态节点参与人
付款单共享姓名+学号	009.学号	付款单共享	出纳管理、付款单提交节点参与人、共享审批节点参与人、设置审批通过状态节点参与人

流程导入后，需要修改的内容如下：

(1) 修改提交节点的参与人为学生创建集团下的所有人。

(2) 共享审批节点设置根据单据类型添加。例如，费用单据共享审批节点审批人为费用共享岗；应收单据共享审批节点审批人为收入共享岗；应付单据共享审批节点审批人为成本共享岗；收、付款单共享审批节点审批人为资金共享岗。

(3) 审批通过节点设置参与人为共享审批节点参与人。

(4) 特殊情况：应收单业务审批参与人职位为销售经理，应付单业务审批参与人职位为采购经理。

第3篇

财务共享实践

第4章 应收共享

4.1 模块概述

模块简介

应收共享系统是财务共享管理信息系统的组成模块，全面支持 Web 页面，为用户提供互联网式的操作体验。在财务共享服务中心进行相关配置后，财务人员可以在应收任务池进行任务处理，查询已分配的单据及任务处理进度、工作量、工作效率及排名情况。

应收共享系统包括应收任务池、应收业务处理、收款业务处理、结算处理等模块，通过集中处理各业务部门及分支机构的应收单、收款单及办理结算，满足客户应收款项业务的会计核算和管理工作，有效提升服务质量和运作效率，同时实现集团范围的财务监控。

该系统可以独立运行，又可以与出纳共享、应付共享、总账共享等模块集成应用，提供更完整、全面的财务共享管理解决方案，实现业务财务一体化的高度集成。

应收模块与其他模块的集成

应收共享系统与出纳共享、应付共享、总账共享等各业务系统一体化集成，保障业务信息与财务信息的高度同步与一致性，为企业决策层提供实时的业务管理信息。应收共享与其他模块集成如表 4-1 所示。

表 4-1 应收共享与其他模块集成表

相关模块	集成内容
出纳共享	应收共享的收款单可以进出纳共享序时簿进行功能应用
应收共享	应收共享与应付共享，可以进行往来转移的应用
总账共享	应收共享的数据，可以生成凭证，进入总账共享，且可参与总账的记账中心、对账中心、结账中心的业务处理
应收管理	多组织，批量支持应收管理的功能

应收任务池

1. 应收任务池概述

应收任务池，提供一站式任务处理和绩效分析。方便往来财务人员实时了解待处理的任务，并提供链接切换进行业务处理。最后可以通过报表统计往来财务人员的任务处理进度、工作量、工作效率及排名情况。

2. 应收任务池的主要功能

- 往来财务人员可以通过首页(工作台)，查看本人需要处理的任务，包括已超期、处理中和待分配的单据。同时提供列表页面，从不同维度展示不同业务类型(单据)的处理情况。
- 提供应收单及收款单序时簿页面。显示按规则自动分配的审批任务，支持查询单据、影像、流程图及进行审核操作。

- ❑ 提供任务进度统计表、个人任务统计表、个人任务排名表等报表的查询。图文并茂、清晰地展示往来财务人员的任务处理进度、工作量、工作效率及排名情况。

3. 应收任务池支持的业务流程

- ❑ 查看单据的处理情况，主要是待处理情况。
- ❑ 处理单据，支持查询单据、影像、流程图及进行审核操作。
- ❑ 报表分析。

↗ 应收单

1. 应收单概述

应收单是用来确认债权的单据，它与传统意义上的发票不完全相同，因为确认债权的产生，有可能是出库即确认债权，不需要开出发票。系统采用应收单来统计应收的发生，也是通过应收单生成凭证传递到总账。

2. 应收单的主要功能

- ❑ 可维护销售发票、销售费用发票、其他应收单、应收借贷项调整单等多种类型的应收单。
- ❑ 支持价外税、价内税的多种算法，且价外税算法支持以含税字段计算不含税字段，或者以不含税字段计算含税字段等有效规避尾差的处理。

3. 应收单支持的业务流程

- ❑ 应收单—收款单。
- ❑ 应收单债权转移。

↗ 审批规则

1. 金蝶财务共享应用实践平台案例——应收单

适用范围：企业发生销售业务时，填写应收单确认应收款项。

主要审批规则：

- ❑ 税额要与发票税额一致。
- ❑ 需上传盖章生效的销售合同扫描件。
- ❑ 发票需要是盖章生效的增值税专用专票，且开票方与往来户一致。

2. 金蝶财务共享应用实践平台案例——收款单

适用范围：企业收到往来款项时，填写收款单记录收款情况。

主要审批规则：

- ❑ 已收到款项需提供银行结算票据。
- ❑ 收款单结算方式与银行结算票据一致。
- ❑ 收款类型需要根据业务真实情况进行填写。

3. 金蝶财务共享应用实践平台案例——应收收款结算

适用范围：企业发生销售业务时，填写应收单确认应收款项，收到款项后关联生成收款单并进行收款结算。

主要审批规则：

- ❑ 税额要与发票税额一致。

- 需上传盖章生效的销售合同扫描件。
- 发票需要是盖章生效的增值税专用专票，且开票方与往来户一致。
- 已收到款项需提供银行结算票据。
- 收款单结算方式与银行结算票据一致。
- 收款类型需要根据业务真实情况进行填写。

4.2 实验练习

案例一 确认应收业务

应用场景

应收单是确认债权的重要凭据。若与物流系统联用，应收单审核时，可以反写核心单据行号的累计应收信息，供用户围绕核心单据进行管理。应收单可以关联生成收款单，且在收款时系统会自动结算，供用户进行准确的往来管理。

实验数据

环球日化深圳销售有限公司 2019 年发生的业务中的应收业务，如表 4-2 所示。

表 4-2 应收业务

往来户	业务描述	金额(RMB)			
		应收	收款	应付	预付
深圳盼盼洗涤用品贸易公司	2019 年 7 月 3 日，环球日化深圳销售有限公司赊销 1 000 瓶 220ml 焗油顺滑洗发露(去屑系列)给客户深圳盼盼洗涤用品贸易公司，税率 13%，含税单价 22.6 元，确认应收款 22 600 元，计划 20 天后收款。环球日化深圳销售有限公司往来会计毛伟文(mww+学号)提交应收单	22 600			

流程图

确认应收业务的流程，如图 4-1 所示。

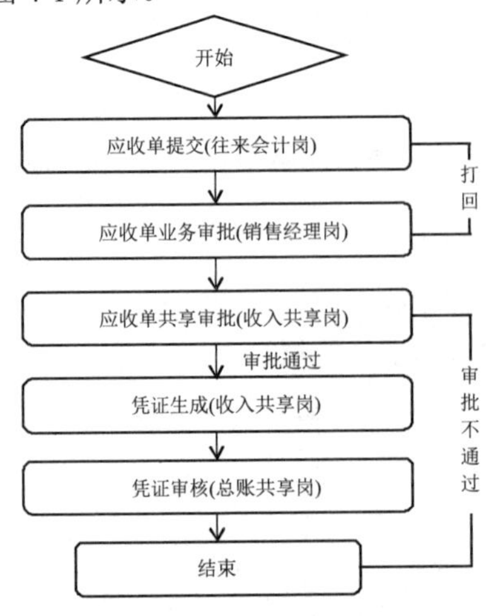

图 4-1 确认应收业务流程图

↗ 操作指导

1. 应收单提交

环球日化深圳销售有限公司往来会计毛伟文提交应收单。毛伟文进入 EAS 网页端，用户名为 mww+学号，密码为空，单击【登录】按钮进入我的工作台页面。

单击【毛伟文】-【组织-切换】选项，切换组织为环球日化深圳销售有限公司+姓名，单击【确定】按钮。单击【应用】-【财务会计】-【应收管理】-【应收单新增】选项，新增应收单，如图 4-2 所示。

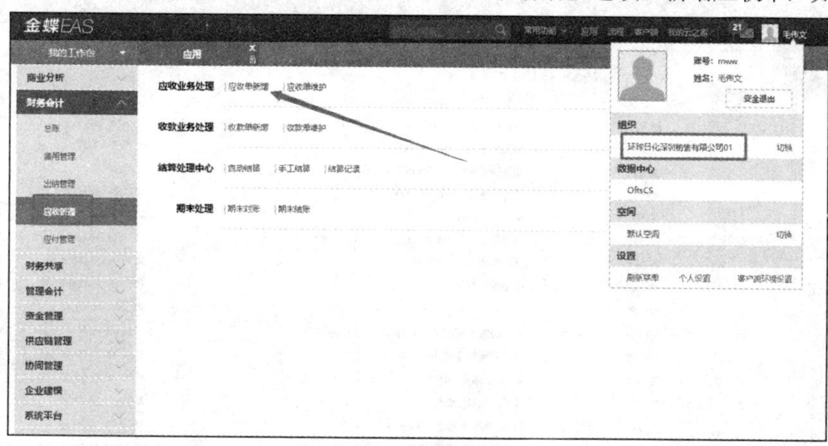

图 4-2　应收单新增

根据表 4-2 中的实验数据录入应收单。单据日期为 2019-07-03，往来户为深圳盼盼洗涤用品贸易公司+学号；物料为 220ml 焗油顺滑洗发露(去屑系列)，计量单位为瓶，数量为 1 000，含税单价为 22.6，税率为 13%，应收日期为 2019-07-23；添加销售发票、销售合同附件，录入完毕后单击【提交】按钮，如图 4-3 所示。

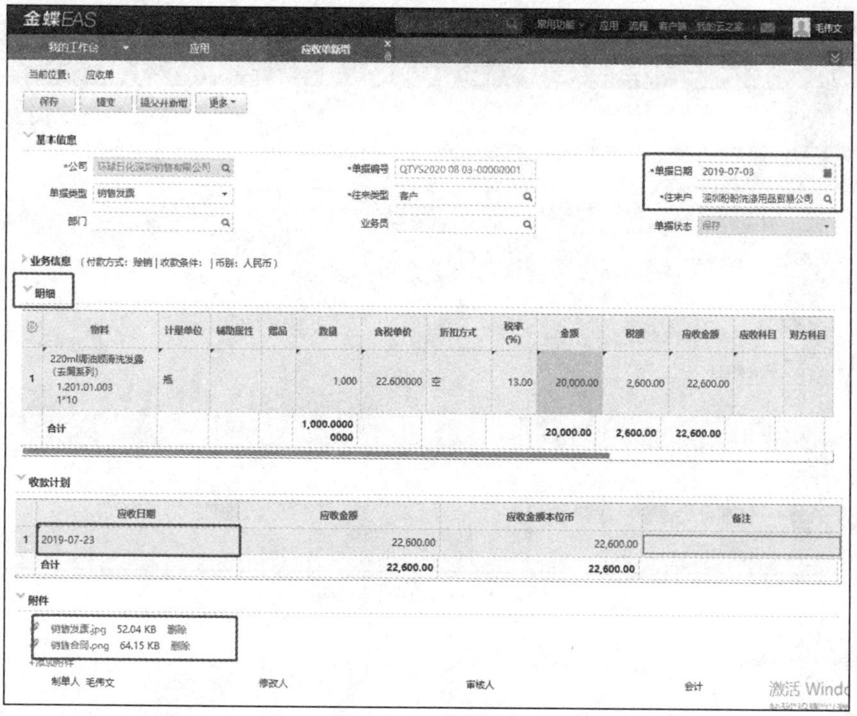

图 4-3　应收单录入

2. 应收单业务审批

环球日化深圳销售有限公司销售经理郝晓娇审批应收单。郝晓娇进入 EAS 网页端，用户名为 hxj+学号，密码为空，单击【登录】按钮进入我的工作台页面。单击【流程】-【待办任务】-【常规待办】选项，进入常规待办任务页面，如图 4-4 所示。

发起人	标题	接收时间	上一步处理人
毛伟文	请处理单据: AR2019000053	刚刚	毛伟文
高倩兰	请处理单据: AP2019000035JDTZ001	今天 14:09	高倩兰
高倩兰	请处理单据: AP2019000034	今天 13:12	高倩兰
高倩兰	请处理单据: AP2019000030	今天 11:28	高倩兰
毛伟文	请处理单据: AR2019000051	2019-08-24 19:19	毛伟文
毛伟文	请处理单据: AR2019000015	2019-08-22 09:14	毛伟文
贺小明	请处理单据: CLFBXD-2019-8-16 9:25-000015	2019-08-16 09:25	贺小明
贺小明	{{一级审批报销单}},编号:	2019-08-16 09:11	贺小明
贺小明	一级审批报销单,编号:	2019-08-16 09:07	贺小明
贺小明	一级审批报销单,编号:	2019-08-16 09:05	贺小明
贺小明	请审批差旅报销单：报销单，编号:，申请人:	2019-08-16 09:03	贺小明
贺小明	请审批报销单,编号: ,申请人:	2019-08-16 09:01	贺小明
贺小明	请审批 ,编号: ,申请人:	2019-08-16 08:59	贺小明
贺小明	请审批,编号: ,申请人:	2019-08-16 08:58	贺小明
贺小明	请审批报销单,编号: ,申请人:	2019-08-15 18:13	贺小明
贺小明	请审批报销单,编号: ,申请人:	2019-08-15 18:12	贺小明
贺小明	请审批报销单,编号: BXD-2019-8-15 18:01-000001,申请人:贺小明	2019-08-15 18:01	贺小明

图 4-4　常规待办任务查询

双击刚刚提交的应收单(通过应收单据编号确认)进入单据审批页面，审批处理选择同意，单击【提交】按钮，如图 4-5 所示。

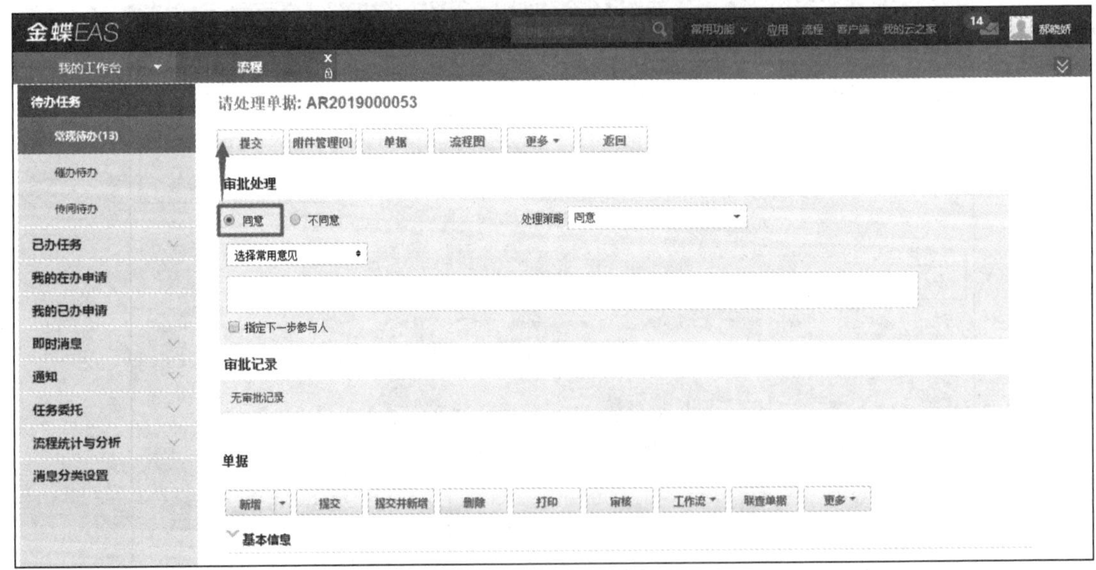

图 4-5　应收单业务审批

3. 应收单共享审批

收入共享岗卢芳军共享审批应收单。卢芳军进入 EAS 网页端，用户名为 lfj+学号，密码为空，单击【登录】按钮进入我的工作台页面。

单击【应用】-【财务共享】-【应收共享】-【应收任务池】选项，进入应收任务池页面，如图 4-6 所示。

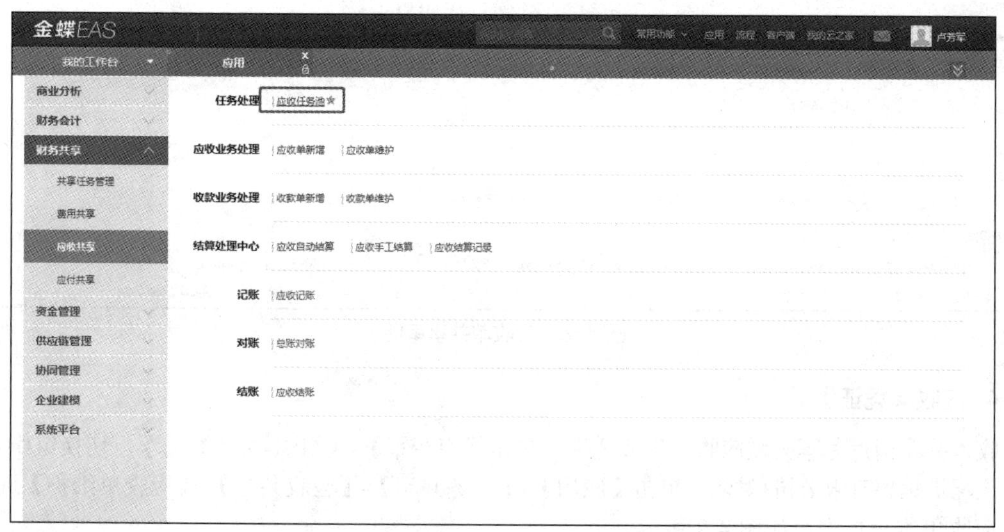

图 4-6　应收任务池

单击【我的任务】-【应收单】-【更多】-【获取任务】选项，获取应收单。双击相应单据(通过应收单据编号确认)进入单据处理页面，收入共享岗根据财务审批规则审批该应收单，审批通过后，单击【提交】按钮，如图 4-7 和图 4-8 所示。

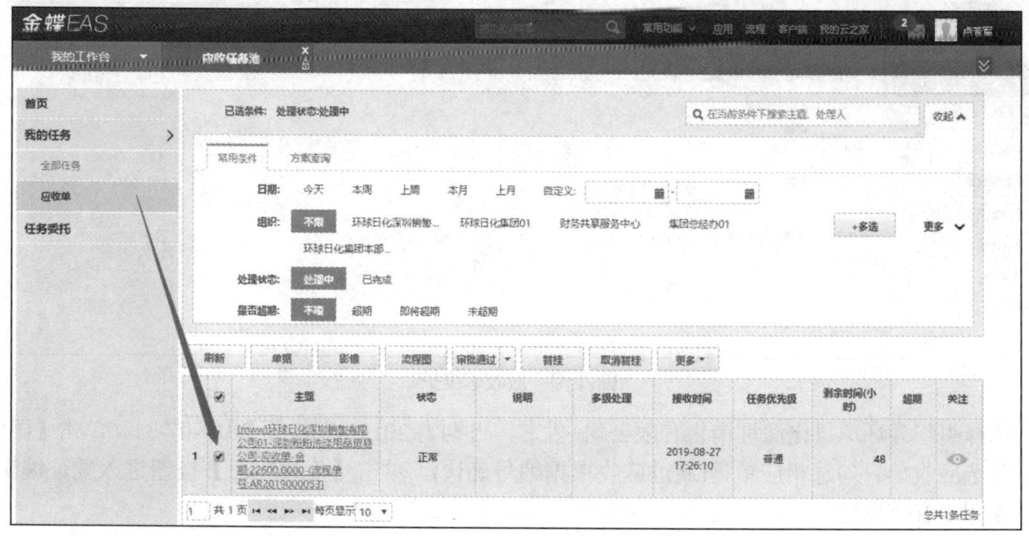

图 4-7　应收单获取

图4-8 应收单共享审批

4. 应收单凭证生成

收入共享岗卢芳军关联应收单生成凭证。单击【卢芳军】-【组织-切换】选项，切换组织为环球日化深圳销售有限公司+姓名。单击【应用】-【财务共享】-【应收共享】-【应收单维护】选项，进入应收单维护页面，如图4-9所示。

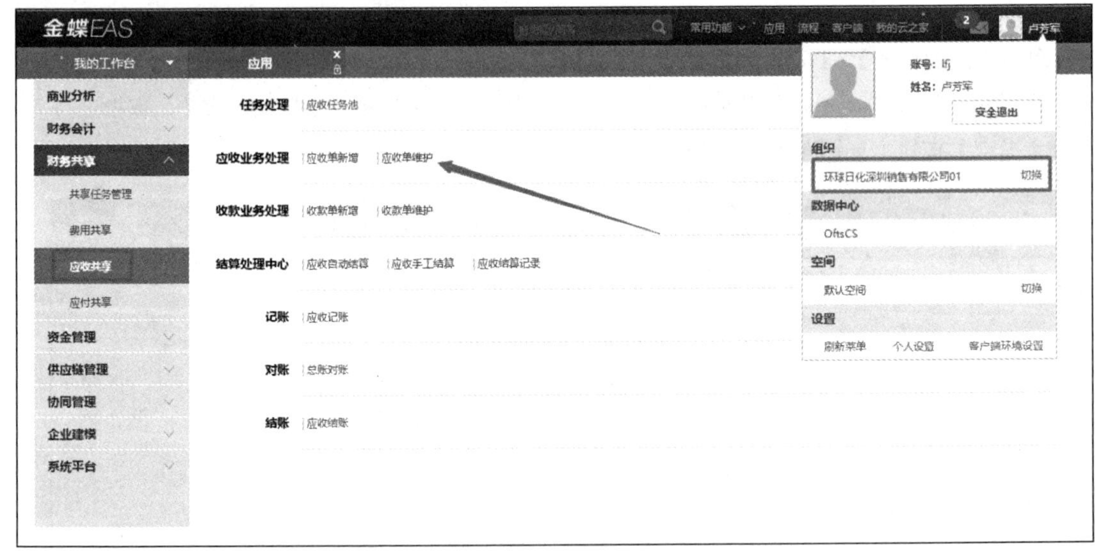

图4-9 应收单维护

选择组织为环球日化深圳销售有限公司+姓名，日期为2019-07-01至2019-07-31，单击【确定】按钮筛选应收单。勾选相应单据(通过应收单据编号确认)，单击【生成凭证】按钮进入凭证编辑页面，如图4-10所示。

图 4-10　应收单生成凭证

根据案例背景录入相关信息。记账日期为 2019-07-03，业务日期为 2019-07-03，录入完毕后单击【提交】按钮，如图 4-11 所示。

图 4-11　凭证录入完成并提交

5. 应收单凭证审核

总账共享岗樊江波审核记账凭证。樊江波进入 EAS 网页端，用户名为 fjb+学号，密码为空，单击【登录】按钮进入我的工作台页面。

单击【樊江波】-【组织-切换】选项，切换组织为环球日化深圳销售有限公司+姓名，单击【确定】按钮。单击【应用】-【财务共享】-【总账共享】-【凭证查询】选项，进入凭证查询页面，如图 4-12 所示。

图 4-12　凭证查询

选择组织为环球日化深圳销售有限公司+姓名，日期为 2019-07-01 至 2019-07-31，单击【确定】按钮筛选凭证。勾选相应凭证(通过凭证编号确认)，单击【审核】按钮，如图 4-13 所示。

图 4-13　凭证审核

案例二　债权转移

↗ 应用场景

债权转移是将原对 A 的债权转移为对 B 的债权。该操作仅用来处理转移到 B，但是 B 并没有付款的情况。

↗ 实验数据

环球日化深圳销售有限公司今年发生的业务中的应收业务，如表 4-3 所示。

表4-3 债权转移业务

往来户	业务描述	金额(RMB)			
		应收	收款	应付	预付
深圳日日用品贸易公司	2019年7月9日，深圳日日用品贸易公司合并深圳盼盼洗涤用品贸易公司，原深圳盼盼洗涤用品贸易公司债务转移到深圳日日用品贸易公司。环球日化深圳销售有限公司往来会计毛伟文(mww+学号)确认债权转移	22 600			

↗ 流程图

债权转移业务的流程，如图4-14所示。

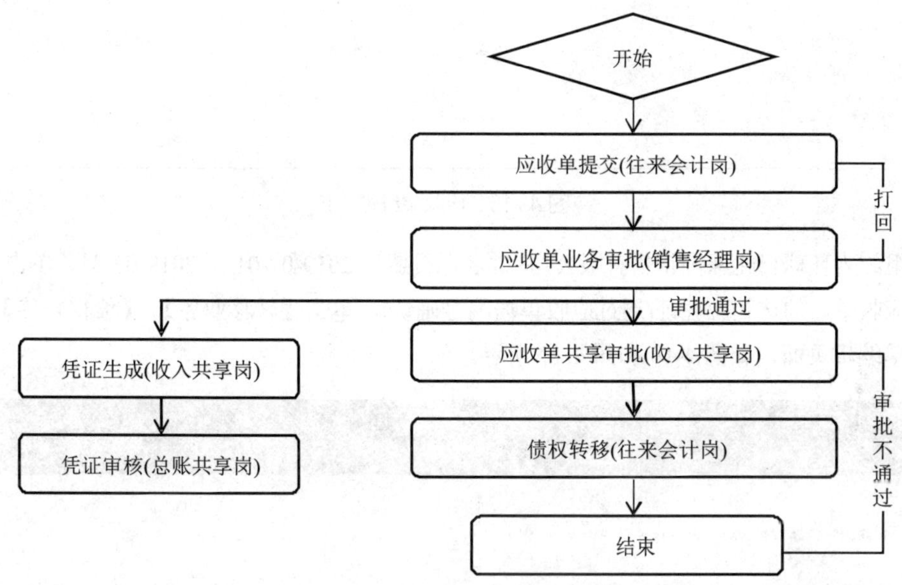

图4-14 债权转移业务流程图

↗ 操作指导

环球日化深圳销售有限公司往来会计毛伟文确认债权转移。毛伟文进入EAS网页端，用户名为mww+学号，密码为空，单击【登录】按钮进入我的工作台页面。

单击【毛伟文】-【组织-切换】选项，切换组织为环球日化深圳销售有限公司+姓名，单击【确定】按钮。单击【应用】-【财务会计】-【应收管理】-【应收单维护】选项，进入应收单维护页面，如图4-15所示。

图 4-15　应收单维护

选择组织为环球日化深圳销售有限公司+姓名，日期为 2019-07-01 至 2019-07-31，单击【确定】按钮筛选应收单。勾选相应凭证(通过应收单据编号确认)，单击【转移业务】-【债权转移】选项，进入应收单编辑页面，如图 4-16 和图 4-17 所示。

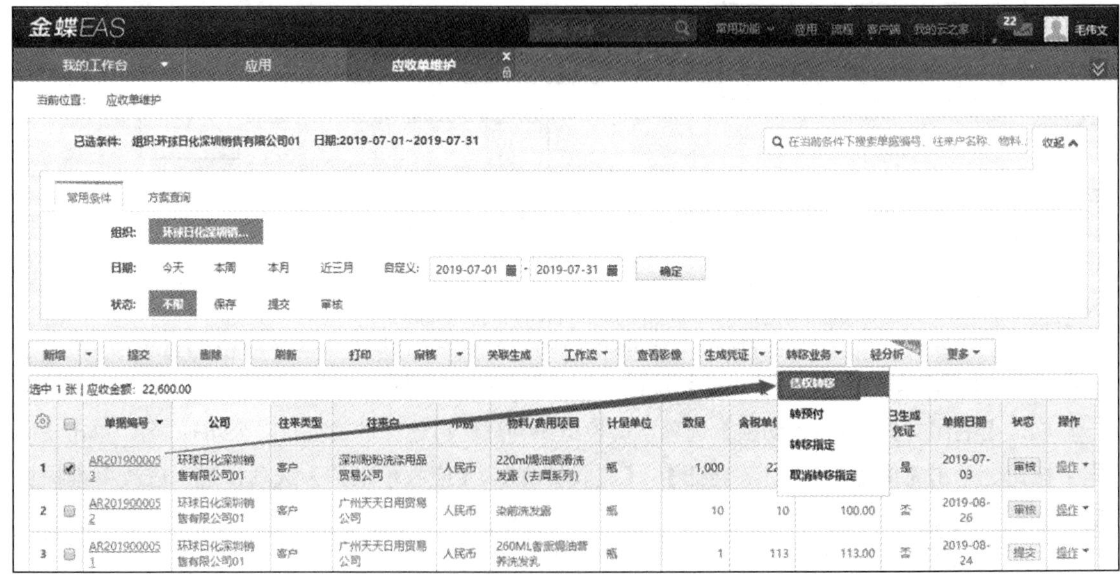

图 4-16　债权转移

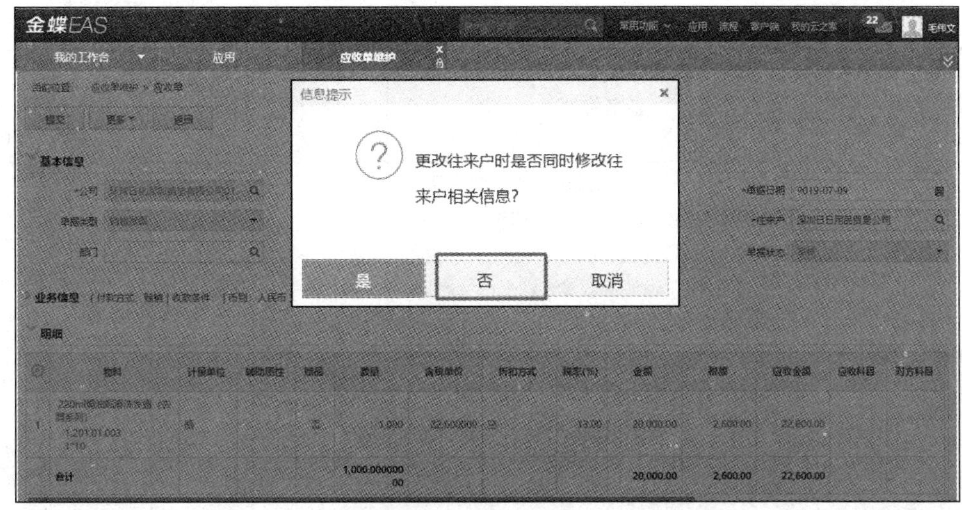

图 4-17 应收单修改

根据案例背景修改相关信息，单据日期为 2019-07-09，往来户为深圳日日用品贸易公司+学号，修改完毕后单击【提交】按钮，如图 4-18 所示。

图 4-18 应收单修改完成并提交

案例三 应收折让

➚ 应用场景

处理销售折让业务的功能。销售折让是指由于商品的质量、规格等不符合要求，销售单位同意在商品价格上给予的减让。

➚ 实验数据

环球日化深圳销售有限公司 2019 年发生的业务中的应收业务，如表 4-4 所示。

表 4-4　应收折让业务

往来户	业务描述	金额(RMB)			
		应收	收款	应付	预付
深圳日日用品贸易公司	2019年7月12日，环球日化深圳销售有限公司赊销300瓶520ml 香熏去屑修护洗发乳给深圳日日用品贸易公司，税率13%，含税单价27.12元/瓶，确认应收款8 136元，计划10天后收款。 2019 年 7 月 15 日，深圳日日用品贸易公司收到商品后，发现有 10 瓶 520ml 香熏去屑修护洗发乳规格不符合要求，反馈后，环球日化深圳销售有限公司给予深圳日日用品贸易公司 5%的折让。环球日化深圳销售有限公司往来会计毛伟文(mww+学号)提交应收单	8 136			

↗ 流程图

应收折让业务的流程，如图 4-19 所示。

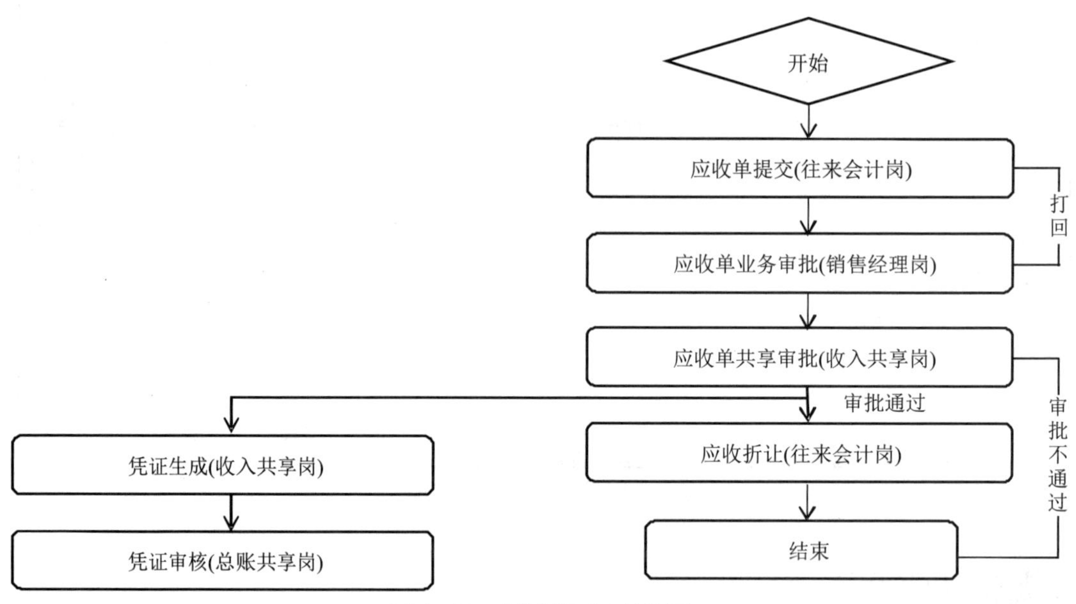

图 4-19　应收折让业务流程图

↗ 操作指导

1. 应收单提交

环球日化深圳销售有限公司往来会计毛伟文提交应收单。毛伟文进入 EAS 网页端，用户名为 mww+学号，密码为空，单击【登录】按钮进入我的工作台页面。

单击【毛伟文】-【组织-切换】选项，切换组织为环球日化深圳销售有限公司+姓名，单击【确定】按钮。单击【应用】-【财务会计】-【应收管理】-【应收单新增】选项，新增应收单，如图 4-20 所示。

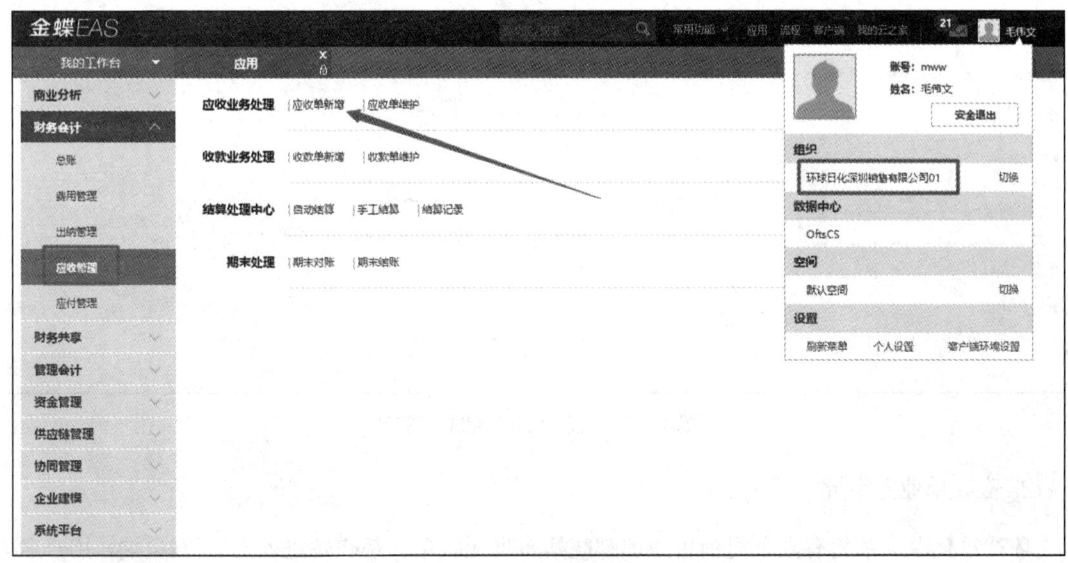

图 4-20 应收单新增

根据实验数据录入应收单。单据日期为 2019-07-12，往来户为深圳日日用品贸易公司+学号；物料为 520ml 香熏去屑修护洗发乳，计量单位为瓶，数量为 300，含税单价为 27.12，税率为 13%，应收日期为 2019-07-22；添加销售发票、销售合同附件。录入完毕单击【提交】按钮，如图 4-21 和图 4-22 所示。

图 4-21 应收单录入

图 4-22 应收单录入完成并提交

2. 应收单业务审批

环球日化深圳销售有限公司销售经理郝晓娇审批应收单。郝晓娇进入 EAS 网页端，用户名为 hxj+学号，密码为空，单击【登录】按钮进入我的工作台页面。

单击【流程】-【待办任务】-【常规待办】选项，进入常规待办任务页面，如图 4-23 所示。

图 4-23 常规待办任务查询

双击刚刚提交的应收单(通过应收单据编号确认)进入单据审批页面，审批处理选择同意，单击【提交】按钮，如图 4-24 所示。

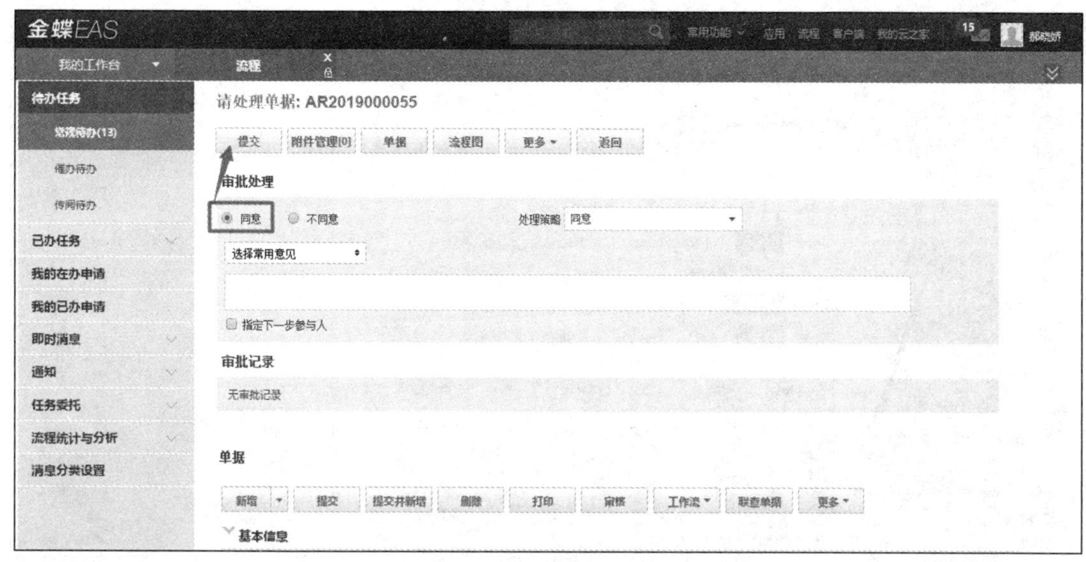

图 4-24　应收单业务审批

3. 应收单共享审批

收入共享岗卢芳军共享审批应收单。卢芳军进入 EAS 网页端，用户名为 lfj+学号，密码为空，单击【登录】按钮进入我的工作台页面。

单击【应用】-【财务共享】-【应收共享】-【应收任务池】选项，进入应收任务池页面，如图 4-25 所示。

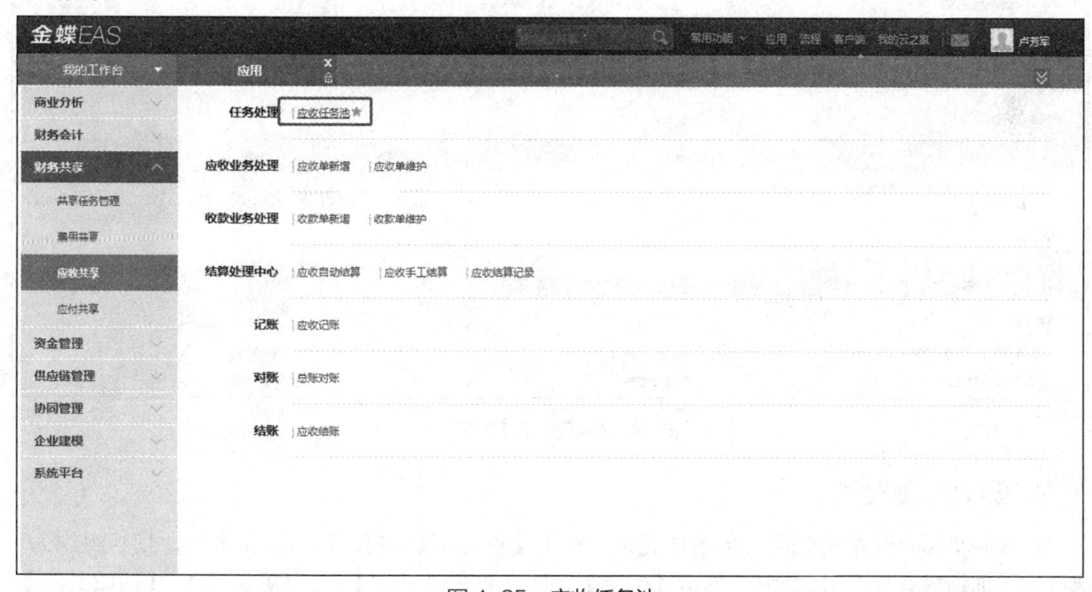

图 4-25　应收任务池

单击【我的任务】-【应收单】-【更多】-【获取任务】选项，获取应收单。双击相应单据(通过应收单据编号确认)进入单据处理页面，收入共享岗根据财务审批规则审批该业务，审批通过，单击【提交】按钮，如图 4-26 和图 4-27 所示。

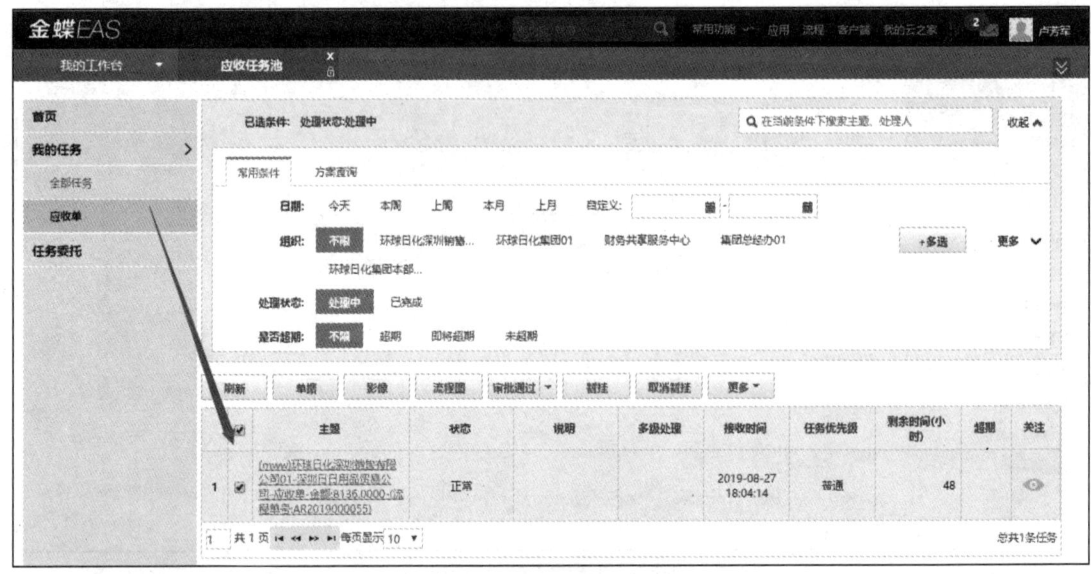

图 4-26　应收单获取

图 4-27　应收单共享审批

4. 应收单凭证生成

收入共享岗卢芳军关联应收单生成凭证。单击【卢芳军】-【组织-切换】选项，切换组织为环球日化深圳销售有限公司+姓名，单击【确定】按钮。单击【应用】-【财务共享】-【应收共享】-【应收单维护】选项，进入应收单维护页面，如图 4-28 所示。

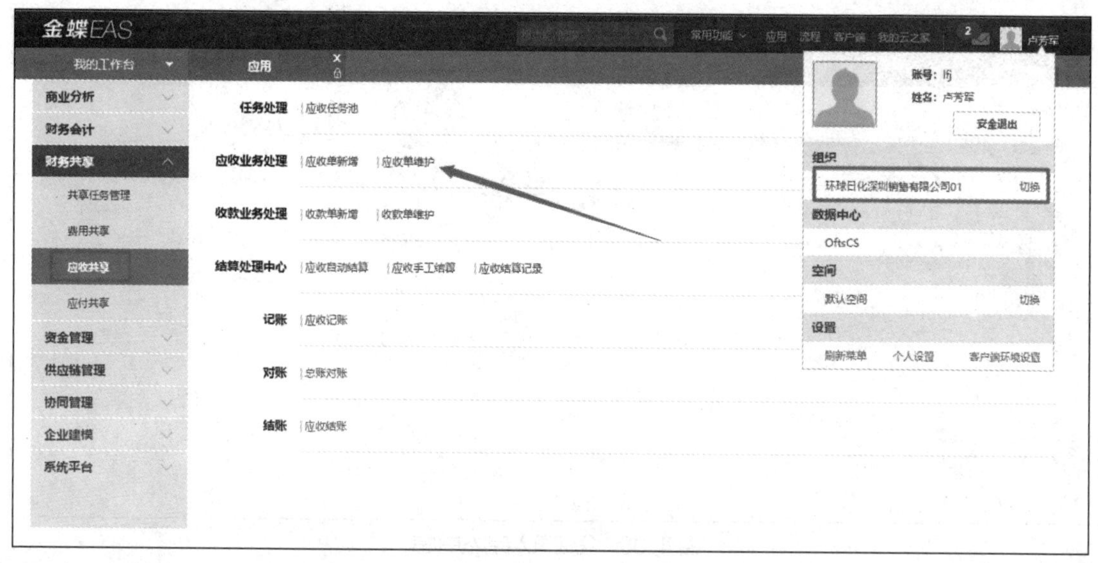

图 4-28 应收单维护

选择组织为环球日化深圳销售有限公司+姓名，日期为 2019-07-01 至 2019-07-31，单击【确定】按钮筛选应收单。勾选相应单据(通过应收单据编号确认)，单击【生成凭证】按钮进入凭证编辑页面，如图 4-29 所示。

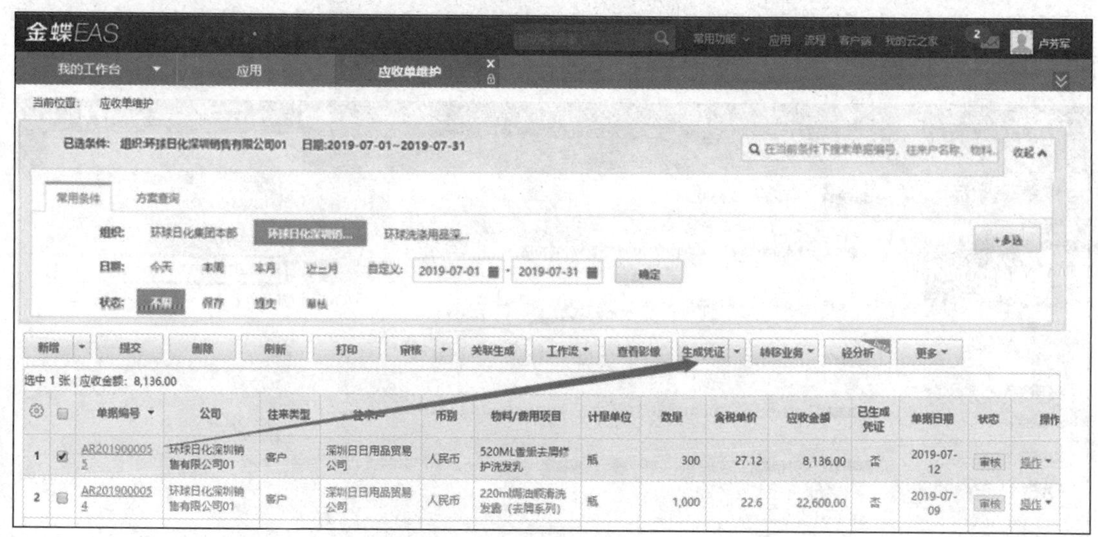

图 4-29 应收单生成凭证

根据案例背景录入相关信息。记账日期为 2019-07-12，业务日期为 2019-07-12，录入完毕后单击【提交】按钮，如图 4-30 所示。

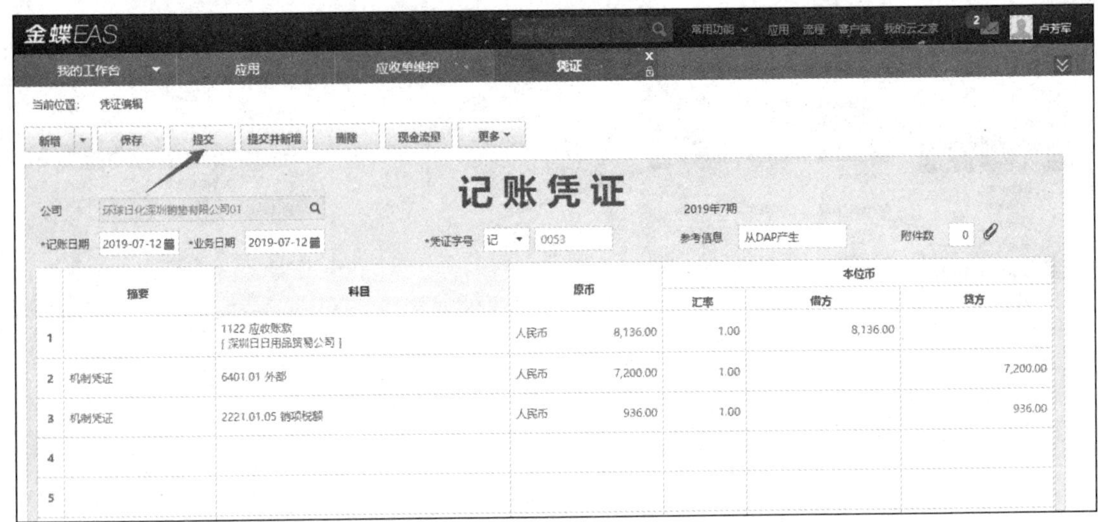

图 4-30　凭证录入完成并提交

5. 应收单凭证审核

总账共享岗樊江波审核记账凭证。樊江波进入 EAS 网页端，用户名为 fjb+学号，密码为空，单击【登录】按钮进入我的工作台页面。

单击【樊江波】-【组织-切换】选项，切换组织为环球日化深圳销售有限公司+姓名，单击【确定】按钮。继续单击【应用】-【财务共享】-【总账共享】-【凭证查询】选项，进入凭证查询页面，如图 4-31 所示。

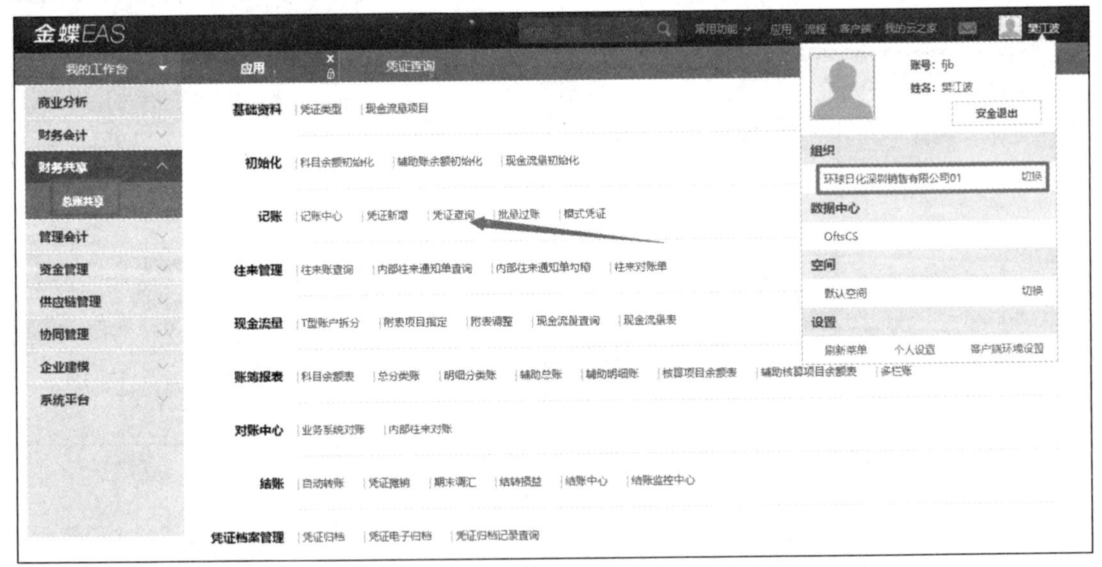

图 4-31　凭证查询

选择组织为环球日化深圳销售有限公司+姓名，日期为 2019-07-01 至 2019-07-31，单击【确定】按钮筛选凭证。勾选相应凭证(通过凭证编号确认)，单击【审核】按钮，如图 4-32 所示。

图 4-32 凭证审核

6. 应收折让

环球日化深圳销售有限公司往来会计毛伟文确认应收折让。毛伟文进入 EAS 网页端，用户名为 mww+学号，密码为空，单击【登录】按钮进入我的工作台页面。

单击【毛伟文】-【组织-切换】选项，切换组织为环球日化深圳销售有限公司+姓名，单击【确定】按钮。单击【应用】-【财务会计】-【应收管理】-【应收单维护】选项，进入应收单维护页面，如图 4-33 所示。

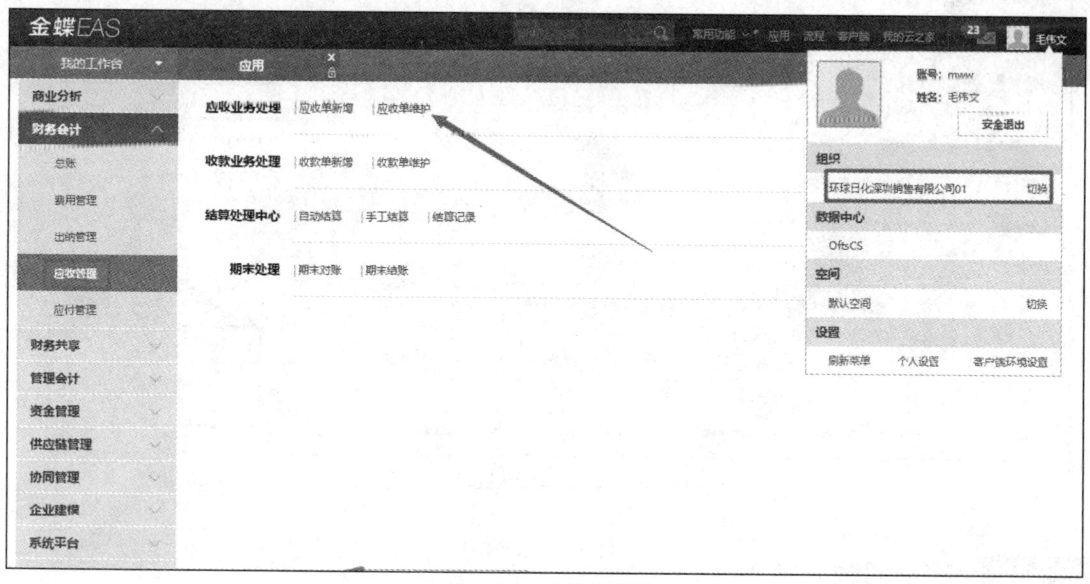

图 4-33 应收单维护

选择组织为环球日化深圳销售有限公司+姓名，日期为 2019-07-01 至 2019-07-31，单击【确定】按钮筛选应收单。勾选相应单据(通过应收单据编号确认)，单击【更多】-【折让】选项进入应收单编辑页面，如图 4-34 所示。

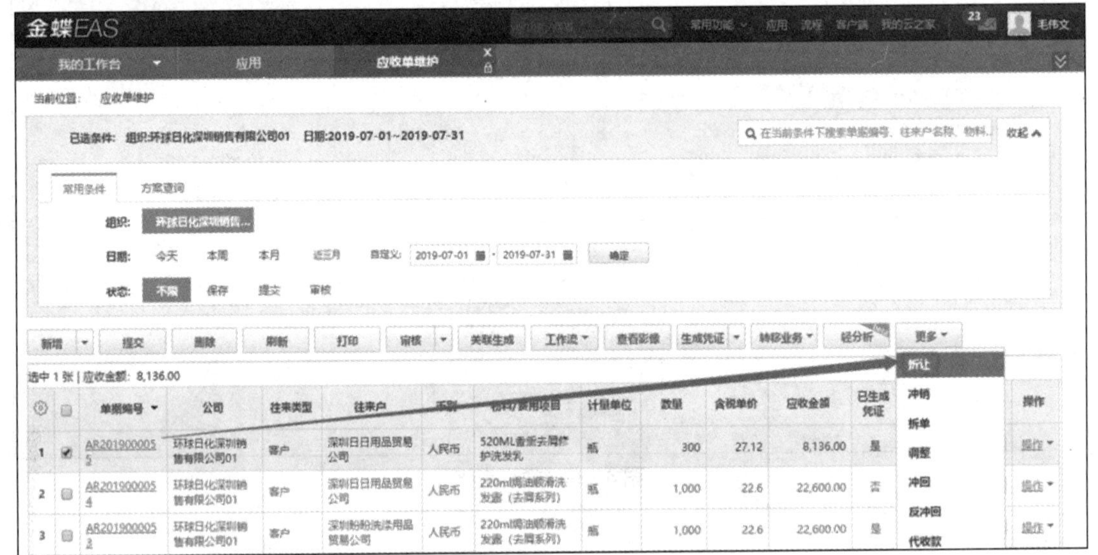

图 4-34 应收折让

根据案例背景修改相关信息，单据日期为 2019-07-15，应收金额为-406.8，修改完毕后单击【提交】按钮，如图 4-35 所示。

图 4-35 应收单修改完成并提交

案例四 销售回款

↗ 应用场景

- ❑ 销售回款结算：应收单和收款单结算。
- ❑ 对于关联应收单生成的收款单，系统将在收款单进行收款操作时进行自动结算，生成销售回款的结算记录。

- 对于没有通过关联关系自动结算和按核心单据号自动匹配结算的应收单和收款单，可通过销售回款结算功能进行结算，如图 4-36 所示。

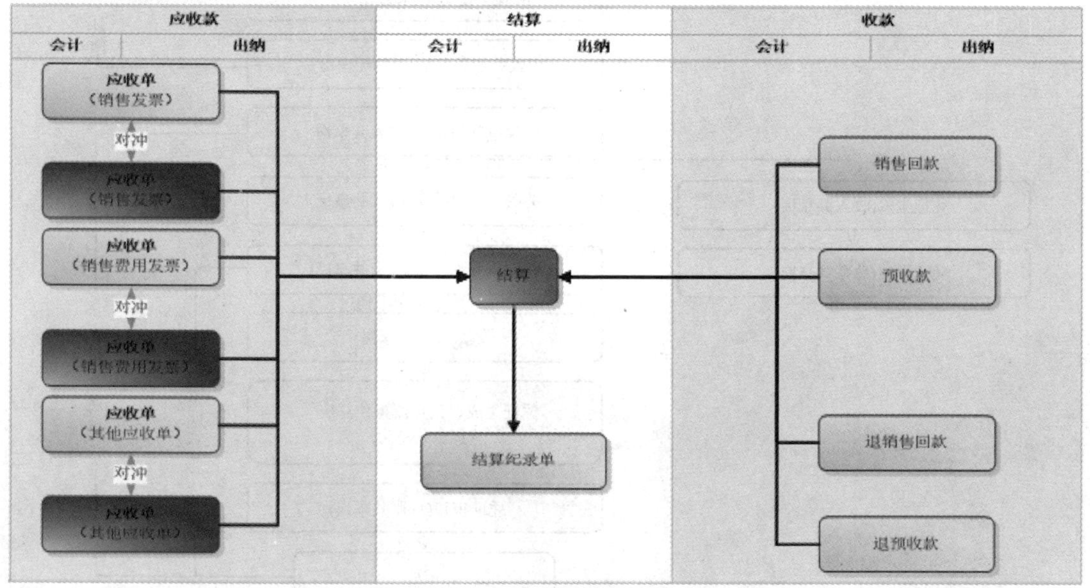

图 4-36 销售回款

- 自动结算是由系统自动查找应收单与收款单的匹配数据，进行结算。
- 手工结算是手工选择应收单和收款单进行结算，同时支持同币种结算和异币种结算。

↗ 实验数据

环球日化深圳销售有限公司 2019 年发生的业务中的应收业务，如表 4-5 所示。

表 4-5 销售回款业务

往来户	业务描述	金额(RMB)			
		应收	收款	应付	预付
福州佳佳洗涤用品公司	2019 年 9 月 12 日，环球日化深圳销售有限公司赊销 500 瓶 260ml 香熏丝质垂顺洗发乳给福州佳佳洗涤用品公司，含税单价 47.46 元/瓶，税率为 13%，确认应收款 23 730 元。2019 年 9 月 15 日，网银收到货款。环球日化深圳销售有限公司往来会计毛伟文(mww+学号)提交应收单	23 730	23 730		

↗ 流程图

销售回款业务处理流程，如图 4-37 所示。

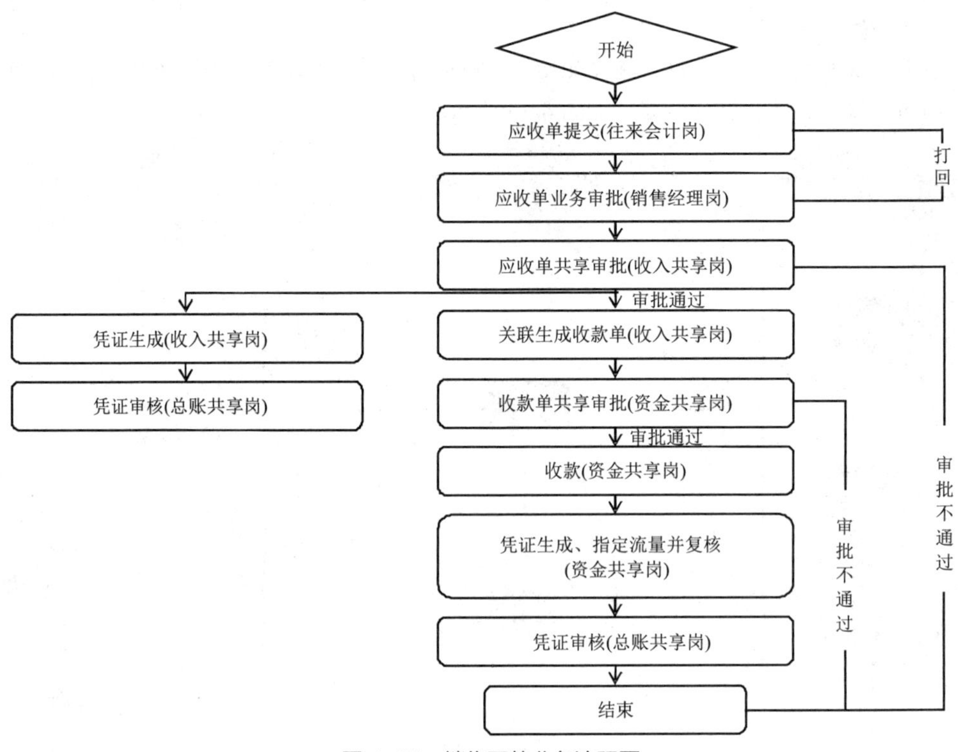

图 4-37 销售回款业务流程图

操作指导

1. 应收单提交

环球日化深圳销售有限公司往来会计毛伟文提交应收单。毛伟文进入 EAS 网页端，用户名为 mww+学号，密码为空，单击【登录】按钮进入我的工作台页面。

单击【毛伟文】-【组织-切换】选项，切换组织为环球日化深圳销售有限公司+姓名，单击【确定】按钮。单击【应用】-【财务会计】-【应收管理】-【应收单新增】按钮，新增应收单，如图 4-38 所示。具体操作可参考视频。

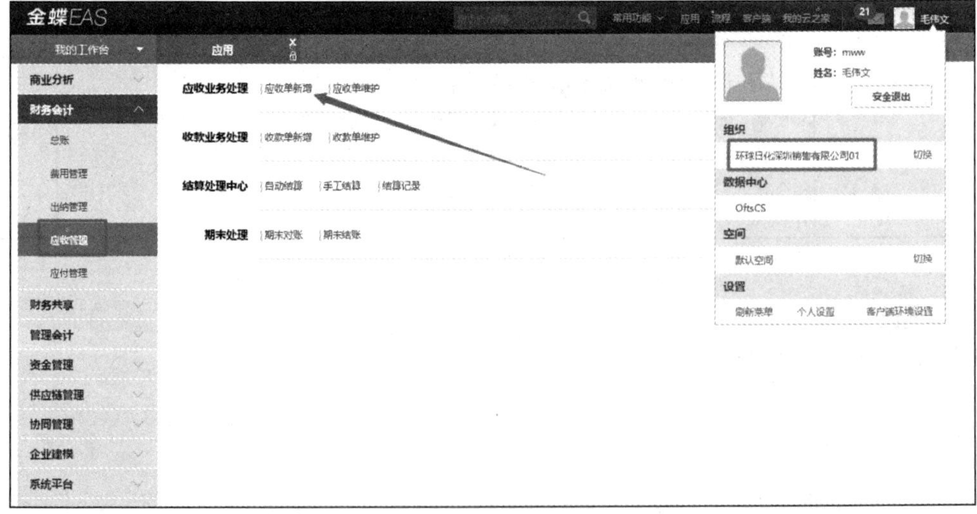

图 4-38 应收单新增

根据实验数据录入应收单。单据日期为2019-09-12，往来户为福州佳佳洗涤用品公司+学号；物料为260ml香熏丝质垂顺洗发乳，计量单位为瓶，数量为500，含税单价为47.46，税率为13%，应收日期为2019-09-15；添加销售发票、销售合同附件。录入完毕后单击【提交】按钮，如图4-39和图4-40所示。

图4-39 应收单录入

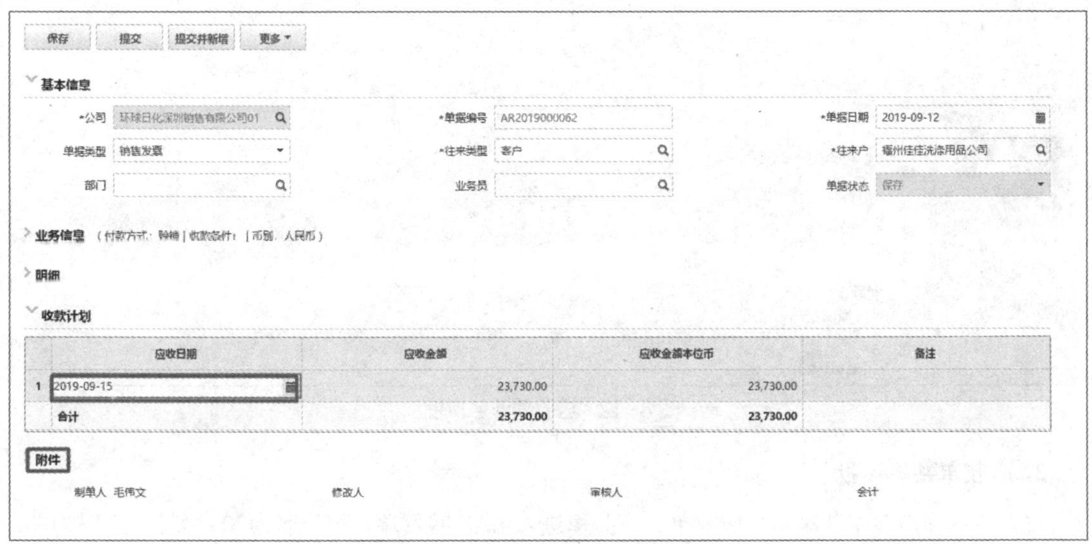

图4-40 应收单录入完成并提交

2. 应收单业务审批

环球日化深圳销售有限公司销售经理郝晓娇审批业务应收单。郝晓娇进入EAS网页端，用户名为hxj+学号，密码为空，单击【登录】按钮进入我的工作台页面。

单击【流程】-【待办任务】-【常规待办】选项，进入常规待办任务页面，如图4-41所示。

	发起人	标题	接收时间	上一步处理人
	毛伟文	请处理单据: AR2019000062	刚刚	毛伟文
	毛伟文	请处理单据: AR2019000057JDTZ001	今天 19:31	毛伟文
	毛伟文	请处理单据: AR2019000054	今天 17:53	毛伟文
	高倩兰	请处理单据: AP2019000035JDTZ001	今天 14:09	高倩兰
	高倩兰	请处理单据: AP2019000034	今天 13:12	高倩兰
	高倩兰	请处理单据: AP2019000030	今天 11:28	高倩兰
	毛伟文	请处理单据: AR2019000051	2019-08-24 19:19	毛伟文
	毛伟文	请处理单据: AR2019000015	2019-08-22 09:14	毛伟文
	贺小明	请处理单据: CLFBXD-2019-8-16 9:25-000015	2019-08-16 09:25	贺小明
	贺小明	{{一级审批报销单}},编号:	2019-08-16 09:11	贺小明
	贺小明	一级审批报销单,编号:	2019-08-16 09:07	贺小明
	贺小明	一级审批报销单,编号:	2019-08-16 09:05	贺小明
	贺小明	请审批差旅报销单：报销单，编号:，申请人:	2019-08-16 09:03	贺小明
	贺小明	请审批报销单,编号:,申请人:	2019-08-16 09:01	贺小明
	贺小明	请审批,编号:,申请人:	2019-08-16 08:59	贺小明

图 4-41　常规待办任务查询

双击刚刚提交的应收单(通过应收单据编号确认)进入单据审批页面，审批处理选择同意，单击【提交】按钮，如图 4-42 所示。

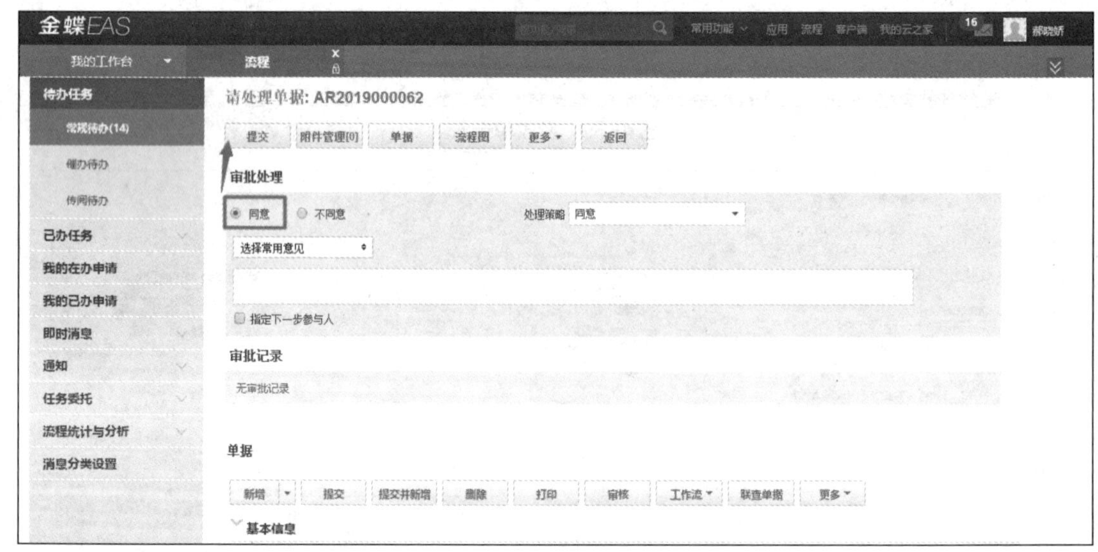

图 4-42　应收单业务审批

3. 应收单共享审批

收入共享岗卢芳军共享审批应收单。卢芳军进入 EAS 网页端，用户名为 lfj+学号，密码为空，单击【登录】按钮进入我的工作台页面。

单击【应用】-【财务共享】-【应收共享】-【应收任务池】选项，进入应收任务池页面，如图 4-43 所示。

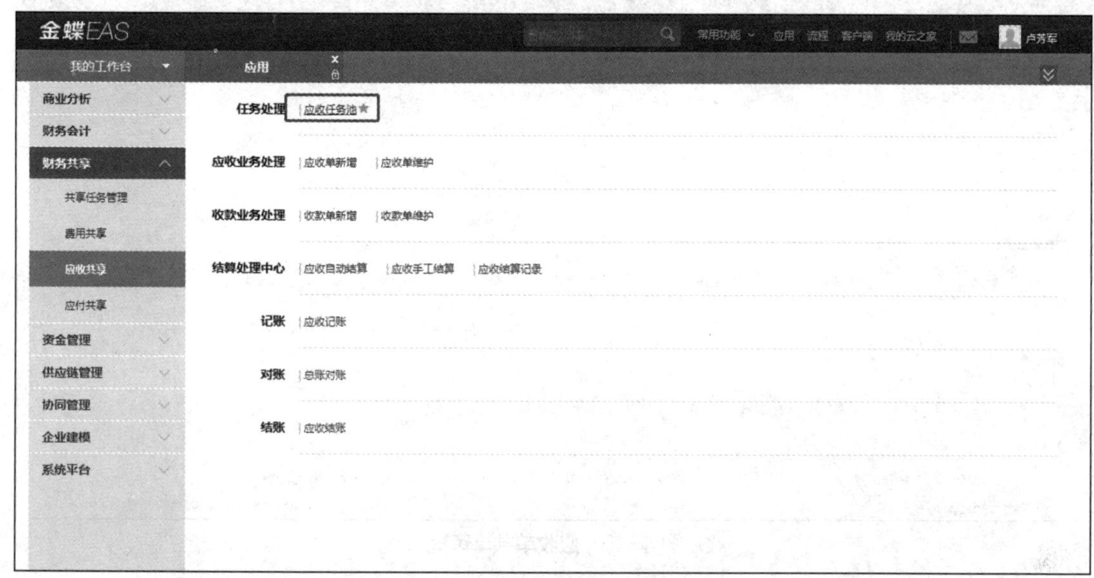

图 4-43 应收任务池

单击【我的任务】-【应收单】-【更多】-【获取任务】选项，获取应收单。双击相应单据(通过应收单据编号确认)进入单据处理页面。收入共享岗根据财务审批规则审批该业务，审批通过，单击【提交】按钮，如图 4-44 和图 4-45 所示。

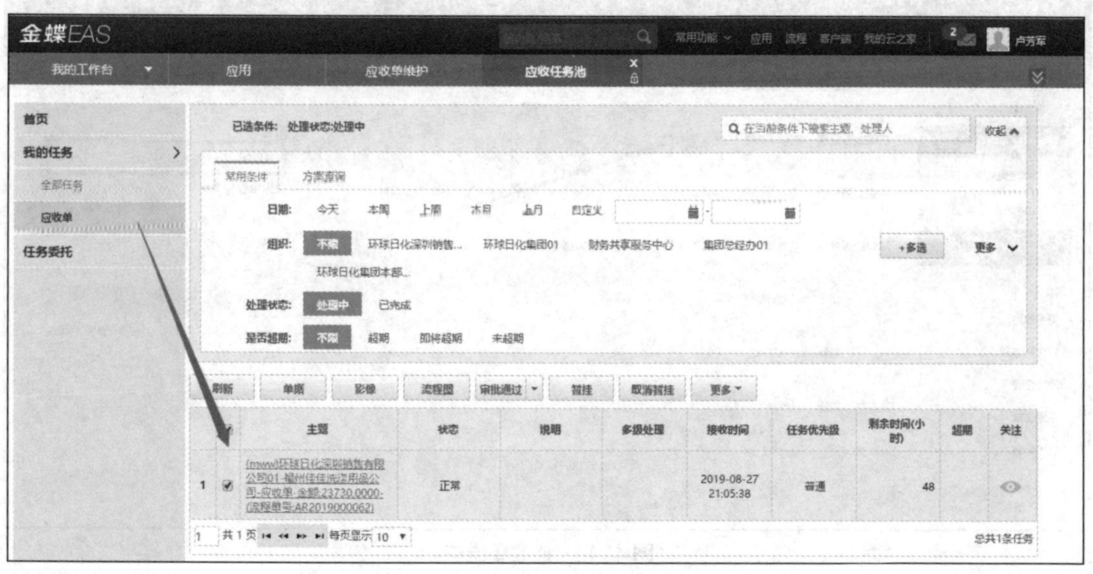

图 4-44 应收单获取

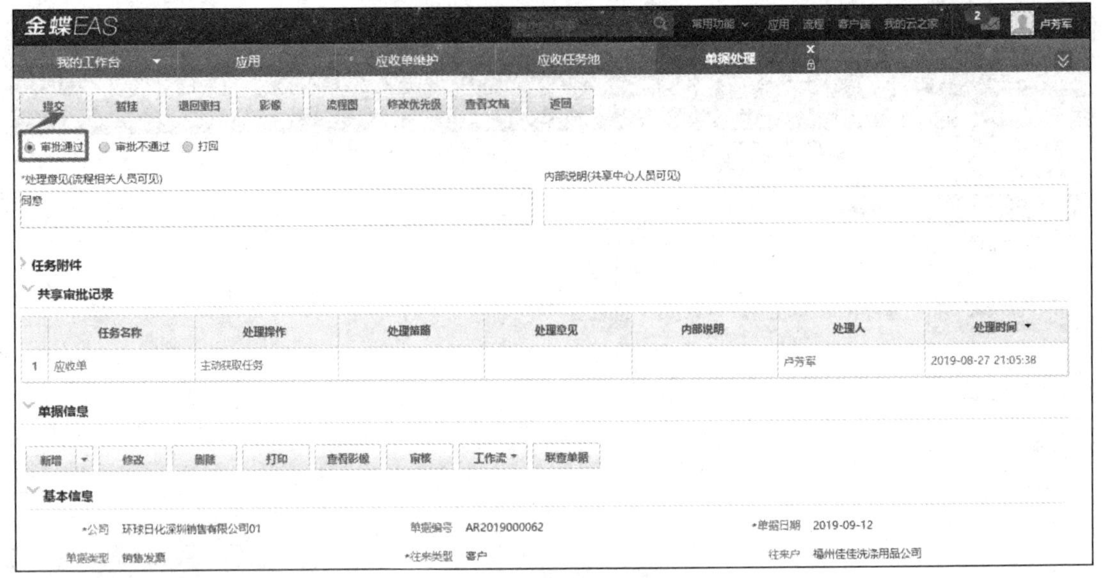

图 4-45 应收单共享审批

4. 应收单凭证生成

收入共享岗卢芳军关联应收单生成凭证。单击【卢芳军】-【组织-切换】选项，切换组织为环球日化深圳销售有限公司+姓名，单击【确定】按钮。单击【应用】-【财务共享】-【应收共享】-【应收单维护】选项，进入应收单维护页面，如图 4-46 所示。

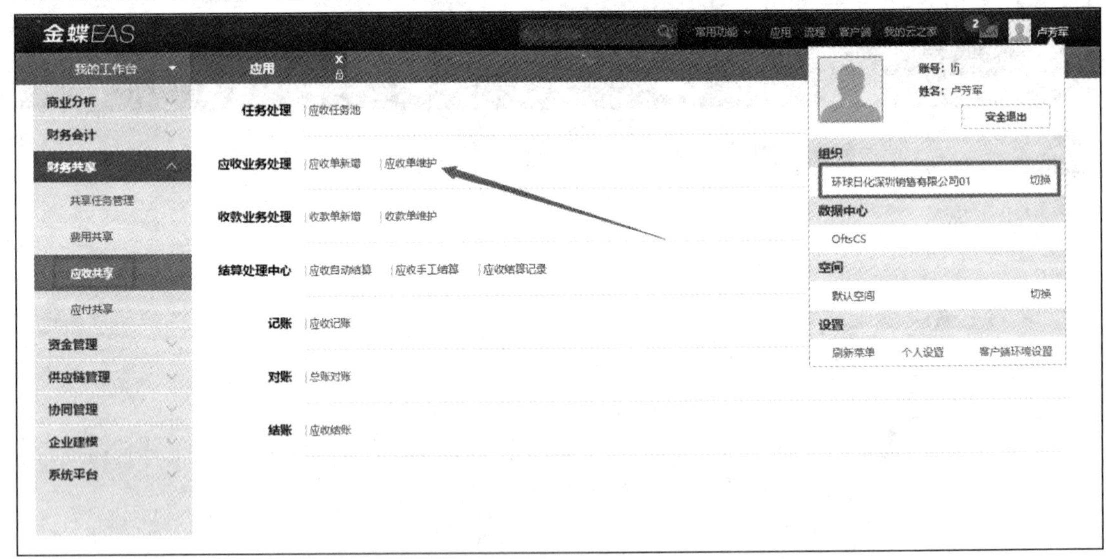

图 4-46 应收单维护

选择组织为环球日化深圳销售有限公司+姓名，日期为 2019-09-01 至 2019-10-01，单击【确定】按钮筛选应收单。勾选相应单据(通过应收单据编号确认)，单击【生成凭证】按钮，如图 4-47 所示。

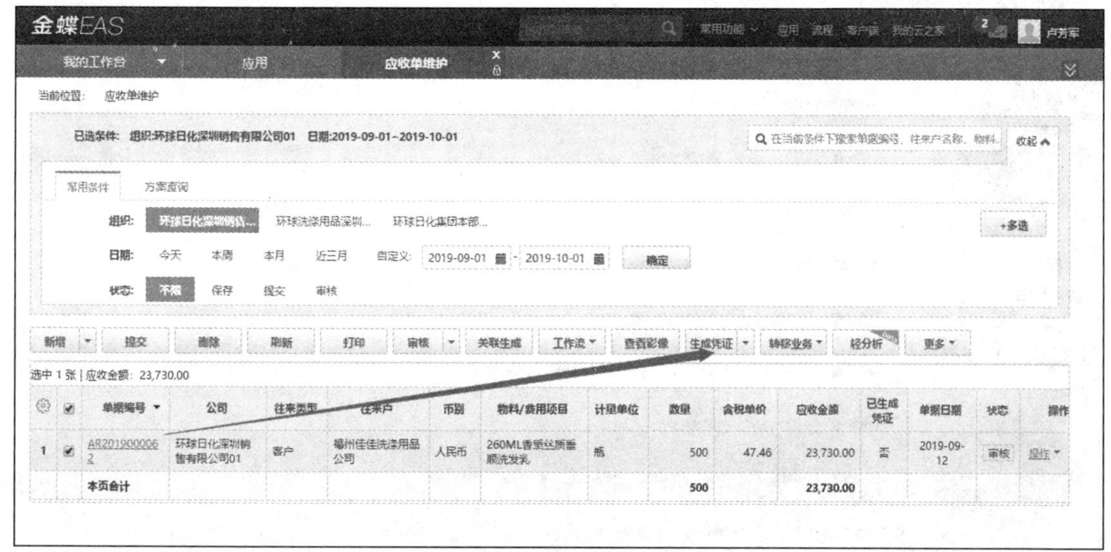

图 4-47 应收单生成凭证

在凭证编辑页面，根据案例背景录入相关信息。记账日期为 2019-09-12，业务日期为 2019-09-12，录入完毕后单击【提交】按钮，如图 4-48 所示。

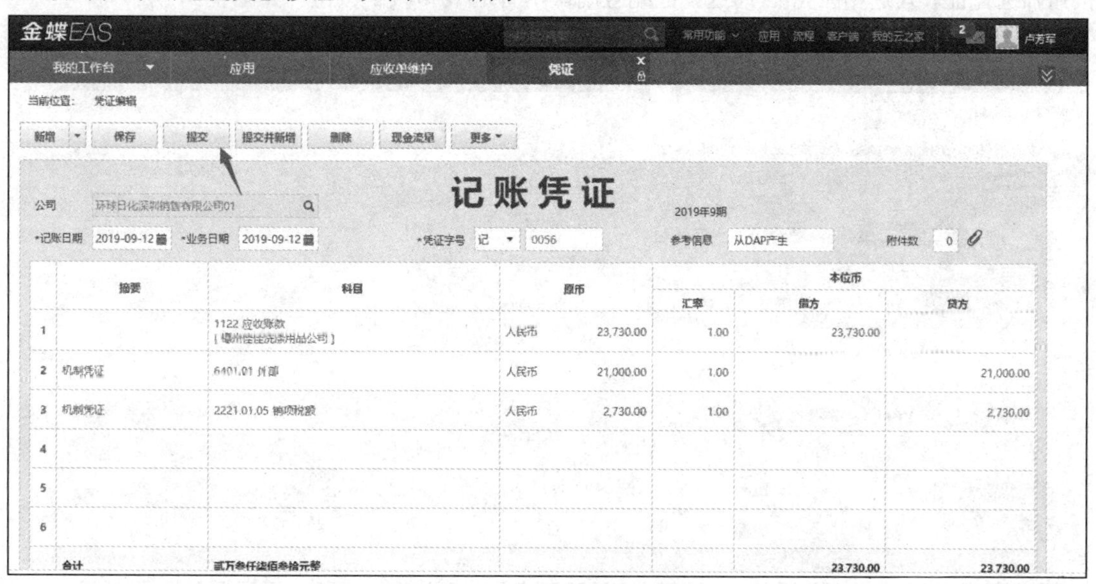

图 4-48 凭证录入完成并提交

5. 应收单凭证审核

总账共享岗樊江波审核记账凭证。樊江波进入 EAS 网页端，用户名为 fjb+学号，密码为空，单击【登录】按钮进入我的工作台页面。

单击【樊江波】-【组织-切换】选项，切换组织为环球日化深圳销售有限公司+姓名，单击【确定】按钮。继续单击【应用】-【财务共享】-【总账共享】-【凭证查询】选项，进入凭证查询页面，如图 4-49 所示。

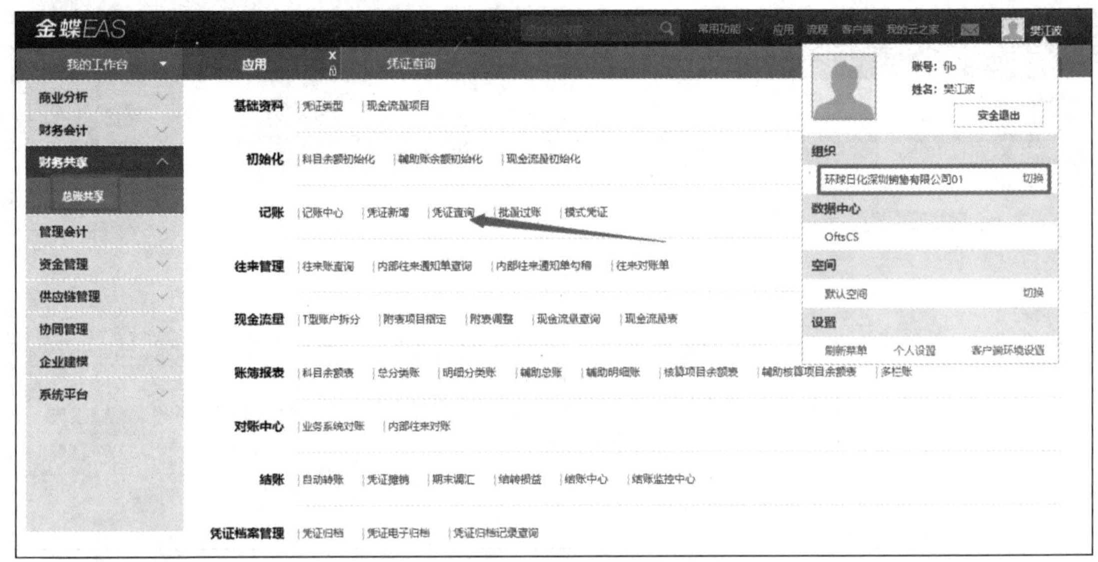

图 4-49　凭证查询

选择组织为环球日化深圳销售有限公司+姓名，日期为 2019-09-12 至 2019-09-13，单击【确定】按钮筛选凭证。勾选相应凭证(通过凭证编号确认)，单击【审核】按钮，如图 4-50 所示。

图 4-50　凭证审核

6. 关联生成收款单

收入共享岗卢芳军关联应收单生成收款单。卢芳军进入 EAS 网页端，用户名为 lfj+学号，密码为空，单击【登录】按钮进入我的工作台页面。单击【应用】-【财务共享】-【应收共享】-【应收单维护】选项，进入应收单维护页面，如图 4-51 所示。

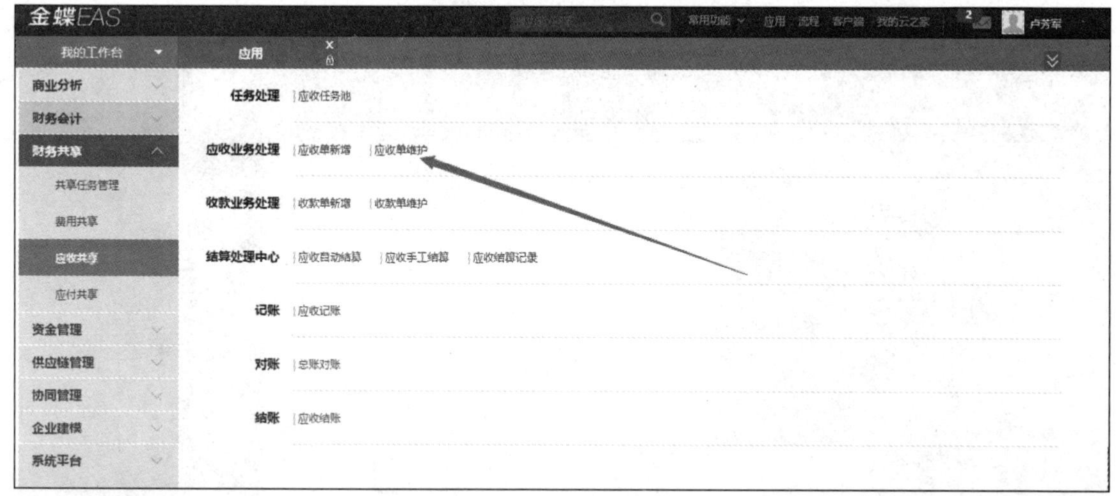

图 4-51 应收单维护

选择组织为环球日化深圳销售有限公司+姓名，日期为 2019-09-01 至 2019-10-01，单击【确定】按钮筛选应收单。勾选相应单据(通过应收单据编号确认)，单击【关联生成】按钮进入关联生成页面，如图 4-52 所示。

图 4-52 应收单关联生成收款单

选择目标单据为收款单，转换规则为应收单生成收款单，单击【确定】按钮进入收款单编辑页面，如图 4-53 所示。

图 4-53 设置转换规则

在收款单编辑页面，根据案例背景录入相关信息，单据日期为 2019-09-15，选择收款账户，录入完毕后单击【提交】按钮，如图 4-54 所示。

图 4-54 收款单录入完成并提交

7. 收款单共享审批

资金共享岗欧阳杨共享审批收款单。欧阳杨进入 EAS 网页端，用户名为 oyy+学号，密码为空，单击【登录】按钮进入我的工作台页面。

单击【应用】-【财务共享】-【共享任务管理】-【共享任务池】选项，进入共享任务池页面，如图 4-55 所示。

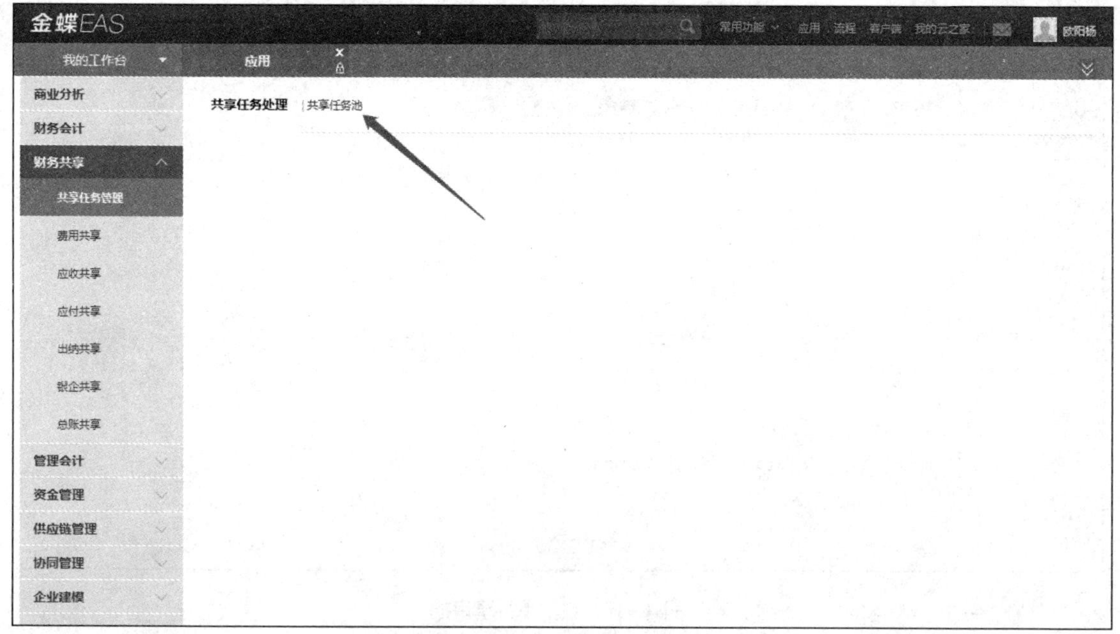

图 4-55 共享任务池

单击【我的任务】-【出纳收款单审核】选项，进入收款单查询页面。单击【更多】-【获取任务】选项，获取收款单，双击相应单据(通过收款单据编号确认)进入单据处理页面。资金共享岗根据财务审批规则审批该业务，审批通过，单击【提交】按钮，如图 4-56 和图 4-57 所示。

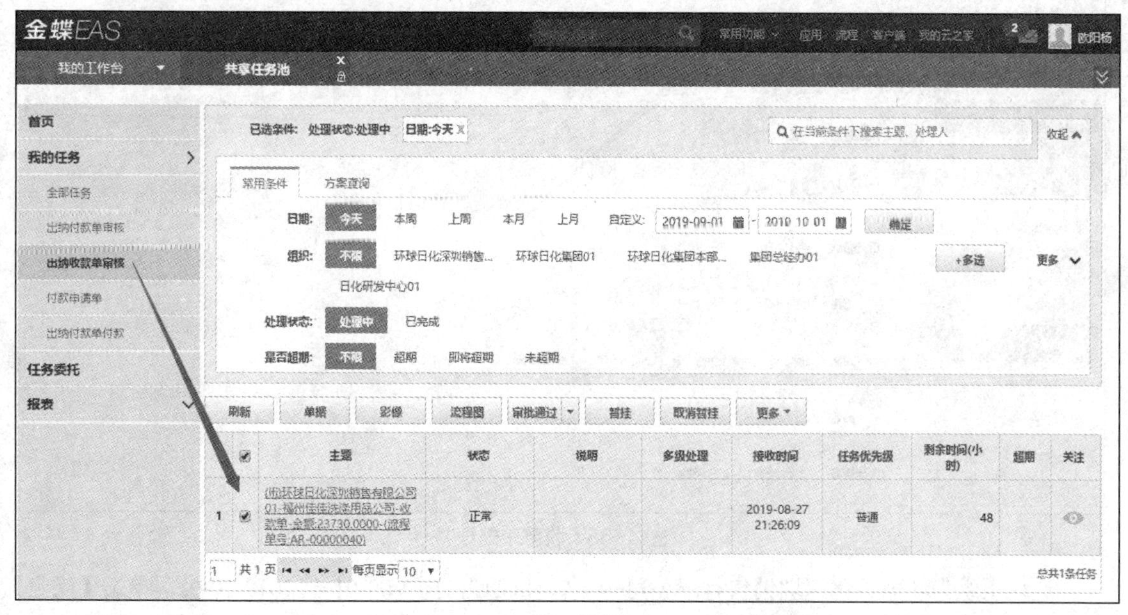

图 4-56 收款单获取

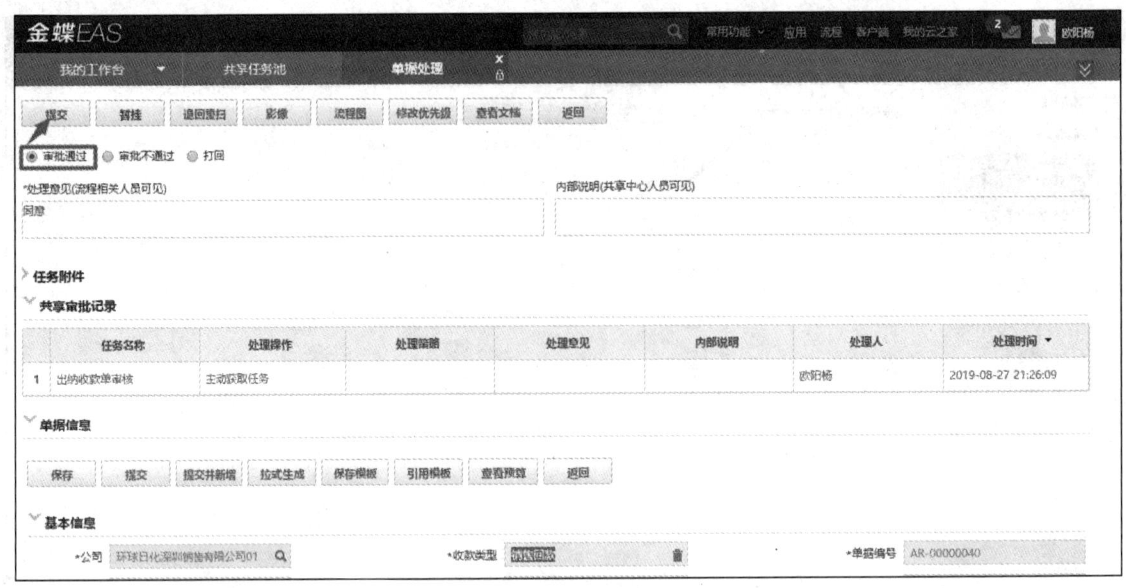

图 4-57　收款单共享审批

资金共享岗欧阳杨确认收款。单击【应用】-【财务共享】-【出纳共享】-【收款单处理】选项，进入收款单序时簿，如图 4-58 所示。

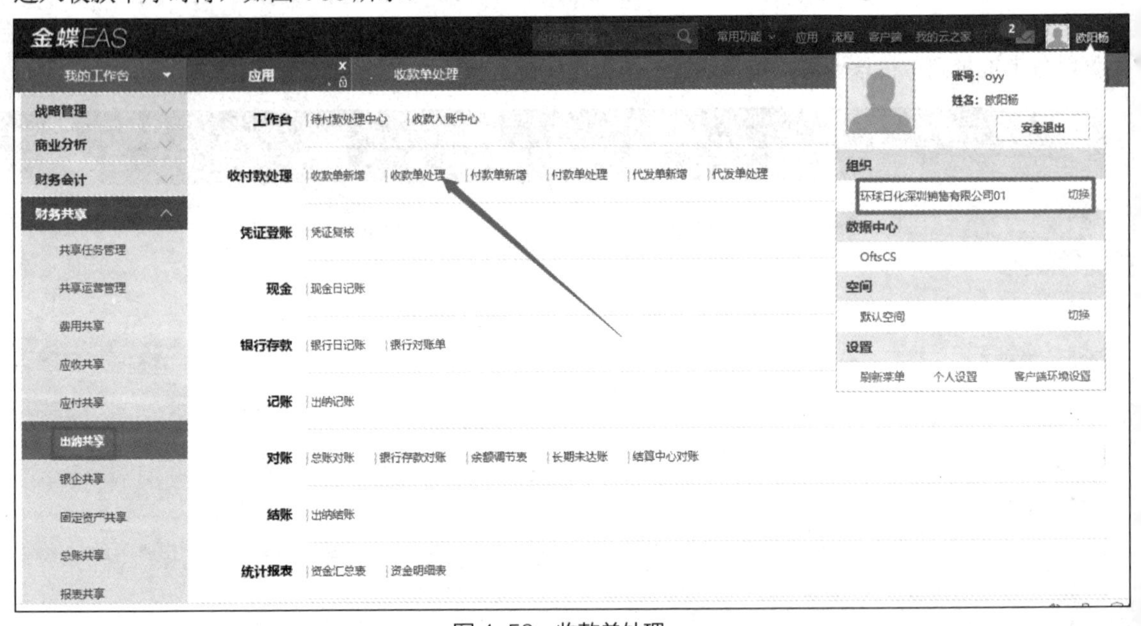

图 4-58　收款单处理

选择组织为环球日化深圳销售有限公司+姓名，日期为 2019-09-01 至 2019-10-01，单击【确定】按钮筛选收款单。勾选相应单据(通过收款单据编号确认)，单击【收款】按钮，如图 4-59 所示。

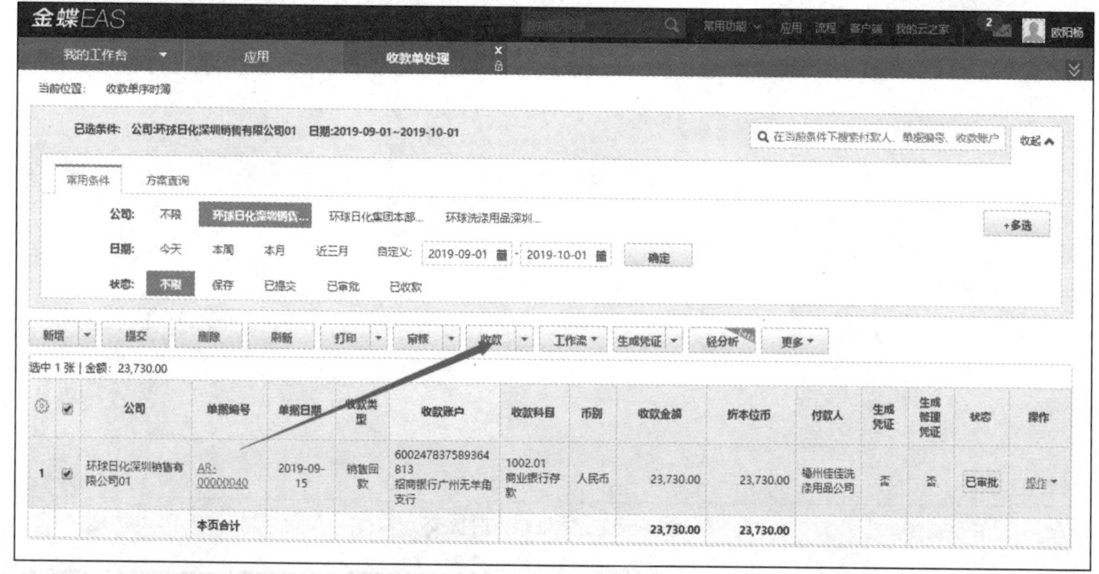

图 4-59 收款单收款

资金共享岗欧阳杨关联收款单生成凭证。在收款单序时簿选择相应单据(通过收款单据编号确认)，单击【生成凭证】按钮进入凭证编辑页面，如图 4-60 所示。

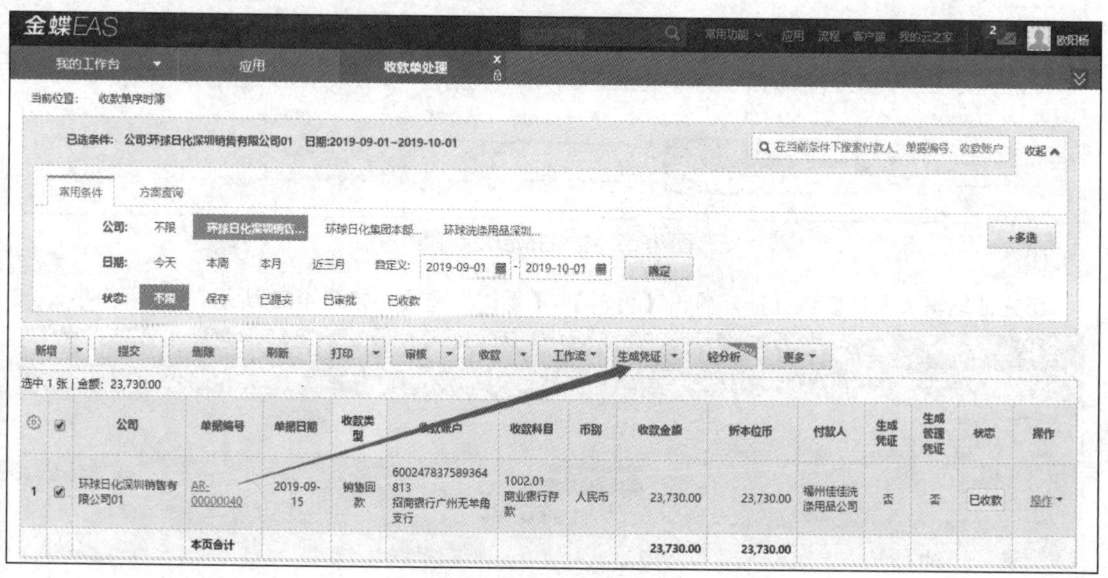

图 4-60 收款单生成凭证

根据案例背景录入相关信息。记账日期为 2019-09-15，业务日期为 2019-09-12，录入完毕后单击【提交】按钮，如图 4-61 所示。

在指定现金流量页面，选择主表项目为销售商品、提供劳务收到的现金，单击【确定】按钮进入凭证编辑页面，如图 4-62 所示。

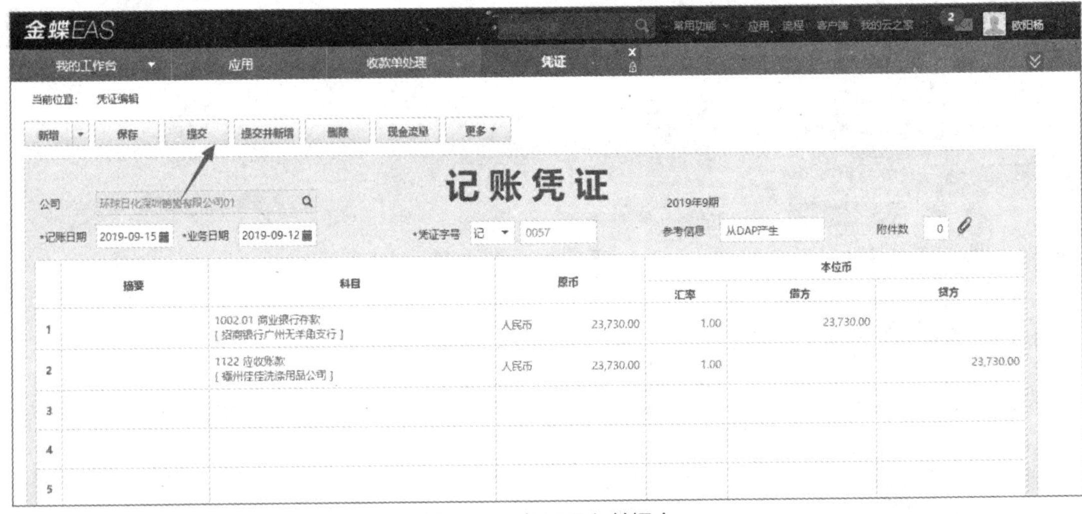

图 4-61 凭证录入并提交

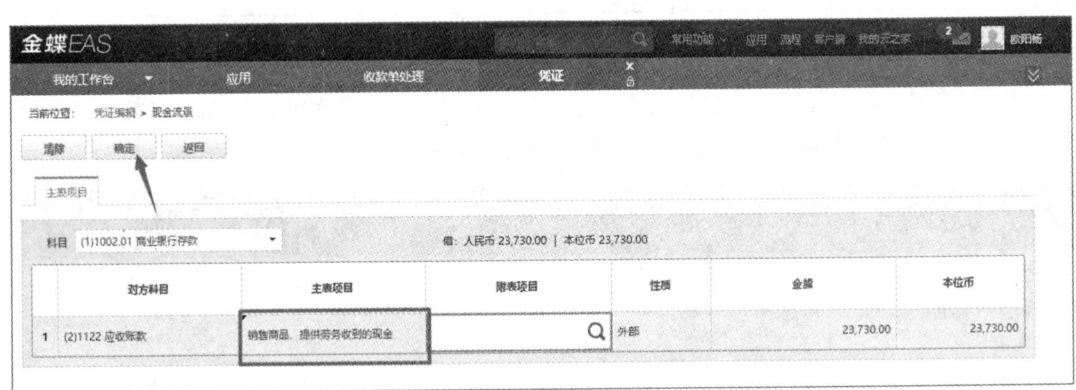

图 4-62 凭证指定现金流量

在凭证编辑页面复核该凭证，单击【更多】-【复核】选项，如图 4-63 所示。

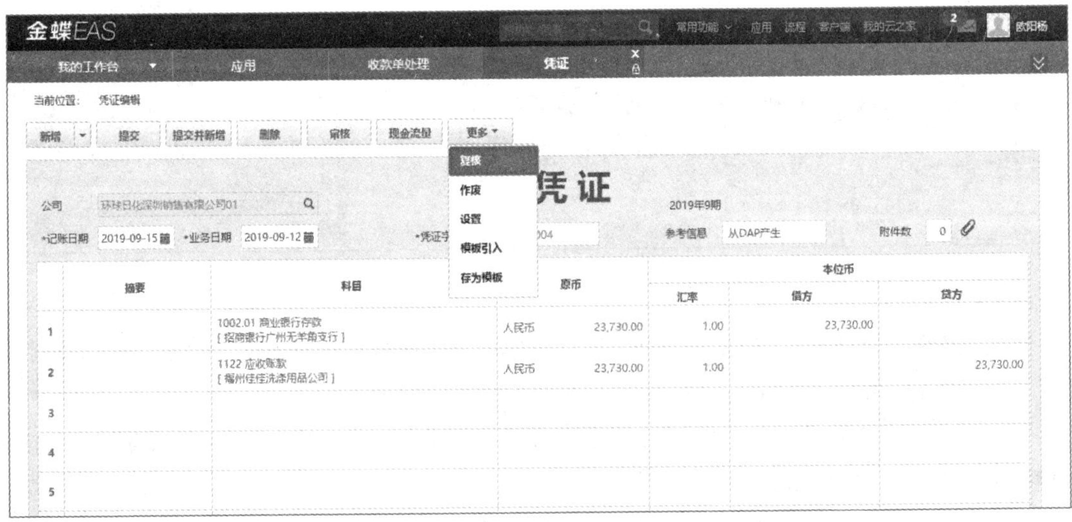

图 4-63 凭证复核

如果在该界面复核不成功，可单击【财务共享】-【出纳共享】-【凭证复核】选项，进入凭证复核界面。选择公司为环球日化深圳销售有限公司+姓名，单击【登账设置】按钮，确认该组织的登账参数后再执行复核，如图 4-64 所示。

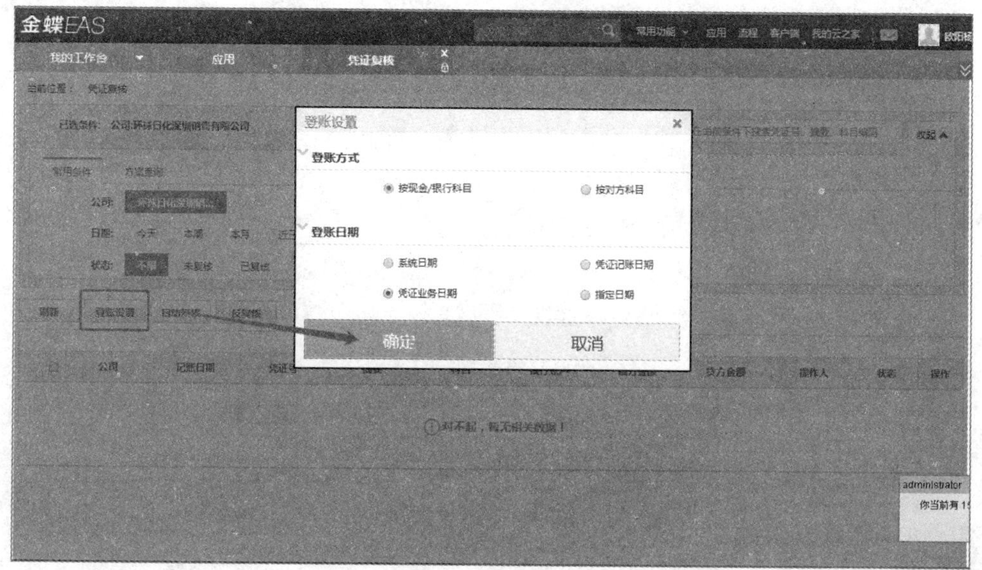

图 4-64　登账参数设置

8. 总账凭证审核

总账共享岗樊江波审核记账凭证。樊江波进入 EAS 网页端，用户名为 fjb+学号，密码为空，单击【登录】按钮进入我的工作台页面。

单击【应用】-【财务共享】-【总账共享】-【凭证查询】选项，进入凭证查询页面，如图 4-65 所示。

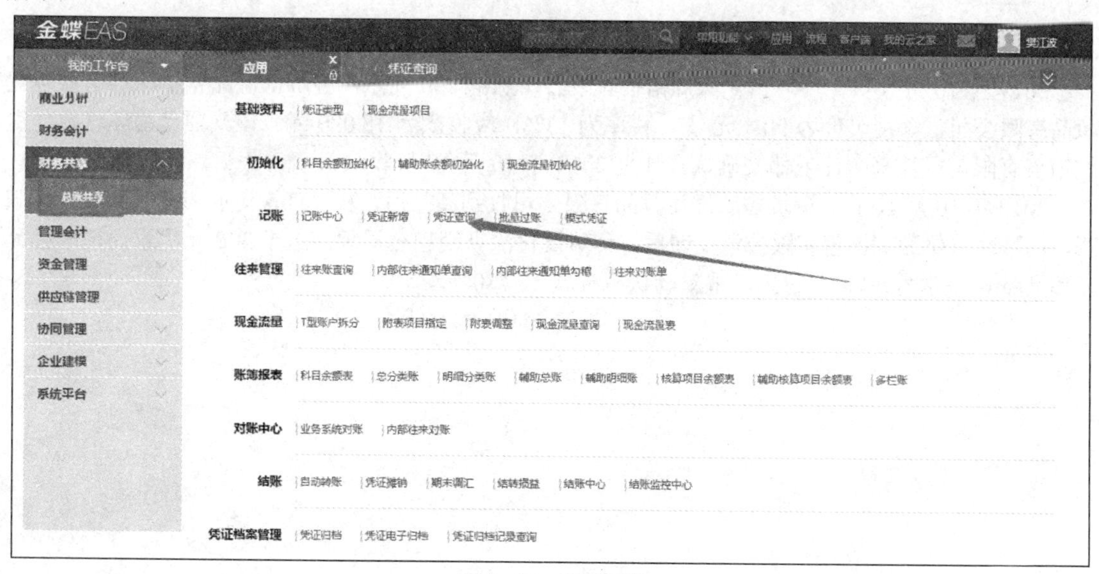

图 4-65　凭证查询

选择组织为环球日化深圳销售有限公司+姓名，日期为 2019-09-15 至 2019-09-16，单击【确定】按钮筛选凭证。选择相应凭证(通过凭证编号确认)，单击【审核】按钮，如图 4-66 所示。

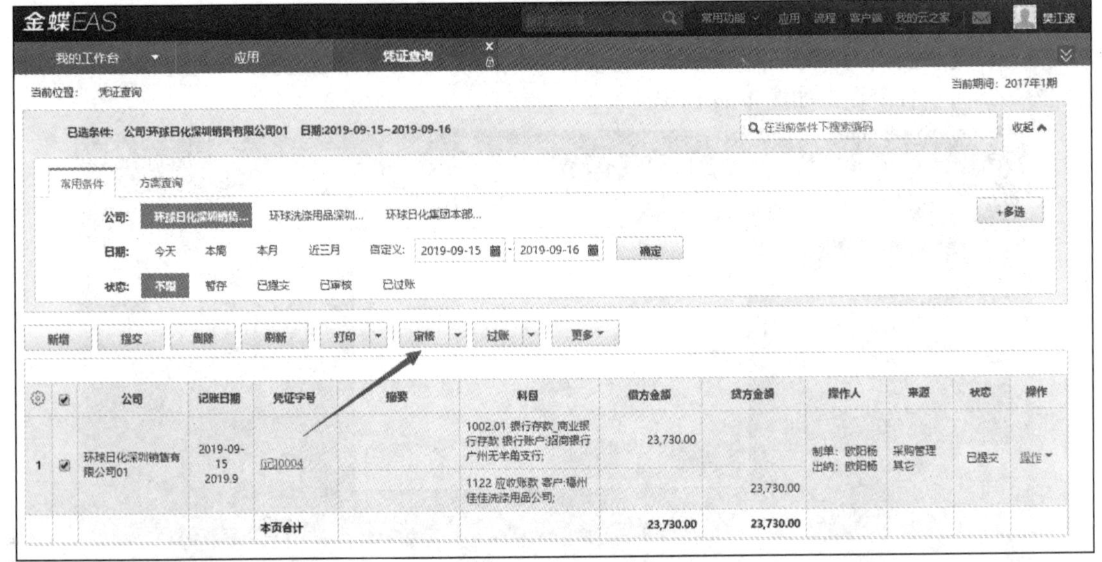

图 4-66 凭证审核

4.3 练习任务

练习 1：

2019 年 10 月 2 日，环球日化深圳销售有限公司赊销 500 瓶 220ml 去屑止痒洗发露(双重护理系列)给成都丽倩商贸行，含税单价为 22.6 元/支，税率为 13%，应收款为 11 300 元。该款项已由环球日化深圳销售有限公司往来会计毛伟文(mww+学号)确认。

2019 年 10 月 15 日，网银收到货款。

练习 2：

2019 年 10 月 8 日，环球日化深圳销售有限公司赊销 200 支水润亮颜保湿晶露给深圳雪肤妮化妆品有限公司，含税单价为 90.4 元/支，税率为 13%，应收款为 18 080 元。该款项已由环球日化深圳销售有限公司往来会计毛伟文确认，计划 2019 年 10 月 18 日收款。

2019 年 10 月 10 日，深圳雪肤妮化妆品有限公司收到商品后，发现有 5 支水润亮颜保湿晶露破损，向环球日化深圳销售有限公司反馈后，环球日化深圳销售公司承诺给予 300 元优惠，往来会计毛伟文(mww+学号)调整应收单，重新确认应收款 17 780 元。

第 5 章

应付共享

5.1 模块概述

➚ 模块简介

应付共享系统是财务共享管理信息系统的组成模块，全面支持 Web 页面，互联网式操作体验。在共享服务中心进行相关配置后，财务人员可以在应付任务池进行任务处理，查询已分配的单据，以及任务处理进度、工作量、工作效率及排名情况。

应付共享系统提供多组织业务场景下应付单、付款申请单、付款单等单据的查询、批量处理以及批量结算、批量记账、批量对账和批量结账，满足供应商应付款项业务的会计核算和管理工作，且将扫描、发票等原始凭据、有关差异沟通和存档结合在一起，可以有效提高往来共享财务人员的工作效率，实现业务财务一体化的高度集成。

该系统可以独立运行，又可以与出纳共享、应收共享、总账共享等模块集成应用，提供更完整、全面的财务共享管理解决方案，实现业务财务一体化的高度集成。

➚ 本模块与其他模块的集成

应付共享系统与出纳共享、应收共享、总账共享等各业务系统一体化集成，保障业务信息与财务信息的高度同步与一致性，为企业决策层提供实时的业务管理信息，如表 5-1 所示。

表 5-1　应付共享与其他模块集成表

相关模块	集成内容
出纳共享	应付共享的付款单可以进入出纳共享的支付中心进行支付
应付共享	应付共享与应收共享，可以进行往来转移的应用
总账共享	应付共享的数据，可以生成凭证，进入总账共享，且可参与总账的记账中心、对账中心、结账中心的业务处理
应付管理	多组织，批量支持应付管理的功能

➚ 应付任务池

1. 应付任务池概述

应付任务池，提供一站式任务处理及绩效分析，方便往来财务人员实时了解待处理的任务，并提供链接切换，进行业务处理。最后，通过报表统计往来财务人员的任务处理进度、工作量、工作效率及排名情况。

2. 应付任务池主要功能

- 往来财务人员可以通过首页(工作台)，查看本人需要处理的任务，包括已超期、处理中和待分配的单据。同时为用户提供列表页面，从不同维度展示不同业务类型(单据)的处理情况。
- 提供应付单及付款申请单、付款单序时簿页面。显示按规则自动分配的审批任务，支持查询单据、影像、流程图及进行审核操作。
- 提供任务进度统计表、个人任务统计表、个人任务排名表等报表查询功能。图文并茂，清晰地展示往来财务人员的任务处理进度、工作量、工作效率及排名情况。

3. 应付任务池业务流程

- 查看单据的处理情况，主要是待处理情况。
- 处理单据，支持查询单据、影像、流程图，以及进行审核操作。
- 报表分析。

↗ 应付单

1. 应付单概述

应付单是用来确认债务的单据。与传统意义上的发票不完全相同，因为确认债务的产生，有可能是入库即确认债务，不需要开出发票。系统采用应付单来统计应付的发生，也是通过应付单生成凭证传递到总账。

2. 应付单主要功能

- 可维护采购发票、采购费用发票、其他应付单、应付借贷项调整单等多种类型的应付单。
- 支持价外税、价内税的多种算法，且价外税算法支持以含税字段计算不含税字段，或者以不含税字段计算含税字段等有效规避尾差的处理。

3. 应付单支持的业务流程

- 应付单—付款单。
- 应付单债务转移。

↗ 审批规则

1. 金蝶财务共享应用实践平台案例—应付单

适用范围：企业发生采购业务时，填写应付单确认应付款项。

主要审批规则：

- 税额要与发票税额一致；
- 需上传盖章生效的采购合同扫描件；
- 发票均需要盖章生效的增值税专用专票，且开票方与往来户一致。

2. 金蝶财务共享应用实践平台案例—付款单

适用范围：企业支付往来款项时，填写付款单记录付款情况。

主要审批规则：

- 需上传盖章生效的采购合同扫描件；
- 付款类型需要根据业务的真实情况进行填写；
- 不能跨月审批和付款。

3. 金蝶财务共享应用实践平台案例—付款申请单

适用范围：企业申请跨月支付往来款项时，填写付款申请单记录付款申请情况。

主要审批规则：

- 需上传盖章生效的采购合同扫描件；
- 付款类型需要根据业务真实情况进行填写。

4. 金蝶财务共享应用实践平台案例—应付付款结算

适用范围：企业发生采购业务时，填写应付单确认应付款项，支付款项时关联生成付款单并进行付款结算。

主要审批规则：

- 税额要与发票税额一致；
- 需上传盖章生效的采购合同扫描件；
- 发票均需要盖章生效的增值税专用专票，且开票方与往来户一致；
- 付款类型需要根据业务真实情况进行填写。

5.2 实验练习

案例一 确认应付业务

↗ 应用场景

应付单是确认债务的重要凭据，若与物流系统联用，应付单审核时，可以反写核心单据行号的累计应付信息，供用户围绕核心单据进行管理；应付单可以关联生成付款单，且在付款时系统会自动结算，供用户进行准确的往来管理。

↗ 实验数据

环球洗涤用品深圳有限公司 2019 年发生的业务中的应付业务，如表 5-2 所示。

表 5-2 确认应付业务

往来户	业务描述	金额(RMB)			
		应收	收款	应付	预付
广州市科萨商贸有限公司	2019 年 7 月 5 日，环球洗涤用品深圳有限公司向广州市科萨商贸有限公司赊购 1 000 公斤清幽香精，含税单价 96.05 元/公斤，税率 13%，确认应付款 96 050 元。环球洗涤用品深圳有限公司往来会计高倩兰(gql+学号)提交应付单			96 050	

↗ 流程图

应付业务的流程，如图 5-1 所示。

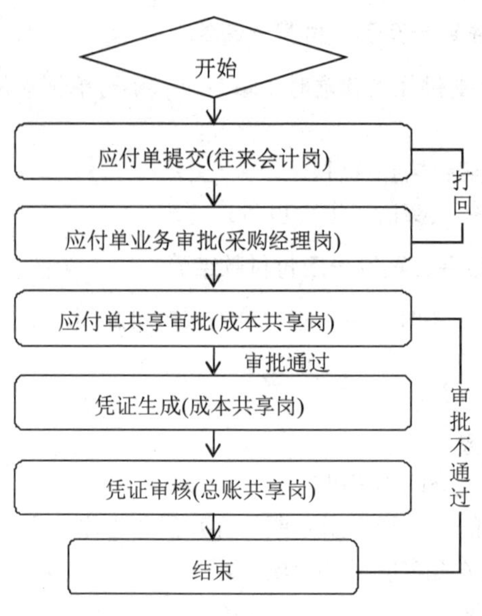

图 5-1　应付业务流程图

操作指导

1. 应付单提交

环球洗涤用品深圳有限公司往来会计高倩兰提交应付单。高倩兰进入 EAS 网页端，用户名为 gql+学号，密码为空，单击【登录】按钮进入我的工作台页面。

单击【高倩兰】-【组织-切换】选项，切换组织为环球洗涤用品深圳有限公司+姓名，单击【确定】按钮。单击【应用】-【财务会计】-【应付管理】-【应付单新增】选项，新增应付单，如图 5-2 所示。

图 5-2　新增应付单

根据实验数据录入应付单。单据日期为 2019-07-05，往来户为广州市科萨商贸有限公司+学号；物料为清幽香精，计量单位为公斤，数量为 1 000，含税单价为 96.05，税率为 13%；添加采购发票、采购合同附件，录入完毕单击【提交】按钮，如图 5-3 所示。

图 5-3 应付单录入完成并提交

2. 应付单业务审批

环球洗涤用品深圳有限公司采购经理张若阳审批应付单。张若阳进入 EAS 网页端，用户名为 zry+学号，密码为空，单击【登录】按钮进入我的工作台页面。

单击【流程】-【待办任务】-【常规待办】选项，进入常规待办任务页面，如图 5-4 所示。

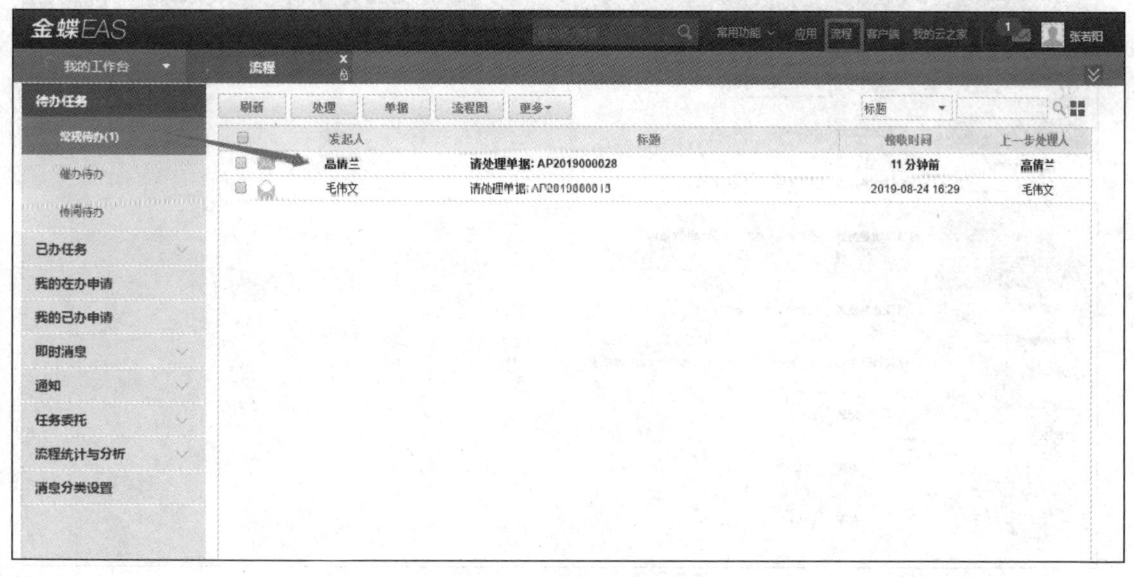

图 5-4 常规待办任务查询

双击刚刚提交的应付单(通过应付单据编号确认)，进入单据审批页面，审批处理选择同意，单击【提交】按钮，如图 5-5 所示。

图 5-5　应付单业务审批

3. 应付单共享审批

成本共享岗赖红玲共享审批应付单。赖红玲进入 EAS 网页端，用户名为 lhl+学号，密码为空，单击【登录】按钮进入我的工作台页面。

单击【应用】-【财务共享】-【应付共享】-【应付任务池】选项，进入应付任务池页面，如图 5-6 所示。

图 5-6　应付任务池

单击【我的任务】-【应付单】-【更多】-【获取任务】选项，获取应付单。选择相应单据(通过应付单据编号确认)，成本共享岗根据财务审批规则审批该案例，本案例审批通过，单击【提交】按钮，如图 5-7 和图 5-8 所示。

图 5-7　应付单获取

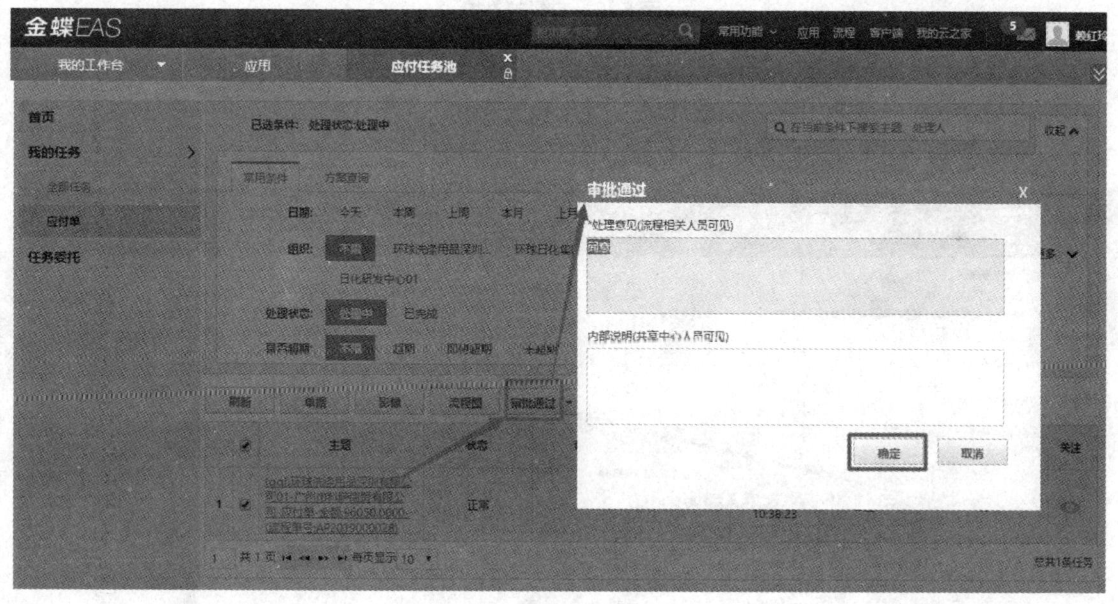

图 5-8　应付单共享审批

4. 应付单凭证生成

成本共享岗赖红玲关联应付单生成凭证。单击【应用】-【财务共享】-【应付共享】-【应付单维护】选项，进入应付单维护页面，如图 5-9 所示。

图 5-9　应付单维护

选择组织为环球洗涤用品深圳有限公司+姓名，日期为 2019-07-01 至 2019-07-31，单击【确定】按钮，筛选应付单。选择相应单据(通过应付单据编号确认)，单击【生成凭证】按钮进入凭证编辑页面，如图 5-10 所示。

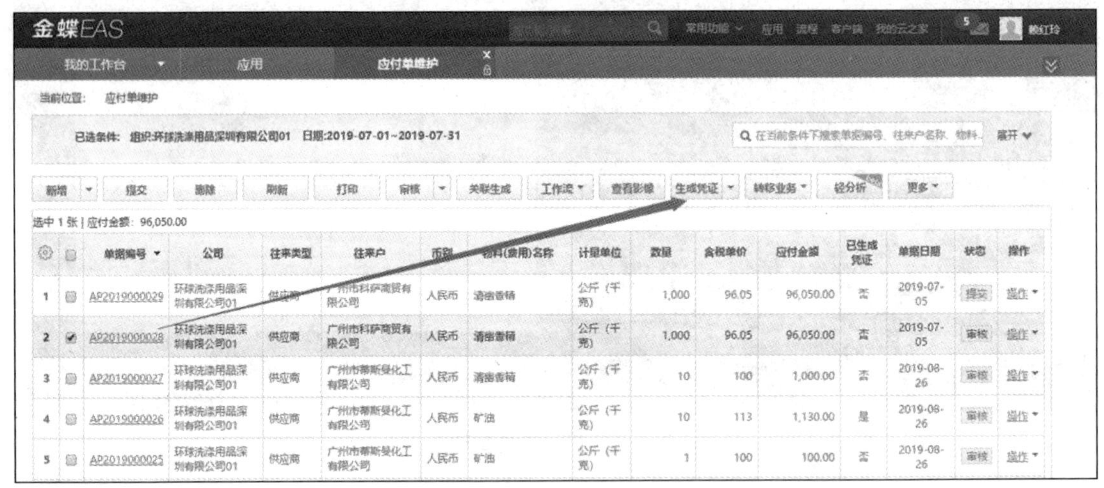

		单据编号	公司	往来类型	往来户	币别	物料(费用)名称	计量单位	数量	含税单价	应付金额	已生成凭证	单据日期	状态	操作
1	☐	AP2019000029	环球洗涤用品深圳有限公司01	供应商	广州市科萨商贸有限公司	人民币	清密香精	公斤（千克）	1,000	96.05	96,050.00	否	2019-07-05	提交	操作
2	☑	AP2019000028	环球洗涤用品深圳有限公司01	供应商	广州市科萨商贸有限公司	人民币	清密香精	公斤（千克）	1,000	96.05	96,050.00	否	2019-07-05	审核	操作
3	☐	AP2019000027	环球洗涤用品深圳有限公司01	供应商	广州市蒂斯曼化工有限公司	人民币	清密香精	公斤（千克）	10	100	1,000.00	否	2019-08-26	审核	操作
4	☐	AP2019000026	环球洗涤用品深圳有限公司01	供应商	广州市蒂斯曼化工有限公司	人民币	矿油	公斤（千克）	10	113	1,130.00	是	2019-08-26	审核	操作
5	☐	AP2019000025	环球洗涤用品深圳有限公司01	供应商	广州市蒂斯曼化工有限公司	人民币	矿油	公斤（千克）	1	100	100.00	否	2019-08-26	审核	操作

图 5-10　应付单生成凭证

根据案例背景录入相关信息。记账日期为 2019-07-05，业务日期为 2019-07-05，录入完毕后单击【提交】按钮，如图 5-11 所示。

图5-11 凭证录入完成并提交

5. 应付单凭证审核

总账共享岗樊江波审核记账凭证。樊江波进入EAS网页端，用户名为fjb+学号，密码为空，单击【登录】按钮进入我的工作台页面。

单击【应用】-【财务共享】-【总账共享】-【凭证查询】选项，进入凭证查询页面，如图5-12所示。

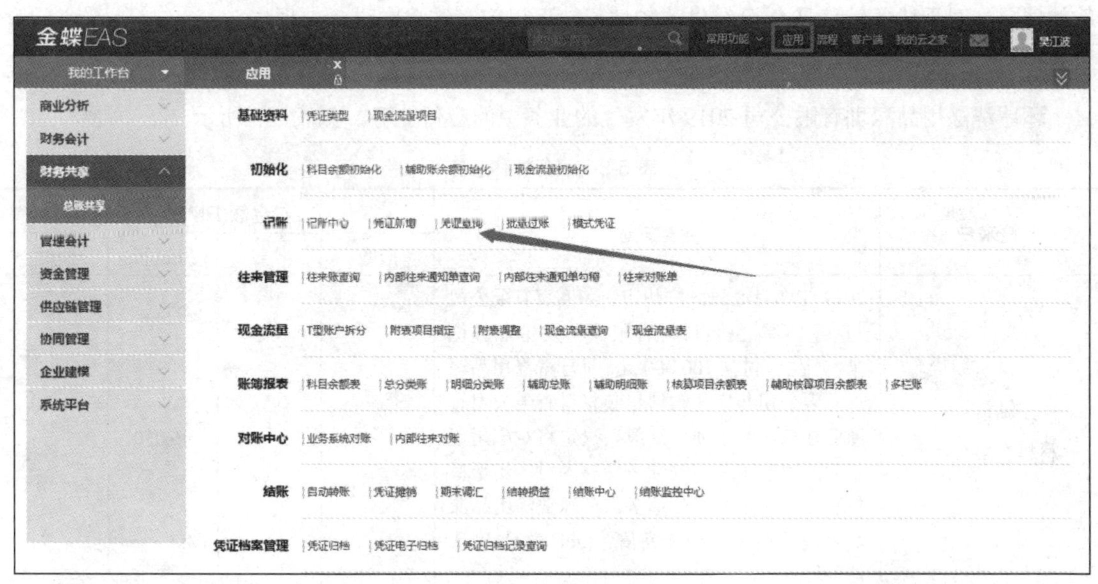

图5-12 凭证查询

选择组织为环球洗涤用品深圳有限公司+姓名，日期为2019-07-01至2019-07-31，单击【确定】按钮筛选凭证。选择相应凭证(通过凭证编号确认)，单击【审核】按钮，如图5-13所示。

图 5-13 凭证审核

案例二 债务转移

应用场景

债务转移是将原对 A 的债务转移为对 B 的债务。这种情况仅用来处理转移到 B，但 B 并没有付款的情况。对于债务转移且 B 已经付款的情况，可以放在结算中进行处理。

实验数据

环球洗涤用品深圳有限公司 2019 年发生的业务中的应付业务，如表 5-3 所示。

表 5-3 债务转移业务

往来户	业务描述	金额(RMB)			
		应收	收款	应付	预付
广州塑料包装材料有限公司	2019 年 7 月 8 日，广州市科萨商贸有限公司与广州塑料包装材料有限公司发生业务往来，产生应付款 100 000 元。环球洗涤用品深圳有限公司与广州塑料包装材料有限公司有商业往来，为了便于结算，决定将对广州市科萨商贸有限公司的债务转移为对广州塑料包装材料有限公司的债务。环球洗涤用品深圳有限公司往来会计高倩兰(gql+学号)确认债务转移			96 050	

流程图

债务转移业务流程，如图 5-14 所示。

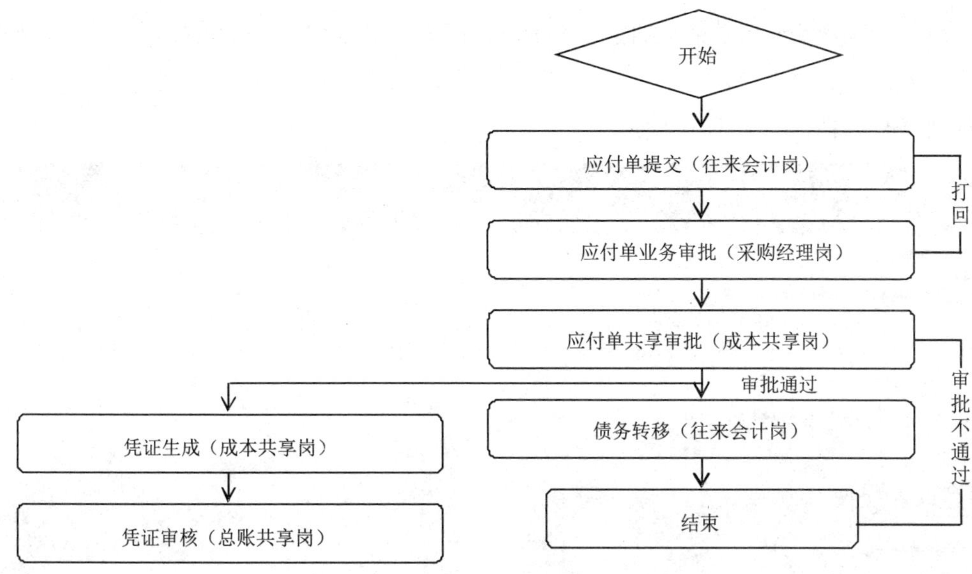

图5-14　债务转移业务流程图

操作指导

环球洗涤用品深圳有限公司往来会计高倩兰确认债务转移。高倩兰进入EAS网页端，用户名为gql+学号，密码为空，单击【登录】按钮进入我的工作台页面。

单击【高倩兰】-【组织-切换】选项，切换组织为环球洗涤用品深圳有限公司+姓名，单击【确定】按钮。单击【应用】-【财务会计】-【应付管理】-【应付单维护】选项，进入应付单维护页面，如图5-15所示。

图5-15　应付单维护

选择组织为环球洗涤用品深圳有限公司+姓名，日期为 2019-07-01 至 2019-07-31，单击【确定】按钮筛选应付单。选择相应单据(通过应付单据编号确认)，单击【转移业务】-【债务转移】选项，进入应付单编辑页面，如图 5-16 所示。

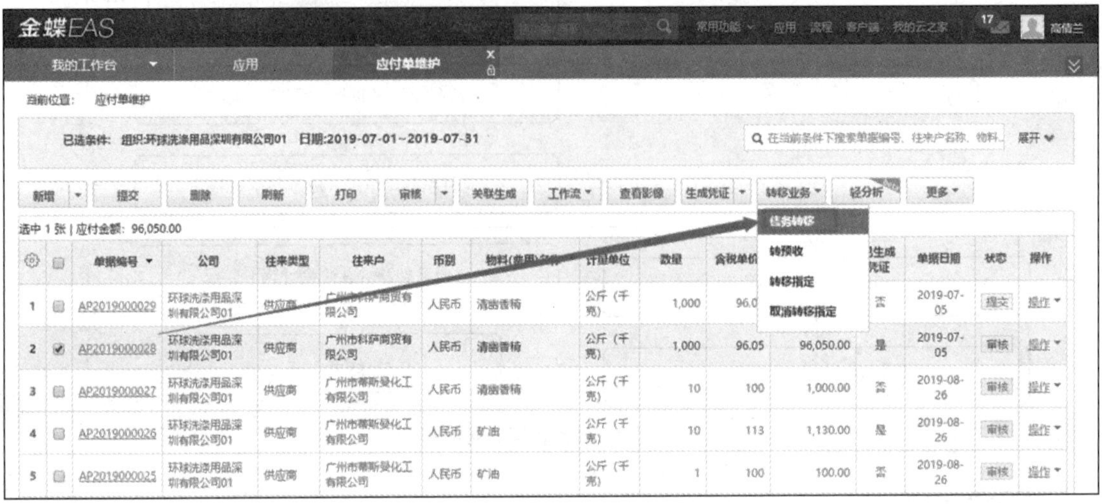

金蝶EAS

当前位置： 应付单维护

已选条件：组织:环球洗涤用品深圳有限公司01 日期:2019-07-01~2019-07-31

新增 提交 删除 刷新 打印 审核 关联生成 工作流 查看影像 生成凭证 转移业务 轻分析 更多

债务转移 转预收 转移指定 取消转移指定

选中 1 张 | 应付金额：96,050.00

	单据编号	公司	往来类型	往来户	币别	物料(费用)名称	计量单位	数量	含税单价		已生成凭证	单据日期	状态	操作
1	AP2019000029	环球洗涤用品深圳有限公司01	供应商	广州市科萨商贸有限公司	人民币	清幽香精	公斤（千克）	1,000	96.0		否	2019-07-05	提交	操作
2	AP2019000028	环球洗涤用品深圳有限公司01	供应商	广州市科萨商贸有限公司	人民币	清幽香精	公斤（千克）	1,000	96.05	96,050.00	是	2019-07-05	审核	操作
3	AP2019000027	环球洗涤用品深圳有限公司01	供应商	广州市蒂斯曼化工有限公司	人民币	清幽香精	公斤（千克）	10	100	1,000.00	否	2019-08-26	审核	操作
4	AP2019000026	环球洗涤用品深圳有限公司01	供应商	广州市蒂斯曼化工有限公司	人民币	矿油	公斤（千克）	10	113	1,130.00	是	2019-08-26	审核	操作
5	AP2019000025	环球洗涤用品深圳有限公司01	供应商	广州市蒂斯曼化工有限公司	人民币	矿油	公斤（千克）	1	100	100.00	否	2019-08-26	审核	操作

图 5-16 债务转移

根据案例背景修改相关信息，单据日期为 2019-07-08，往来户为广州塑料包装材料有限公司+学号，修改完毕后单击【提交】按钮，如图 5-17 和图 5-18 所示。

图 5-17 应付单修改

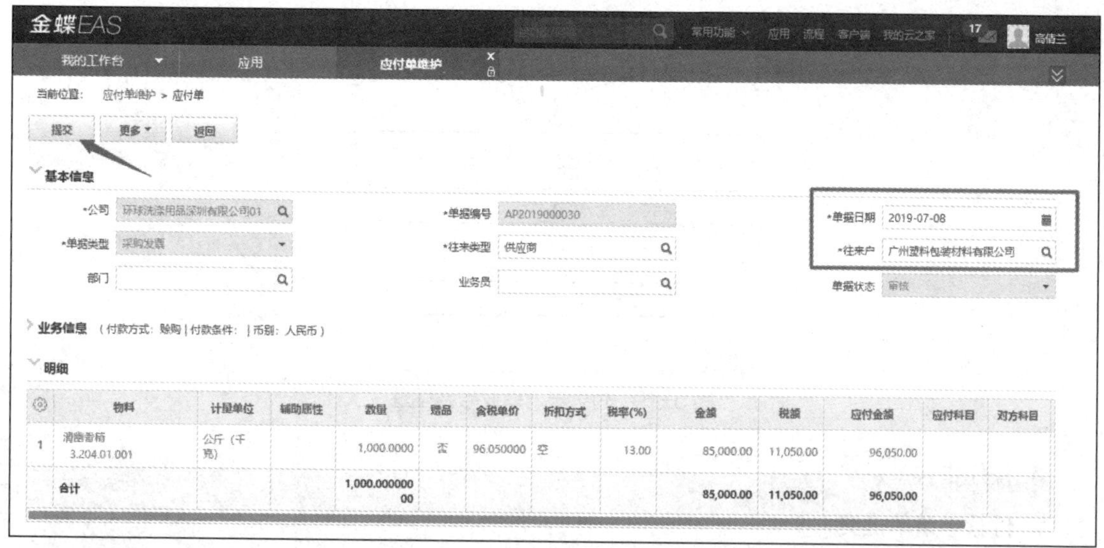

图 5-18　应付单修改完成并提交

案例三　付款申请单

应用场景

付款申请单是为了处理应付系统付款申请的跨月业务，而特别增加的一张单据。本来通过付款单的审批流程也可以起到付款申请单的大部分作用，但是由于付款单不能跨月审批和付款，这种业务不能使用付款单来替代处理，所以增加付款申请单。

实验数据

环球洗涤用品深圳有限公司 2019 年发生的业务中的应付业务，如表 5-4 所示。

表 5-4　付款申请单业务

往来户	业务描述	金额(RMB)			
		应收	收款	应付	预付
成都伊瓦有限公司	2019 年 8 月 26 日，环球洗涤用品深圳有限公司即将生产一种新型产品，需要原料角鲨烷，计划 9 月 6 日向珠海市博聪生物科技有限公司购买 100 公斤角鲨烷(原料膏体)，含税单价 113 元/公斤，税率 13%。环球洗涤用品深圳有限公司往来会计高倩兰(gql+学号)提交付款申请单			11 300	

流程图

付款申请单业务流程，如图 5-19 所示。

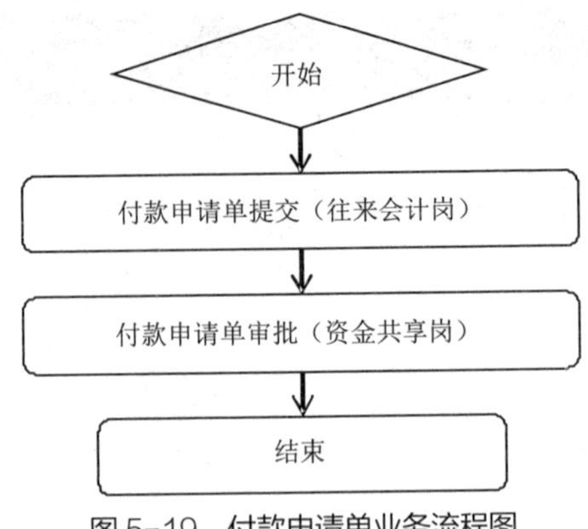

图5-19 付款申请单业务流程图

操作指导

1. 付款申请单提交

环球洗涤用品深圳有限公司往来会计高倩兰提交付款申请单。高倩兰进入EAS网页端，用户名为gql+学号，密码为空，单击【登录】按钮进入我的工作台页面。

单击【高倩兰】-【组织-切换】选项，切换组织为环球洗涤用品深圳有限公司+姓名，单击【确定】按钮。单击【应用】-【财务会计】-【应付管理】-【付款申请单新增】选项，新增付款申请单，如图5-20所示。

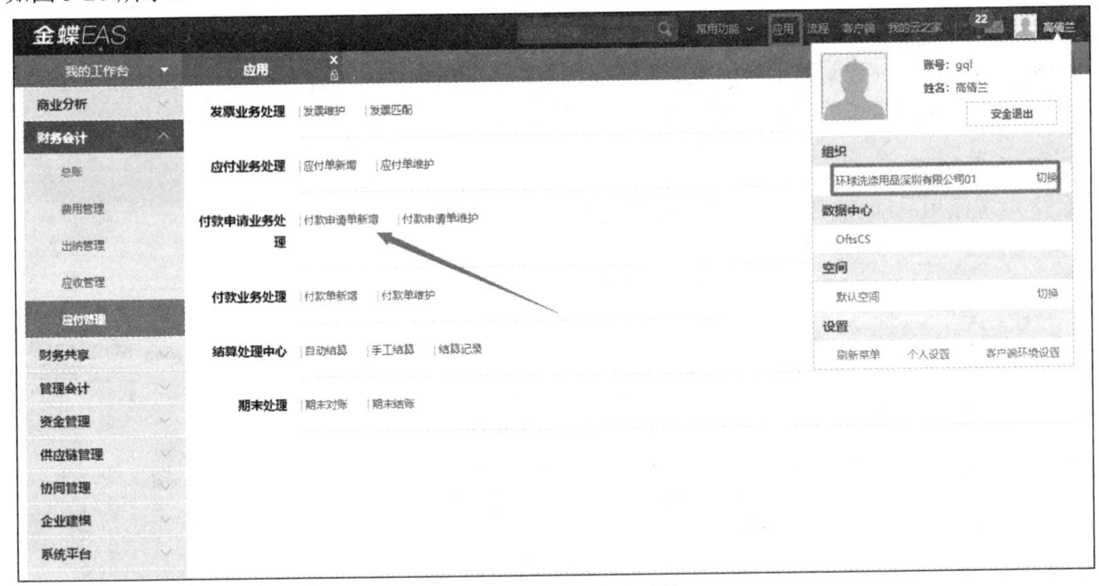

图5-20 新增付款申请单

根据实验数据录入付款申请单。单据日期为2019-08-26，申请人为高倩兰+学号；请款事由为生产一种新型产品需要原料角鲨烷；付款类型为采购付款，往来类型为供应商，往来户为珠海市博聪生物科技有限公司+学号，申请付款金额为11 300元，付款日期为2019-09-06，录入完毕后单击【提交】按钮，如图5-21所示。

图5-21 付款申请单录入完成并提交

2. 付款申请单审批

资金共享岗欧阳杨共享审批付款申请单。欧阳杨进入 EAS 网页端，用户名为 oyy+学号，密码为空，单击【登录】按钮进入我的工作台页面。

单击【应用】-【财务共享】-【共享任务管理】-【共享任务池】选项，进入共享任务池页面，如图 5-22 所示。

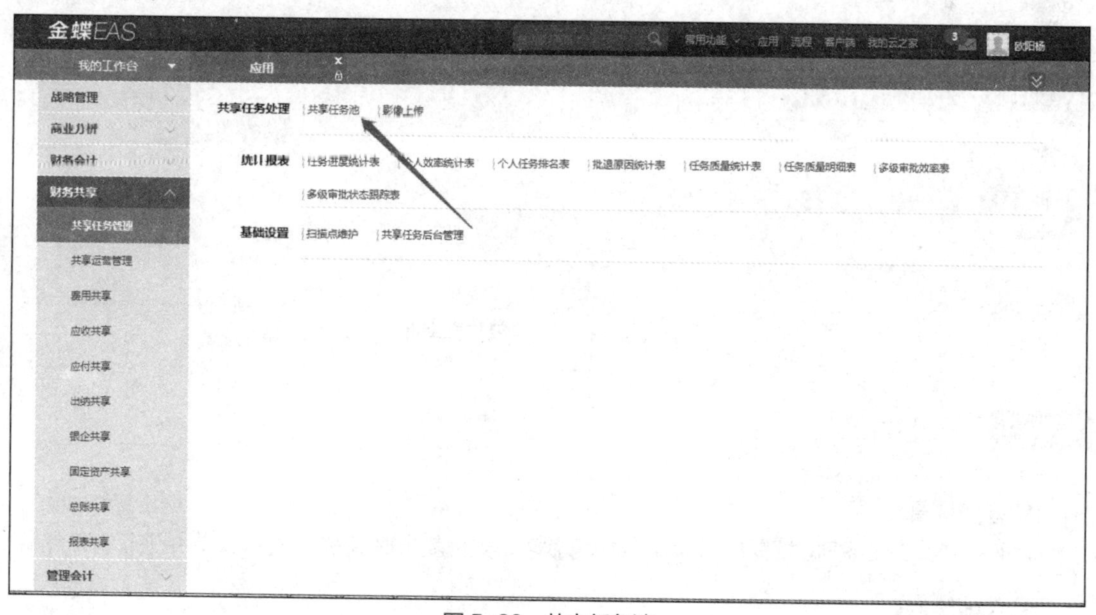

图5-22 共享任务池

单击【我的任务】-【付款申请单】-【更多】-【获取任务】选项，获取付款申请单。双击相应单据(通过付款申请单据编号确认)进入单据处理页面，资金共享岗根据财务审批规则审批该案例，本案例审批通过，单击【提交】按钮，如图 5-23 和图 5-24 所示。

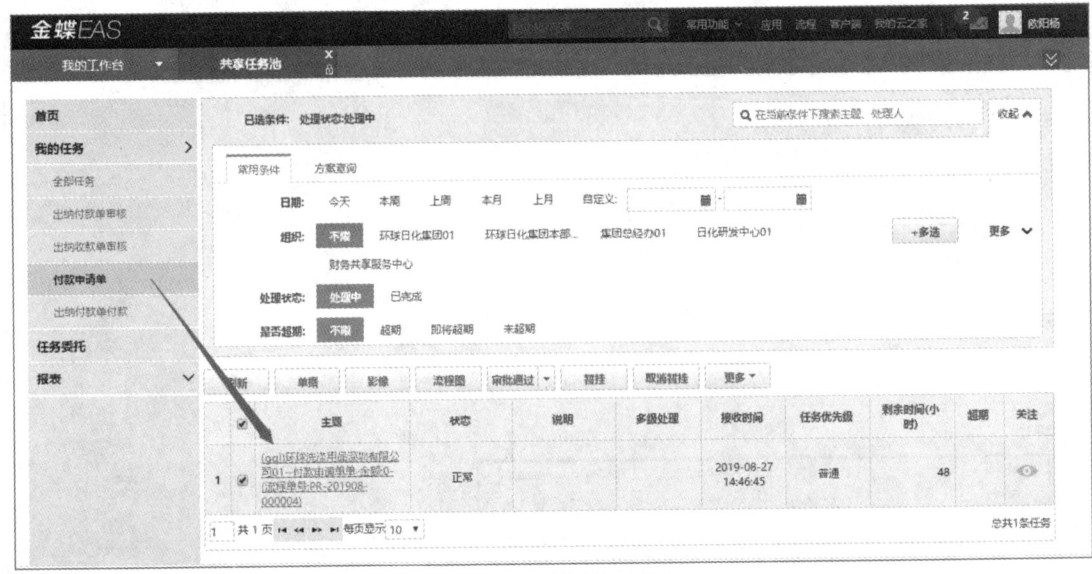

图 5-23 付款申请单获取

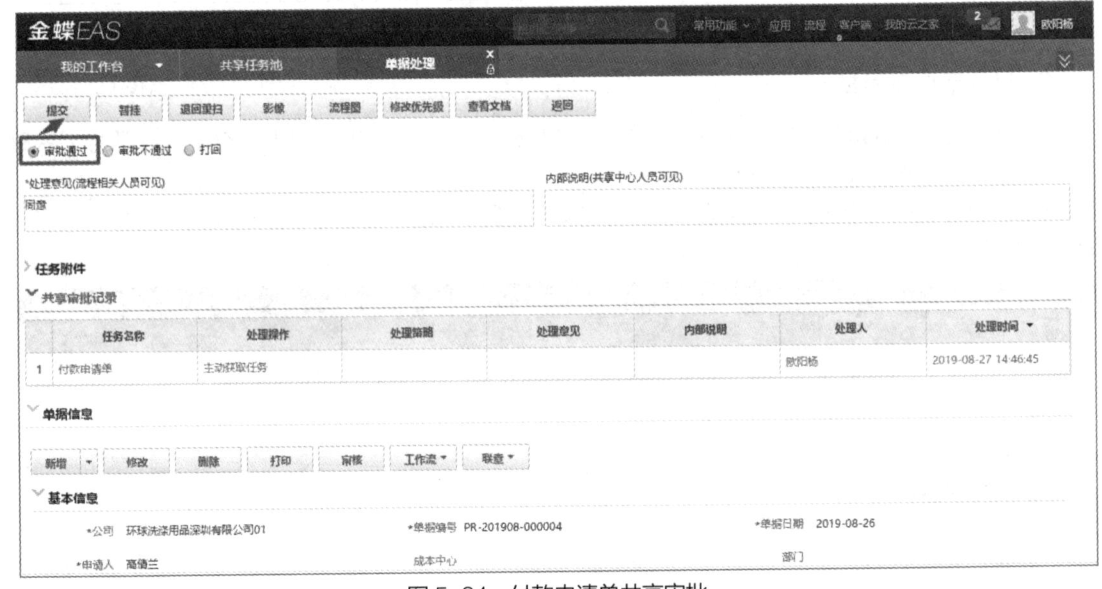

图 5-24 付款申请单共享审批

案例四 采购付款

应用场景

企业发生采购业务时，填写应付单确认应付款项，支付款项时关联生成付款单并进行付款结算。

实验数据

环球洗涤用品深圳有限公司 2019 年发生的业务中的采购付款业务，如表 5-5 所示。

表 5-5　采购付款业务

往来户	业务描述	金额(RMB)			
		应收	收款	应付	预付
广州市蒂斯曼化工有限公司	2019 年 9 月 17 日，环球洗涤用品深圳有限公司向广州市蒂斯曼化工有限公司赊购 1 000 公斤表面活性剂，含税单价为 15.6 元/公斤，税率 13%，计划 9 月 20 日付款。环球洗涤用品深圳有限公司往来会计高倩兰(gql+学号)提交应付单			15 600	

↗ 流程图

采购付款业务流程，如图 5-25 所示。

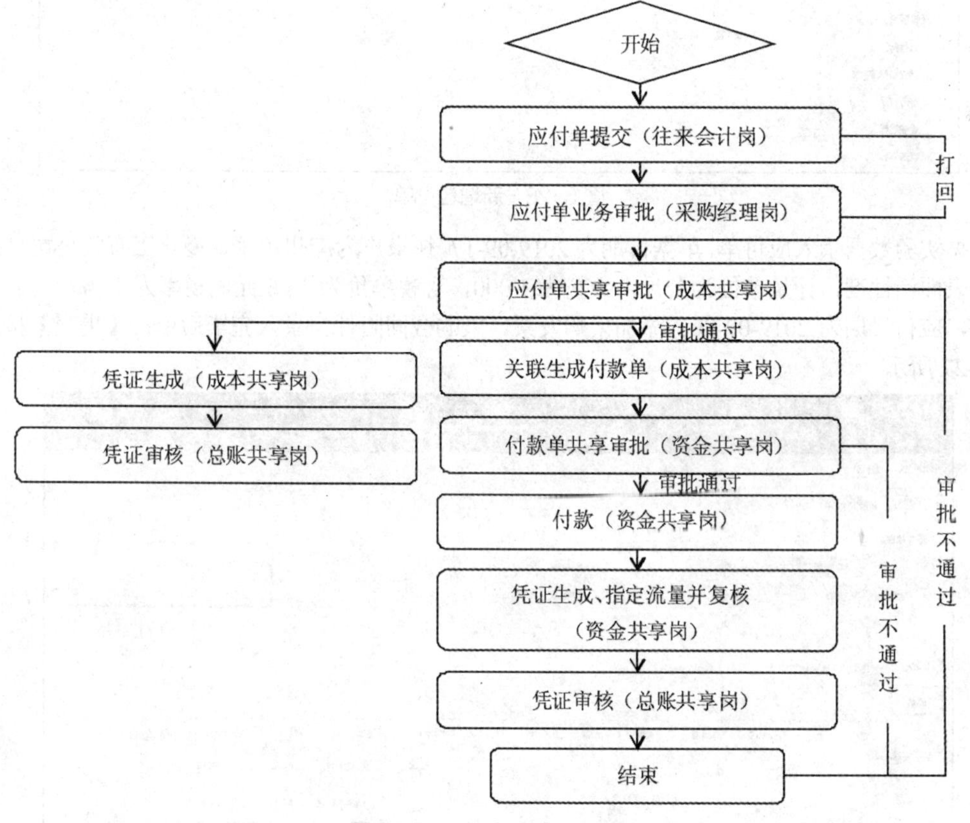

图 5-25　采购付款业务流程图

↗ 操作指导

1. 应付单提交

环球洗涤用品深圳有限公司往来会计高倩兰提交应付单。高倩兰进入 EAS 网页端，用户名为 gql+学号，密码为空，单击【登录】按钮进入我的工作台页面。

单击【高倩兰】-【组织-切换】选项，切换组织为环球洗涤用品深圳有限公司+姓名，单击【确定】按钮。单击【应用】-【财务会计】-【应付管理】-【应付单新增】选项，新增应付单，如图 5-26 所示。具体操作可参考视频。

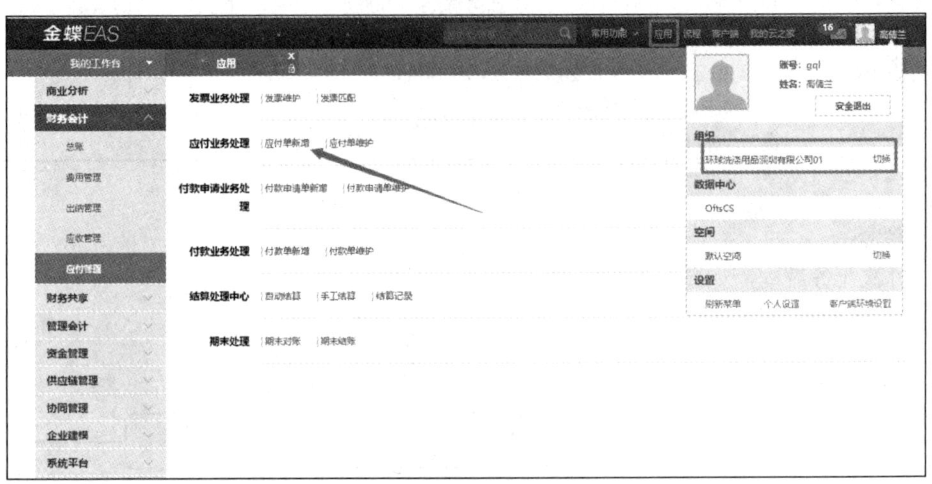

图 5-26　新增应付单

根据实验数据录入应付单。单据日期为 2019-09-17，往来户为广州市蒂斯曼化工有限公司+学号；物料为表面活性剂，计量单位为公斤，数量为 1 000，含税单价为 15.6 元，税率为 13%；付款计划列表下，应付日期为 2019-09-20；添加采购发票、采购合同附件。录入完毕后单击【提交】按钮，如图 5-27 所示。

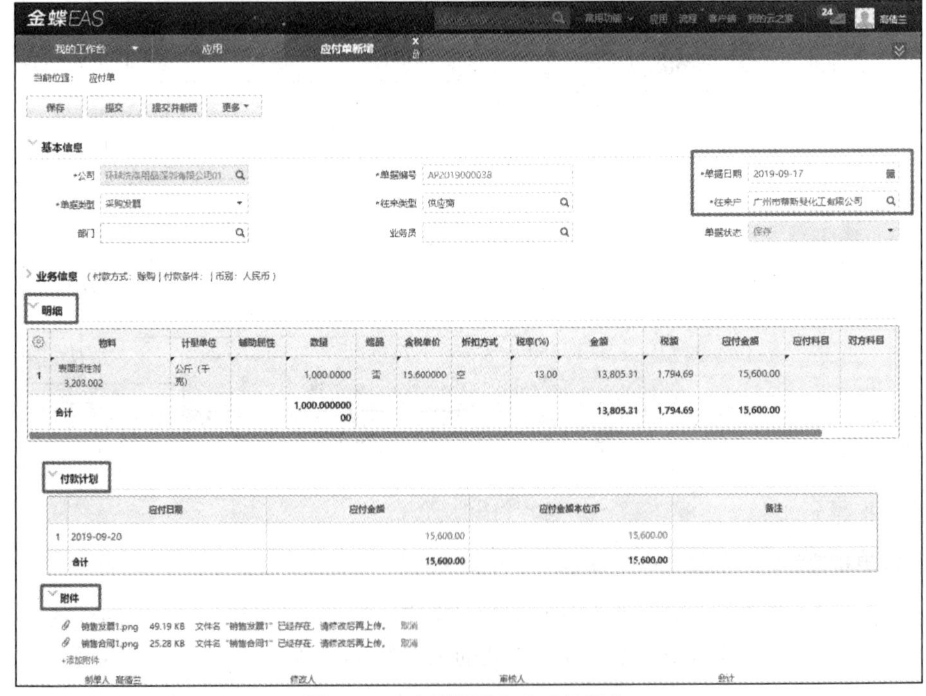

图 5-27　应付单录入完成并提交

2. 应付单业务审批

环球洗涤用品深圳有限公司采购经理张若阳审批应付单。张若阳进入 EAS 网页端，用户名为 zry+学号，密码为空，单击【登录】按钮进入我的工作台页面。

单击【流程】-【待办任务】-【常规待办】选项，进入常规待办任务页面，如图 5-28 所示。

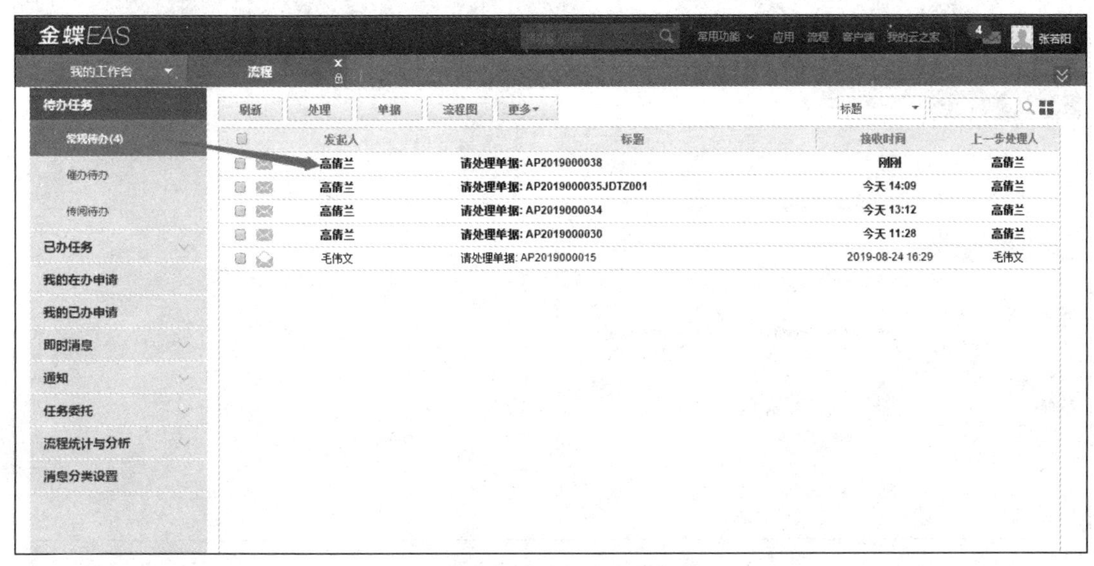

图 5-28 常规待办任务查询

双击刚刚提交的应付单(通过应付单据编号确认)，进入单据审批页面。审批处理选择同意，单击【提交】按钮，如图 5-29 所示。

图 5-29 应付单业务审批

3. 应付单共享审批

成本共享岗赖红玲共享审批应付单。赖红玲进入 EAS 网页端，用户名为 lhl+学号，密码为空，单击【登录】按钮进入我的工作台页面。

单击【应用】-【财务共享】-【应付共享】-【应付任务池】选项，进入应付任务池页面，如图 5-30 所示。

图 5-30 应付任务池

单击【我的任务】-【应付单】-【更多】-【获取任务】选项，获取应付单。选择相应单据(通过应付单据编号确认)进入单据处理页面。成本共享岗根据财务审批规则审批该案例，本案例审批通过，单击【提交】按钮，如图 5-31 和图 5-32 所示。

图 5-31 应付单获取

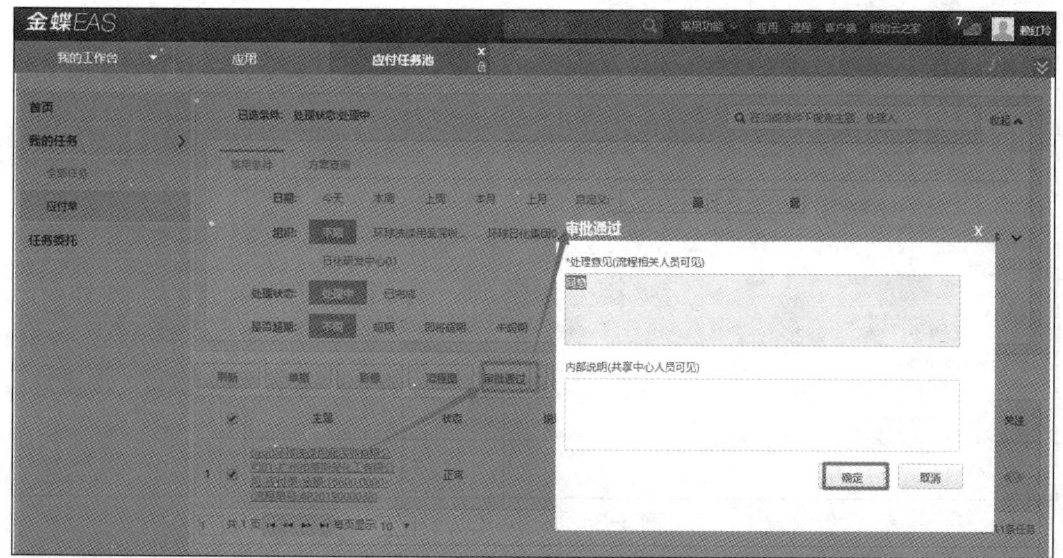

图 5-32　应付单共享审批

4. 应付单凭证生成

成本共享岗赖红玲关联应付单生成凭证。单击【应用】-【财务共享】-【应付共享】-【应付单维护】选项，进入应付单维护页面，如图 5-33 所示。

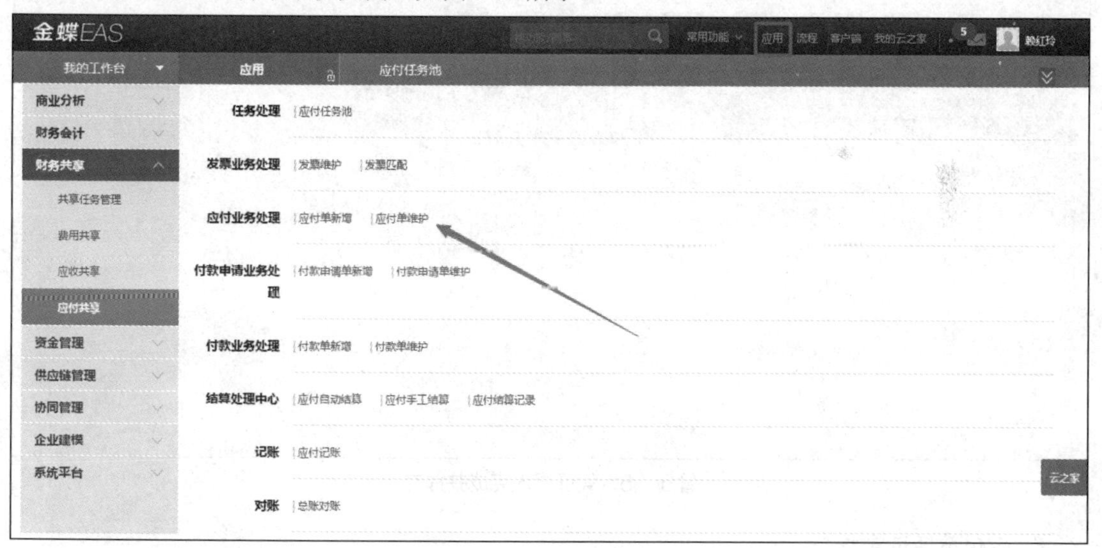

图 5-33　应付单维护

选择组织为环球洗涤用品深圳有限公司+姓名，日期为 2019-09-01 至 2019-10-01，单击【确定】按钮筛选应付单。选择相应单据(通过应付单据编号确认)，单击【生成凭证】按钮，如图 5-34 所示。

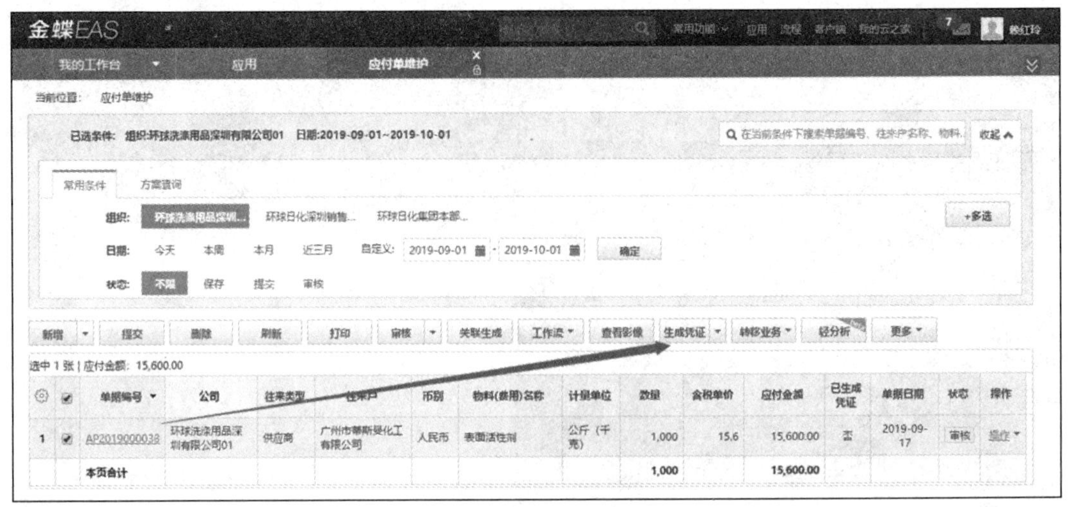

图 5-34　应付单生成凭证

在凭证编辑页面，根据案例背景录入相关信息，记账日期为 2019-09-17，业务日期为 2019-09-17，录入完毕后单击【提交】按钮，如图 5-35 所示。

图 5-35　凭证录入完成并提交

5. 应付单凭证审核

总账共享岗樊江波审核记账凭证。樊江波进入 EAS 网页端，用户名为 fjb+学号，密码为空，单击【登录】按钮，进入我的工作台页面。

单击【应用】-【财务共享】-【总账共享】-【凭证查询】选项，进入凭证查询页面，如图 5-36 所示。

图5-36 凭证查询

选择组织为环球洗涤用品深圳有限公司+姓名，日期为2019-09-17至2019-09-18，单击【确定】按钮筛选凭证。选择相应凭证(通过凭证编号确认)，单击【审核】按钮，如图5-37所示。

图5-37 凭证审核

6. 关联生成付款单

成本共享岗赖红玲关联应付单生成付款单。赖红玲进入EAS网页端，用户名为lhl+学号，密码为空，单击【登录】按钮进入我的工作台页面。

单击【应用】-【财务共享】-【应付共享】-【应付单维护】选项，进入应付单维护页面，如图5-38所示。

图 5-38 应付单维护

选择组织为环球洗涤用品深圳有限公司+姓名，日期为 2019-09-01 至 2019-10-01，单击【确定】按钮筛选应付单。选择相应单据(通过应付单据编号确认)，单击【关联生成】按钮进入关联生成页面，如图 5-39 所示。

图 5-39 应付单关联生成付款单

选择目标单据为付款单，转换规则为应付单生成付款单，单击【确定】按钮进入付款单编辑页面，如图 5-40 所示。

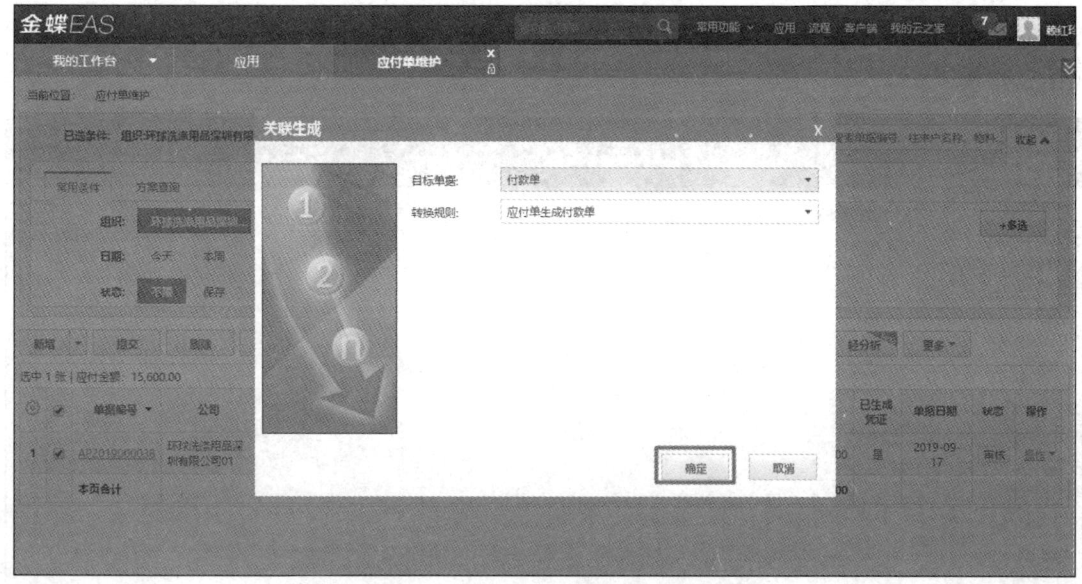

图 5-40 转换规则应付单生成付款单

在付款单编辑页面，根据实验数据录入相关信息。付款类型为采购付款，业务日期为 2019-09-20，单据日期为 2019-09-20，选择付款账户，录入完毕单击【提交】按钮，如图 5-41 所示。

图 5-41 付款单录入完成并提交

7. 付款单共享审批

资金共享岗欧阳杨共享审批付款单。欧阳杨进入 EAS 网页端，用户名为 oyy+学号，密码为空，单击【登录】按钮进入我的工作台页面。

单击【应用】-【财务共享】-【共享任务管理】-【共享任务池】选项，进入共享任务池页面，如图 5-42 所示。

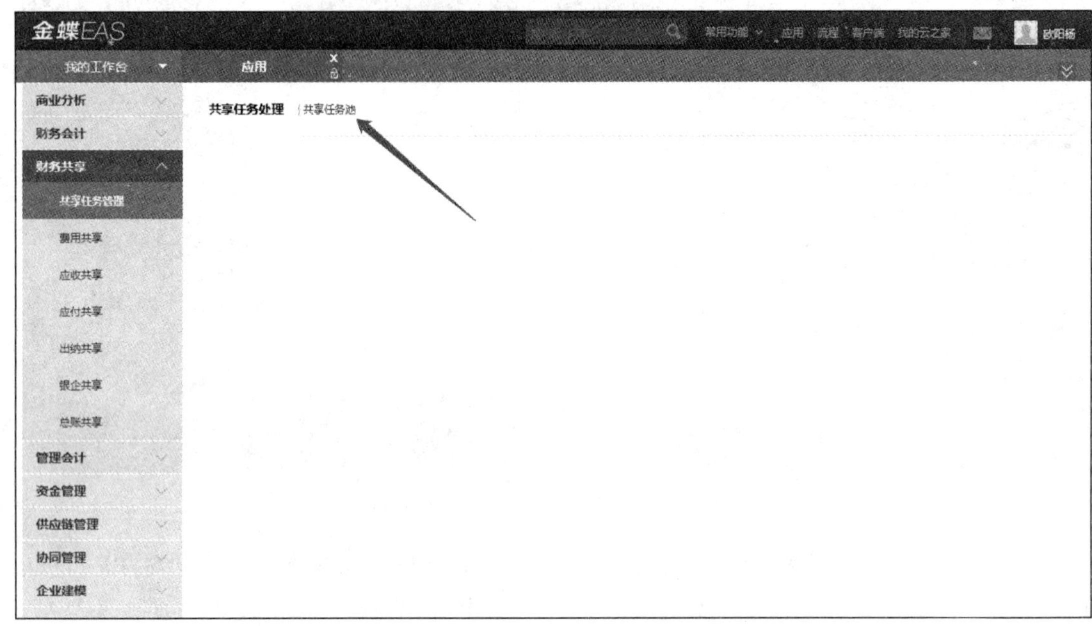

图 5-42　共享任务池

单击【我的任务】-【出纳付款单审核】-【更多】-【获取任务】选项，获取付款单。选择相应单据(通过付款单据编号确认)，资金共享岗根据财务审批规则审批该业务，审批通过，单击【提交】按钮，如图 5-43 和图 5-44 所示。

图 5-43　付款单获取

图 5-44　付款单共享审批

8. 付款

资金共享岗欧阳杨确认付款。单击【应用】-【财务共享】-【出纳共享】-【付款单处理】选项，进入付款单序时簿，如图 5-45 所示。

图 5-45　付款单处理

选择组织为环球洗涤用品深圳有限公司+姓名，日期为 2019-09-01 至 2019-10-01，单击【确定】按钮筛选付款单。选择相应单据(通过付款单据编号确认)，单击【付款】按钮，如图 5-46 所示。

图 5-46　付款单付款

9. 凭证生成、指定流量并复核

资金共享岗欧阳杨关联付款单生成凭证。在付款单序时簿，选择组织为环球洗涤用品深圳有限公司+姓名，日期为 2019-09-01 至 2019-10-01，单击【确定】按钮筛选付款单。选择相应单据(通过付款单据编号确认)，单击【生成凭证】按钮进入凭证编辑页面，如图 5-47 所示。

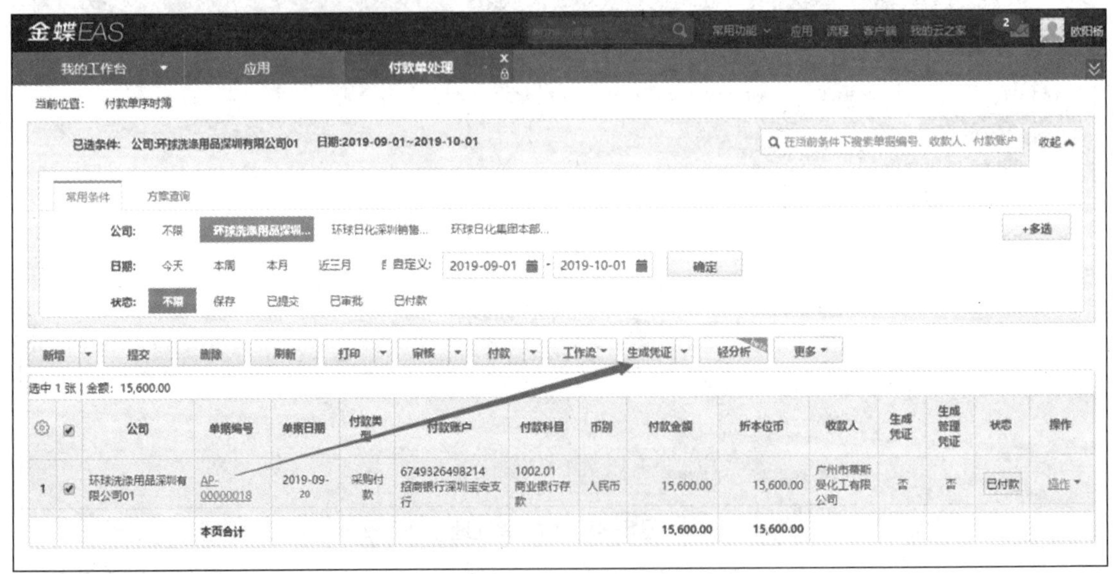

图 5-47　付款单生成凭证

在凭证编辑页面，根据案例背景录入相关信息。记账日期为 2019-09-20，业务日期为 2019-09-20，录入完毕后单击【提交】按钮进入现金流量页面，如图 5-48 所示。

图 5-48 凭证录入完成并提交

选择主表项目为购买商品、接受劳务支付的现金，单击【确定】按钮进入凭证编辑页面，如图 5-49 所示。

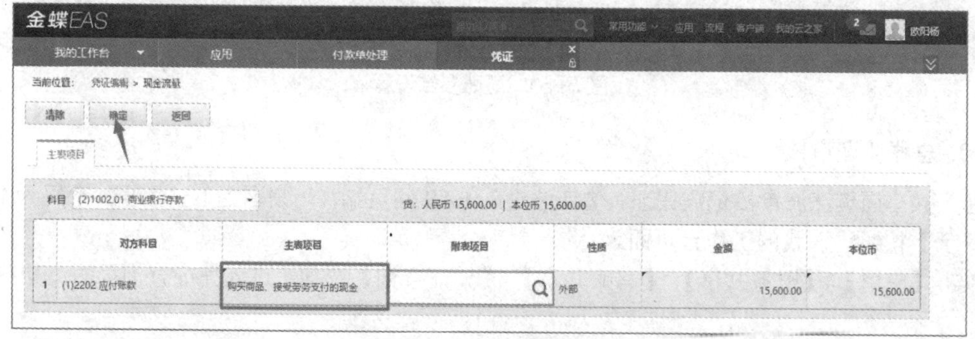

图 5-49 凭证指定现金流量

在凭证编辑页面复核该凭证，单击【更多】-【复核】选项，如图 5-50 所示。

图 5-50 凭证复核

如果在该界面复核不成功，可单击【应用】-【财务共享】-【出纳共享】-【凭证复核】选项，进入凭证复核界面。选择复核的公司，单击【登账设置】按钮，确认该组织的登账参数后再执行复核，如图 5-51 所示。

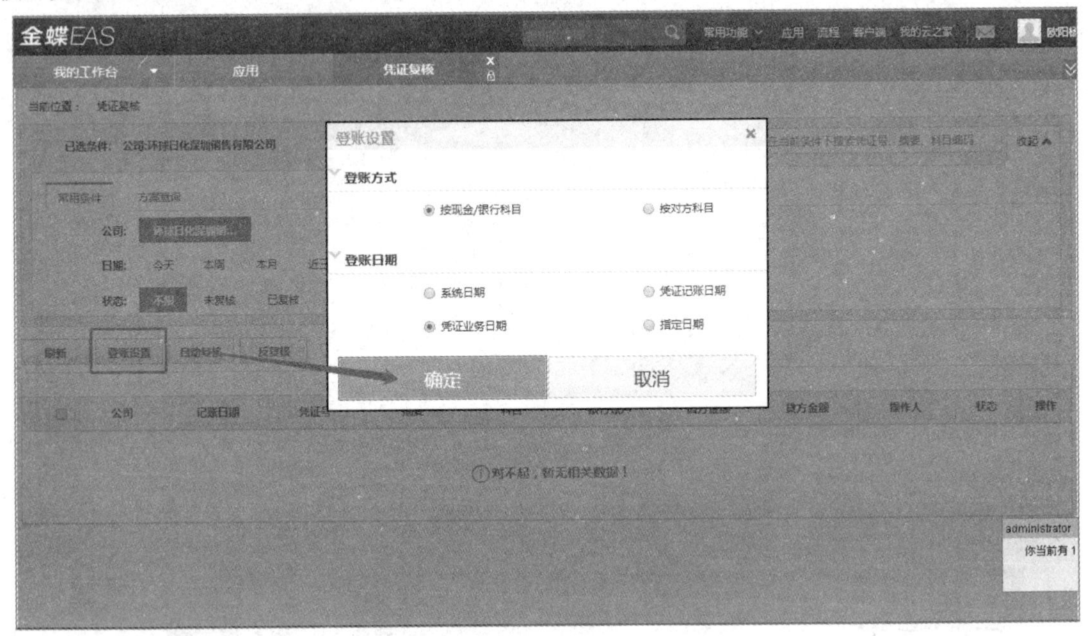

图 5-51 登账参数设置

10. 总账凭证审核

总账共享岗樊江波审核记账凭证。樊江波进入 EAS 网页端，用户名为 fjb+学号，密码为空，单击【登录】按钮进入我的工作台页面。

单击【应用】-【财务共享】-【总账共享】-【凭证查询】选项，进入凭证查询页面，如图 5-52 所示。

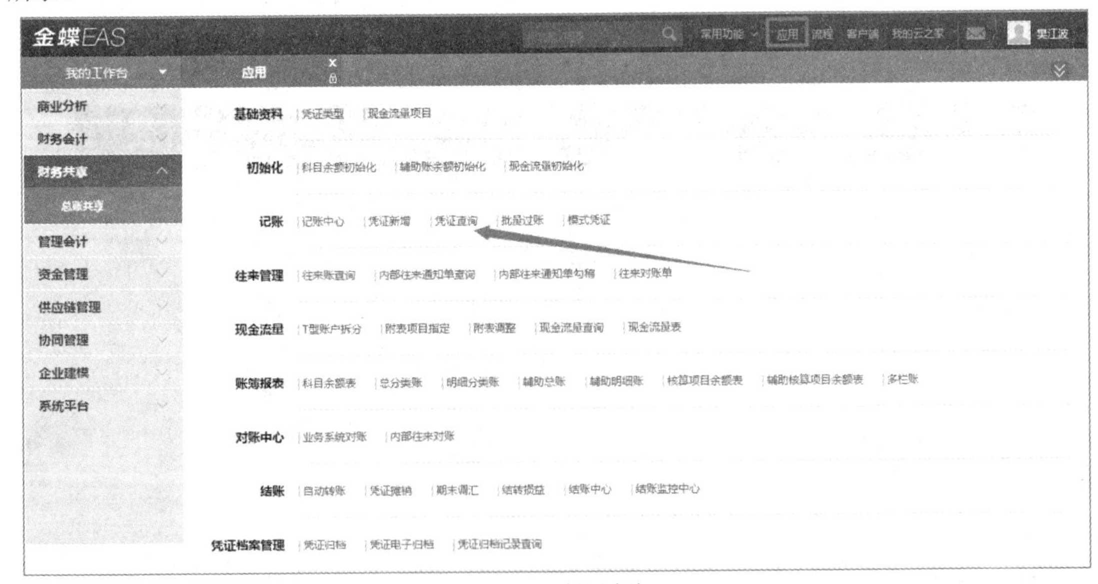

图 5-52 凭证查询

选择组织为环球洗涤用品深圳有限公司+姓名，日期为 2019-09-01 至 2019-10-01，单击【确定】

按钮筛选凭证。选择相应凭证(通过凭证编号确认)，单击【审核】按钮，如图 5-53 所示。

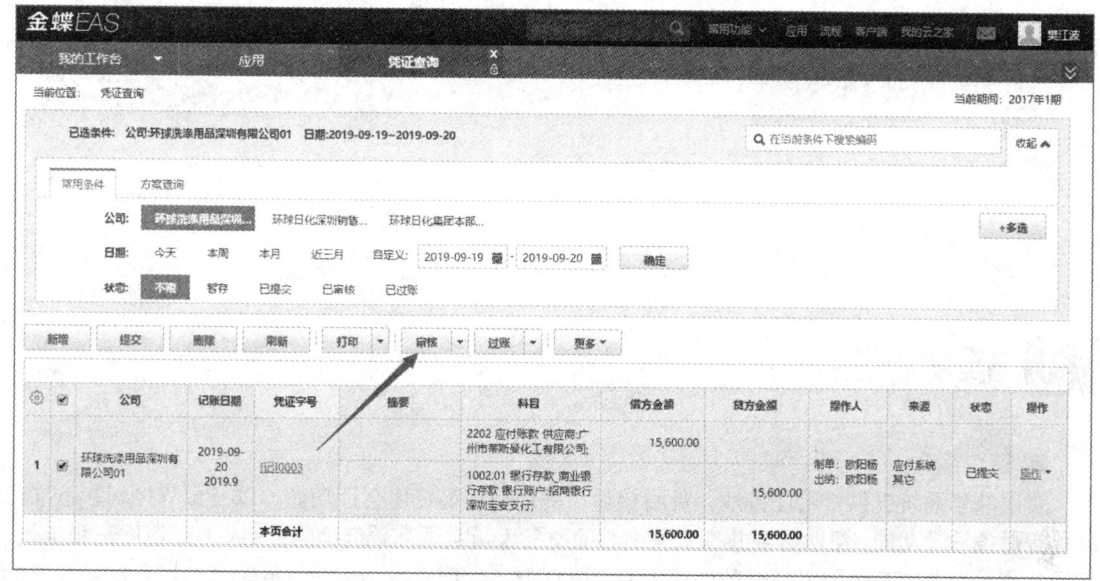

图 5-53 凭证审核

5.3 练习任务

练习 1：

2019 年 10 月 23 日，环球洗涤用品深圳有限公司向深圳市元动化工有限公司赊购 200 千克肉豆蔻酸异丙酯，含税单价为 79.1 元/千克，税率为 13%，确认应付款 15 820 元。环球洗涤用品深圳有限公司采购经理张若阳发现原材料肉豆蔻酸异丙酯被错填为棕榈酸异丙酯，审批打回，环球洗涤用品深圳有限公司往来会计高倩兰(gql+学号)修改后重新提交。

练习 2：

2019 年 11 月 9 日，环球洗涤用品深圳有限公司向珠海市博聪生物科技有限公司赊购 200 千克鲜梨花香精，含税单价为 63.28 元/千克，税率为 13%，计划于 11 月 11 日付款。

第 6 章

费用共享

6.1 模块概述

↗ 模块简介

费用共享系统提供费用任务池、费用核算、费用记账等费用会计功能，以及预算控制、下推付款单等财务管理功能，帮助财务共享服务中心的财务人员实现高效准确的费用审核、费用记账工作。费用共享系统能够有效地提高财务处理效率，降低财务处理成本，推动财务转型，提升财务管理价值。该系统既可以独立运行，也可以与报表共享、出纳共享、费用共享、资产共享、应收共享、应付共享等模块结合使用，提供更完整、全面的财务共享管理解决方案。

费用共享常用的单据包括：借款单、费用报销单、出差借款单和差率费报销单。

↗ 费用共享主要功能

1. 费用任务池

业务员只能处理分配到自己名下的任务。业务员登录后单击页面左边的首页、个人任务统计表、个人任务排名表，可以查看自己名下的任务处理情况、任务处理效率及排名情况。单击首页数字链接，可进入相应处理单据页面。

2. 费用核算

费用核算提供会计处理工作平台，主要包括借款单、出差借款单、费用报销单、差旅费报销单等九张单据序时簿，支持挂账、生成凭证、删除凭证、生成付款单。

3. 费用记账

费用记账提供凭证生成工作台，支持组织切换，可以对费用报销模块符合条件的单据批量生成凭证。

↗ 费用共享常用单据

出差申请单：员工出差前，需向公司提出出差申请单，用于进行差旅管理与控制。

借款单：借款单主要是企业员工需要向企业借支办理企业相关事务费用，如举办市场活动、文化建设、客户接待等费用的借款。

费用报销单：费用报销单主要是企业全体员工用于报销日常费用的单据，如报销手机补贴费用、交通补贴费用、客户接待费用等，需要提交相关的报销发票。

出差借款单：出差借款主要是企业商旅人员出差办理企业事务，需要预先向企业借支的差旅费用。

差旅费报销单：差旅费报销单主要是企业商旅人员用于报销差旅费用的单据，需要提交相关报销发票，如机票、出租车发票、住宿发票等。

↗ 审批规则

1. 金蝶财务共享应用实践平台操作案例—费用报销单

适用范围：手机补贴费、交通补贴费、招待费、部门活动费、办公用品费、广告费、品牌费、招聘费等员工费用的报销。

主要审批规则：

- ❑ 各类型费用报销需要在规定报销标准内进行报销，超过标准不予报销，如手机费补贴为“普通员工 300 元，总监、经理及以上 500 元”；
- ❑ 招待费一般为餐饮娱乐业发票，须以实际发生费用的票据报销；
- ❑ 广告费发票应为增值税专用发票，若不能开具增值税专用发票，则需扣减税点后支付。

2. 金蝶财务共享应用实践平台案例—借款单

适用范围：专项费用借款、公司日常事务开支借款，以及办事处备用金等因公务活动需要借支的款项。

主要审批规则：

- ❑ 2 000 元及以下支出不予借款；
- ❑ 同类性质的借款前款不清、后款不借；
- ❑ 遵循“谁执行谁借款、谁借款谁还款”的原则，不得有他人代借及代还款；
- ❑ 借款属高风险流程，应遵循严格审批原则，除不需提供发票外，参照费用报销规范申请借款；
- ❑ 借款用途描述需清晰，如有合同，需上传合同以供审核。

3. 金蝶财务共享应用实践平台操作案例—出差借款单

适用范围：所有出差任务的申请，出差的机票、车票、船票及住宿费借款，以及为项目出差发生的房租、水电费等借款。

主要审批规则：

- ❑ 2 000 元及以下支出不予借款；
- ❑ 需事前借款，则需在出差事由中描述具体原因及预计出差费用；
- ❑ 借款时只考虑交通和住宿的合理费用，出差补贴及其他零星费用不予借支，前款不清，后款不借；
- ❑ 出差地点更换时，需要分行填写明细信息。

4. 金蝶财务共享应用实践平台操作案例—出差申请单

适用范围：员工出差前，需向公司提出出差申请单，用于进行差旅管理与控制。

主要审批规则：

- ❑ 必须在出差前提交出差申请单；
- ❑ 一个项目一个出差申请。

5. 金蝶财务共享应用实践平台操作案例—差旅费报销单

适用范围：用于支持项目、拜访客户、需求调研等产生的差旅费，及因参加会议、市场活动、培训专项活动产生的差旅费报销，为支持项目租房而发生的房租、中介、水电、网络、日常生活用品费等。

主要审批规则：

- 出差补贴为 100 元/天，算法为“算头不算尾”，按照自然天数计发补贴；
- 出差地点更换时，需要分行填写明细信息；
- 出差人员应入住在公司标准内的酒店(普通员工 400 元，总监、经理级别及以上 500 元)；
- 出差中发生的招待费、礼品费、会务费、报名费等非差旅费用，报费用报销单。

6.2 实验练习

案例一 费用报销

实验数据

2019 年 7 月 5 日，环球洗涤用品深圳有限公司采购员李霞在京东采购了一台佳能 C3020/3520 系列打印一体机，采购费用为 14 399 元，李霞(lx+学号)提交费用报销单。

流程图

费用报销业务流程，如图 6-1 所示。

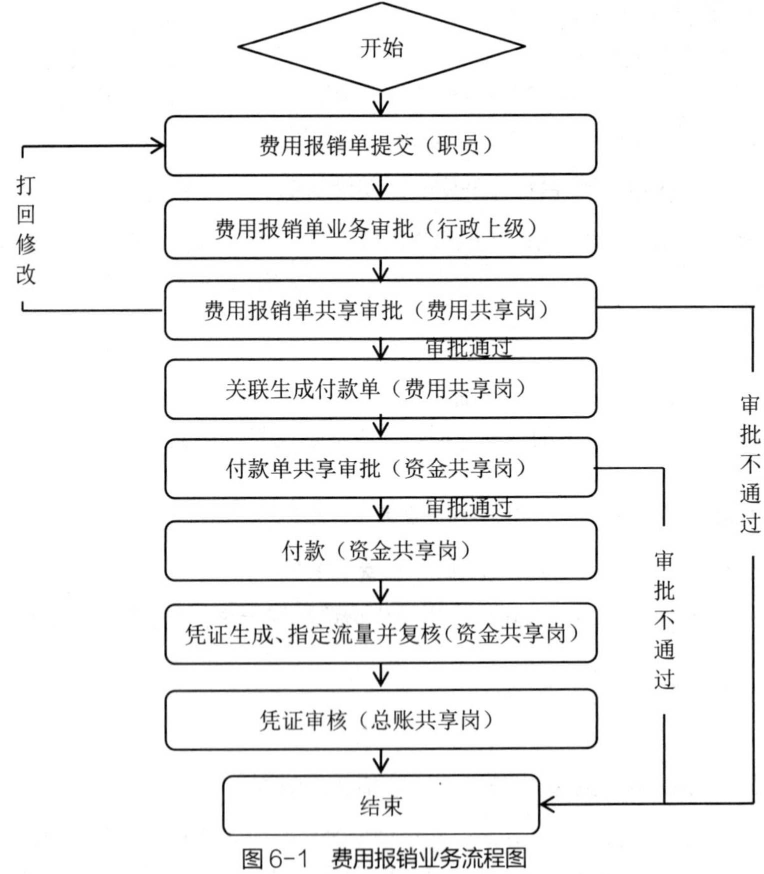

图 6-1 费用报销业务流程图

↗ 操作指导

1. 费用报销单提交

员工李霞进行费用报销，提交财务共享中心审批，需要提交相关报销发票。员工李霞进入 EAS 网页端，用户名为 lx+学号，密码为空，单击【登录】按钮进入我的工作台页面。

费用报销

单击【应用】-【财务会计】-【费用管理】-【报销工作台】选项，进入报销工作台页面，如图 6-2 所示。具体操作可参考视频。

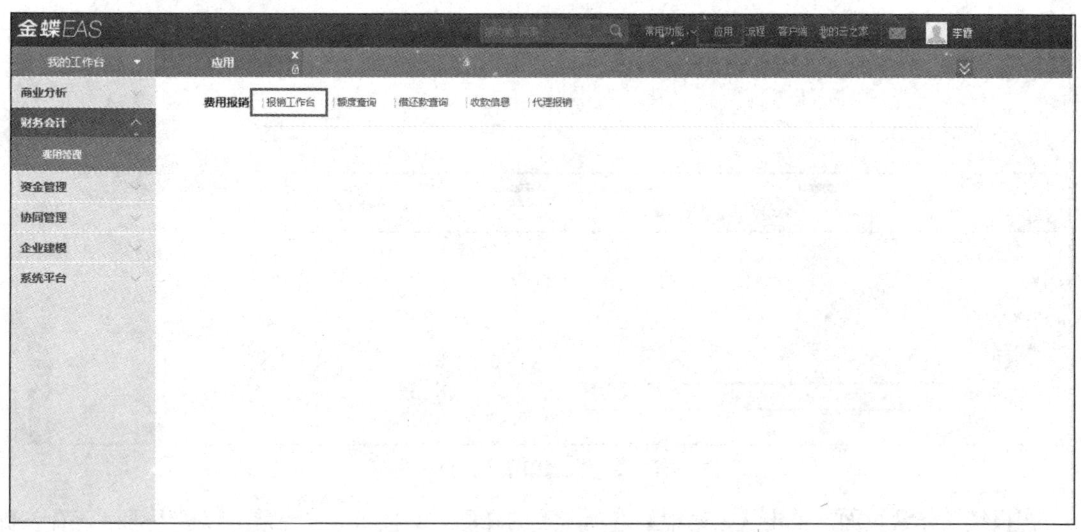

图 6-2 报销工作台

单击【费用报销】图标按钮，新增费用报销单，如图 6-3 所示。

图 6-3 费用报销单新增

根据实验数据录入费用报销单。报销人为李霞+学号，申请日期为2019-07-05，事由为报销打印机费用；业务类别为管理费用，费用类型为办公费，报销金额为14 399元，费用承担部门为采购部+姓名；选择收款人为李霞+学号；添加打印机发票附件。录入完毕单击【提交】按钮，如图6-4所示。

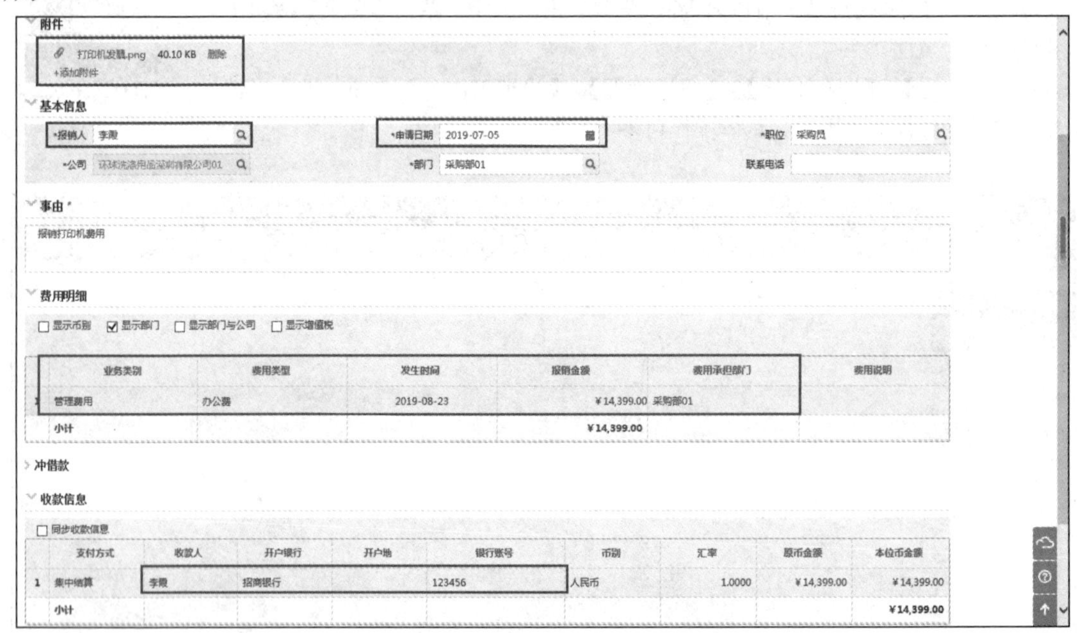

图6-4 费用报销单录入完成并提交

在报销工作台页面，单击【报销中】选项卡下的【刷新】按钮，在当前节点栏下可以查看该费用报销单所处的流程节点，如图6-5所示。

图6-5 费用报销单流程节点查看

2. 费用报销单业务审批

员工李霞提交费用报销单后，行政上级张若阳对业务的真实性进行审批。张若阳进入EAS网页端，用户名为zry+学号，密码为空，单击【登录】按钮进入我的工作台页面。

双击待办事项下的相应单据(通过单据编码确认)，进入单据审批页面，如图 6-6 所示。

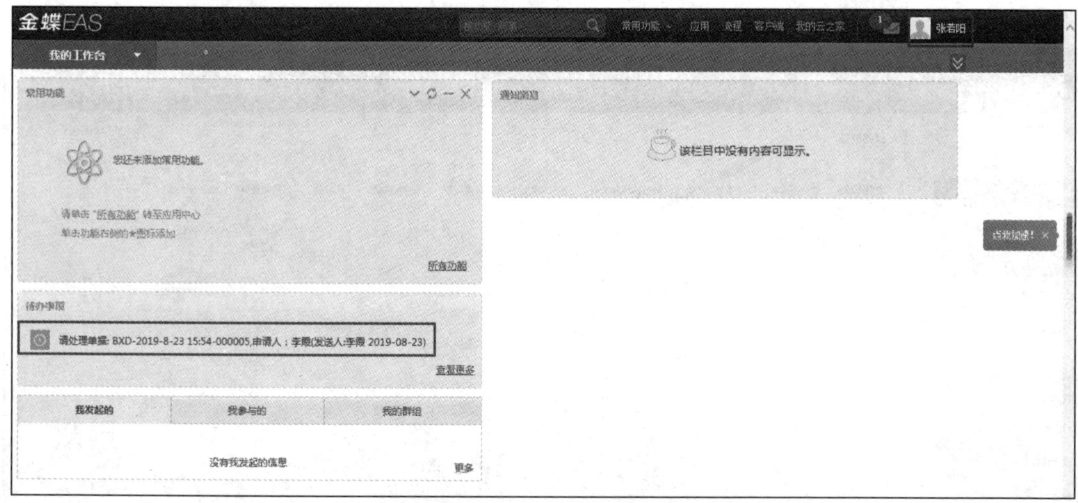

图 6-6　待办事项查看

行政上级张若阳对业务的真实性进行审批。本案例真实发生，审批处理选择同意，单击【提交】按钮，如图 6-7 所示。

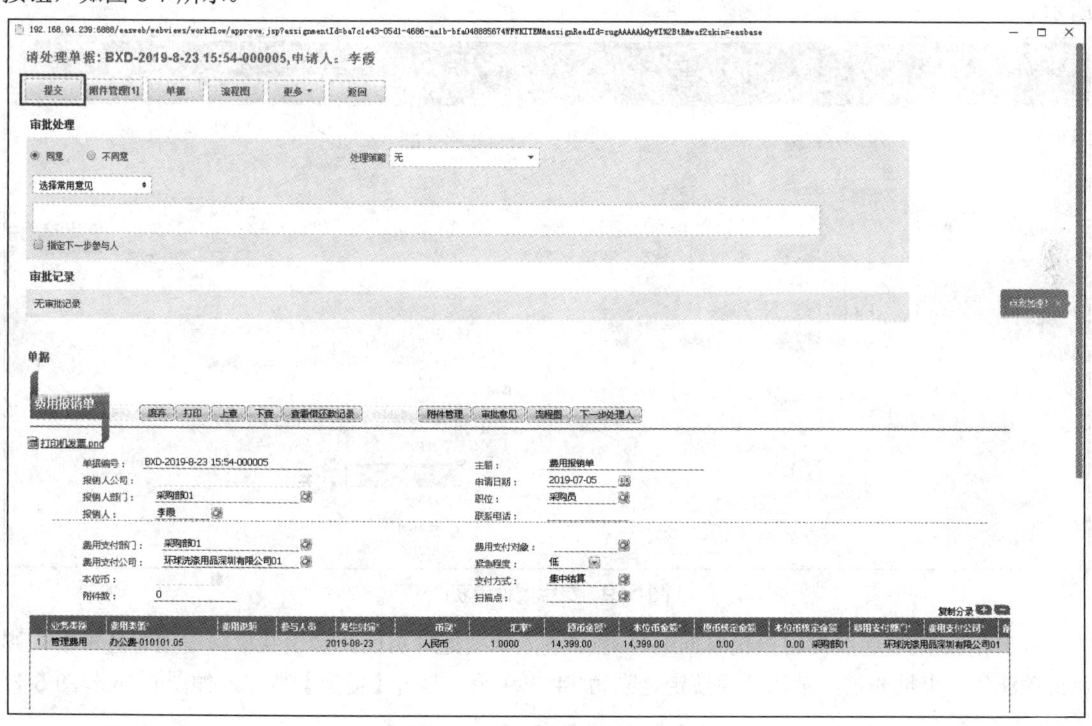

图 6-7　费用报销单业务审批

3. 费用报销单共享审批

费用共享岗马超俊根据财务审批规则审批获取的单据。马超俊进入 EAS 网页端，用户名为 mcj+学号，密码为空，单击【登录】按钮进入我的工作台页面。

单击【应用】-【财务共享】-【费用共享】-【费用任务池】选项，进入费用任务池页面，如图 6-8 所示。

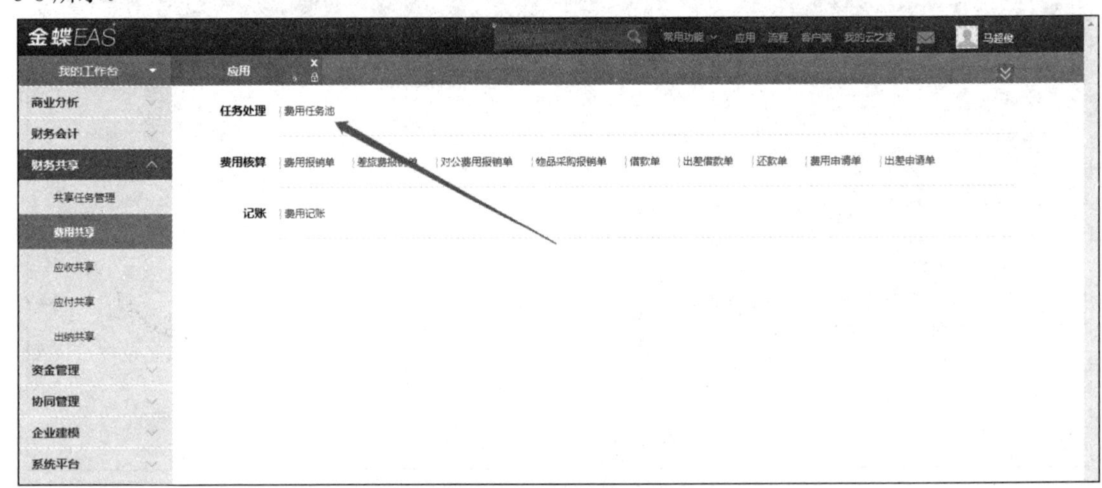

图 6-8 费用任务池

单击【我的任务】-【费用报销】-【更多】-【获取任务】选项，获取费用报销单，如图 6-9 所示。

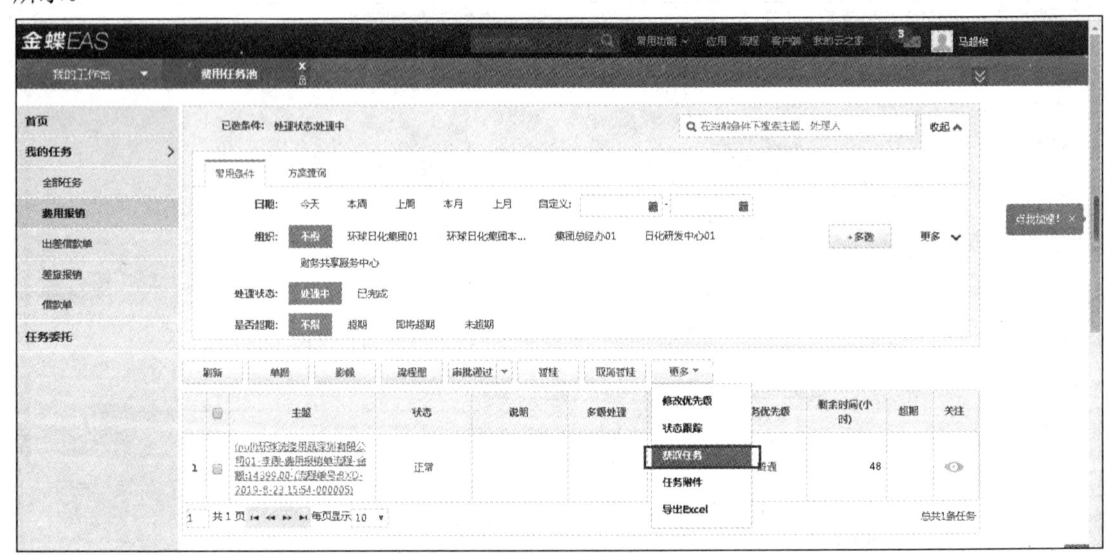

图 6-9 费用报销单获取

双击相应单据(通过费用报销单据编号确认)进入单据处理页面，费用共享岗根据财务审批规则审批该业务。审批通过，录入原币核定金额为 14 399 元，单击【提交】按钮，如图 6-10 和图 6-11 所示。

图 6-10 费用报销单原币核定金额录入

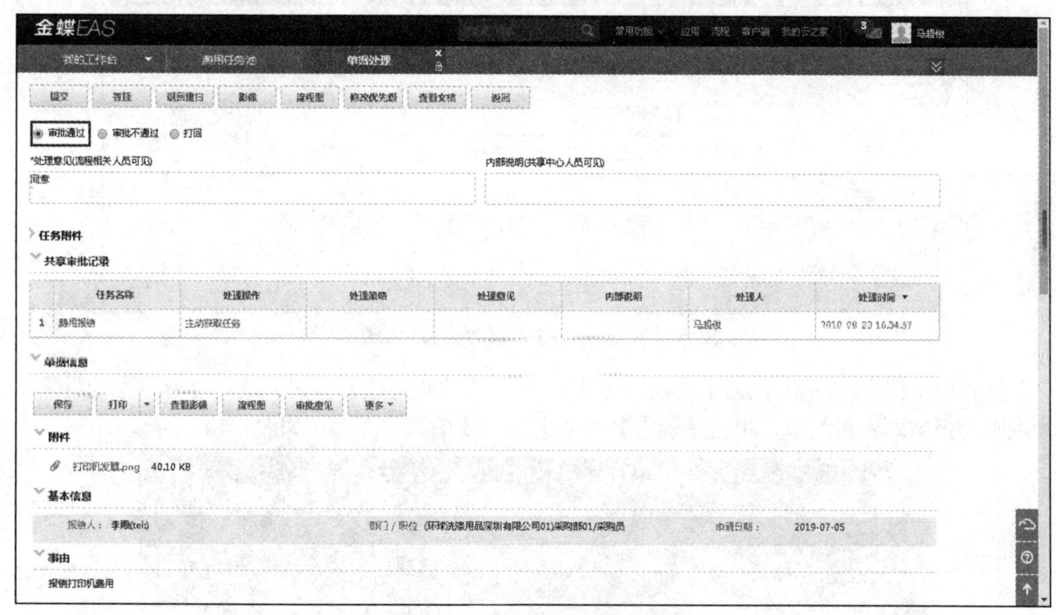

图 6-11 费用报销单共享审批

4. 关联生成付款单

费用共享岗马超俊根据审批后的费用报销单下推付款单。单击【应用】-【财务共享】-【费用共享】-【费用报销单】选项，进入费用报销单页面，如图 6-12 所示。

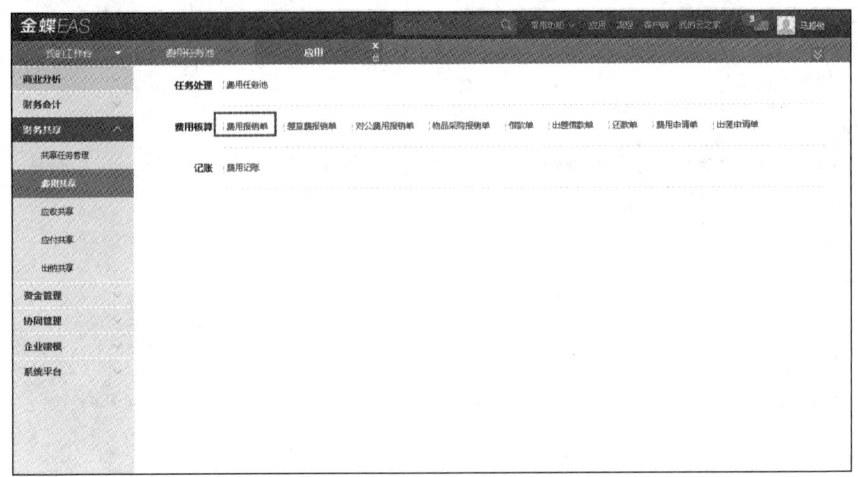

图 6-12　费用报销单查询

选择公司为环球洗涤用品深圳有限公司+姓名，日期为 2019-07-01 至 2019-07-31，单击【确定】按钮筛选费用报销单，如图 6-13 所示。

图 6-13　费用报销单关联生成付款单

选择相应单据(通过费用报销单据编号确认)，单击【关联生成】按钮，选择目标单据为付款单，转换规则为报销单到付款单，单击【确定】按钮进入付款单编辑页面，如图 6-14 所示。

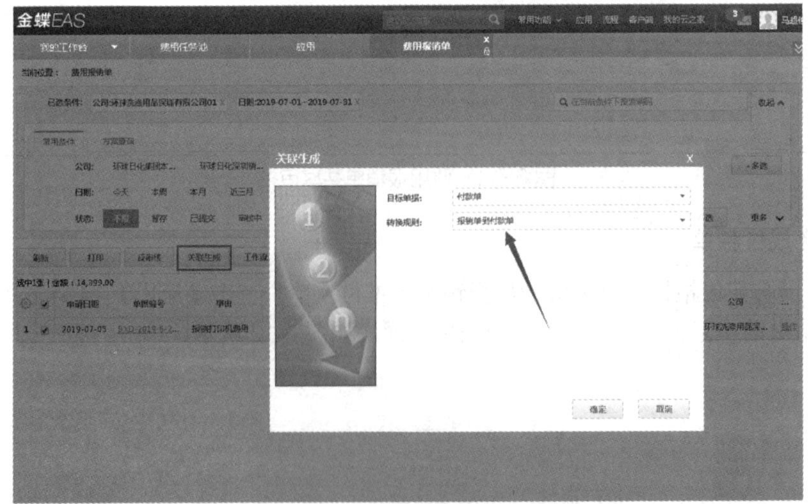

图 6-14　转换规则报销单到付款单

根据实验数据录入相关信息。付款公司为环球洗涤用品深圳有限公司+姓名，业务日期为2019-07-15，付款类型为其他，选择付款账户；对方科目为管理费用_办公费，录入完毕后单击【提交】按钮，如图 6-15 所示。

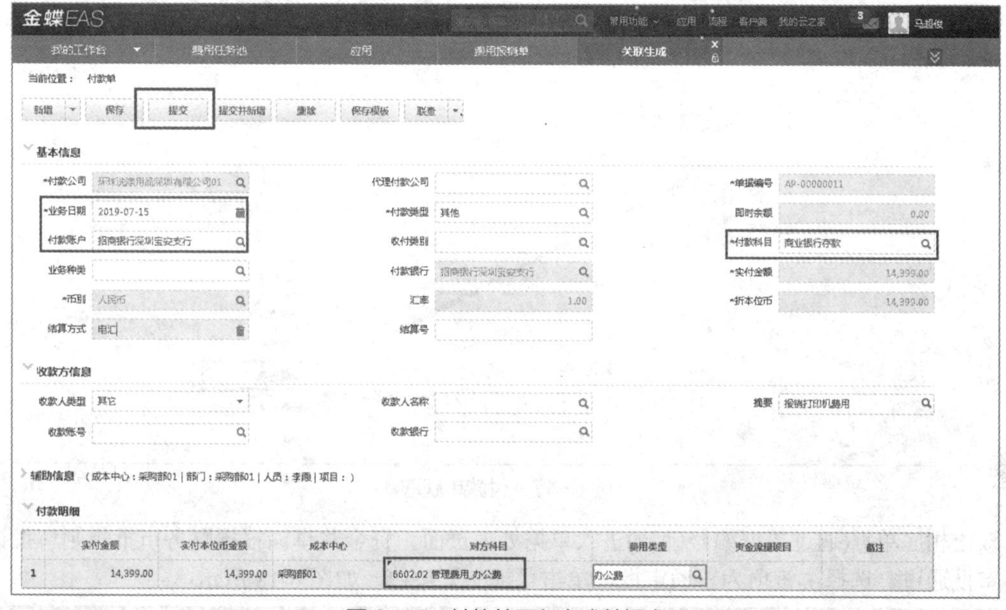

图 6-15　付款单录入完成并提交

5. 付款单共享审批

资金共享岗欧阳杨审批付款单并付款。欧阳杨进入 EAS 网页端，用户名为 oyy+学号，密码为空，单击【登录】按钮进入我的工作台页面。

单击【应用】-【财务共享】-【共享任务管理】-【共享任务池】选项，进入共享任务池页面，如图 6-16 所示。

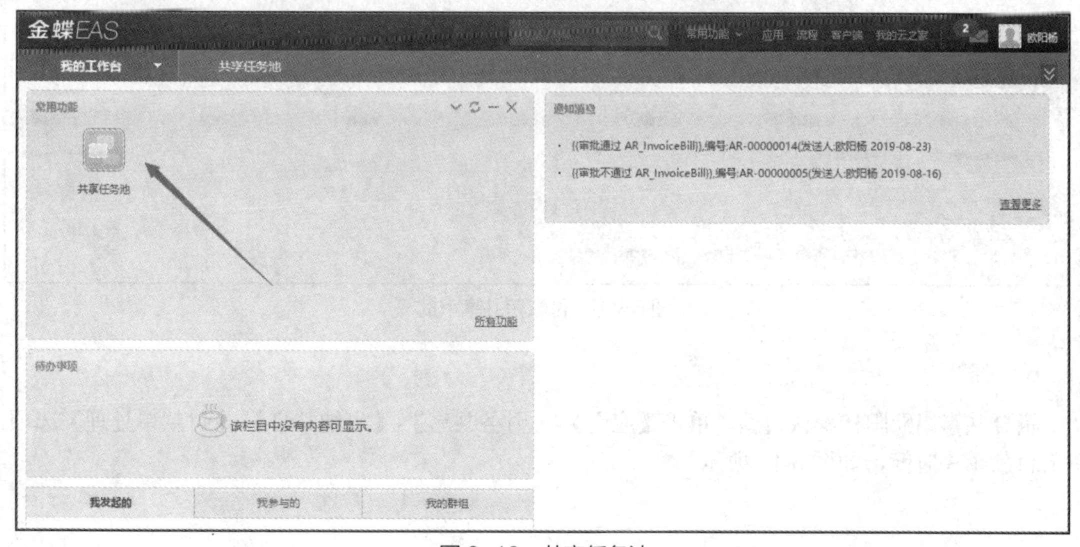

图 6-16　共享任务池

单击【我的任务】-【全部任务】-【更多】-【获取任务】选项，获取付款单，如图 6-17 所示。

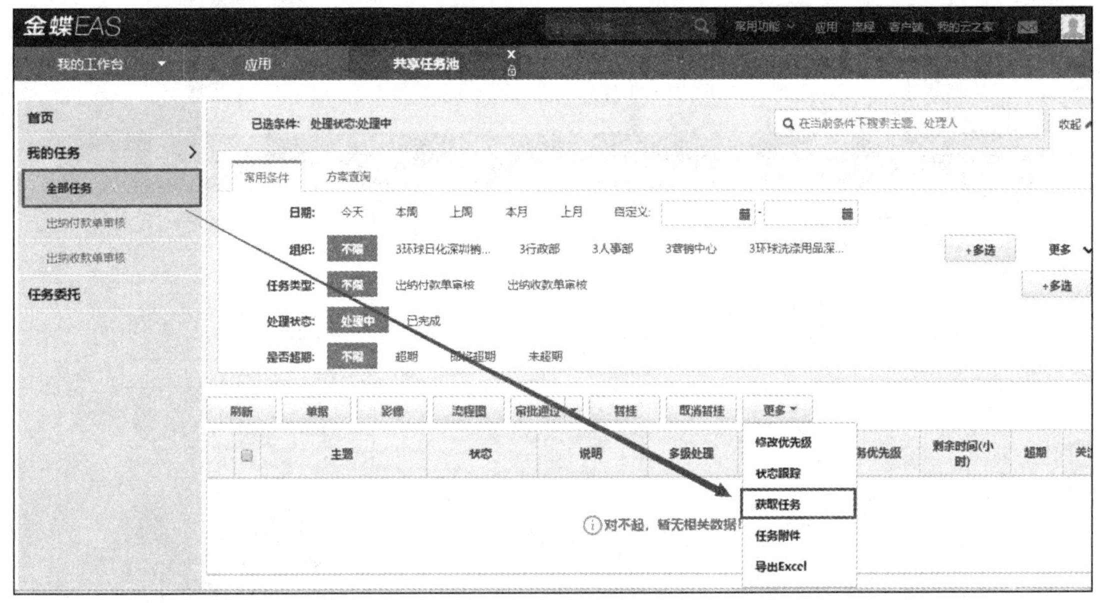

图 6-17　付款单获取

双击相应单据(通过单据编号确认)进入单据处理页面，资金共享岗根据财务审批规则审批该业务。审批通过，选择决策项为普通审批，单击【提交】按钮，如图 6-18 所示。

图 6-18　付款单共享审批

6. 付款

资金共享岗欧阳杨确认付款。单击【应用】-【财务共享】-【出纳共享】-【付款单处理】选项，进入付款单序时簿，如图 6-19 所示。

图 6-19 付款单处理

选择组织为环球洗涤用品深圳有限公司+姓名，日期为 2019-07-01 至 2019-07-31，单击【确定】按钮筛选付款单。选择相应单据(通过单据编号确认)，单击【付款】按钮，如图 6-20 所示。

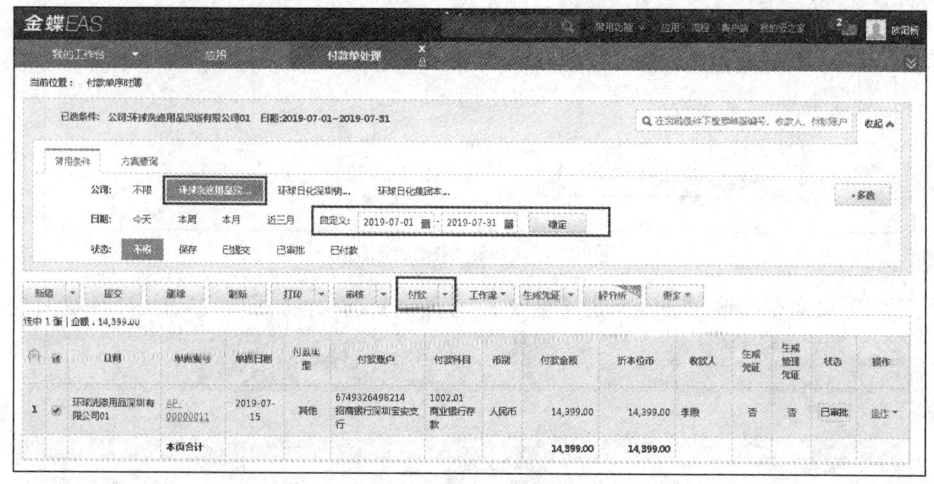

图 6-20 付款单付款

7. 凭证生成、指定流量并复核

在付款单序时簿，选择组织为环球洗涤用品深圳有限公司+姓名，日期为 2019-07-01 至 2019-07-31，单击【确定】按钮筛选付款单。选择相应单据(通过单据编号确认)，单击【生成凭证】按钮进入凭证编辑页面。根据案例背景录入相关信息，记账日期为 2019-07-15，业务日期为 2019-07-15，录入完毕后单击【提交】按钮进入现金流量页面，如图 6-21 所示。

在现金流量页面，选择主表项目为支付的其他与经营活动有关的现金，单击【确定】按钮进入凭证编辑页面，如图 6-22 所示。

图 6-21　凭证录入完成并提交

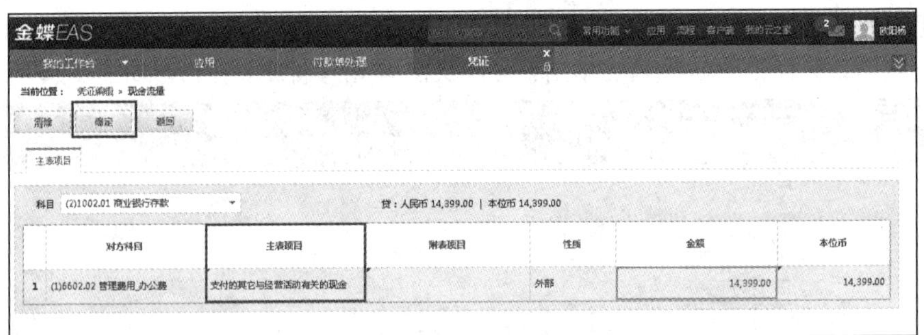

图 6-22　凭证指定现金流量

在凭证编辑页面复核该凭证，单击【更多】-【复核】选项，如图 6-23 所示。

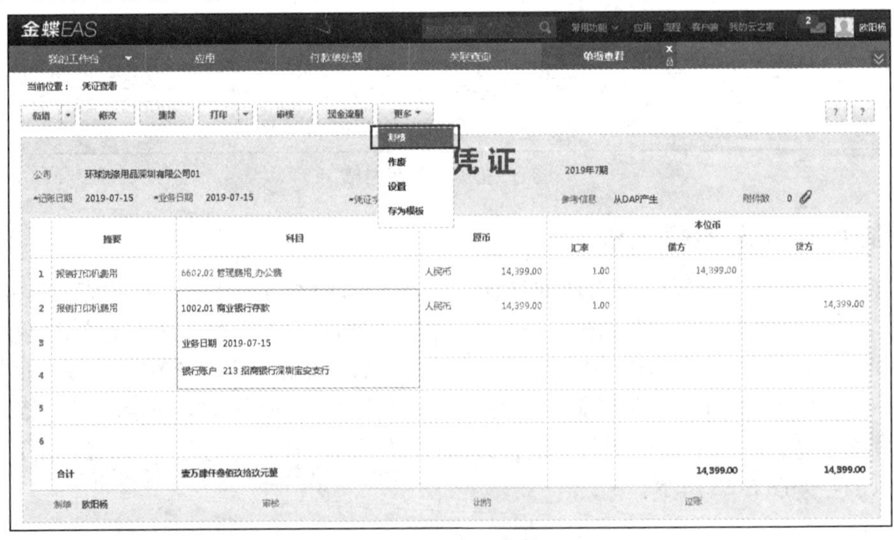

图 6-23　凭证复核

如果在该界面复核不成功，可单击【应用】-【财务共享】-【出纳共享】-【凭证复核】选项，进入凭证复核界面。选择复核的公司，单击【登账设置】按钮，确认该组织的登账参数后再执行复核，如图 6-24 所示。

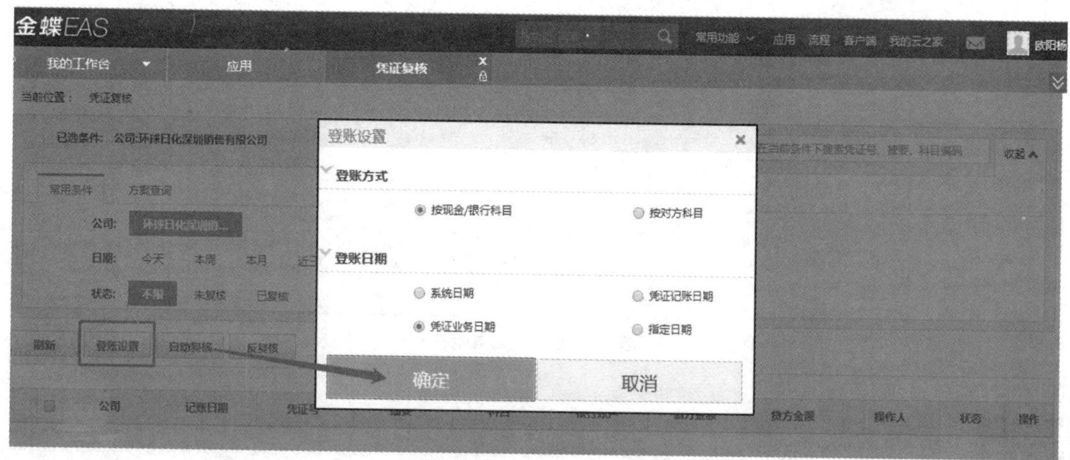

图 6-24 登账参数设置

8. 凭证审核

总账共享岗樊江波审核记账凭证。樊江波进入 EAS 网页端，用户名为 fjb+学号，密码为空，单击【登录】按钮进入我的工作台页面。

单击【应用】-【财务共享】-【总账共享】-【凭证查询】选项，进入凭证查询页面，如图 6-25 所示。

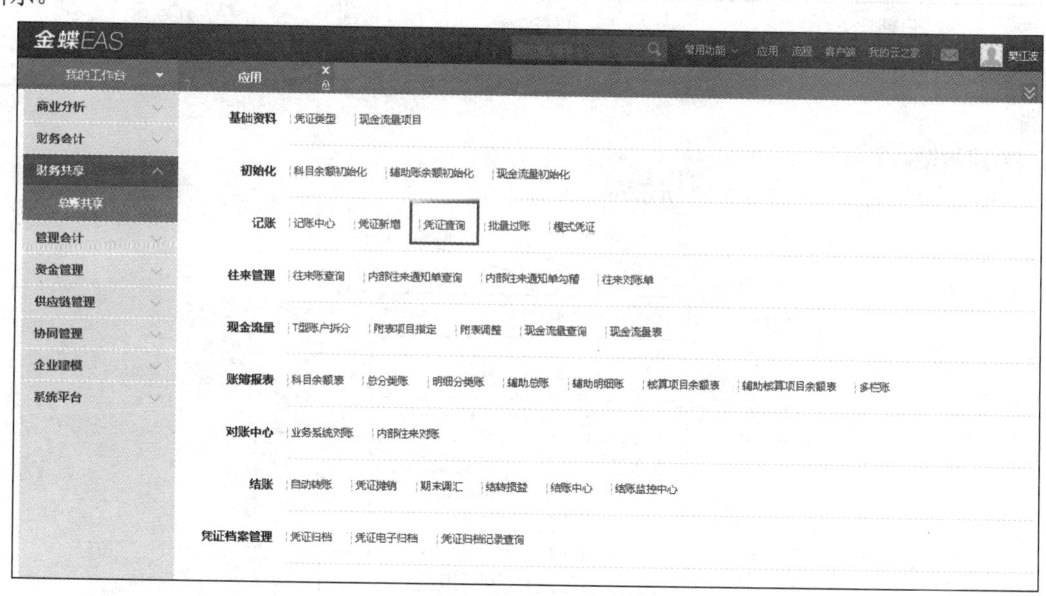

图 6-25 凭证查询

选择公司为环球洗涤用品深圳有限公司+姓名，日期为 2019-07-01 至 2019-07-31，单击【确定】按钮筛选凭证。选择相应凭证(通过凭证编号确认)，单击【审核】按钮，如图 6-26 所示。

图 6-26 凭证审核

案例二 费用借款

实验数据

2019 年 7 月 12 日，成都贝贝商贸有限公司副总经理到深圳参加 EMBA 培训。为了维护客户关系，环球日化深圳销售有限公司销售员贺小明计划招待其共进晚餐，贺小明(hxm+学号)提交了借款单，费用借款明细如表 6-1 所示。

表 6-1 费用借款明细

日期	餐饮费	礼品费
7 月 12 日	800	1 000

流程图

费用借款业务流程，如图 6-27 所示。

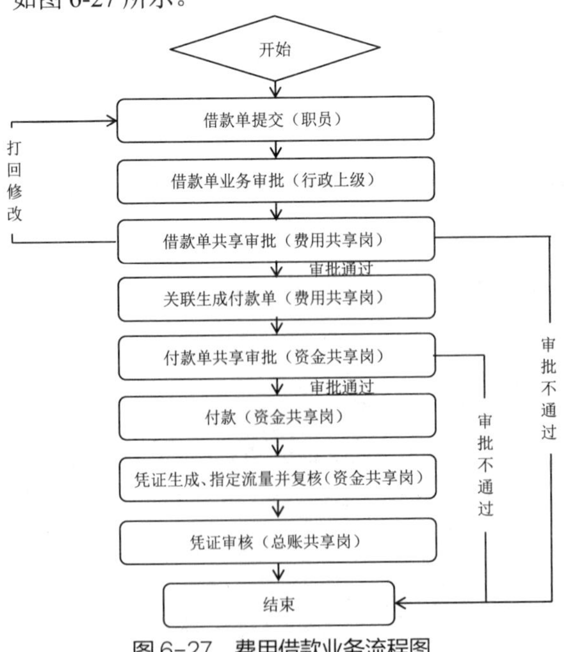

图 6-27 费用借款业务流程图

↗ 操作指导

1. 借款单提交

员工贺小明进行费用借款，提交财务共享中心审批。员工贺小明进入 EAS 网页端，用户名为 hxm+学号，密码为空，单击【登录】按钮进入我的工作台页面。

单击【应用】-【财务会计】-【费用管理】-【报销工作台】选项，进入报销工作台页面，如图 6-28 所示。

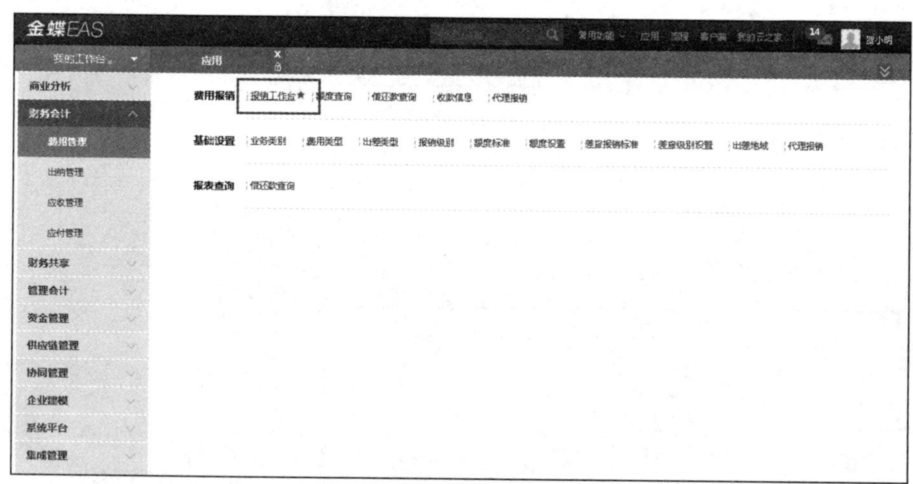

图 6-28 报销工作台

在报销工作台页面中，单击【借款】图标按钮，新增借款单，如图 6-29 所示。

申请中 待报销 报销中 已完成

流程图 审批意见 删除 废弃 刷新 复制

	申请日期	单据类型	单据编号	事由	报销金额	核定金额	付现金额	当前节点	单据状态	公司
1	2019-08-19	费用报销单	BXD-2019-8-19 19:59-...	1	¥600.00	¥600.00	¥0.00		审核通过	环球日化深圳销售有限...
2	2019-08-19	费用报销单	BXD-2019-8-19 19:54-...	1	¥500.00	¥500.00	¥500.00		审核通过	环球日化深圳销售有限...
3	2019-08-16	差旅费报销...	CLFBXD-2019-8-16 9:5...	计划3日~4日，从深圳...	¥620.00	¥0.00	¥620.00		审核通过	环球日化深圳销售有限...
4	2019-08-16	差旅费报销...	CLFBXD-2019-8-16 9:5...	计划3日~4日，从深圳...	¥620.00	¥0.00	¥620.00		审核通过	环球日化深圳销售有限...
5	2019-08-16	差旅费报销...	CLFBXD-2019-8-16 9:4...	计划3日~4日，从深圳...	¥620.00	¥0.00	¥620.00		已提交	环球日化深圳销售有限...
6	2019-08-16	差旅费报销...	CLFBXD-2019-8-16 9:3...	计划3日~4日，从深圳...	¥620.00	¥0.00	¥620.00	共享审批/马超...	审核中	环球日化深圳销售有限...
7	2019-08-16	差旅费报销...	CLFBXD-2019-8-16 9:3...	计划3日~4日，从深圳...	¥620.00	¥0.00	¥620.00	共享审批/马超...	审核中	环球日化深圳销售有限...
	合计				¥4,200.00	¥1,100.00	¥3,600.00			

1 2 3 4 下一页

自助报销服务

费用申请 借款 费用报销 出差申请 出差借款 差旅费报销

图 6-29 借款单新增

根据实验数据录入借款单。申请人为贺小明+学号，申请日期为 2019-07-12，部门为营销中心+学号，费用承担公司为环球日化深圳销售有限公司+姓名，事由为计划招待成都贝贝商贸有限公司副总经理共进晚餐；费用类型为业务招待费，本位币金额为 1 800 元；选择收款人为贺小明+学号，录入完毕后单击【提交】按钮，如图 6-30 所示。

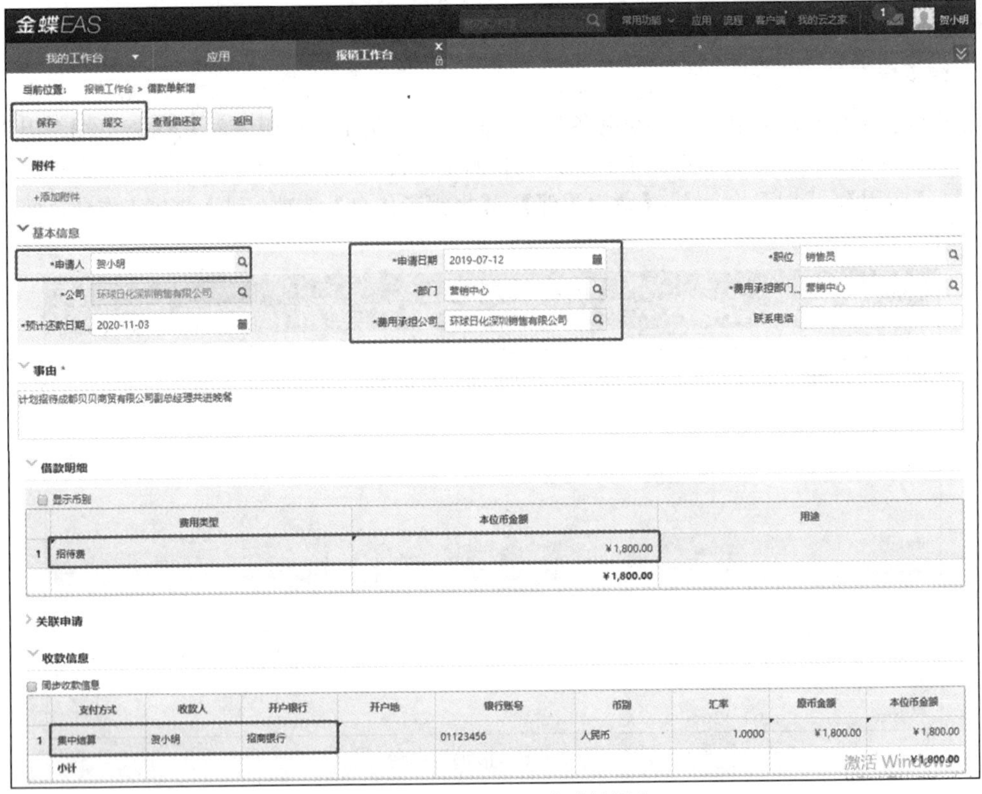

图 6-30　借款单录入完成并提交

2. 借款单业务审批

员工贺小明提交借款单后，行政上级郝晓娇对业务的真实性进行审批。郝晓娇进入 EAS 网页端，用户名为 hxj+学号，密码为空，单击【登录】按钮进入我的工作台页面。

双击待办事项下的相应单据(通过单据编码确认)进入单据审批页面，如图 6-31 所示。

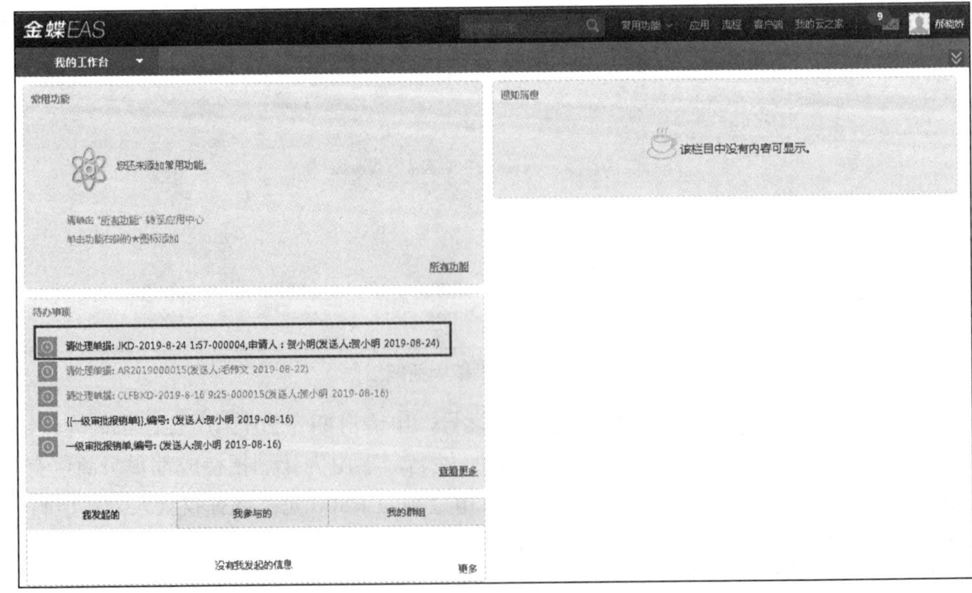

图 6-31　待办事项查看

行政上级郝晓娇对业务的真实性进行审批。本案例真实发生，审批处理选择同意，单击【提交】按钮，如图 6-32 所示。

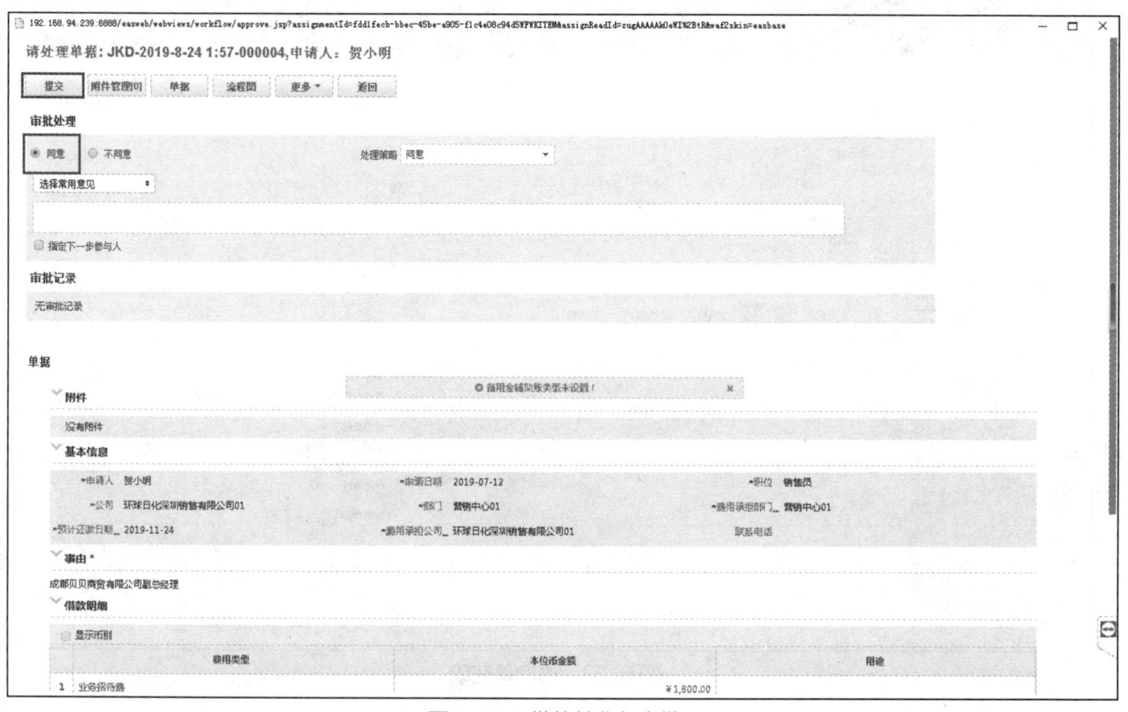

图 6-32　借款单业务审批

3. 借款单共享审批

费用共享岗马超俊根据财务审批规则审批获取到的单据。马超俊进入 EAS 网页端，用户名为 mcj+学号，密码为空，单击【登录】按钮进入我的工作台页面。

单击【应用】-【财务共享】-【费用共享】-【费用任务池】选项，进入费用任务池页面，如图 6-33 所示。

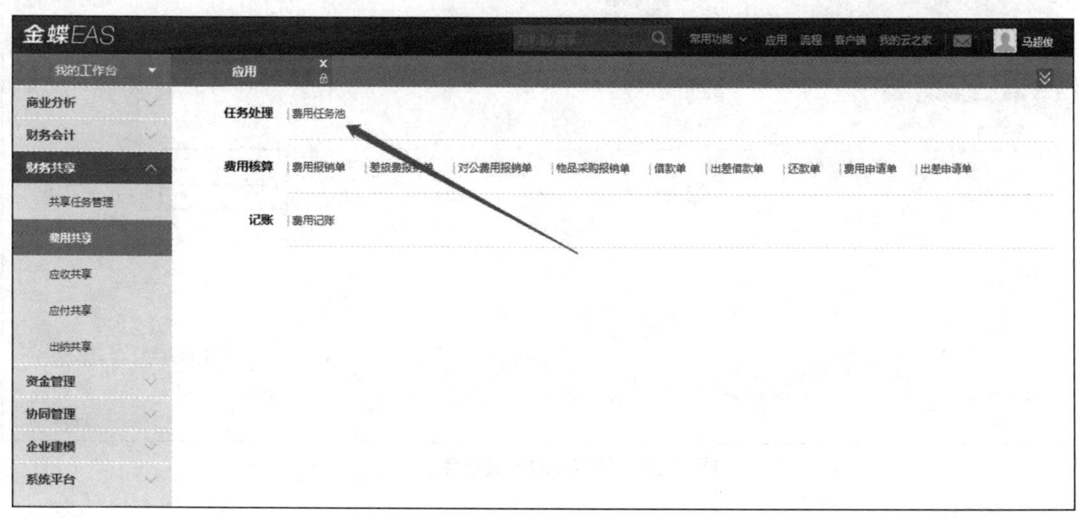

图 6-33　费用任务池

单击【我的任务】-【借款单】-【更多】-【获取任务】选项，获取借款单，如图 6-34 所示。

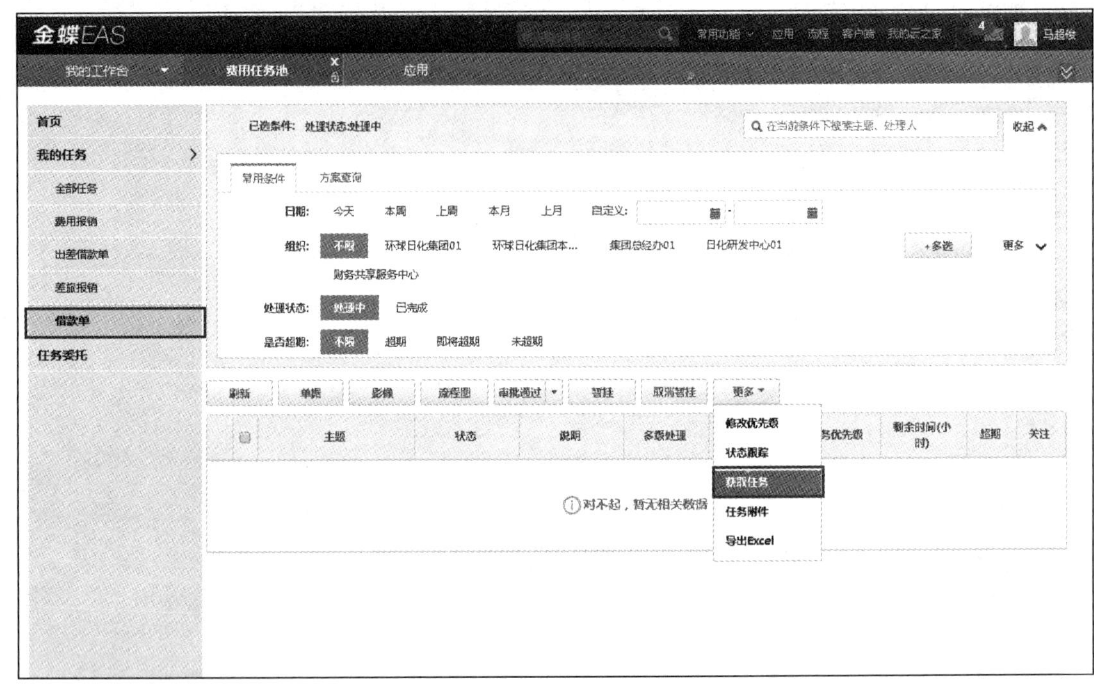

图 6-34　借款单获取

双击相应单据(通过借款单据编号确认)进入单据处理页面，费用共享岗根据财务审批规则审批该业务，审批通过，录入原币核定金额为 1 800 元，单击【提交】按钮，如图 6-35 和图 6-36 所示。

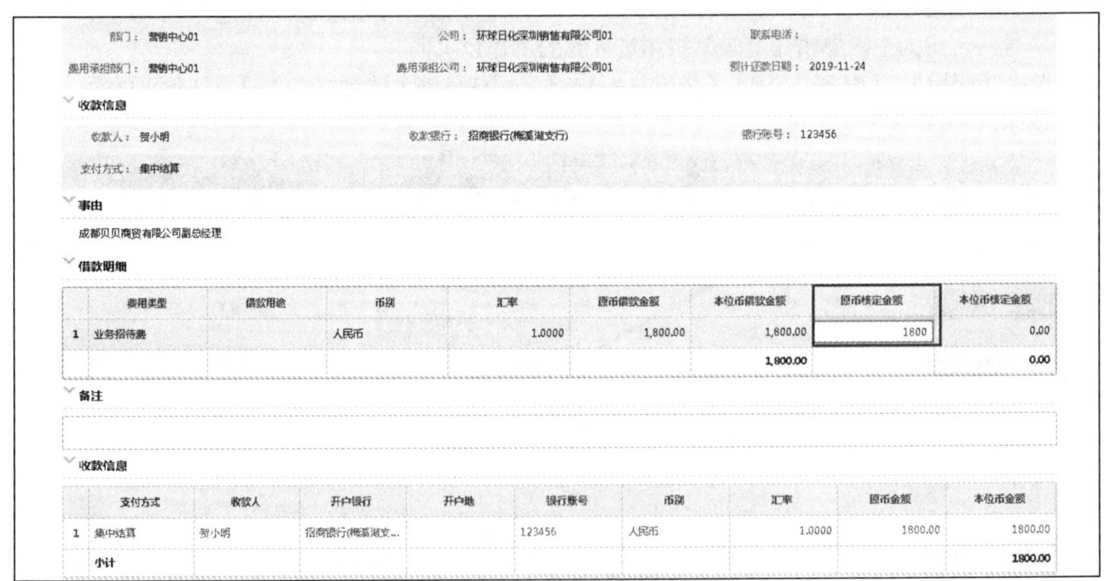
部门： 营销中心01　　公司： 环球日化深圳销售有限公司01　　联系电话：

费用承担部门： 营销中心01　　费用承担公司： 环球日化深圳销售有限公司01　　预计还款日期： 2019-11-24

收款信息

收款人： 贺小明　　收款银行： 招商银行(梅溪湖支行)　　银行账号： 123456

支付方式： 集中结算

事由

成都贝贝商贸有限公司副总经理

借款明细

	费用类型	借款用途	币别	汇率	原币借款金额	本位币借款金额	原币核定金额	本位币核定金额
1	业务招待费		人民币	1.0000	1,800.00	1,800.00	1800	0.00
						1,800.00		0.00

备注

收款信息

	支付方式	收款人	开户银行	开户地	银行账号	币别	汇率	原币金额	本位币金额
1	集中结算	贺小明	招商银行(梅溪湖支…		123456	人民币	1.0000	1800.00	1800.00
	小计								1800.00

图 6-35　借款单原币核定金额录入

图 6-36 借款单共享审批

4. 关联生成付款单

费用共享岗马超俊根据审批后的借款单下推付款单。单击【应用】-【财务共享】-【费用共享】-【借款单】选项，进入借款单查询页面，如图 6-37 所示。

图 6-37 借款单查询

选择公司为环球日化深圳销售有限公司+姓名，日期为 2019-07-01 至 2019-07-31，单击【确定】按钮选择借款单，如图 6-38 所示。

图 6-38 借款单关联生成付款单

选择相应单据(通过借款单据编号确认)，单击【关联生成】按钮，选择目标单据为付款单，转换规则为借款单到付款单(付款用)，单击【确定】按钮进入付款单编辑页面，如图 6-39 所示。

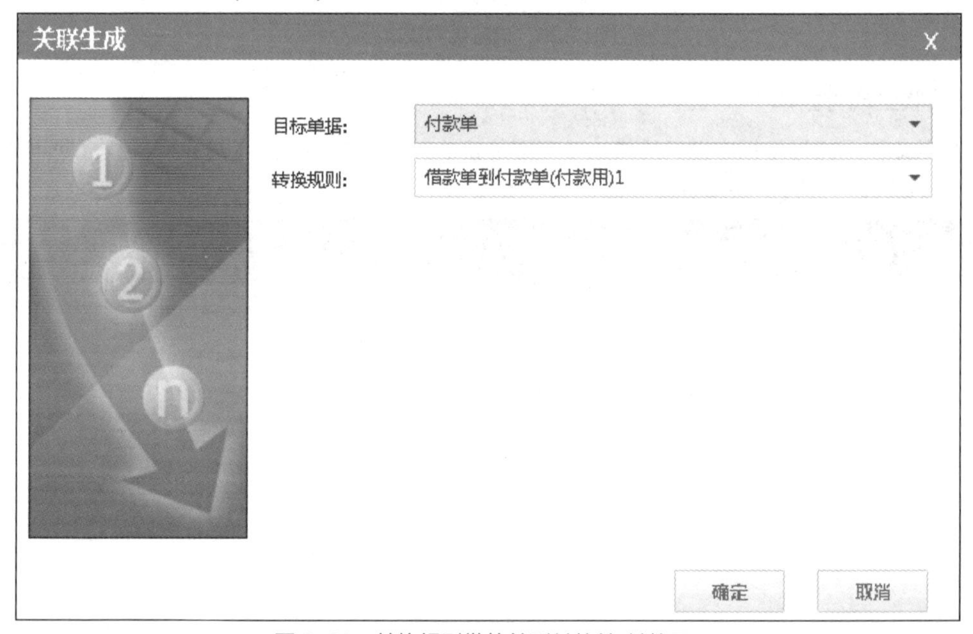

图 6-39 转换规则借款单到付款单(付款用)

根据实验数据录入相关信息。付款公司为环球日化深圳销售有限公司+姓名，业务日期为 2019-07-20，付款类型为其他，选择付款账户；对方科目为其他应收款，录入完毕后单击【提交】按钮，如图 6-40 所示。

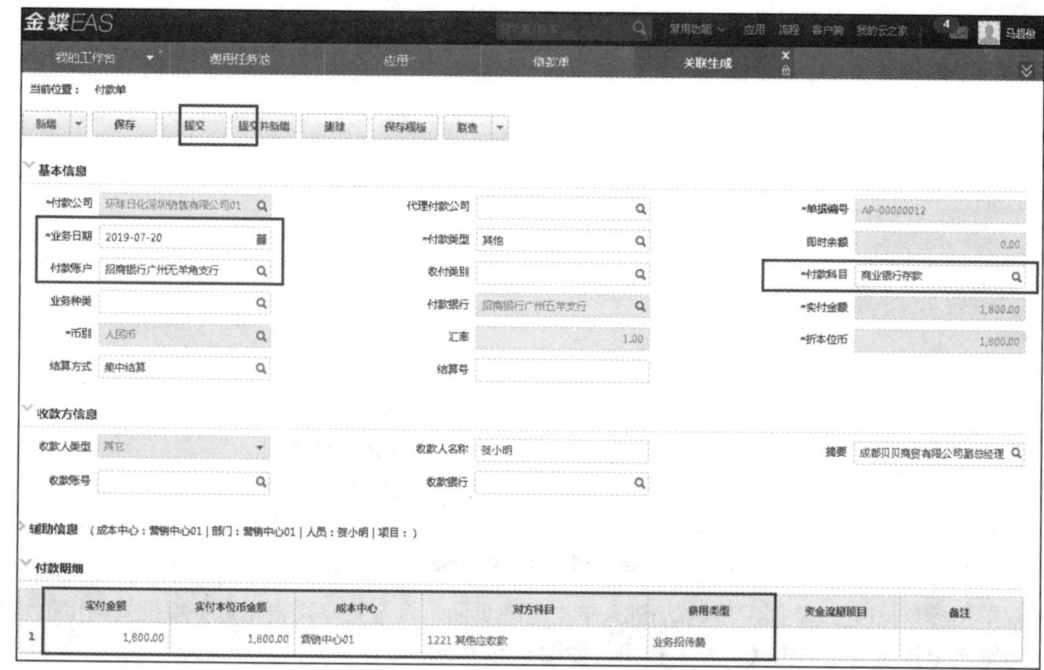

图6-40 付款单录入完成并提交

5. 付款单共享审批

资金共享岗欧阳杨审批付款单并付款。欧阳杨进入 EAS 网页端，用户名为 oyy+学号，密码为空，单击【登录】按钮进入我的工作台页面。

单击【应用】-【财务共享】-【共享任务管理】-【共享任务池】选项，进入共享任务池页面，如图 6-41 所示。

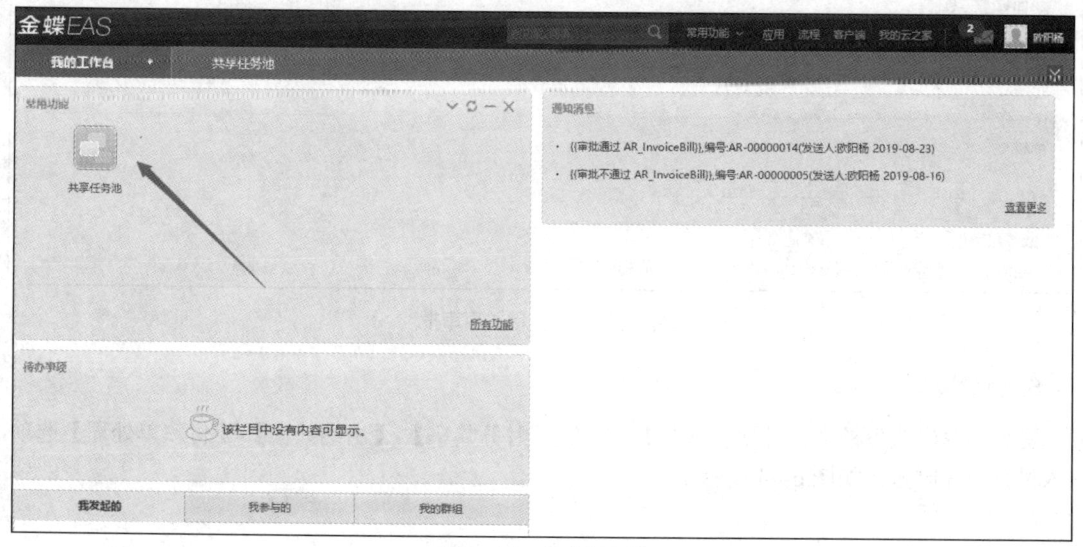

图6-41 共享任务池

单击【我的任务】-【出纳付款单审批】-【更多】-【获取任务】选项，获取付款单，如图 6-42 所示。

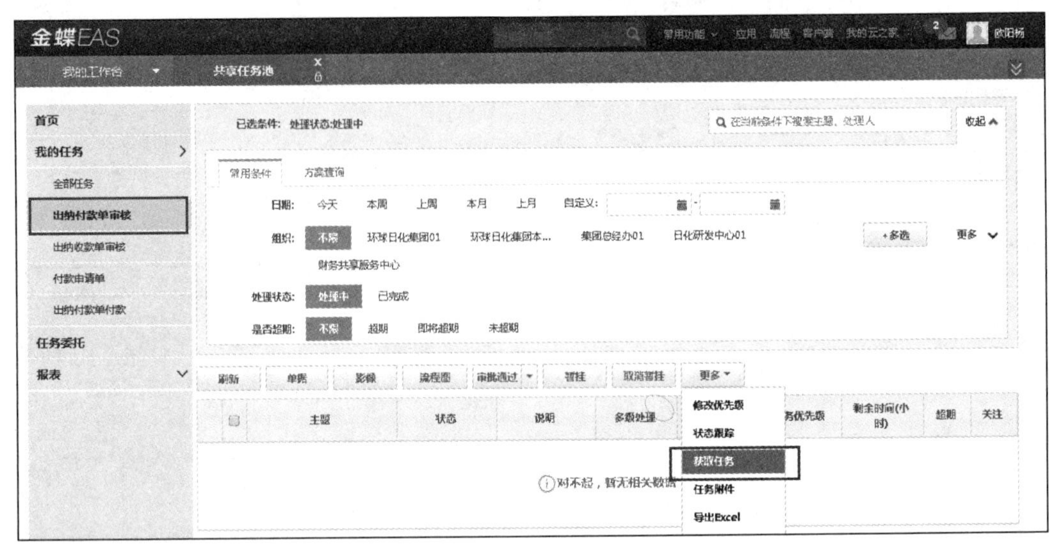

图 6-42 付款单获取

双击相应单据(通过单据编号确认)进入单据处理页面，资金共享岗根据财务审批规则审批该案例，本案例审批通过，单击【提交】按钮，如图 6-43 所示。

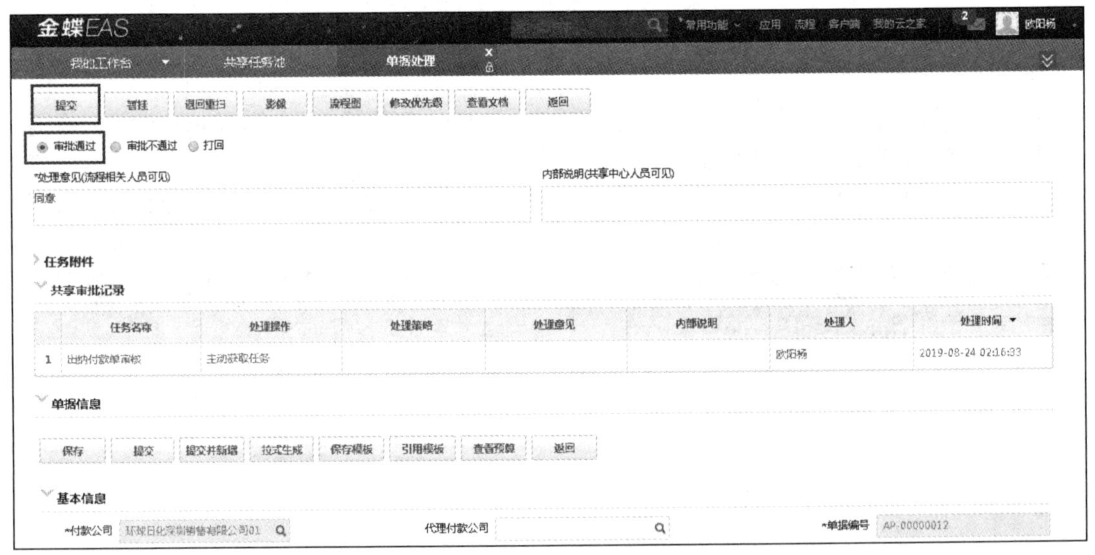

图 6-43 付款单共享审批

6. 付款

资金共享岗欧阳杨确认付款。单击【应用】-【财务共享】-【出纳共享】-【付款单处理】选项，进入付款单序时簿，如图 6-44 所示。

图6-44 付款单处理

选择组织为环球日化深圳销售有限公司+姓名，日期为2019-07-01至2019-07-31，单击【确定】按钮筛选付款单。选择相应单据(通过单据编号确认)，单击【付款】按钮，如图6-45所示。

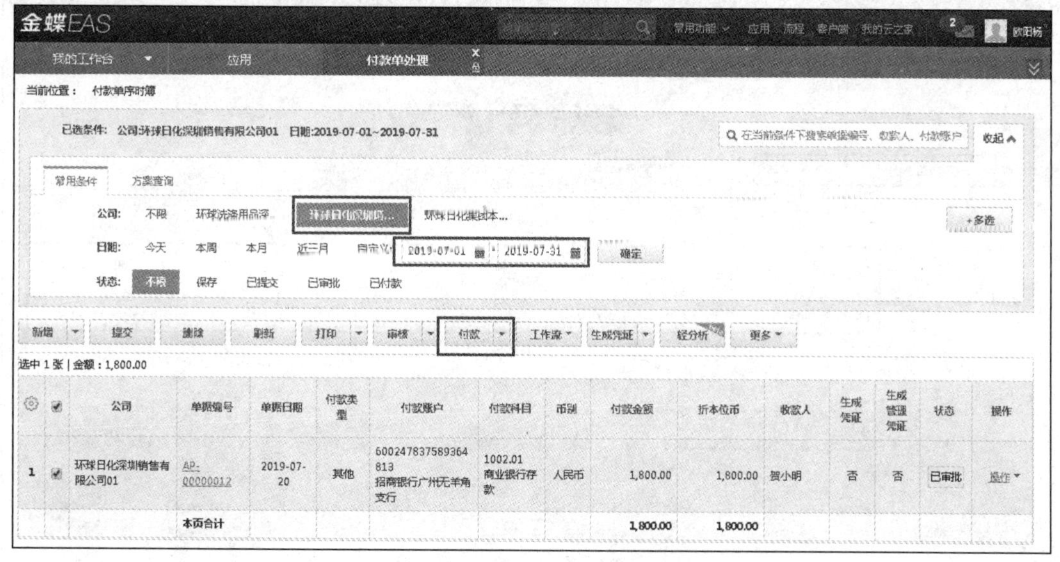

图6-45 付款单付款

7. 凭证生成、指定流量并复核

在付款单序时簿，选择组织为环球日化深圳销售有限公司+姓名，日期为2019-07-01至2019-07-31，单击【确定】按钮筛选付款单。选择相应单据(通过单据编号确认)，单击【生成凭证】按钮进入凭证编辑页面，如图6-46所示。

图 6-46　付款单生成凭证

根据案例背景录入相关信息，记账日期为 2019-07-20，业务日期为 2019-07-20，录入完毕后单击【提交】按钮进入现金流量页面，如图 6-47 所示。

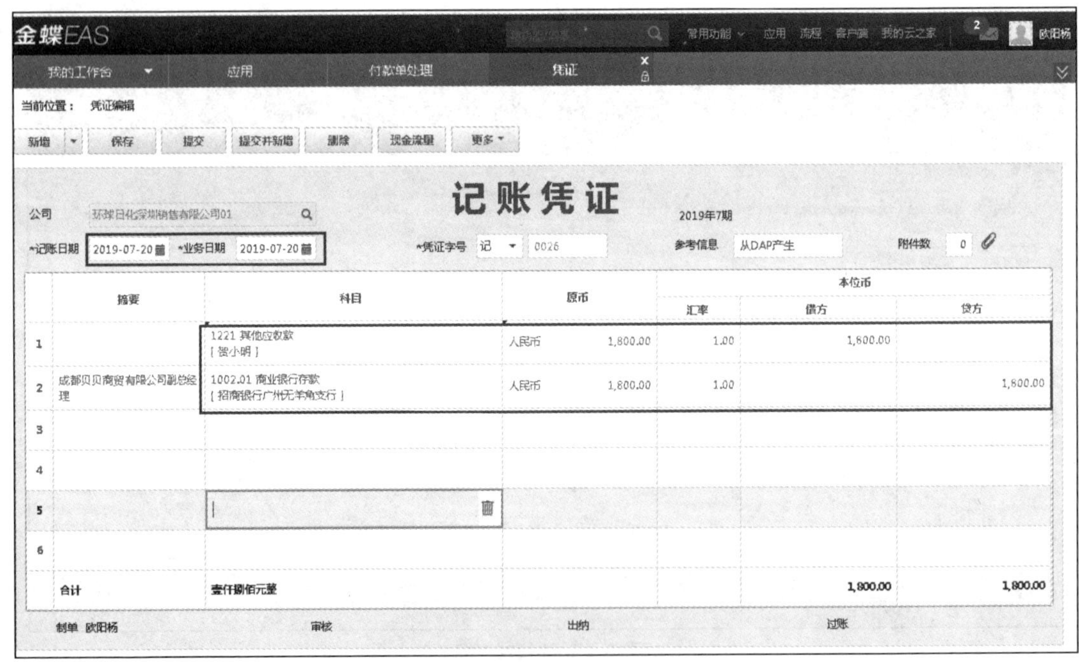

图 6-47　凭证录入完成并提交

在现金流量页面，选择主表项目为支付的其他与经营活动有关的现金，单击【确定】按钮进入凭证编辑页面，如图 6-48 所示。

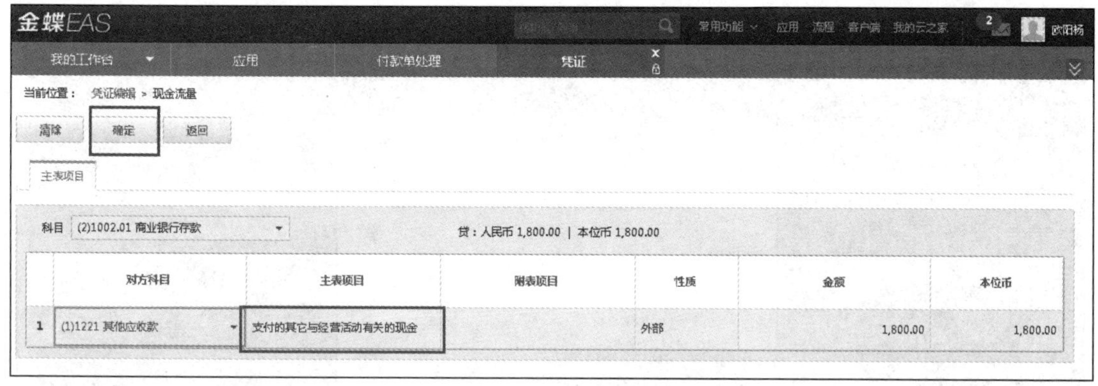

图 6-48 凭证指定现金流量

在凭证编辑页面复核该凭证，单击【更多】-【复核】选项，进行凭证复核，如图 6-49 所示。

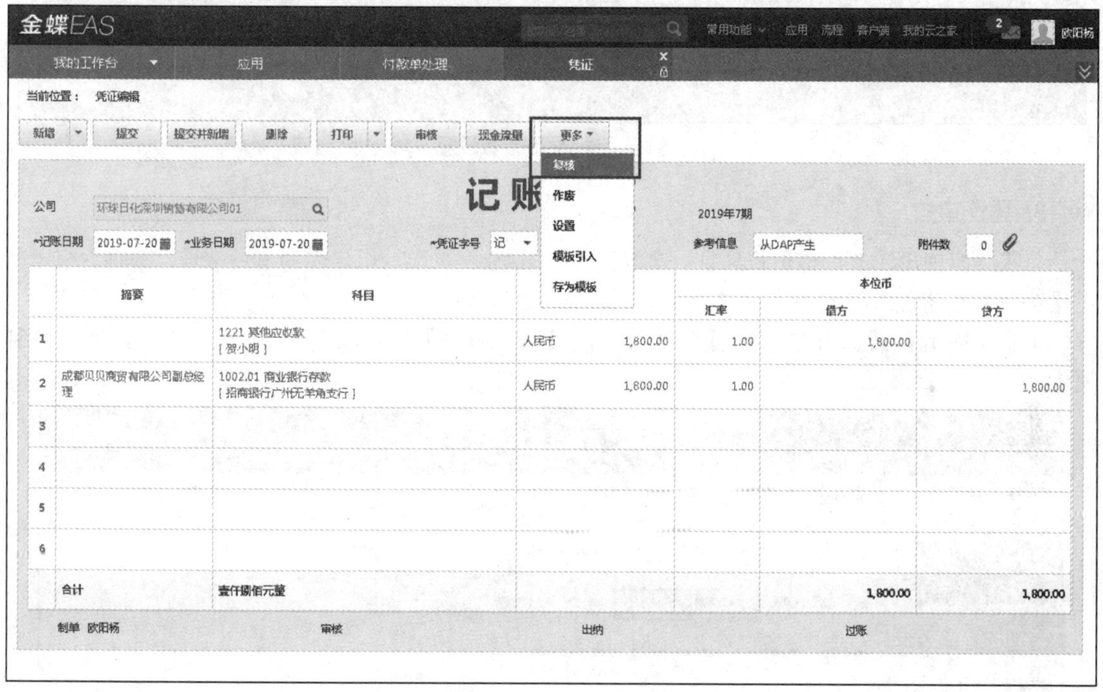

图 6-49 凭证复核

如果在该界面复核不成功，请单击【应用】-【财务共享】-【出纳共享】-【凭证复核】选项，进入凭证复核界面。选择复核的公司，单击【登账设置】按钮，确认该组织的登账参数后再执行复核，如图 6-50 所示。

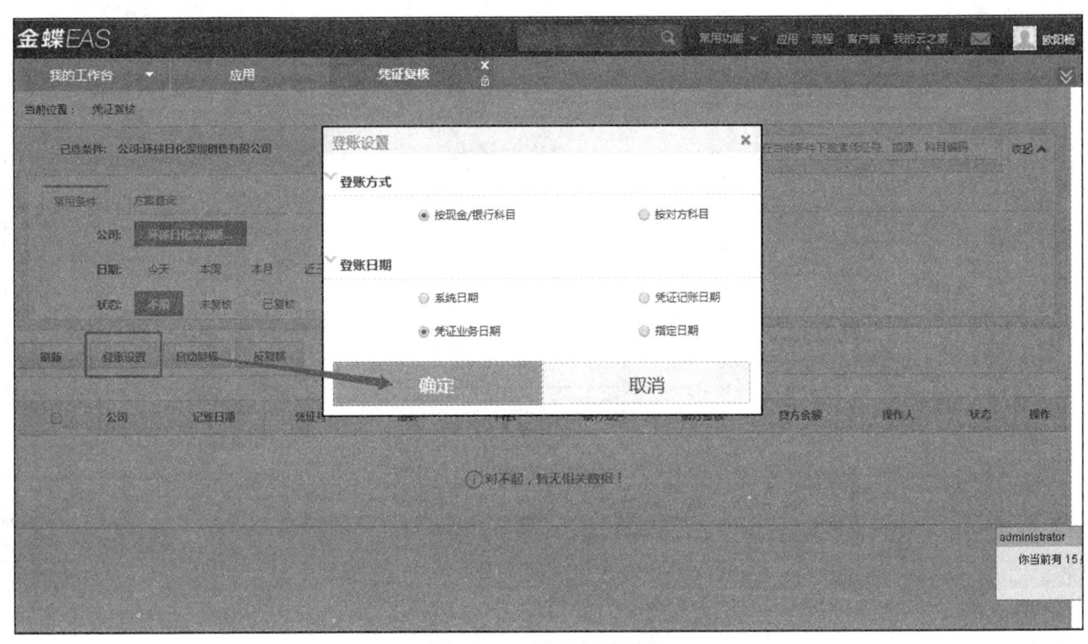

图 6-50　登账参数设置

8. 凭证审核

总账共享岗樊江波审核记账凭证。樊江波进入 EAS 网页端，用户名为 fjb+学号，密码为空，单击【登录】按钮进入我的工作台页面。

单击【应用】-【财务共享】-【总账共享】-【凭证查询】选项，进入凭证查询页面，如图 6-51 所示。

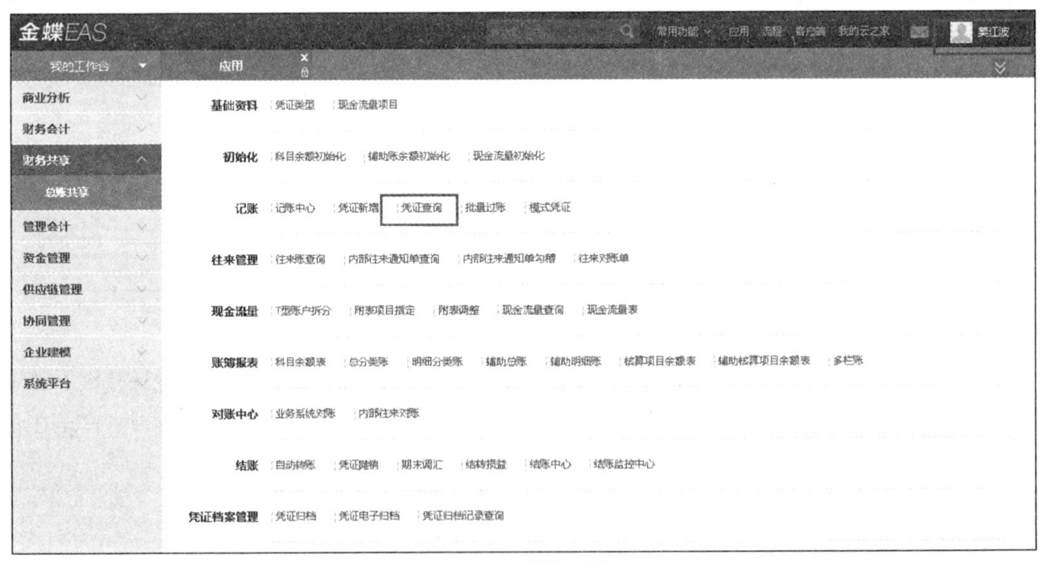

图 6-51　凭证查询

选择公司为环球日化深圳销售有限公司+姓名，日期为 2019-07-01 至 2019-07-31，单击【确定】按钮筛选凭证。选择相应凭证(通过凭证编号确认)，单击【审核】按钮，如图 6-52 所示。

图 6-52 凭证审核

6.3 练习任务

练习 1：

2019 年 6 月 5 日，环球日化深圳销售有限公司副总经理高宏明出差北京，与中国日用化工行业协会会长交流，预计时间为两天。6 月 4 日，高宏明(ghm+学号)提交出差申请，预计费用为 5 000 元。6 月 8 日，高宏明(ghm+学号)关联出差申请生成差旅报销单提交到共享中心审批，费用明细如表 6-2 所示。

表 6-2 差旅报销明细

日期	地点	始终行程	长途交通费	市内交通费	住宿费	出差补贴	其他费用
6 月 5 日	深圳	深圳—北京	1 200	120	500	100	给协会会长送礼品，费用 2 000 元
6 月 6 日	北京	北京—北京		200	500	100	请协会会长观看话剧演出，票价 380 元，共进晚餐，餐饮费 640 元
6 月 7 日	北京	北京—深圳	1 200	120			

练习 2：

环球日化深圳销售有限公司销售经理郝晓娇计划在 2019 年 8 月 3 日—8 月 6 日连续出差重庆、成都、眉山，了解各地销售情况，8 月 2 日郝晓娇(hxj+学号)提交出差借款单，预计费用如表 6-3 所示。

表 6-3 出差借款明细

日期	地点	始终行程	长途交通费	市内交通费	住宿费	出差补贴
8 月 3 日	深圳	深圳—重庆	1 000	100	350	100
8 月 4 日	重庆	重庆—成都	100	100	350	100
8 月 5 日	成都	成都—眉山	50	100	300	100
8 月 6 日	眉山	眉山—成都	50			
8 月 6 日	成都	成都—深圳	1 000			

练习 3：

2019 年 10 月 3 日，环球日化深圳销售有限公司副总经理高宏明(ghm+学号)拜访重要客户，发生招待费 3 000 元，由于发票丢失用餐饮发票作为替票报销，提交费用报销单，共享审批通过。

第 7 章

固定资产共享

7.1 模块概述

模块简介

固定资产共享系统是财务共享管理信息系统的组成模块，系统提供日常核算、折旧管理、记账、对账、结账等资产业务基本功能。这些功能都按财务共享的场景进行了功能重新设计，打破了组织的界限，提供多组织的批量处理，旨在提高共享人员的工作效率。

费用共享常用单据

固定资产卡片：固定资产卡片是记录固定资产信息的载体，通过新增卡片，用户可以对增加的资产进行登记处理。

固定资产清理：当因报废、出售、投资、捐赠等原因发生减少固定资产的情况时，需要进行固定资产的清理。

固定资产变更：当企业固定资产信息发生变化时，可以通过固定资产变更单进行变更。

固定资产调拨：当集团内部公司间发生固定资产转移的时候，可以进行资产的调拨处理，从而提高固定资产的使用效率。

审批规则

1. 金蝶财务共享应用实践平台案例——固定资产卡片单

适用范围：企业发生固定资产新增时，填写固定资产卡片，记录固定资产信息。

主要审批规则：

- 采购的固定资产发票需要盖章生效的增值税发票，且开票方与往来户一致；
- 收到捐赠的固定资产需要上传捐赠单位的增值税发票。

2. 金蝶财务共享应用实践平台案例——固定资产变更单

适用范围：当企业固定资产信息发生变化时，可以通过固定资产变更单进行变更。

主要审批规则：

- 进行固定资产变更的卡片需附有盖章生效的发票。

3. 金蝶财务共享应用实践平台案例——固定资产清理单

适用范围：当因报废、出售、投资、捐赠等原因发生减少固定资产的情况时，需要新增固定资产清理单。

主要审批规则：

- 进行清理的固定资产卡片需附有盖章生效的发票；

- ❑ 因报废进行清理的资产需提供固定资产报废申请；
- ❑ 因出售进行清理的资产需提供收据等证明文件。

4. 金蝶财务共享应用实践平台案例——固定资产调拨

适用范围：当集团内部公司间发生固定资产转移的时候，需要填写固定资产调拨单。

主要审批规则：

- ❑ 进行调拨的卡片需附有盖章生效的发票；
- ❑ 进行固定资产调拨时需提供盖章生效的资产调拨申请。

7.2 实验练习

案例一 卡片新增业务

实验数据

2017 年 1 月 3 日，环球洗涤用品深圳有限公司生产部向博思科技有限公司购入一台洗涤用品合成机，原值为 35 000 元，具体信息如表 7-1 所示。环球洗涤用品深圳有限公司固定资产会计崔文涛(cwt+学号)提交固定资产卡片。

表 7-1 洗涤用品合成机资产信息

<table>
<tr><td>资产类别</td><td colspan="2">专用设备</td><td>资产名称</td><td colspan="2">洗涤用品合成机</td></tr>
<tr><td colspan="3">公司</td><td colspan="3">环球洗涤用品深圳有限公司+姓名</td></tr>
<tr><td colspan="6">基本信息</td></tr>
<tr><td>资产数量</td><td>1</td><td>计量单位</td><td>台</td><td>实物入账日期</td><td>2017-01-03</td></tr>
<tr><td>来源方式</td><td>购入</td><td>使用状态</td><td>使用中</td><td>财务入账日期</td><td>2017-01-03</td></tr>
<tr><td>存放地点</td><td>中国广东深圳高新南十二路</td><td>经济用途</td><td>生产经营用</td><td>管理部门</td><td>环球洗涤用品深圳有限公司+姓名</td></tr>
<tr><td>来源类型</td><td colspan="2">供应商</td><td>来源单位</td><td colspan="2">深圳市博思科技有限公司+学号</td></tr>
<tr><td colspan="6">原值与折旧</td></tr>
<tr><td>币别</td><td colspan="2">人民币</td><td>原币金额</td><td colspan="2">35 000</td></tr>
<tr><td>交付日期</td><td>2017-01-03</td><td>开始使用日期</td><td>2017/1/3</td><td>已折旧期间数</td><td>0</td></tr>
<tr><td>预计使用年限</td><td colspan="2">5</td><td>预计使用期间数</td><td colspan="2">60</td></tr>
<tr><td>累计折旧</td><td>0</td><td>预计净值残</td><td>1 750</td><td>净残值率</td><td>5%</td></tr>
<tr><td>折旧方法</td><td colspan="2">平均年限法(基于净值)</td><td>全寿命累计折旧</td><td colspan="2">0</td></tr>
<tr><td colspan="6">核算信息</td></tr>
<tr><td colspan="3">固定资产科目</td><td colspan="3">固定资产—专用设备</td></tr>
<tr><td colspan="3">累计折旧科目</td><td colspan="3">累计折旧—专用设备</td></tr>
<tr><td colspan="3">减值准备科目</td><td colspan="3">固定资产减值准备—专用设备</td></tr>
<tr><td colspan="6">折旧费用分摊</td></tr>
<tr><td>折旧费用分摊科目</td><td colspan="2">制造费用—折旧费</td><td>分摊比例</td><td colspan="2">100%</td></tr>
<tr><td colspan="3">使用部门/成本中心</td><td colspan="3">生产部+姓名</td></tr>
</table>

↗ 流程图

固定资产新增业务流程，如图 7-1 所示。

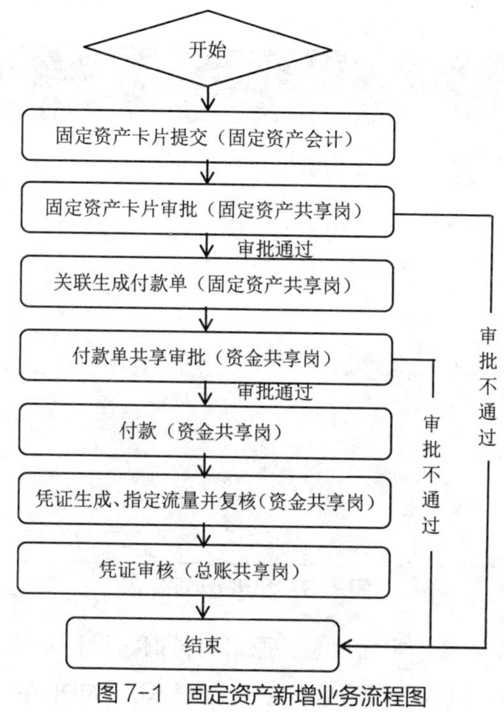

图 7-1　固定资产新增业务流程图

↗ 操作指导

1. 固定资产卡片提交

环球洗涤用品深圳有限公司固定资产会计崔文涛提交固定资产卡。崔文涛进入 EAS 网页端，用户名为 cwt+学号，密码为空，单击【登录】按钮进入我的工作台页面。

单击【崔文涛】-【组织-切换】选项，切换组织为环球洗涤用品深圳有限公司+姓名，单击【确定】按钮，如图 7-2 所示。具体操作可参考视频。

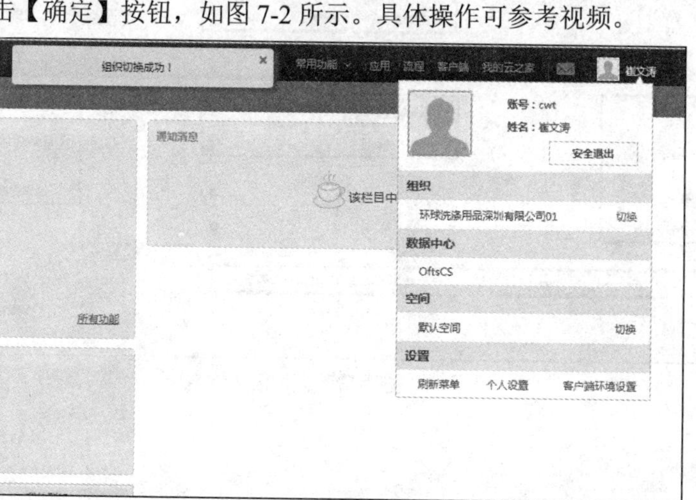

图 7-2　EAS 网页端登录

单击【应用】-【财务会计】-【固定资产】-【固定资产新增】选项，新增固定资产卡片，如图 7-3 所示。

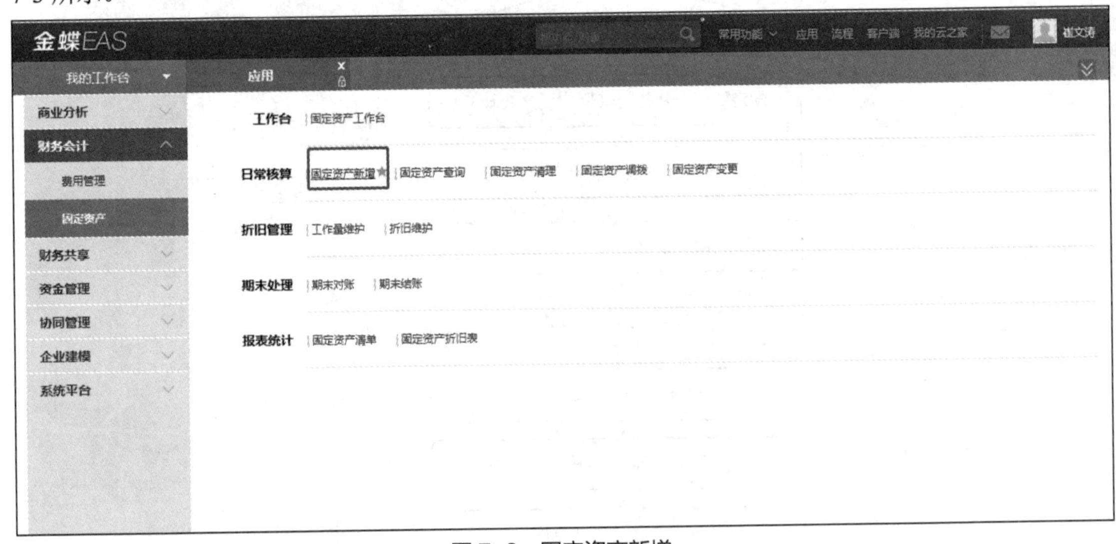

图 7-3　固定资产新增

根据实验数据录入卡片信息、实物信息、原值与折旧、科目及分摊、使用部门的信息。添加洗涤用品合成机发票附件。录入完毕后单击【提交】按钮，如图 7-4、图 7-5、图 7-6 和图 7-7 所示。

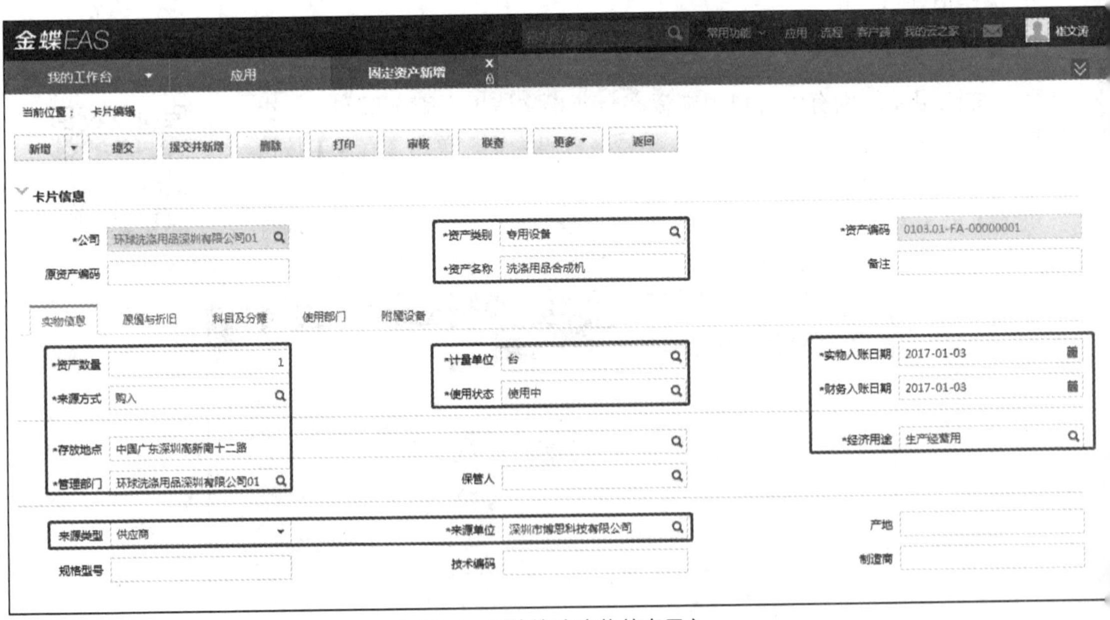

图 7-4　固定资产实物信息录入

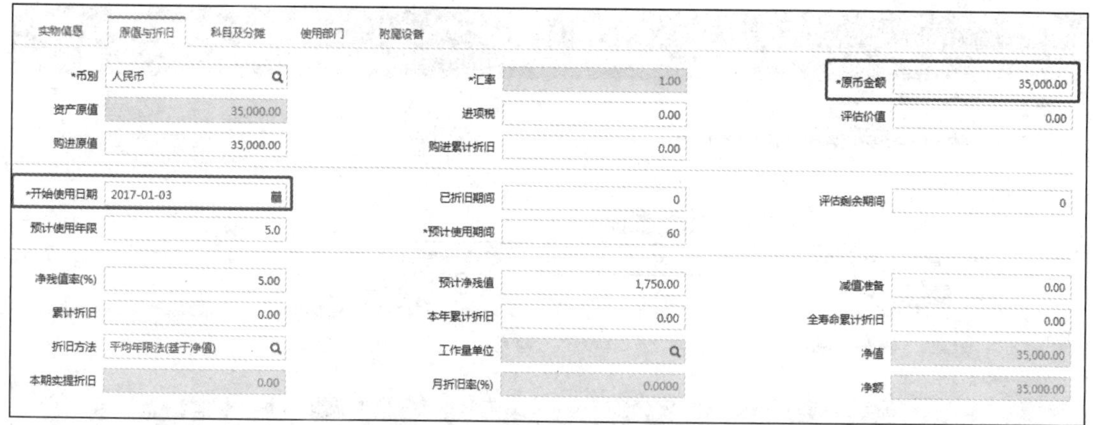

图 7-5 固定资产原值与折旧录入

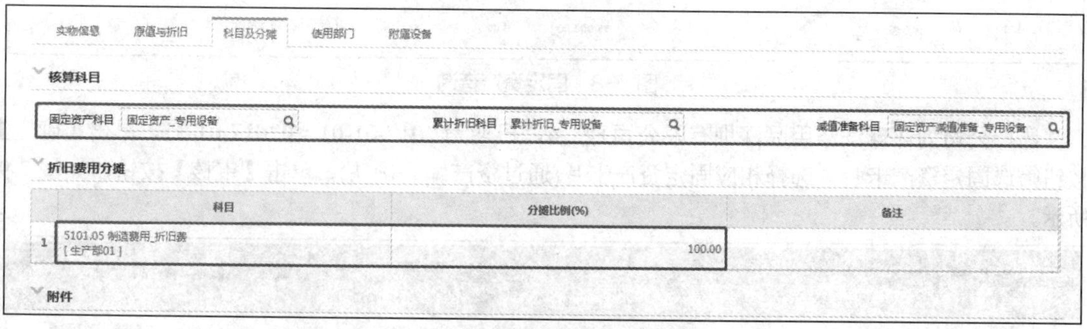

实物信息 原值与折旧 科目及分摊 使用部门 附属设备

核算科目

固定资产科目 固定资产_专用设备 累计折旧科目 累计折旧_专用设备 减值准备科目 固定资产减值准备_专用设备

折旧费用分摊

	科目	分摊比例(%)	备注
1	5101.05 制造费用_折旧费 [生产部01]	100.00	

附件

图 7-6 固定资产科目及分摊录入

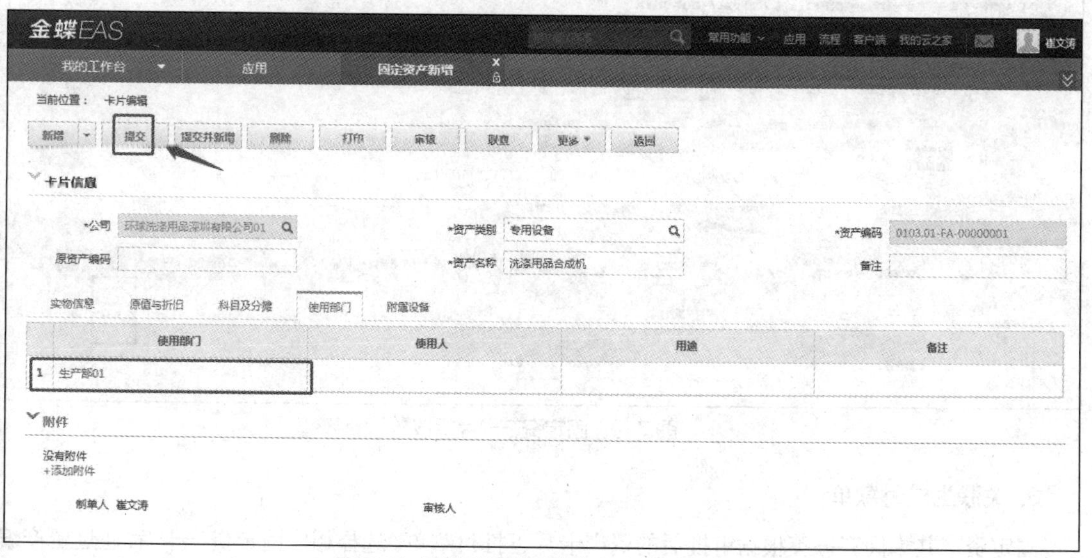

图 7-7 固定资产使用部门录入完成并提交

2. 固定资产卡片审批

固定资产共享岗齐振英共享审批固定资产卡片。齐振英进入 EAS 网页端，用户名为 qzy+学号，密码为空，单击【登录】按钮进入我的工作台页面。

单击【应用】-【财务共享】-【固定资产共享】-【固定资产查询】选项，进入固定资产卡片序时簿，如图 7-8 所示。

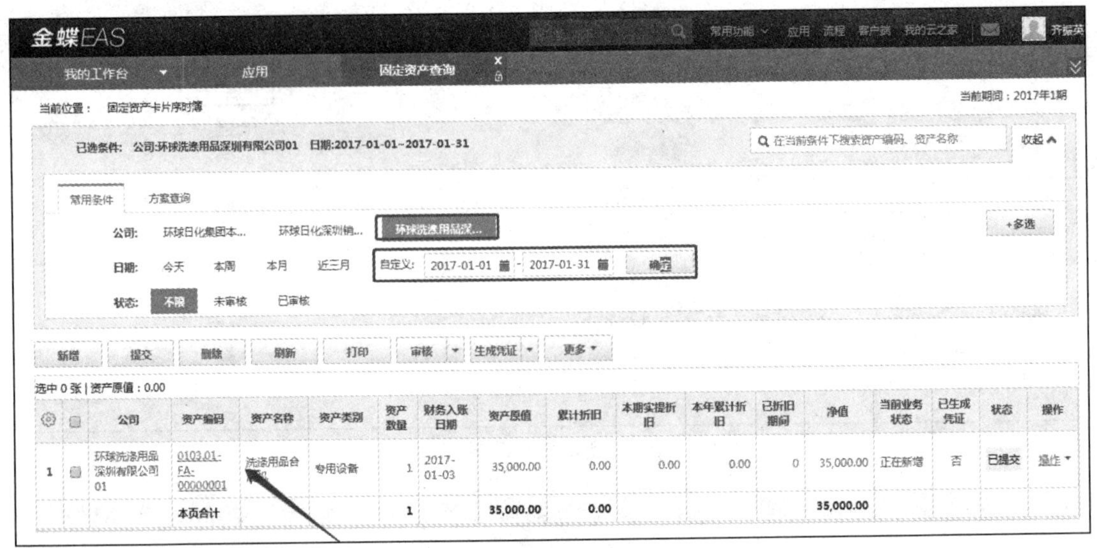

图7-8 固定资产查询

选择公司为环球洗涤用品深圳有限公司+姓名，日期为2017-01-01至2017-01-31，单击【确定】按钮筛选固定资产卡片。选择相应固定资产卡片(通过资产编码确认)，单击【审核】按钮，如图7-9所示。

图7-9 固定资产卡片审核

3. 关联生成付款单

固定资产共享岗齐振英根据审批后的资产卡片下推付款单。选择相应固定资产卡片(通过资产编码确认)，单击【更多】-【关联生成】选项，进入关联生成页面，如图7-10所示。

图 7-10 固定资产卡片关联生成付款单

选择目标单据为付款单，转换规则为卡片生成付款单，单击【确定】按钮进入付款单编辑页面，如图 7-11 所示。

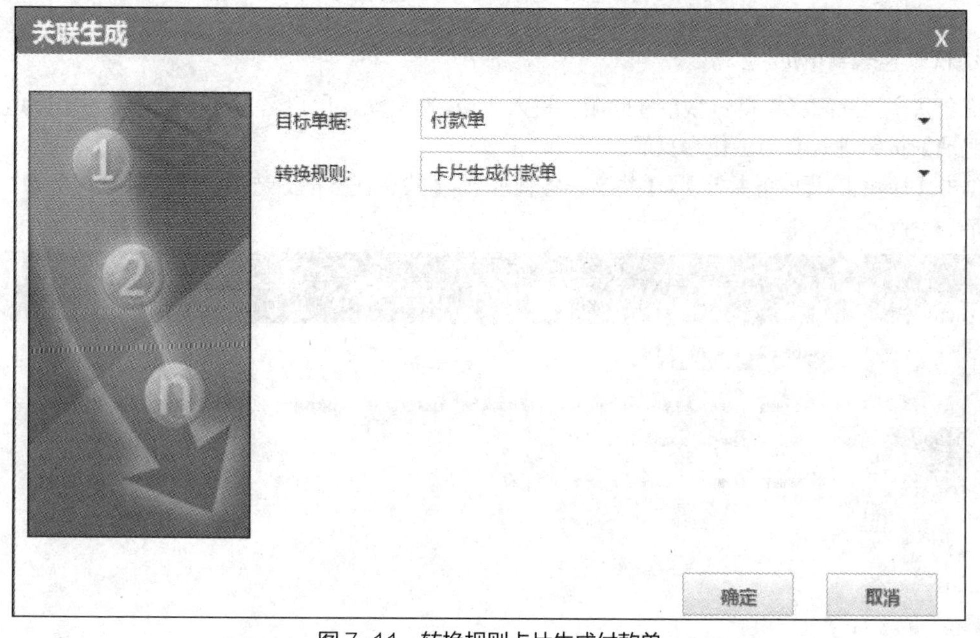

图 7-11 转换规则卡片生成付款单

根据实验数据录入相关信息。付款公司为环球洗涤用品深圳有限公司+姓名，业务日期为 2017-01-03，付款类型为其他，选择付款账户；对方科目为专用设备，录入完毕单击【提交】按钮，如图 7-12 所示。

图 7-12 付款单录入完成并提交

4. 付款单共享审批

资金共享岗欧阳杨审批付款单。欧阳杨进入 EAS 网页端，用户名为 oyy+学号，密码为空，单击【登录】按钮进入我的工作台页面。

单击【应用】-【财务共享】-【共享任务管理】-【共享任务池】选项，进入共享任务池页面，如图 7-13 所示。

图 7-13 共享任务池

单击【我的任务】-【出纳付款单审核】-【更多】-【获取任务】选项，获取付款单，如图7-14所示。

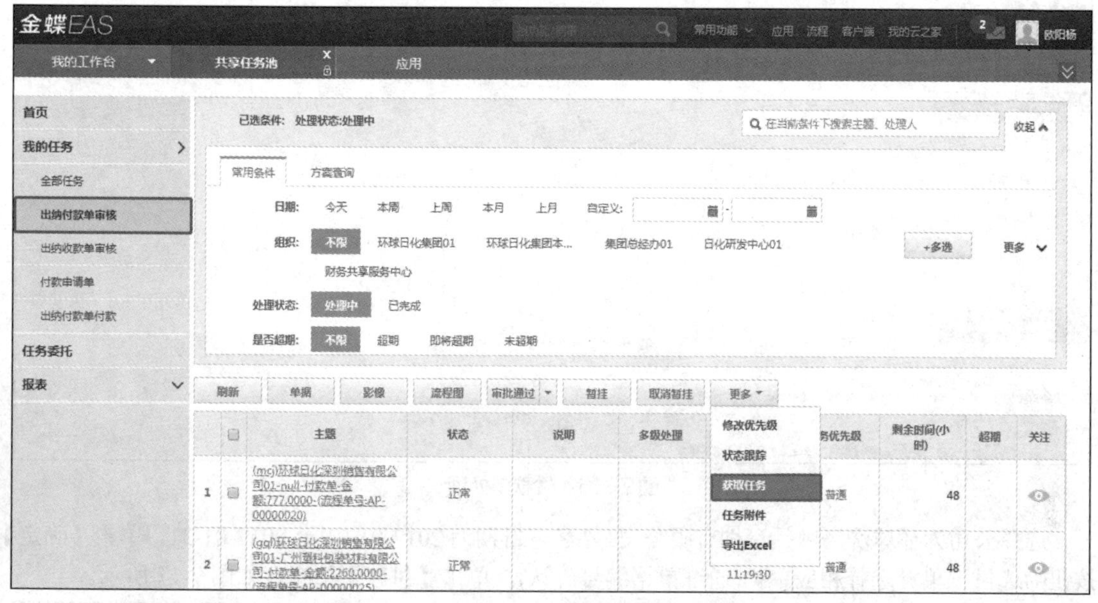

图7-14 付款单获取

双击相应单据(通过单据编号确认)进入单据处理页面，资金共享岗根据财务审批规则审批该案例，本案例审批通过，单击【提交】按钮，如图7-15所示。

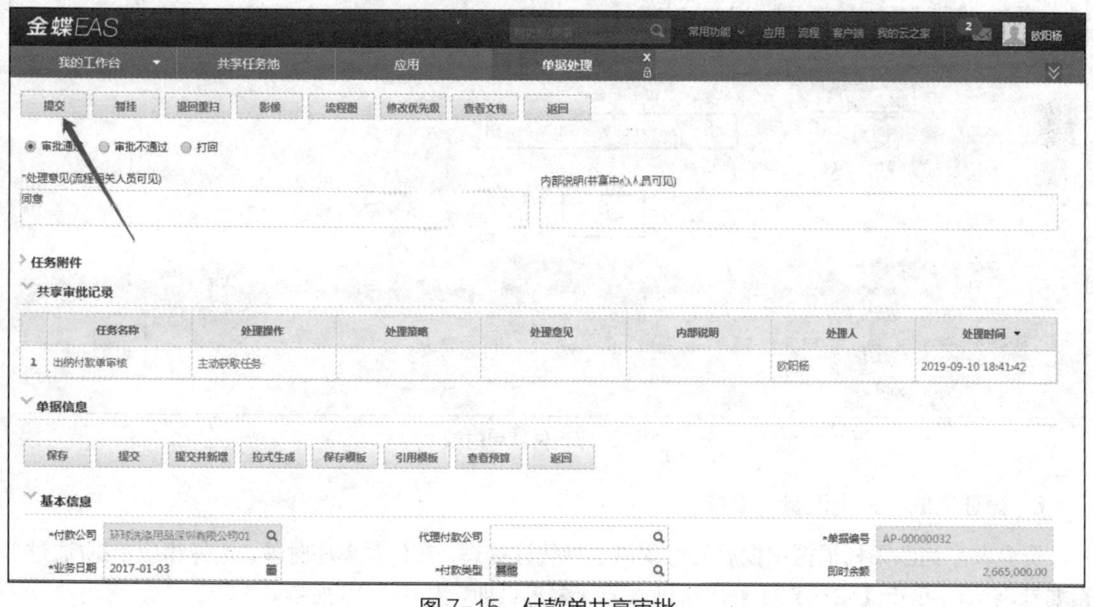

图7-15 付款单共享审批

5. 付款

资金共享岗欧阳杨对已审批的付款单执行付款。单击【应用】-【财务共享】-【出纳共享】-【付款单处理】选项，进入付款单序时簿，如图7-16 所示。

图 7-16　付款单处理

选择公司为环球洗涤用品深圳有限公司+姓名，日期为 2017-01-01 至 2017-01-31，单击【确定】按钮筛选付款单。选择相应单据(通过单据编号确认)，单击【付款】按钮，如图 7-17 所示。

图 7-17　付款单付款

6. 凭证生成、指定流量并复核

资金共享岗欧阳杨根据审批后的付款单进行凭证处理。在付款单序时簿，选择相应单据(通过单据编号确认)，单击【生成凭证】按钮进入凭证编辑页面，如图 7-18 所示。

图 7-18　付款单生成凭证

根据案例背景录入相关信息，记账日期为 2017-01-03，业务日期为 2017-01-03，录入完毕后单击【提交】按钮，进入现金流量页面，如图 7-19 所示。

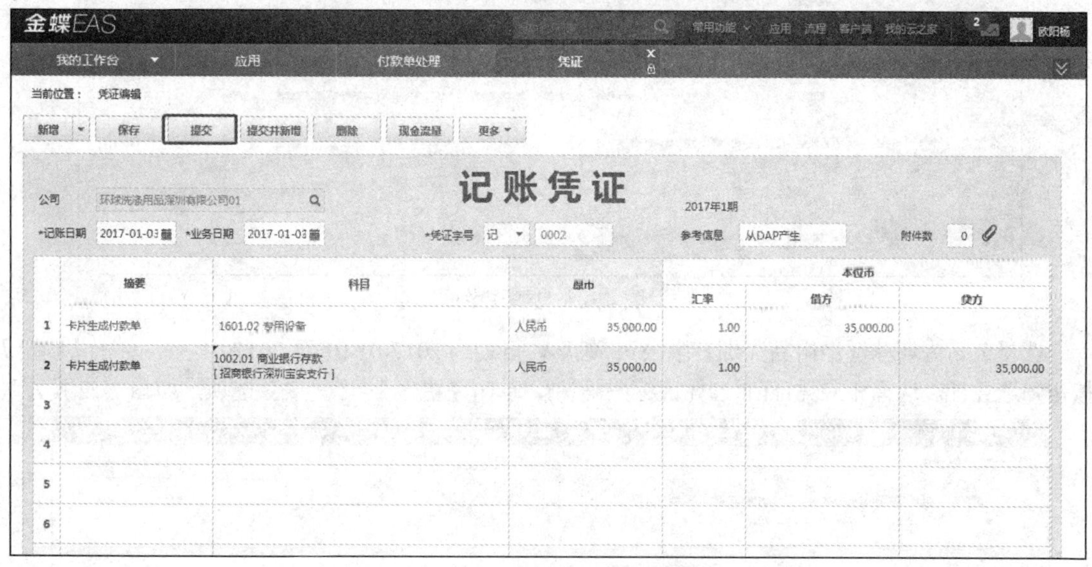

图 7-19　凭证录入完成并提交

输入主表项目为购建固定资产、无形资产和其他长期资产所支付的现金，单击【确定】按钮，如图 7-20 所示。

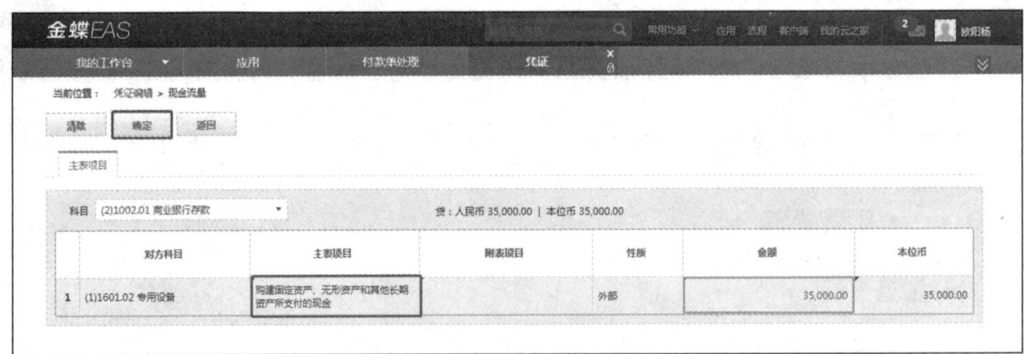

图 7-20　凭证指定现金流量

单击【应用】-【财务共享】-【总账共享】-【凭证查询】选项，进入凭证查询页面，如图 7-21 所示。

图 7-21　凭证查询

选择公司为环球洗涤用品深圳有限公司+姓名，日期为 2017-01-01 至 2017-01-31，单击【确定】按钮筛选凭证。选择相应凭证(通过凭证编码确认)，单击【更多】-【复核】选项，如图 7-22 所示。

图 7-22　凭证审核

如果在该界面复核不成功，单击【应用】-【财务共享】-【出纳共享】-【凭证复核】选项，进入凭证复核界面。选择复核的公司，单击【登账设置】按钮，确认该组织的登账参数后再执行复核，如图 7-23 所示。

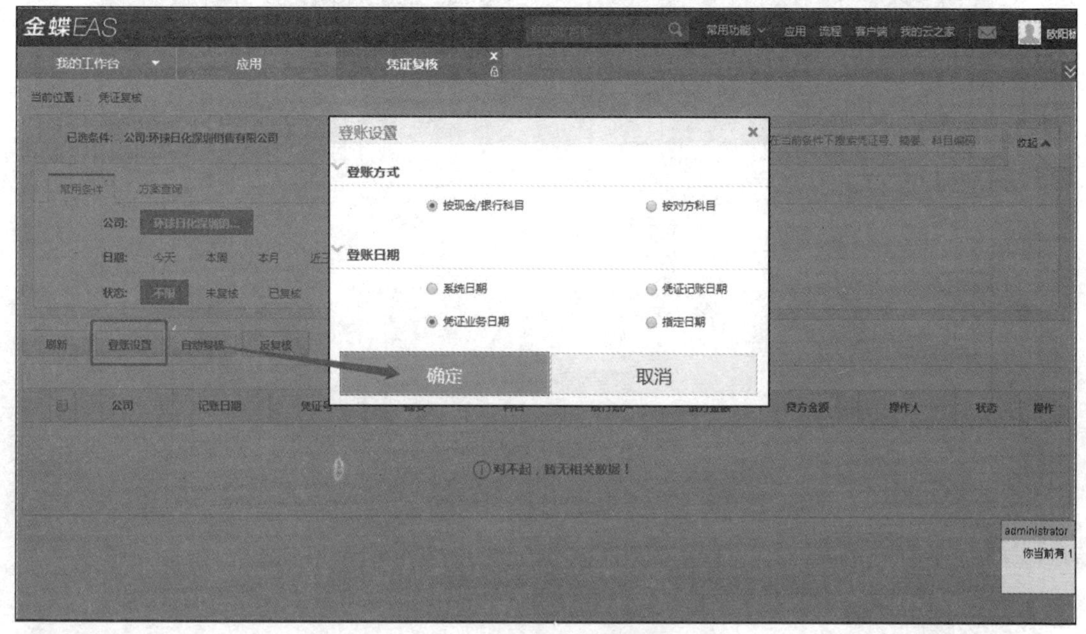

图 7-23　登账参数设置

7. 凭证审核

总账共享岗樊江波审核记账凭证。樊江波进入 EAS 网页端，用户名为 fjb+学号，密码为空，单击【登录】按钮，进入我的工作台页面。

单击【应用】-【财务共享】-【总账共享】-【凭证查询】选项，进入凭证查询页面，如图 7-24 所示。

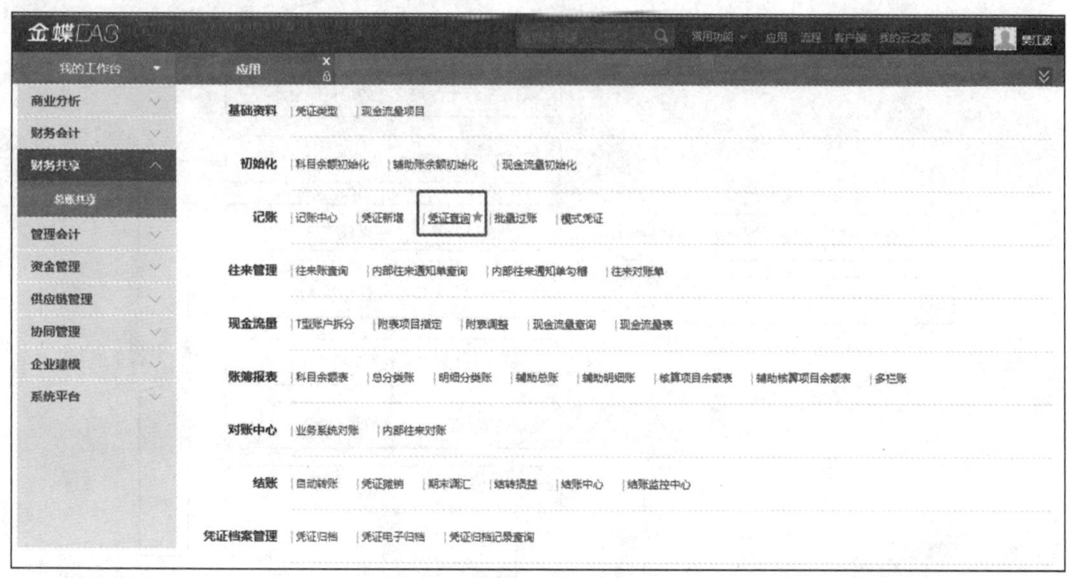

图 7-24　凭证查询

选择公司为环球洗涤用品深圳有限公司+姓名，日期为 2017-01-01 至 2017-01-31，单击【确定】按钮筛选凭证。选择相应凭证(通过凭证编号确认)，单击【审核】按钮，如图 7-25 所示。

图 7-25 凭证审核

案例二 卡片变更业务

实验数据

2017 年 1 月 31 日，环球洗涤用品深圳有限公司发现新购入的一台洗涤用品合成机出现故障，返厂维修，变更固定资产的使用状态为“大修中”。固定资产会计崔文涛(cwt+学号)提交固定资产变更单。

流程图

固定资产变更业务流程，如图 7-26 所示。

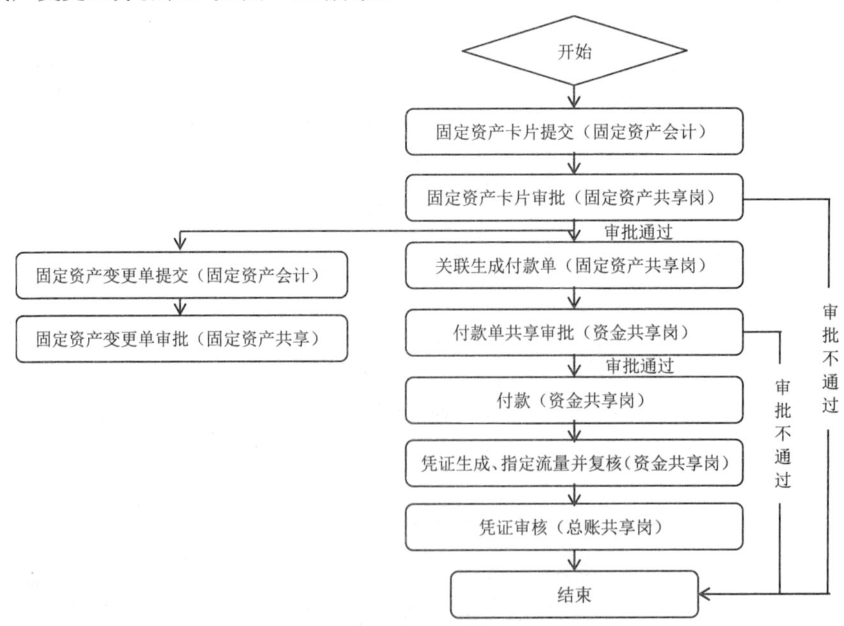

图 7-26 固定资产变更业务流程图

↗ 操作指导

1. 固定资产变更单提交

资产状态发生变更，固定资产会计崔文涛提交变更单。崔文涛进入 EAS 网页端，用户名为 cwt+学号，密码为空，单击【登录】按钮进入我的工作台页面。

单击【崔文涛】-【组织-切换】选项，切换组织为环球洗涤用品深圳有限公司+姓名，单击【确定】按钮，如图 7-27 所示。

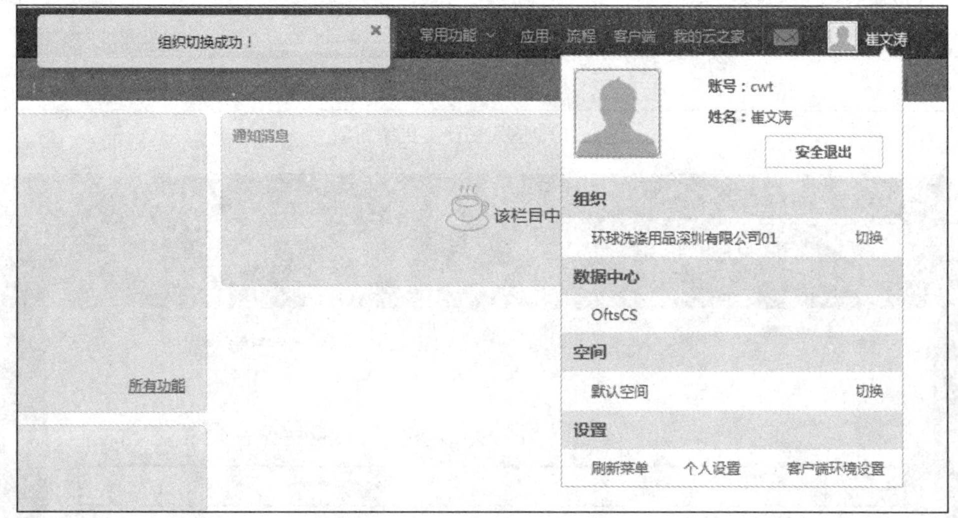

图 7-27 EAS 网页端登录

单击【应用】-【财务会计】-【固定资产】-【固定资产变更】选项，进入固定资产变更页面，如图 7-28 所示。

图 7-28 固定资产变更

单击【新增】按钮进入固定资产卡片序时簿。根据实验数据选择需要变更的固定资产卡片，单击【确定】按钮新增变更单，如图 7-29 和图 7-30 所示。

图 7-29 固定资产变更单新增

图 7-30 选择需要变更的固定资产卡片

根据案例背景修改相关信息。变更日期为 2017-01-31，变更方式为变更，使用状态为大修中。修改完毕单击【提交】按钮，如图 7-31 所示。

当前位置： 固定资产变更 > 变更单新增

保存 提交 更多 返回

卡片信息

单据编码		*变更日期	2017-01-31	*变更方式	变更
*公司	环球洗涤用品深圳有限公司01	*资产类别	专用设备	*资产编码	0103.01-FA-00000001
原资产编码		*资产名称	洗涤用品合成机	备注	

实物信息 原值与折旧 科目及分摊 使用部门 附属设备

*资产数量	1	*计量单位	台	*实物入账日期	2017-01-03
*来源方式	购入	*使用状态	大修中	*财务入账日期	2017-01-03
*存放地点	中国广东深圳南新南十二路			*经济用途	生产经营用
*管理部门	环球洗涤用品深圳有限公司01	保管人			
来源类型	供应商	来源单位	深圳市博思科技有限公司	产地	
规格型号		技术编码		制造商	

图 7-31 固定资产变更单录入完成并提交

2. 固定资产变更单审批

固定资产共享岗齐振英审批变更单。齐振英进入 EAS 网页端，用户名为 qzy+学号，密码为空，单击【登录】按钮进入我的工作台页面。

单击【应用】-【财务共享】-【固定资产共享】-【固定资产变更】选项，进入固定资产变更单查询页面，如图 7-32 所示。

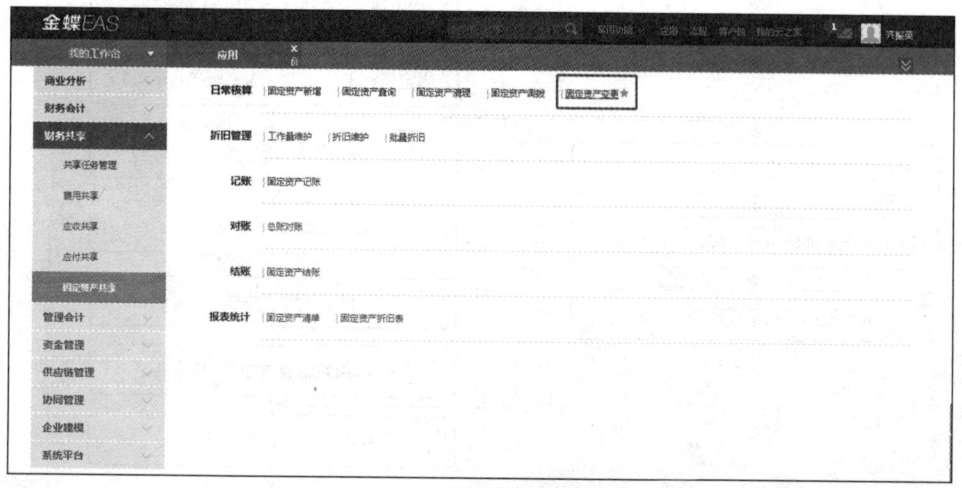

图 7-32 固定资产变更单查询

选择公司为环球洗涤用品深圳有限公司+姓名，日期为 2017-01-01 至 2017-01-31，单击【确定】按钮筛选固定资产变更单。选择相应单据(通过单据编号确认)，单击【审核】按钮，如图 7-33 所示。

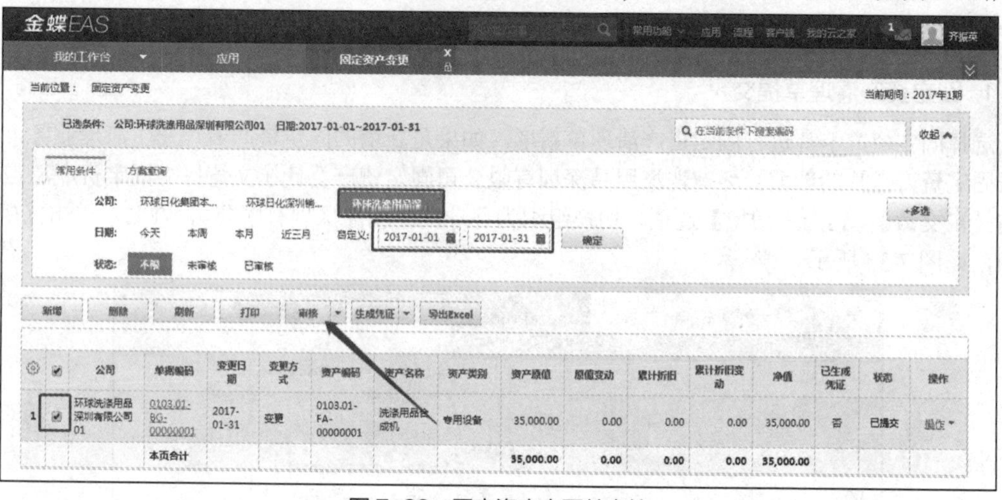

图 7-33 固定资产变更单审核

案例三 卡片清理业务

实验数据

2017 年 1 月 31 日，环球洗涤用品深圳有限公司生产部有一台洗涤用品合成机报废，出售残料收到现金 1 200 元。环球洗涤用品深圳有限公司固定资产会计崔文涛(cwt+学号)提交固定资产清理单。

流程图

固定资产清理业务流程，如图 7-34 所示。

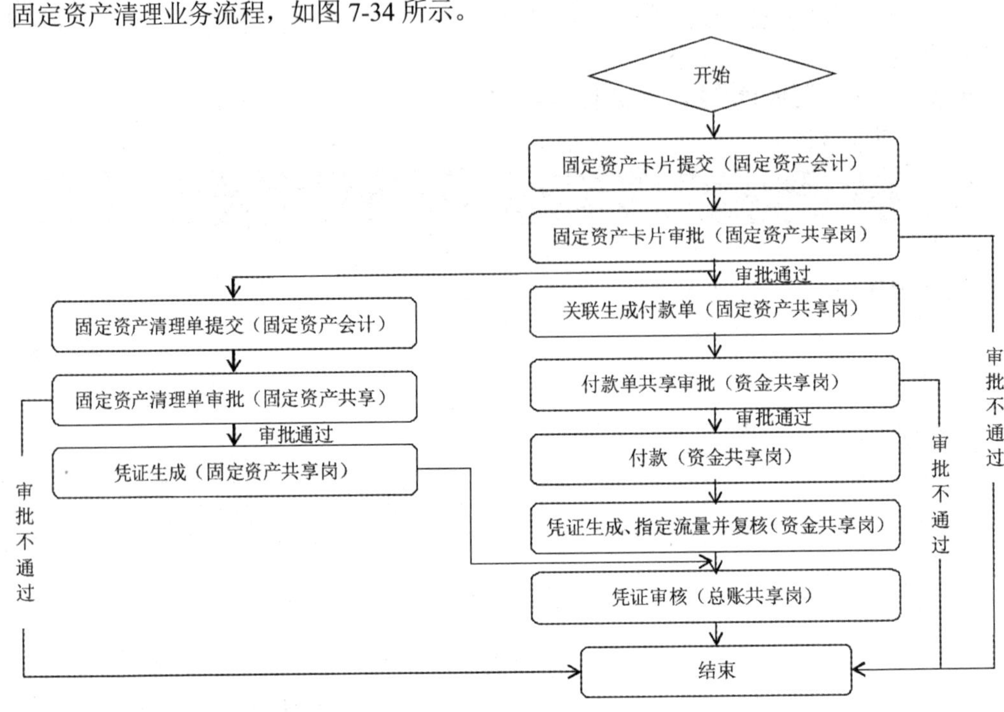

图 7-34 固定资产清理业务流程图

操作指导

1. 固定资产清理单提交

选择固定资产卡片进行固定资产清理单新增。如果是新增的固定资产卡片发生清理业务，请先完成固定资产卡片的新增。环球洗涤用品深圳有限公司固定资产会计崔文涛提交固定资产清理单。单击【崔文涛】-【组织-切换】选项，切换组织为环球洗涤用品深圳有限公司+姓名，单击【确定】按钮，如图 7-35 所示。

图 7-35 EAS 网页端登录

单击【应用】-【财务会计】-【固定资产】-【固定资产清理】选项，进入固定资产清理单序时簿，如图 7-36 所示。

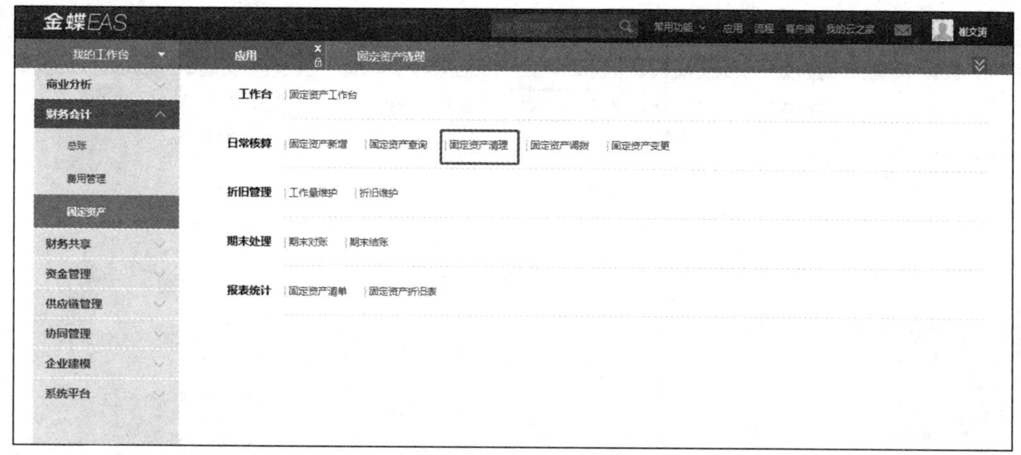

图 7-36 固定资产清理

单击【新增】按钮进入固定资产卡片序时簿，根据案例背景选择需要清理的固定资产卡片，单击【确定】按钮新增固定资产清理单。根据实验数据录入相关信息，清理日期为 2017-01-31，清理方式为报废；清理数量为 1，处置收入为 1 200 元；添加报废申请单附件。录入完毕单击【提交】按钮，如图 7-37 所示。

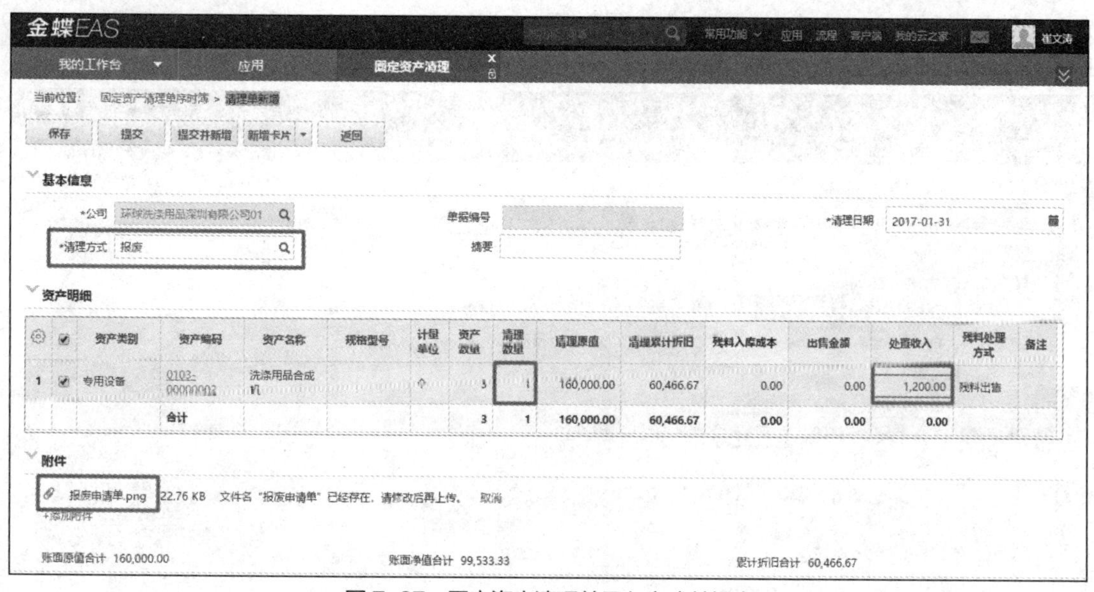

图 7-37 固定资产清理单录入完成并提交

2. 固定资产清理单审批

资产共享岗齐振英审核清理单，如果不符合审核规则，则不审核。齐振英进入 EAS 网页端，用户名为 qzy+学号，密码为空，单击【登录】按钮进入我的工作台页面。

单击【应用】-【财务共享】-【固定资产共享】-【固定资产清理】选项，进入固定资产清理单序时簿，如图 7-38 所示。

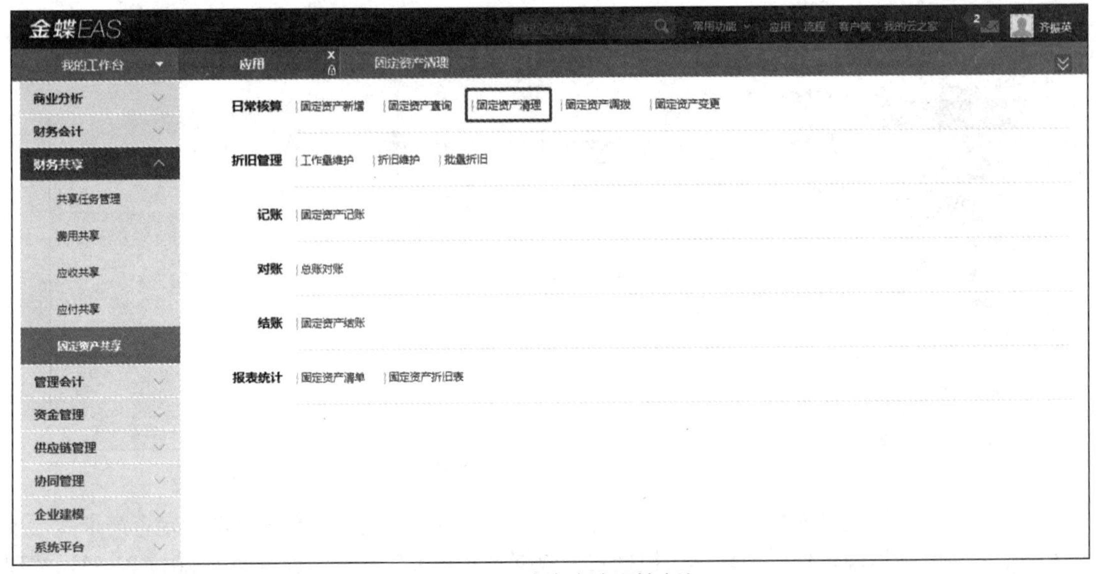

图 7-38 固定资产清理单查询

选择公司为环球洗涤用品深圳有限公司+姓名，清理日期为 2017-01-01 至 2017-01-31，单击【确定】按钮筛选固定资产清理单。选择相应单据(通过单据编码确认)，单击【审核】按钮，如图 7-39 所示。

图 7-39 固定资产清理单审核

单据审核后，单击【生成凭证】按钮进入凭证编辑页面。新增科目为人民币，输入借方金额为 1 200 元，固定资产清理借方金额为 98 333.33 元，记账日期为 2017-01-31，录入完毕后单击【保存】按钮，如图 7-40 所示。

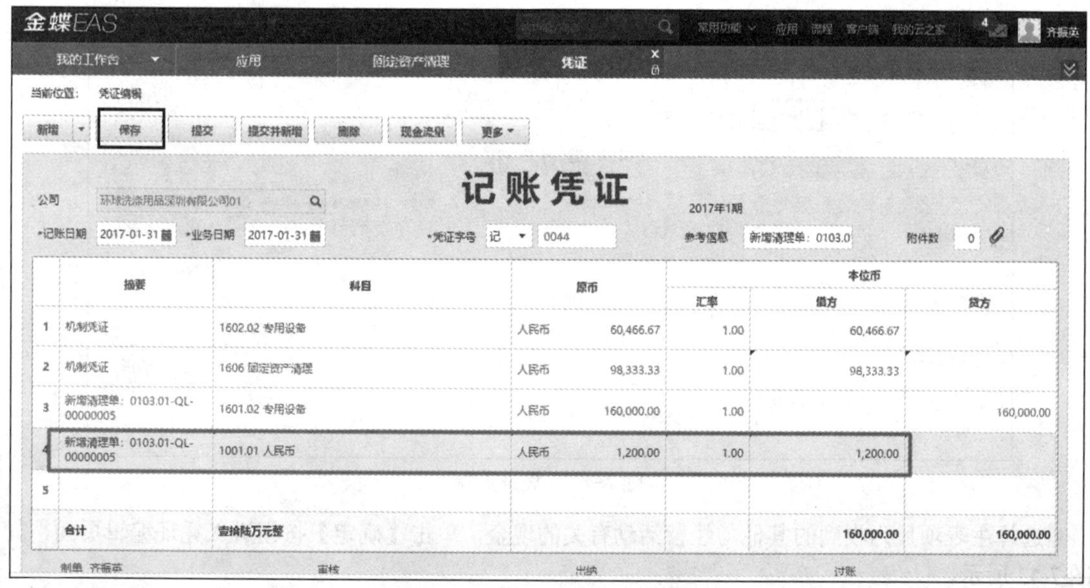

图7-40　凭证录入完成并保存

3. 凭证生成、指定现金流量并复核

资产共享岗欧阳杨对已生成的凭证指定现金流量、复核。欧阳杨进入EAS网页端，用户名为oyy+学号，密码为空，单击【登录】按钮进入我的工作台页面。

单击【应用】-【财务共享】-【总账共享】-【凭证查询】选项，进入凭证查询页面，如图7-41所示。

图7-41　凭证查询

选择公司为环球洗涤用品深圳有限公司+姓名，日期为2017-01-01至2017-01-31，单击【确定】按钮筛选凭证。选择相应凭证(通过凭证编码确认)进入凭证查看页面。

在凭证查看页面，单击【现金流量】按钮进入现金流量页面，如图7-42所示。

图 7-42　凭证查看

选择主表项目为收到的其他与经营活动有关的现金，单击【确定】按钮进入凭证编辑页面，如图 7-43 所示。

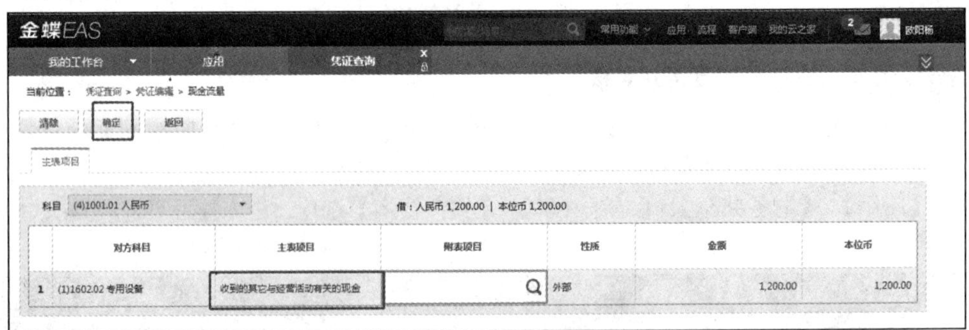

图 7-43　凭证指定现金流量

在凭证编辑页面复核该凭证，单击【更多】-【复核】选项，如图 7-44 所示。

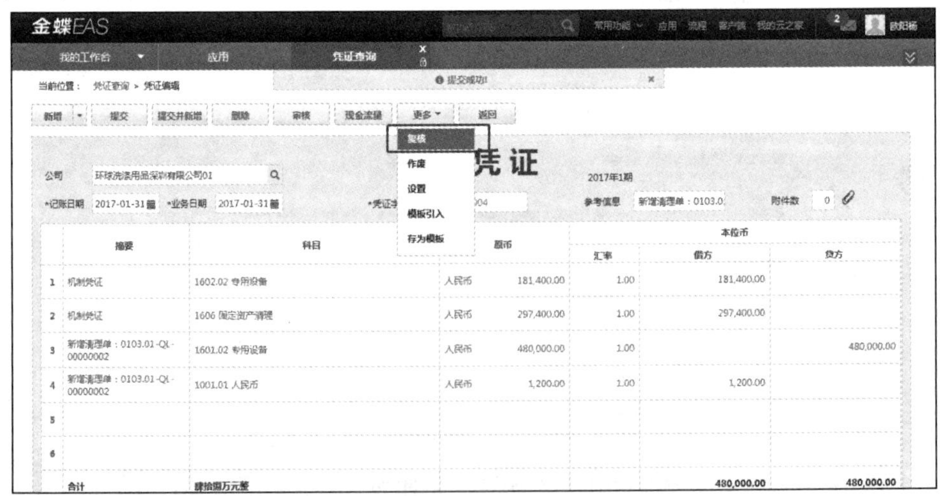

图 7-44　凭证复核

4. 凭证审核

总账共享岗樊江波审核记账凭证。樊江波进入 EAS 网页端，用户名为 fjb+学号，密码为空，单击【登录】按钮进入我的工作台页面。

单击【应用】-【财务共享】-【总账共享】-【凭证查询】选项，进入凭证查询页面，如图 7-45 所示。

图 7-45　凭证查询

选择公司为环球洗涤用品深圳有限公司+姓名，日期为 2017-01-01 至 2017-01-31，单击【确定】按钮筛选凭证。选择相应凭证(通过凭证编号确认)，单击【审核】按钮，如图 7-46 所示。

图 7-46　凭证审核

案例四 折旧业务

实验数据

2017 年 1 月底，固定资产共享岗齐振英(qzy+学号)批量完成各个分、子公司折旧的计提。

流程图

固定资产折旧业务流程，如图 7-47 所示。

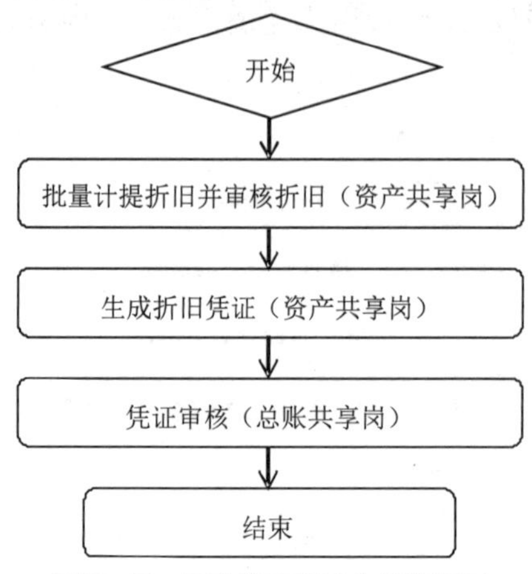

图 7-47 固定资产折旧业务流程图

操作指导

1. 批量计提折旧并审核折旧

资产共享岗齐振英使用批量折旧功能，批量计提各个分子公司资产折旧。齐振英进入 EAS 网页端，用户名为 qzy+学号，密码为空，单击【登录】按钮进入我的工作台页面。

单击【应用】-【财务共享】-【固定资产共享】-【批量折旧】选项，进入批量折旧页面，如图 7-48 所示。

图 7-48 批量折旧页面

在批量折旧页面，选择公司为环球日化集团本部+姓名、环球日化深圳销售有限公司+姓名、环球洗涤用品深圳有限公司+姓名，单击【计提折旧】按钮，如图 7-49 所示。

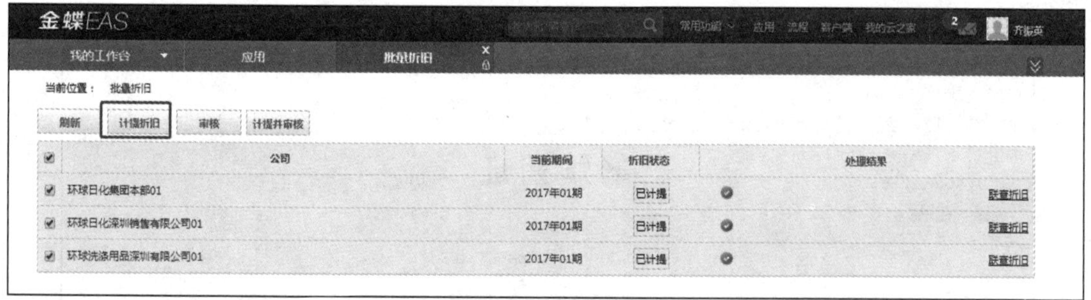

图 7-49 计提折旧

折旧已计提后，选择各个子公司，单击【审核】按钮，如图 7-50 所示。

金蝶EAS　常用功能　应用　流程　客户端　我的云之家　齐振英

我的工作台　应用　批量折旧　固定资产折旧

当前位置： 批量折旧

刷新　计提折旧　审核　计提并审核

公司	当前期间	折旧状态	处理结果
环球日化集团本部01	2017年01期	已审核	联查折旧
环球日化深圳销售有限公司01	2017年01期	已审核	联查折旧
环球洗涤用品深圳有限公司01	2017年01期	已审核	联查折旧

图 7-50 折旧审核

2. 生成折旧凭证

资产共享岗齐振英分别生成各分、子公司的折旧凭证。单击【应用】-【财务共享】-【固定资产共享】-【折旧维护】选项，进入折旧管理页面。选择公司为环球日化集团本部+姓名，单击【确定】按钮筛选固定资产卡片。选择相应固定资产卡片，单击【生成凭证】按钮进入凭证编辑页面，如图 7-51 所示。

金蝶EAS　常用功能　应用　流程　客户端　我的云之家　齐振英

我的工作台　应用　批量折旧　固定资产折旧

当前位置： 折旧管理　当前期间：2017年1期

已选条件： 公司:环球日化集团本部01　期间:本期　在当前条件下搜索资产编码

计提折旧　分摊　刷新　重置　清空调整额　提交　审核　生成凭证　联查

	资产类别	资产编码	资产名称	规格型号	实提折旧额（账面）	调整额（账面）	应提折旧额（账面）	未提折旧额（账面）	状态
1	房屋及建筑物	0101-00000001	本部大楼		25,704.00	0.00	25,704.00	9,257,153.14	已审核
					25,704.00	0.00	25,704.00	9,257,153.14	

图 7-51 环球日化集团本部生成折旧凭证

在凭证编辑页面，输入记账日期为 2017-01-31，单击【提交】按钮，如图 7-52 所示。

图 7-52 凭证录入完成并提交

进入折旧管理页面，选择公司为环球日化深圳销售有限公司+姓名，单击【确定】按钮筛选固定资产卡片。选择相应固定资产卡片，单击【生成凭证】按钮进入凭证编辑页面，如图 7-53 所示。

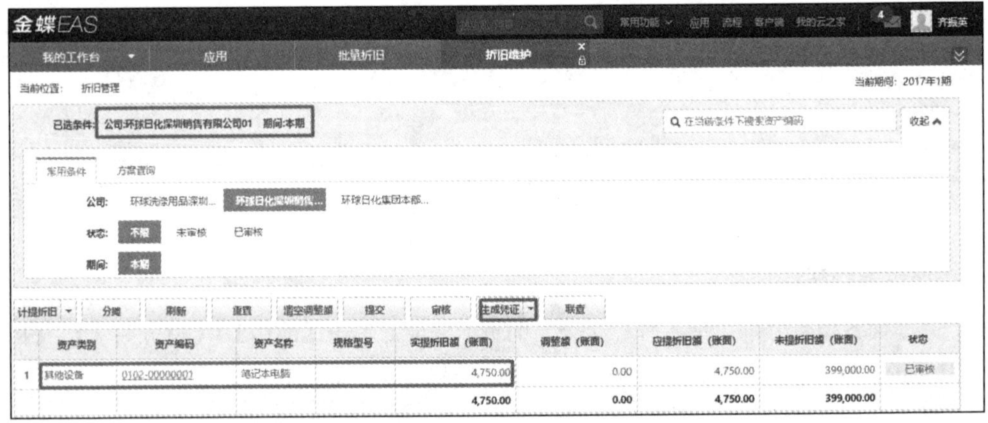

图 7-53 环球日化深圳销售有限公司生成折旧凭证

在凭证编辑页面，输入记账日期为 2017-01-31，单击【提交】按钮，如图 7-54 所示。

图 7-54 凭证录入完成并提交

进入折旧管理页面，选择公司为环球洗涤用品深圳有限公司+姓名，单击【确定】按钮筛选固定资产卡片。选择相应固定资产卡片，单击【生成凭证】按钮进入凭证编辑页面，如图 7-55 所示。

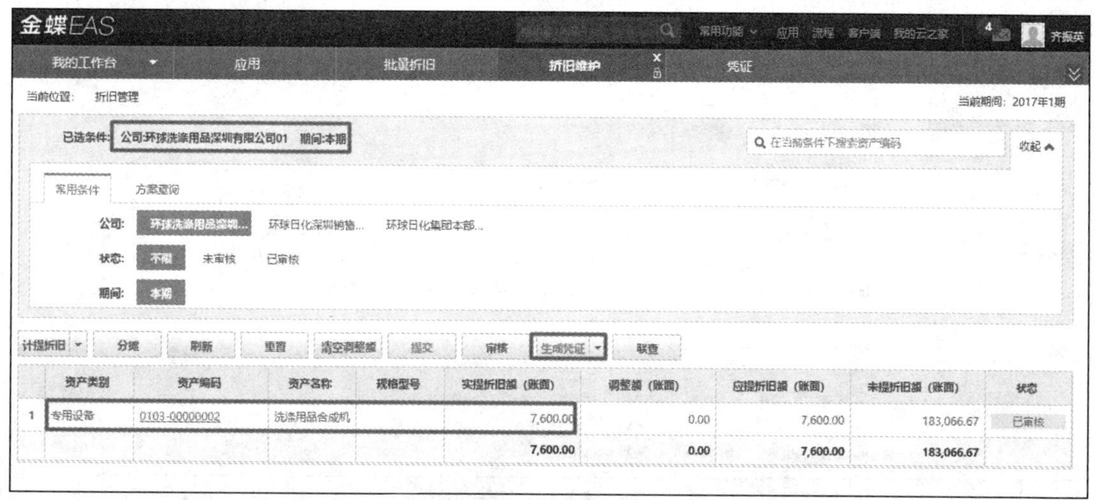

图 7-55　环球洗涤用品深圳有限公司生成折旧凭证

在凭证编辑页面，输入记账日期为 2017-01-31，单击【提交】按钮，如图 7-56 所示。

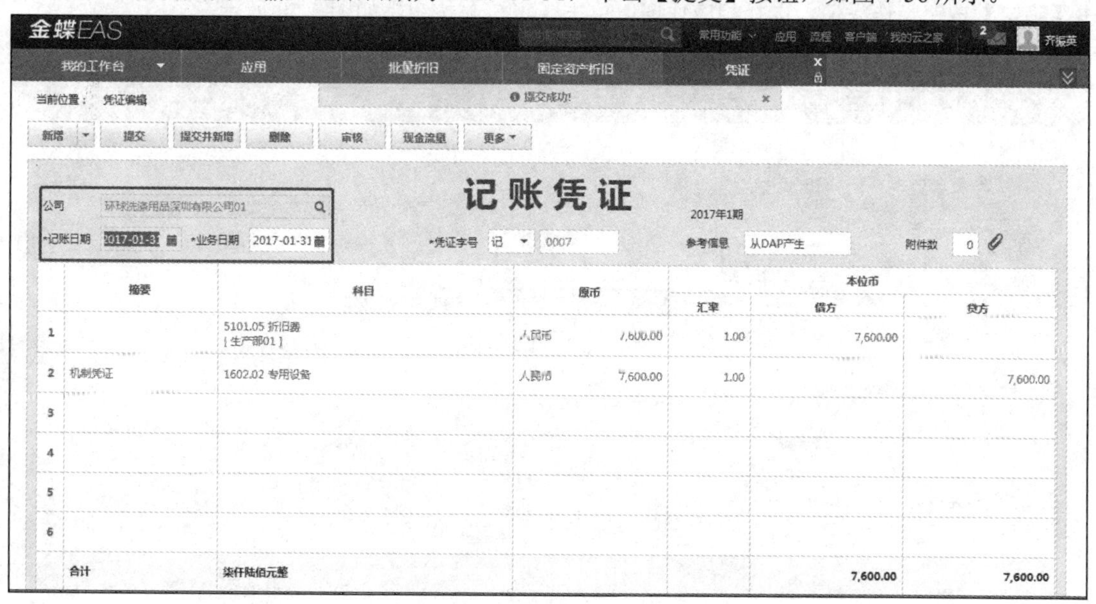

图 7-56　凭证录入完成并提交

3. 凭证审核

总账共享岗樊江波审核折旧凭证。樊江波进入 EAS 网页端，用户名为 fjb+学号，密码为空，单击【登录】按钮进入我的工作台页面。

单击【应用】-【财务共享】-【总账共享】-【凭证查询】选项，进入凭证查询页面，如图 7-57 所示。

图 7-57　凭证查询

在凭证查询页面，选择公司为环球日化集团本部+姓名，日期为 2017-01-01 至 2017-01-31，单击【确定】按钮筛选凭证。选择相应凭证，单击【审核】按钮，如图 7-58 所示。

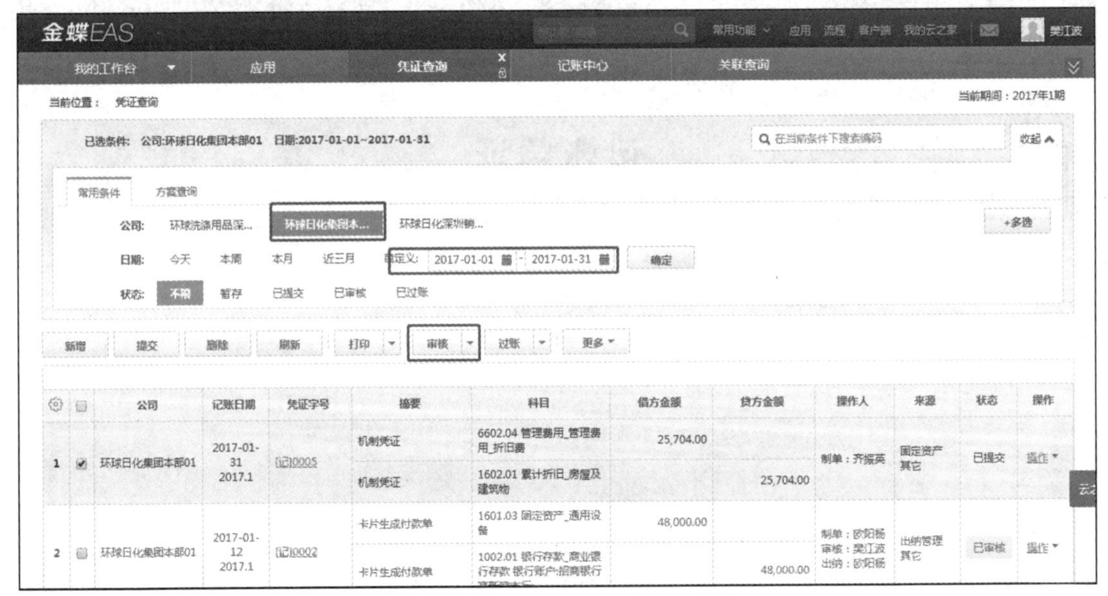

图 7-58　环球日化集团本部凭证审核

在凭证查询页面，选择公司为环球日化深圳销售有限公司+姓名，日期为 2017-01-01 至 2017-01-31，单击【确定】按钮筛选凭证。选择相应凭证，单击【审核】按钮，如图 7-59 所示。

图 7-59 环球日化深圳销售有限公司凭证审核

在凭证查询页面，选择公司为环球洗涤用品深圳有限公司+姓名，日期为 2017-01-01 至 2017-01-31，单击【确定】按钮筛选凭证。选择相应凭证，单击【审核】按钮，如图 7-60 所示。

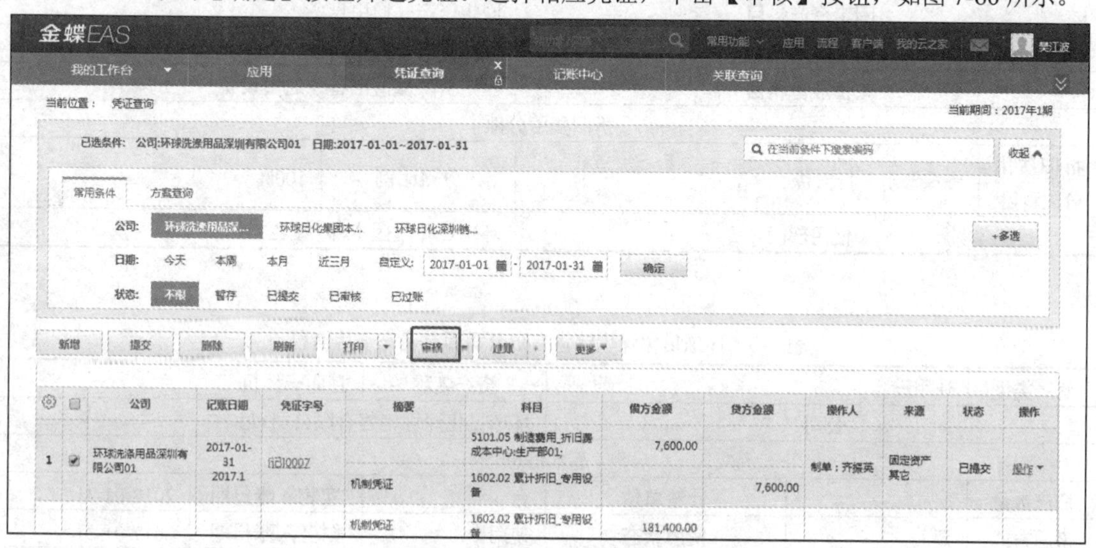

图 7-60 环球洗涤用品深圳有限公司凭证审核

7.3 练习任务

2017 年 1 月 14 日，环球日化集团本部从深圳市京华办公用品有限公司新购入 10 台打印一体机，原值为 6 000 元/台，具体信息如表 7-2 和表 7-3 所示。月底，调拨 2 台打印机给环球日化深圳销售有限公司使用。环球日化集团本部固定资产会计齐振英(qzy+学号)完成新增和调拨业务。

表 7-2 环球日化集团本部固定资产卡片信息

资产类别	通用设备		资产名称	打印一体机	
公司			环球日化集团本部+姓名		
基本信息					
资产数量	10	计量单位	台	实物入账日期	2017-01-14
来源方式	购入	使用状态	使用中	财务入账日期	2017-01-14
存放地点	中国广东深圳高新南十二路	经济用途	非生产经营用	管理部门	环球日化集团本部+姓名
来源类型	供应商		来源单位	深圳市京华办公用品有限公司+学号	
原值与折旧					
币别	人民币		原币金额	60 000	
交付日期	2017-01-14	开始使用日期	2017/1/12	已折旧期间数	0
预计使用年限	10		预计使用期间数	120	
累计折旧	0	预计净残值	3 000	净残值率	5%
折旧方法	平均年限法(基于原值)		全寿命累计折旧	0	
核算信息					
固定资产科目			固定资产—通用设备		
累计折旧科目			累计折旧—通用设备		
减值准备科目			固定资产减值准备—通用设备		
折旧费用分摊					
折旧费用分摊科目	管理费用—折旧费		分摊比例	100%	
使用部门			环球日化集团本部+姓名		

表 7-3 环球日化深圳销售有限公司固定资产卡片信息

资产类型	通用设备		资产名称	打印一体机	
公司			环球日化深圳销售有限公司+姓名		
基本信息					
资产数量	2	计量单位	台	实物入账日期	2017-01-31
来源方式	调入	使用状态	使用中	财务入账日期	2017-01-31
存放地点	中国广东深圳高新南十二路	经济用途	非生产经营用	管理部门	环球日化深圳销售有限公司+姓名
来源类型	内部公司		来源单位	环球日化集团本部+姓名	
原值与折旧					
币别	人民币		原币金额	12 000	
交付日期	2017-01-31	开始使用日期	2017/1/12	已折旧期间数	0
预计使用年限	10		预计使用期间数	120	
累计折旧	0	预计净残值	600	净残值率	5%
折旧方法	平均年限法(基于原值)		全寿命累计折旧	0	

(续表)

<table>
<tr><td colspan="4">核算信息</td></tr>
<tr><td colspan="2">固定资产科目</td><td colspan="2">固定资产—通用设备</td></tr>
<tr><td colspan="2">累计折旧科目</td><td colspan="2">累计折旧—通用设备</td></tr>
<tr><td colspan="2">减值准备科目</td><td colspan="2">固定资产减值准备—通用设备</td></tr>
<tr><td colspan="4">折旧费用分摊</td></tr>
<tr><td>折旧费用分摊科目</td><td>管理费用—折旧费</td><td>分摊比例</td><td>100%</td></tr>
<tr><td colspan="2">使用部门</td><td colspan="2">环球日化深圳销售有限公司+姓名</td></tr>
</table>

第8章

出纳总账报表共享

8.1 模块概述

↗ 模块简介

出纳共享系统是财务共享管理信息系统的组成模块，系统提供收付业务处理，日记账查询，凭证登账、出纳记账、对账、结账、初始化等出纳结算核算基本功能。这些功能都按财务共享的场景进行了功能重新设计，打破了组织的界限，提供多组织的批量处理。借助共享服务平台，能够支持自定义任务分配规则，推送到业务员处理平台，提高业务员处理效率等。另外，银行日记账、资金汇总表等账表还支持多组织、多银行账户批量查询。

财务共享模式下，财务人员会负责多家公司多种凭证的处理工作，记账中心提供一站式凭证处理，用户可以在记账中心一目了然地掌握所有待处理凭证，快速找到单据进行多组织批量处理。

财务共享模式下，一个财务人员每月负责集团多家公司报表的编制、审批、上报工作，通过金蝶 EAS 报表平台，不需要频繁切换财务组织、报表周期，可以实现多组织报表的集中批量处理，随时监控各家公司报表编制进度。对于固定模板的报表，还可以实现自动批量编报，大大提高了报表编制的及时性和准确性，实时监控各成员单位的财务状况和经营成果。

↗ 费用共享主要功能

1. 收付款处理

收付款单是企业日常运作过程中必不可少的单据之一，通过收付款单可以记录所有收付款业务，完成收入或支出的确认，在业务流程中起到核心的作用。

2. 凭证登账

凭证复核功能，是出纳人员根据总账的现金凭证、银行存款凭证记录的现金收支、银行存款收付业务信息，登记现金日记账、银行日记账。

3. 出纳记账

出纳记账功能，是出纳记账人员根据出纳收付业务单据，集中批量生成凭证的功能。该功能集中了所有出纳系统待生成凭证的单据，能实现不同类型的单据批量生成凭证。

↗ 费用共享常用单据

收款单：收款是企业经营活动、投资活动和筹资活动实现资金流入的一种表现，通过收款完成企业的收益。收款的类型包含但不局限于以下几种：预收款、代收款、员工还款、集团资金下拨等。

付款单：付款相对于收款而言，是企业资金相对流出的一种形式。常见的付款单有采购付款、预付款、应付票据兑付、费用报销付款、资金上划、资金调拨等。

记账凭证：会计核算处理系统是以证—账—表为核心的有关企业财务信息加工的系统。会计凭证是整个会计核算系统的主要数据来源，是整个核算系统的基础。系统中凭证支持手工新增凭证和从其他业务系统生成。

↗ 审批规则

1. 金蝶财务共享应用实践平台案例—出纳收款并生成凭证

适用范围：共享中心集中结算收款业务时，填写收款单，自动生成记账凭证并指定现金流量后提交、复核、审核。

主要审批规则：

- ❑ 已收到款项需提供银行结算票据；
- ❑ 收款单结算方式与银行结算票据需一致。

2. 金蝶财务共享应用实践平台案例—出纳付款并生成凭证

适用范围：共享中心集中结算付款业务时，填写付款单，自动生成记账凭证并指定现金流量后提交、复核、审核。

主要审批规则：

- ❑ 如有合同，需要上传盖章生效的合同扫描件。

8.2 实验练习

案例一 收款业务

↗ 实验数据

为支持环球日化集团本部新产品的研发，环球日化集团于2019年7月4日下拨20万元研发专项资金，7月5日，环球日化集团本部的银行账户网银收到下拨资金。本部出纳陈晓陶(cxt+学号)提交资金下拨收款单到共享中心审批。

↗ 流程图

收款业务流程，如图8-1所示。

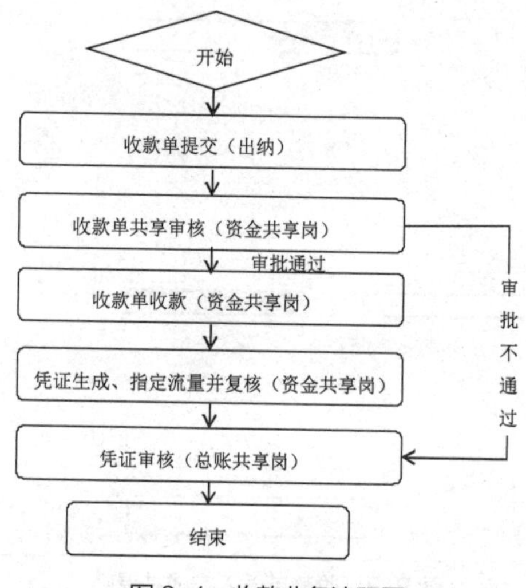

图8-1 收款业务流程图

操作指导

1. 收款单提交

收款业务

发生收款业务时，出纳岗填写收款单，并保存和提交。本部出纳陈晓陶登录 EAS 网页端，用户名为 cxt+学号，密码为空，单击【登录】按钮进入我的工作台页面。

单击【应用】-【财务会计】-【出纳管理】-【收款单新增】选项，新增收款单，如图 8-2 所示。具体操作可参考视频。

图 8-2 收款单新增

在收款单新增页面，根据案例背景录入相关信息。收款类型为资金下拨，业务日期为 2019-07-05，选择收款账户，结算方式为网银支付；往来类型为其他，付款单位为环球日化集团+姓名；实收金额为 200 000 元，对方科目为吸收存款；添加资金调拨申请单附件，录入完毕单击【提交】按钮，如图 8-3 所示。

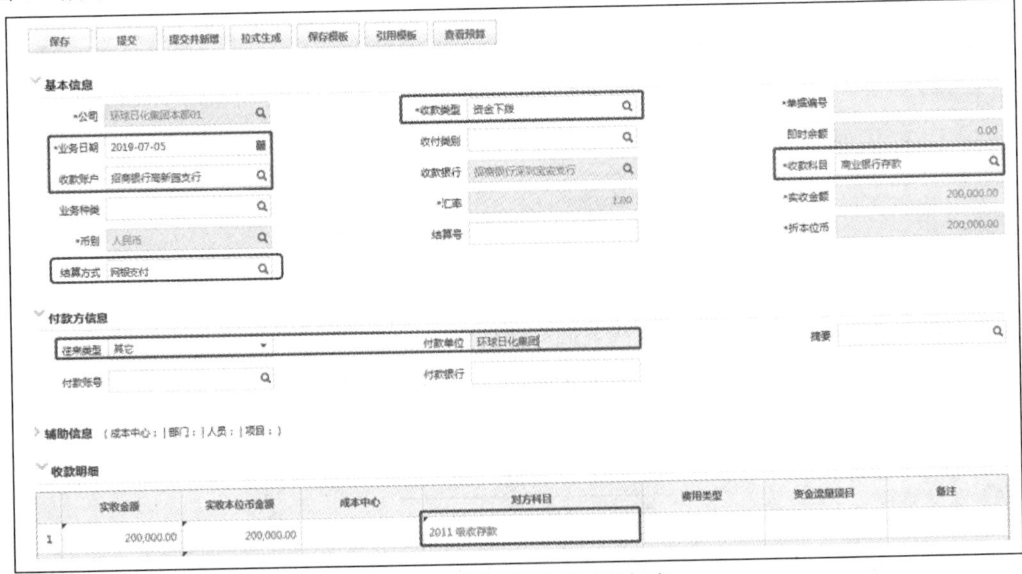

图 8-3 收款单录入完成并提交

2. 收款单共享审核

资金共享岗欧阳杨共享审核收款单。欧阳杨进入EAS网页端，用户名为oyy+学号，密码为空，单击【登录】按钮进入我的工作台页面。

单击【应用】-【财务共享】-【共享任务管理】-【共享任务池】选项，进入共享任务池页面，如图8-4所示。

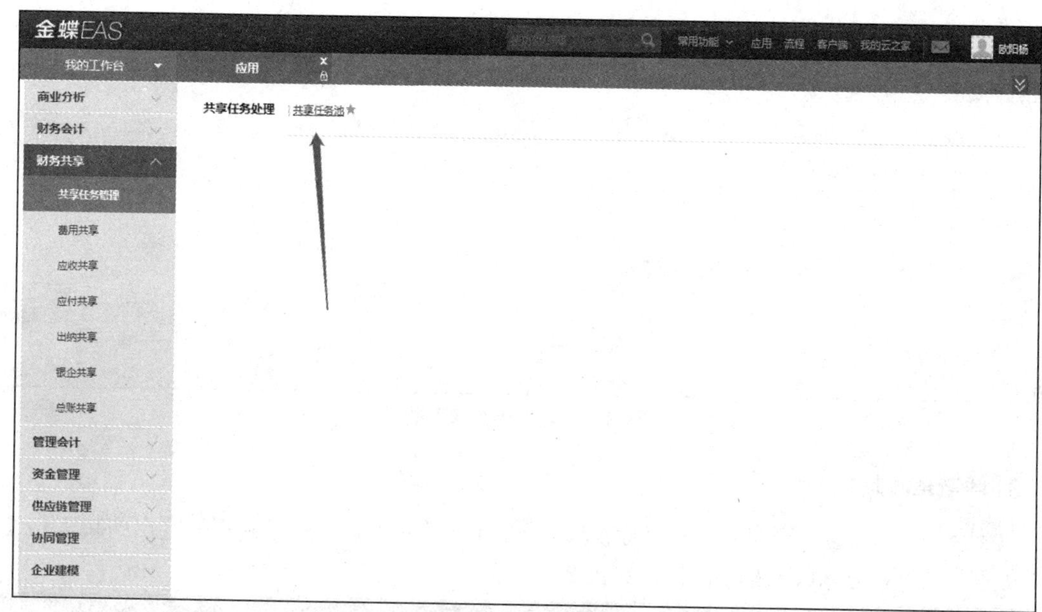

图8-4 共享任务池

在共享任务池页面，单击【我的任务】-【出纳收款单审核】-【更多】-【获取任务】选项，获取收款单，如图8-5所示。

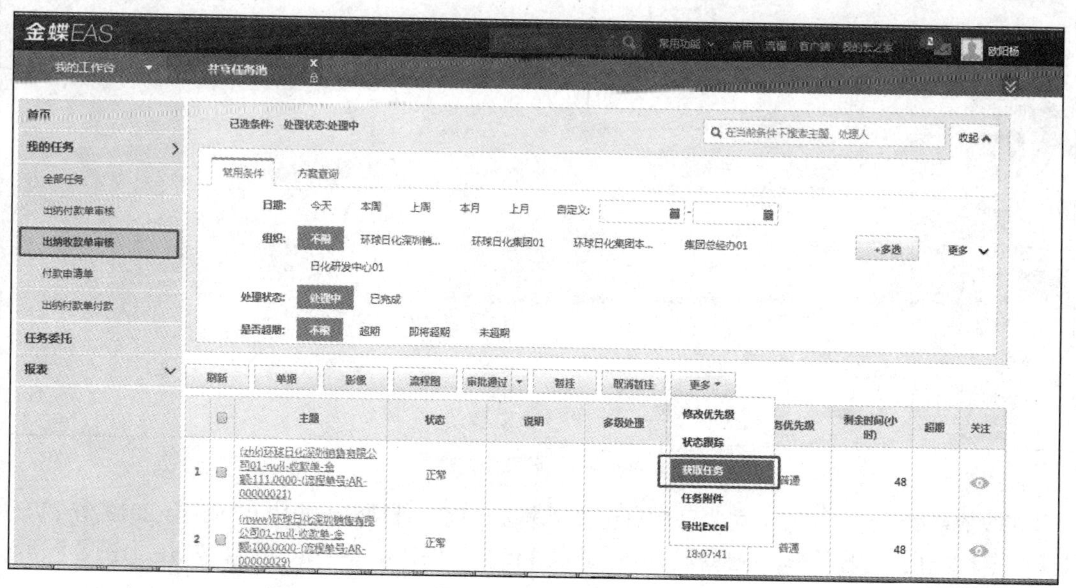

图8-5 收款单获取

双击相应单据(通过单据编号确认)进入单据处理页面，资金共享岗根据财务审批规则审批该案例，本案例审批通过，单击【提交】按钮，如图8-6所示。

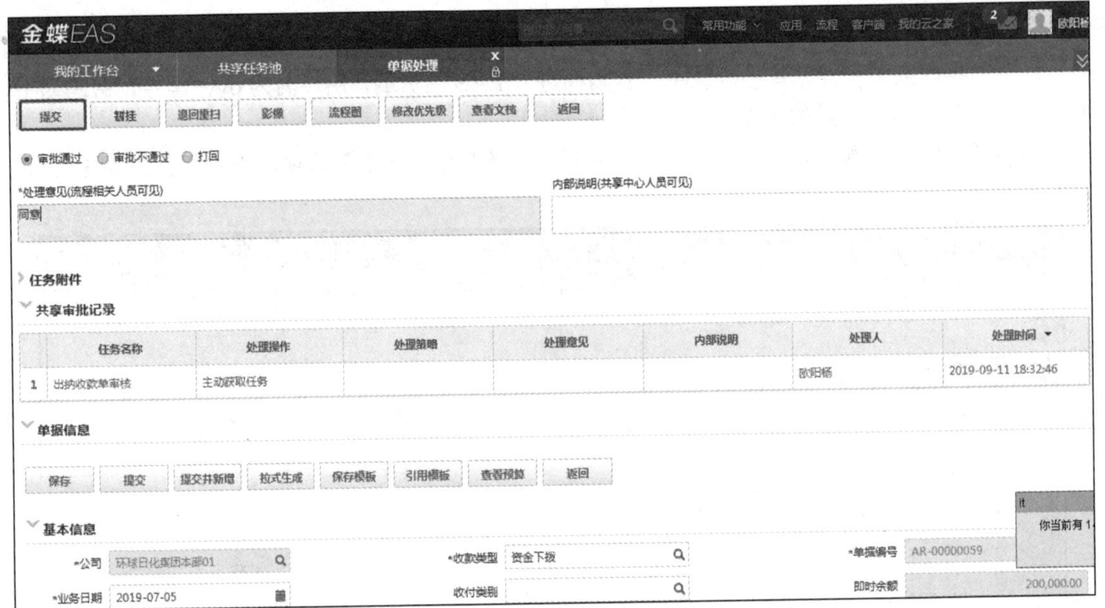

图 8-6　收款单共享审批

3. 收款单收款

收到款项后，资金共享岗欧阳杨执行收款操作。单击【应用】-【财务共享】-【出纳共享】-【收款单处理】选项，进入收款单序时簿，如图 8-7 所示。

图 8-7　收款单处理

在收款单序时簿，选择公司为环球日化集团本部+姓名，日期为 2019-07-01 至 2019-07-31，单击【确定】按钮筛选收款单。选择相应单据(通过凭证编号确认)，单击【收款】按钮，如图 8-8 所示。

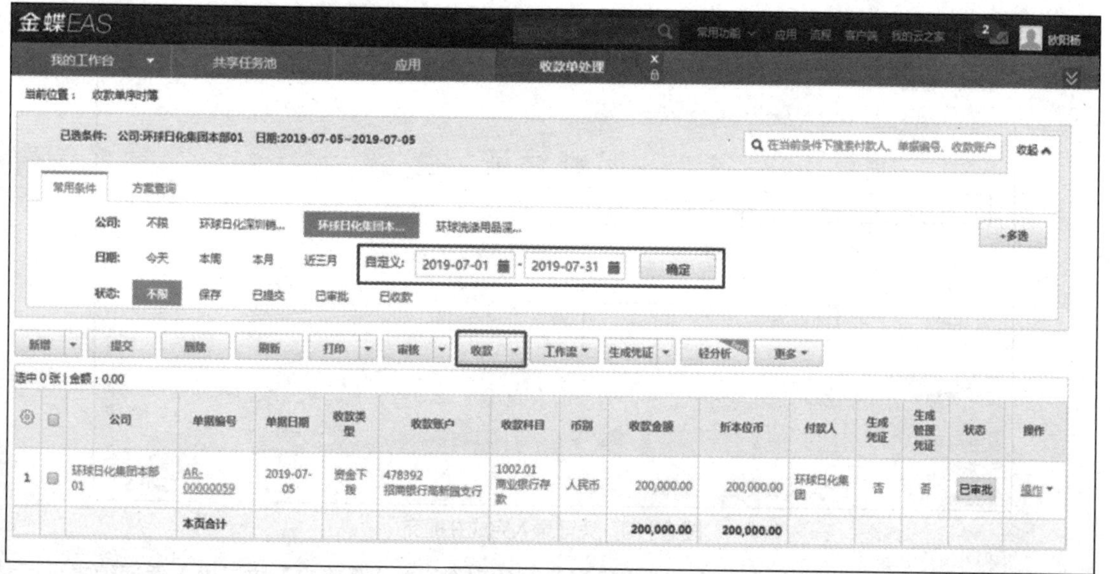

图 8-8　收款单收款

4. 凭证生成、指定现金流量并复核

资金共享岗欧阳杨将收款后的收款单生成凭证。单击【生成凭证】按钮进入凭证编辑页面，如图 8-9 所示。

图 8-9　收款单生成凭证

在凭证编辑页面，选择商业银行存款科目核算项目，银行账户为招商银行高新园支行+学号，第二行分录科目为吸收存款，记账日期为 2019-07-05。录入完毕单击【提交】按钮进入现金流量页面，如图 8-10 所示。

图 8-10 凭证录入完成并提交

在现金流量页面，选择主表项目为吸收投资收到的现金，单击【确定】按钮进入凭证编辑页面，如图 8-11 所示。

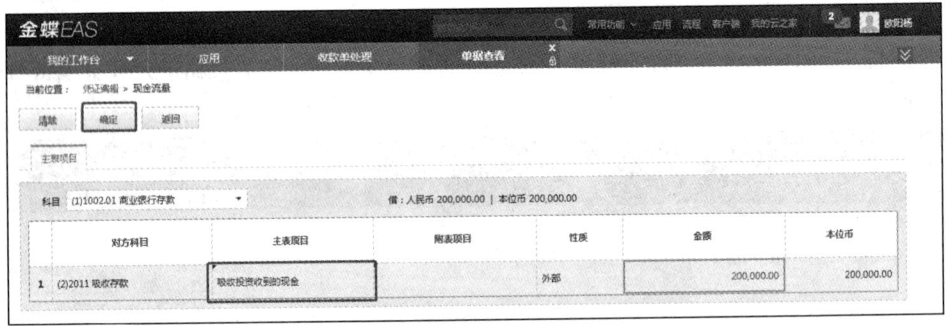

图 8-11 凭证指定现金流量

在凭证编辑页面复核该凭证，单击【更多】-【复核】选项，如图 8-12 所示。

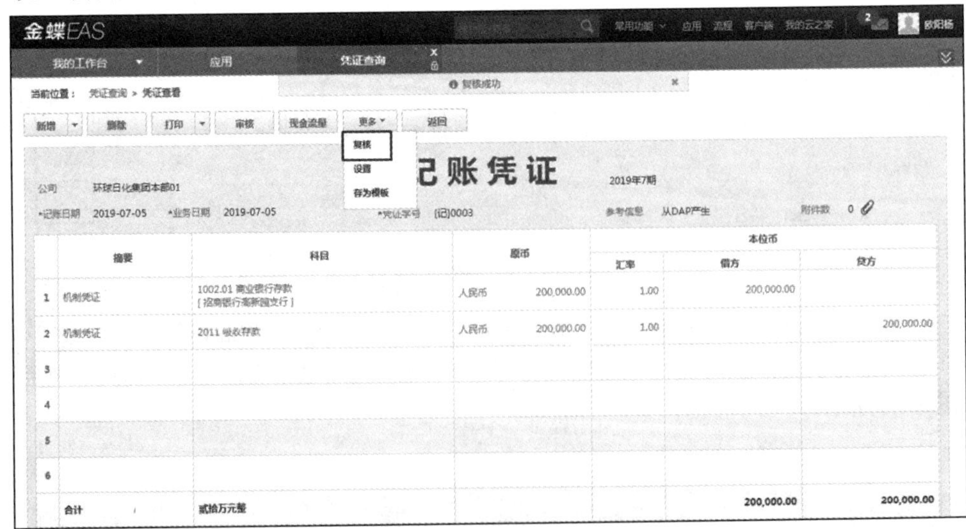

图 8-12 凭证复核

5. 凭证审核

总账共享岗樊江波审核凭证。樊江波进入EAS网页端，用户名为fjb+学号，密码为空，单击【登录】按钮进入我的工作台页面。

单击【应用】-【财务共享】-【总账共享】-【凭证查询】选项，进入凭证查询页面，如图8-13所示。

图8-13 凭证查询

在凭证查询页面，选择公司为环球日化集团本部+姓名，日期为2019-07-01至2019-07-31，单击【确定】按钮筛选凭证。选择相应凭证(通过凭证编号确认)，单击【审核】按钮，如图8-14所示。

图8-14 凭证审核

案例二 结转损益

↗ 实验数据

环球日化集团本部总账会计樊江波(fjb+学号)结束环球日化集团本部 2017 年 1 月的所有业务，生成结转损益凭证并过账。结算损益方案，如表 8-1 所示。

表 8-1 结转损益方案

方案编码	方案名称
001.学号	结转损益方案+学号

↗ 流程图

结转损益业务流程，如图 8-15 所示。

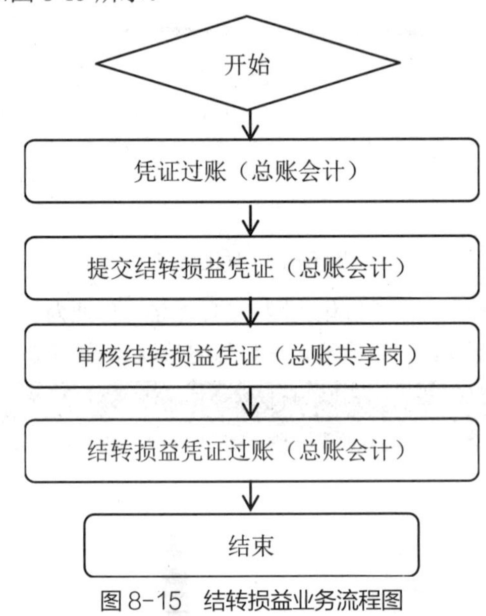

图 8-15 结转损益业务流程图

↗ 操作指导

1. 凭证过账

总账会计樊江波在环球日化集团本部过账所有凭证。樊江波进入 EAS 网页端，用户名为 fjb+学号，密码为空，单击【登录】按钮进入我的工作台页面。

单击【樊江波】-【组织-切换】选项，切换组织为环球日化集团本部+姓名，单击【确定】按钮。单击【应用】-【财务会计】-【总账】-【总账工作台】选项，进入总账工作台页面，如图 8-16 所示。

图 8-16 总账工作台

在总账工作台页面，单击【未过账凭证】按钮，进入凭证查询页面，如图 8-17 所示。

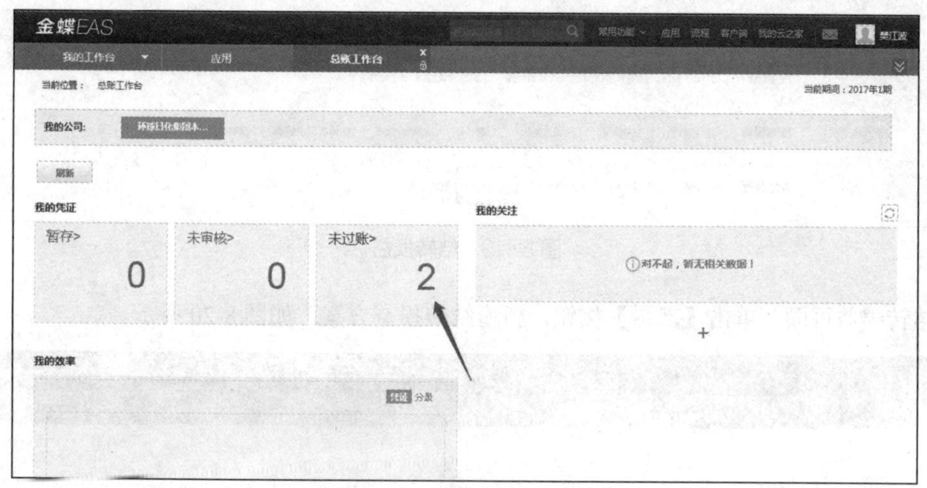

图 8-17 未过账凭证查询

在凭证查询页面，选择所有未过账凭证，单击【过账】按钮，如图 8-18 所示。

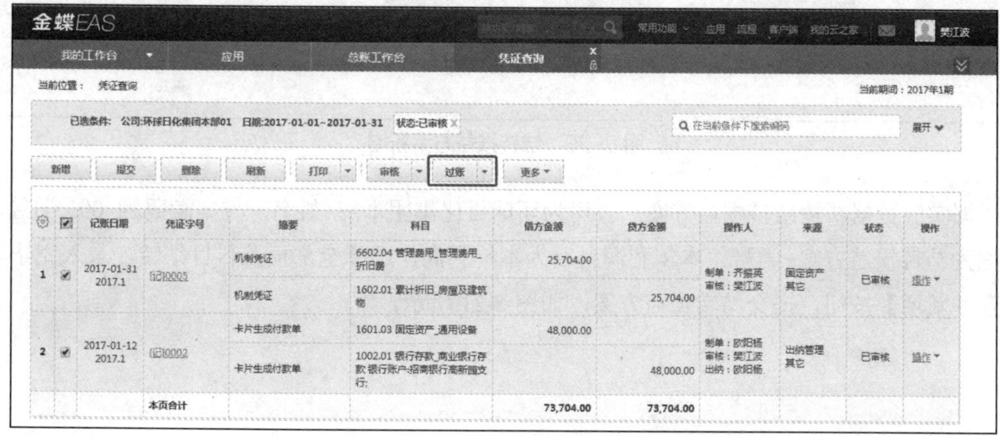

图 8-18 凭证过账

2. 提交结转损益凭证

本部总账会计樊江波在环球日化集团本部新建结转损益方案并生成结算损益凭证。单击【应用】-【财务会计】-【总账】-【结转损益】选项，进入结转损益页面，如图 8-19 所示。

图 8-19 结转损益

在结转损益页面，单击【新增】按钮，新增结转损益方案，如图 8-20 所示。

图 8-20 结转损益方案新增

根据实验数据新增结转损益方案。公司为环球日化集团本部+姓名，方案编码为 001.学号，方案名称为结转损益方案+学号，本年利润科目为本年利润，选择全部损益科目结转，录入完毕单击【保存并新增】按钮，提交结转损益方案，如图 8-21 所示。

图 8-21　结转损益方案录入完成并提交

单击【返回】按钮进入结转损益页面，选择相关结转损益方案，单击【生成凭证】按钮，如图 8-22 所示。

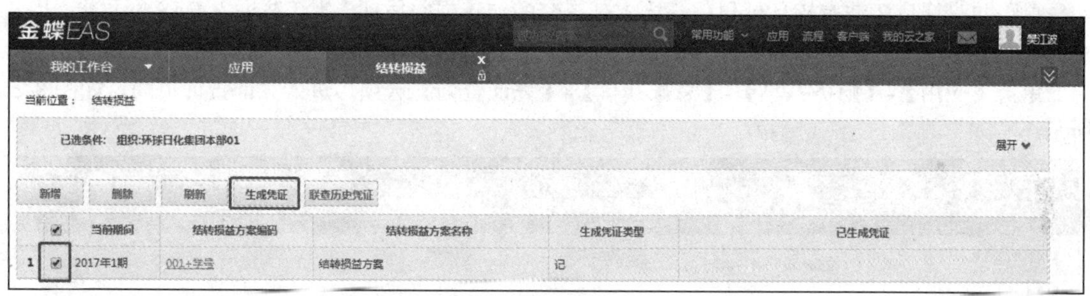

图 8-22　生成凭证

单击【联查历史凭证】按钮进入凭证查看页面，选择已生成凭证的凭证字号，单击【修改】按钮进入凭证编辑页面，如图 8-23 所示。

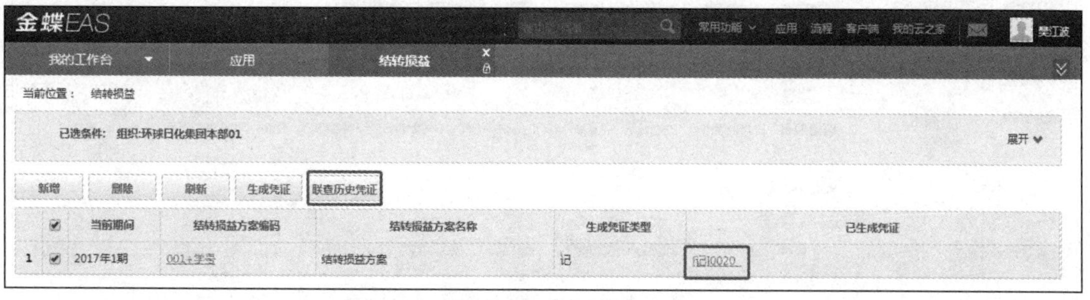

图 8-23　凭证修改

在凭证编辑页面，输入记账日期为 2017-01-31。录入完毕单击【提交】按钮完成操作，如图 8-24 所示。

图 8-24　凭证录入完成并提交

3. 审核结转损益凭证

总账共享岗樊江波审核环球日化集团本部提交的结转损益凭证。樊江波进入 EAS 网页端，用户名为 fjb+学号，密码为空，单击【登录】按钮进入我的工作台页面。

单击【应用】-【财务共享】-【总账共享】-【凭证查询】选项，进入凭证查询页面，如图 8-25 所示。

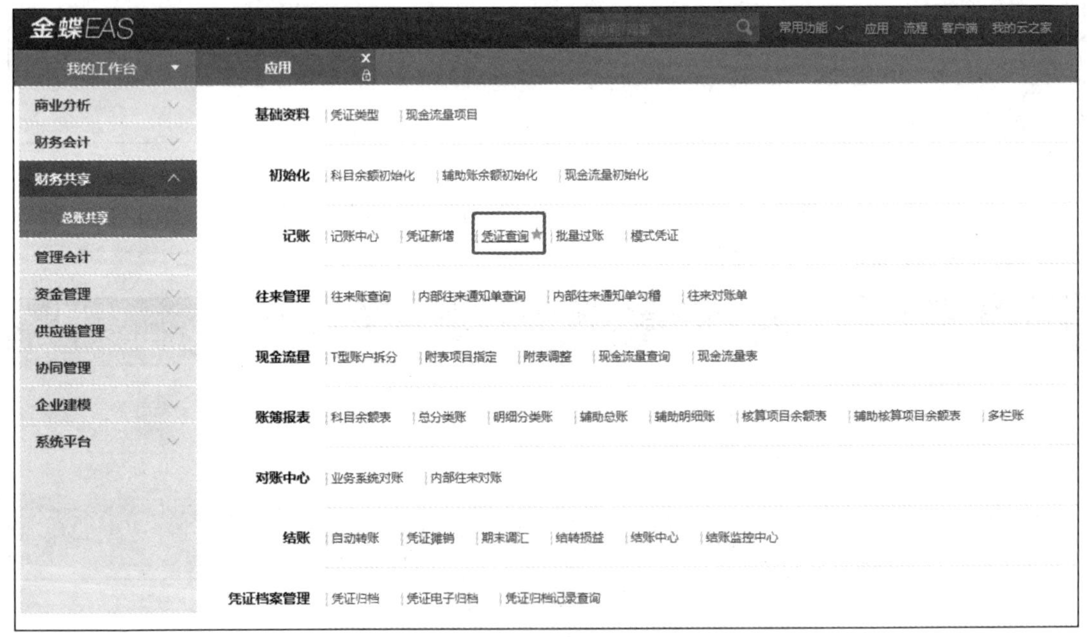

图 8-25　凭证查询

在凭证查询页面，选择公司为环球日化集团本部+姓名，日期为 2017-01-01 至 2017-01-31，单击【确定】按钮筛选凭证。选择相应凭证，单击【审核】按钮，如图 8-26 所示。

图 8-26 凭证审核

4. 结转损益凭证过账

本部总账会计樊江波过账结转损益凭证。单击【应用】-【财务会计】-【总账】-【凭证查询】选项，进入凭证查询页面，如图 8-27 所示。

图 8-27 凭证查询

在凭证查询页面，选择公司为环球日化集团本部+姓名，日期为 2017-01-01 至 2017-01-31，单击【确定】按钮筛选凭证。选择相应凭证，单击【过账】按钮，如图 8-28 所示。

图 8-28 凭证过账

案例三 报表

实验数据

报表共享岗刘长欢在环球日化集团导入三大报表模板作为公共报表模板，如表 8-2 所示。环球日化集团本部总账会计樊江波(fjb+学号)新增并计算 2017 年 1 月三大报表。

表 8-2 报表模板

模板编码	模板名称	是否为公共模板	是否允许下级组织修改模板
学号.001	报表模板+姓名	是	是

流程图

报表业务流程，如图 8-29 所示。

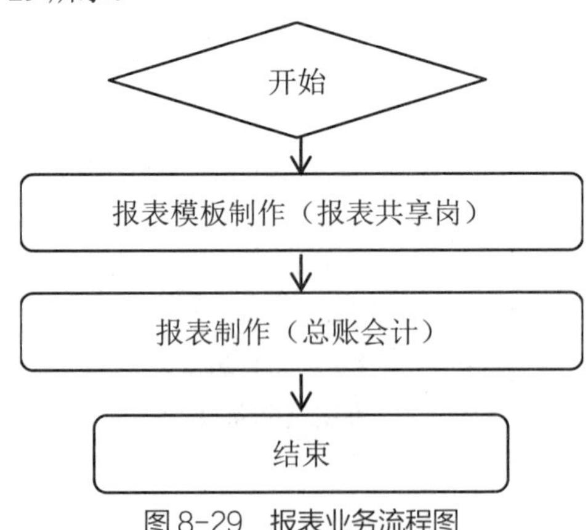

图 8-29 报表业务流程图

操作指导

1. 报表模板制作

报表共享岗刘长欢登录 EAS 客户端，导入报表模板并审核。刘长欢进入 EAS 客户端，用户名为 lch+学号，密码为空，单击【登录】按钮进入系统平台页面，如图 8-30 所示。

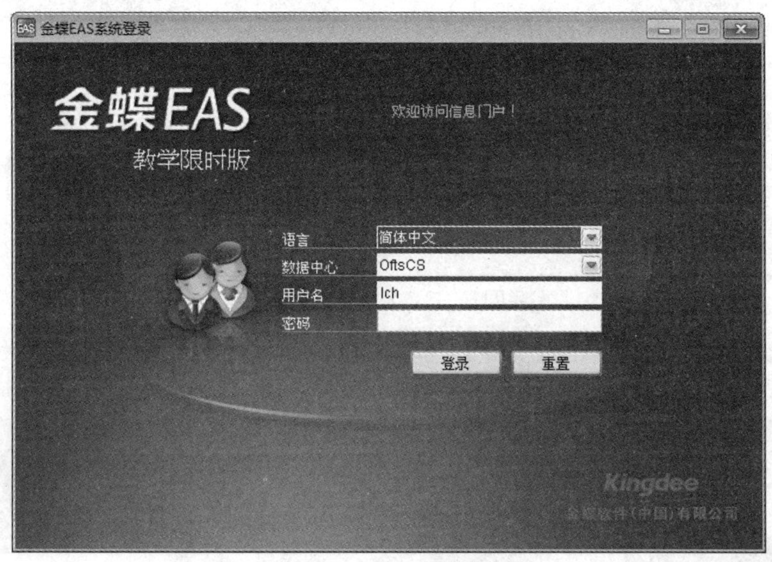

图 8-30 EAS 客户端登录

在系统平台页面，选择组织为环球日化集团+姓名，单击【财务会计】-【报表管理】-【报表编制】-【模板制作】选项，进入模板制作页面，如图 8-31 所示。

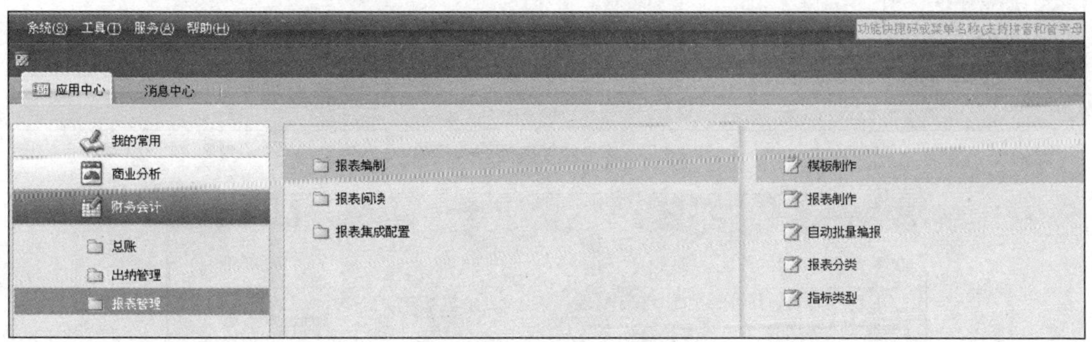

图 8-31 模板制作查询

在模板制作页面，单击【新增】按钮新建模板，如图 8-32 所示。

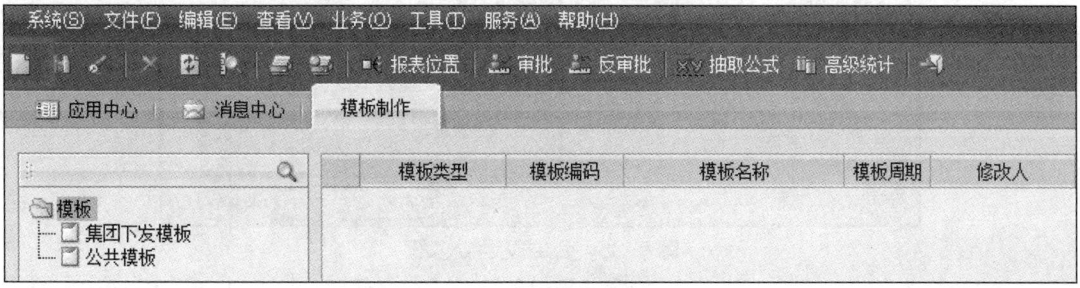

图 8-32 模板新增查询

根据实验数据新建模板。公司为环球日化集团+姓名，模板编码为学号.001，模板名称为报表模板+姓名；选择公共模板、允许下级组织修改模板，单击【确定】按钮进入公共模板—新建页面，如图 8-33 所示。

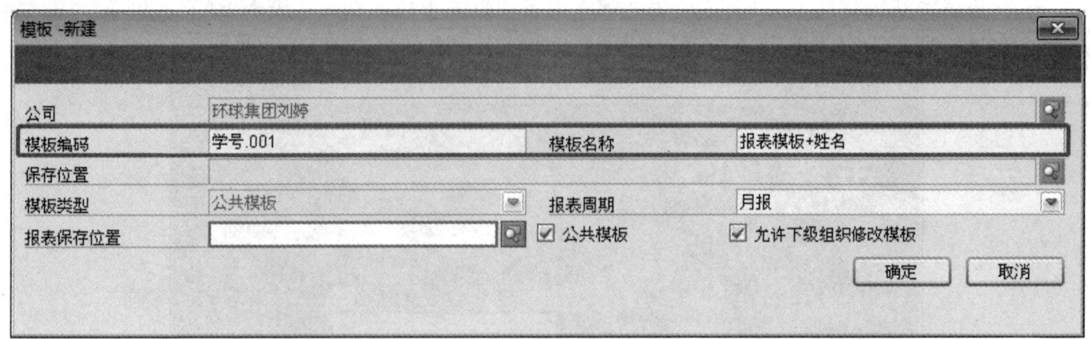

图 8-33　公共模板新建

在公共模板—新建页面，单击【文件】-【导入】按钮，在【导入文件】对话框中选择文件名为报表模板—公共模板导入，如图 8-34 和图 8-35 所示。

图 8-34　公共模板导入查询

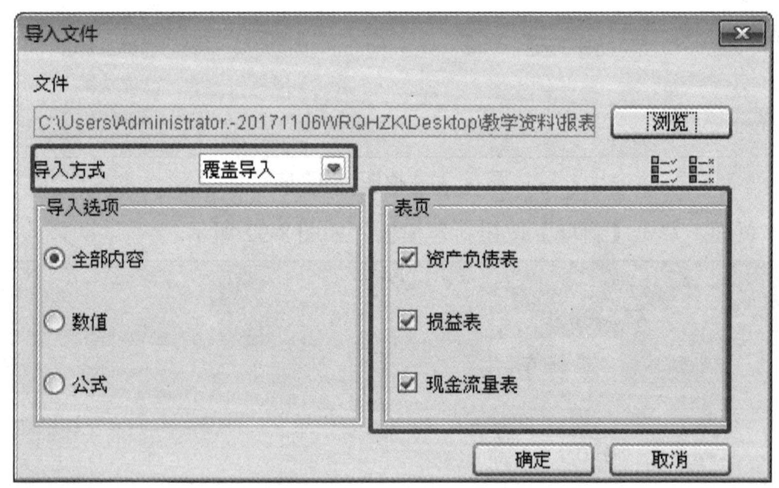

图 8-35　公共模板导入页面

模板导入成功后，在公共模板—新建页面，单击【保存】按钮后再进行审批，单击【工具】-【审批】选项，如图 8-36 所示。

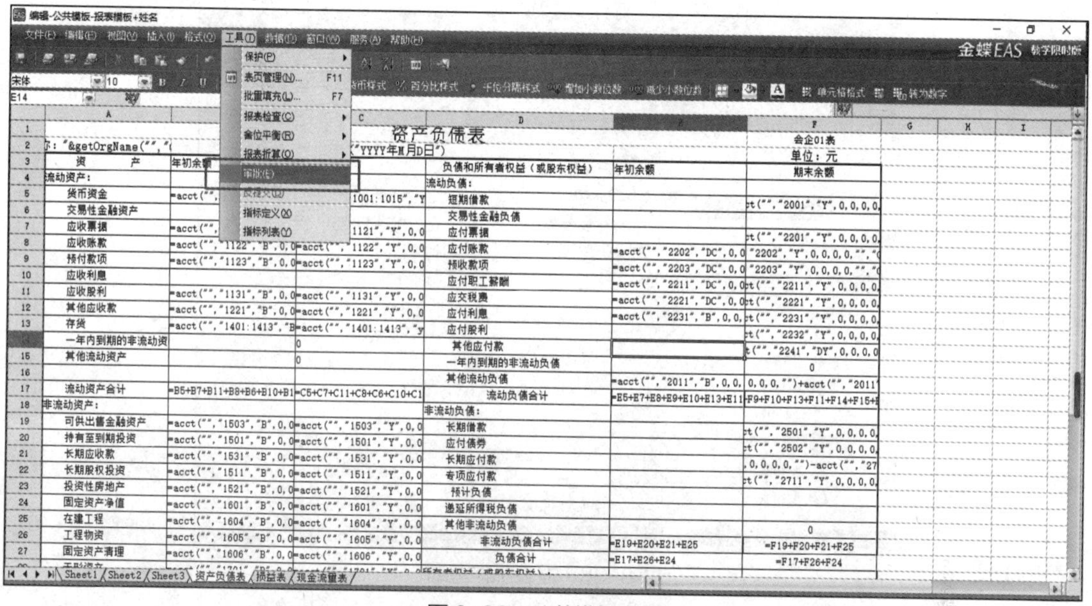

图 8-36　公共模板审批

2. 报表制作

本部总账会计樊江波登录 EAS 客户端，新增本部报表。樊江波进入 EAS 客户端，用户名为 fjb+学号，密码为空，单击【登录】按钮进入系统平台页面，如图 8-37 所示。

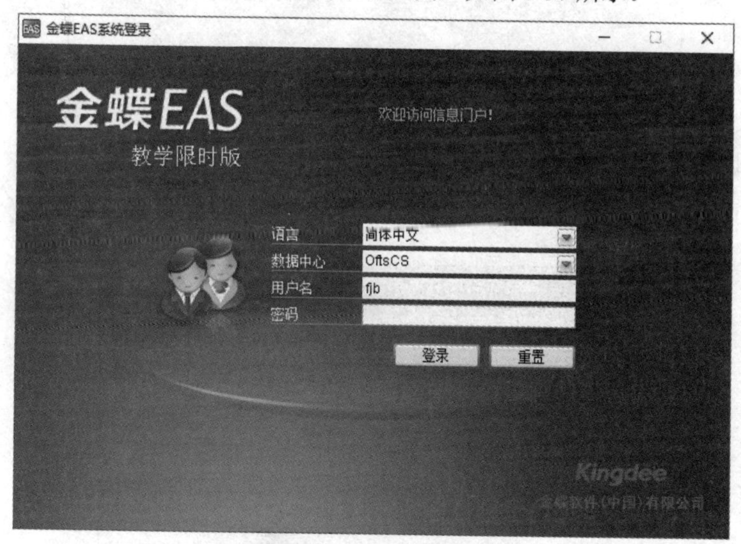

图 8-37　EAS 客户端登录

在系统平台页面，选择组织为环球日化集团本部+姓名，单击【财务会计】-【报表管理】-【报表编制】-【报表制作】选项，进入报表制作页面，如图 8-38 所示。

图 8-38 报表制作查询

在报表制作页面，单击【新增】按钮新建报表，如图 8-39 所示。

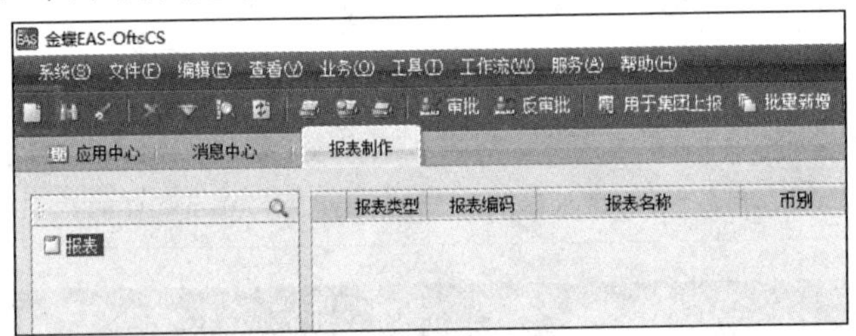

图 8-39 报表新增查询

根据实验数据新建报表。报表名称为三大报表+姓名，期间为 2017 年第 1 期，选择【选用普通模板创建报表】单选按钮，模板为学号.001-报表模板+姓名，单击【确定】按钮进入报表新建页面，如图 8-40 所示。

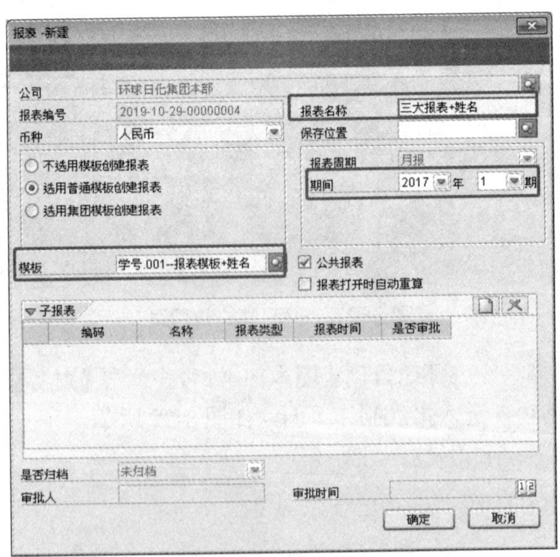

图 8-40 报表新建

在报表新建页面，单击工具栏中的【计算】按钮，如图 8-41、图 8-42 和图 8-43 所示。

资产负债表

会企01表

名称：环球日化集团本部01　　2017年1月31日　　单位：元

资　　产	年初余额	期末余额	负债和所有者权益（或股东权益）	年初余额	期末余额
流动资产：			流动负债：		
货币资金	3,350,000.00	3,302,000.00	短期借款		0.00
交易性金融资产			交易性金融负债		
应收票据	0.00	0.00	应付票据		0.00
应收账款	100,000.00	100,000.00	应付账款	100,000.00	100,000.00
预付款项	0.00	0.00	预收款项	0.00	0.00
应收利息			应付职工薪酬	0.00	0.00
应收股利	0.00	0.00	应交税费	0.00	0.00
其他应收款	0.00	0.00	应付利息	0.00	0.00
存货	3,196,000.00	3,196,000.00	应付股利		0.00
一年内到期的非流动资		0.00	其他应付款		0.00
其他流动资产		0.00	一年内到期的非流动负债		0.00
			其他流动负债	0.00	0.00
流动资产合计	6,646,000.00	6,598,000.00	流动负债合计	100,000.00	100,000.00
非流动资产：			非流动负债：		
可供出售金融资产	0.00	0.00	长期借款		0.00
持有至到期投资	0.00	0.00	应付债券		0.00
长期应收款	0.00	0.00	长期应付款		0.00
长期股权投资	125,667,142.86	125,667,142.86	专项应付款		0.00
投资性房地产	0.00	0.00	预计负债		
固定资产净值	11,682,857.14	11,705,153.14	递延所得税负债		
在建工程	0.00	0.00	其他非流动负债		0.00
工程物资	0.00	0.00	非流动负债合计	0.00	0.00
固定资产清理	0.00	0.00	负债合计	100,000.00	100,000.00

图 8-41　资产负债表

损益表

公司名称：环球日化集团本部　2017年1月　单位：元

项目	本期金额	本年累计金额	上年同期数金额
一、营业收入	0.00	0.00	0.00
其中：主营业务收入	0.00	0.00	0.00
其他业务收入	0.00	0.00	0.00
减：营业成本	0.00	0.00	0.00
其中：主营业务成本	0.00	0.00	0.00
其他业务成本	0.00	0.00	0.00
营业税金及附加	0.00	0.00	0.00
销售费用	0.00	0.00	0.00
管理费用	25,704.00	25,704.00	0.00
财务费用	0.00	0.00	0.00
资产减值损失	0.00	0.00	0.00
加：公允价值变动收益（损失以	0.00	0.00	0.00
投资收益（损失以“-”号	0.00	0.00	0.00
二、营业利润（亏损以“-”号填	(25,704.00)	(25,704.00)	0.00
加：营业外收入	0.00	0.00	0.00
减：营业外支出	0.00	0.00	0.00
其中：非流动资产处置损失	0.00	0.00	0.00
三、利润总额（亏损总额以“-”号	-25704	-25704	0
减：所得税费用	0.00	0.00	0.00
四、净利润（净亏损以“-”号填	-25704	-25704	0
五、每股收益			
（一）基本每股收益			
（二）稀释每股收益			

图 8-42　损益表

	A	B	C
19	处置固定资产、无形资产和其他长期资产收回的现金净额	0.00	0.00
20	处置子公司及其他营业单位收到的现金净额	0.00	0.00
21	收到其他与投资活动有关的现金	0.00	0.00
22	投资活动现金流入小计	0.00	0.00
23	购建固定资产、无形资产和其他长期资产支付的现金	48,000.00	48,000.00
24	投资支付的现金	0.00	0.00
25	取得子公司及其他营业单位支付的现金净额	0.00	0.00
26	支付其他与投资活动有关的现金	0.00	0.00
27	投资活动现金流出小计	48,000.00	48,000.00
28	投资活动产生的现金流量净额	-48,000.00	-48,000.00
29	三、筹资活动产生的现金流量：		
30	吸收投资收到的现金	0.00	0.00
31	取得借款收到的现金	0.00	0.00
32	发行债券收到的现金	0.00	0.00
33	收到其他与筹资活动有关的现金	0.00	0.00
34	筹资活动现金流入小计	0.00	0.00
35	偿还债务支付的现金	0.00	0.00
36	分配股利、利润或偿付利息支付的现金	0.00	0.00
37	支付其他与筹资活动有关的现金	0.00	0.00
38	筹资活动现金流出小计	0.00	0.00
39	筹资活动产生的现金流量净额	0.00	0.00
40	四、汇率变动对现金及现金等价物的影响	0.00	0.00
41	五、现金及现金等价物净增加额	-48,000.00	-48,000.00
42	加：期初现金及现金等价物余额	3,350,000.00	3,350,000.00
43	六、期末现金及现金等价物余额	3,302,000.00	3,302,000.00

资产负债表 / 损益表 / 现金流量表

图 8-43　现金流量表

计算完成后，单击工具栏中的【保存】按钮，如图 8-44 所示。

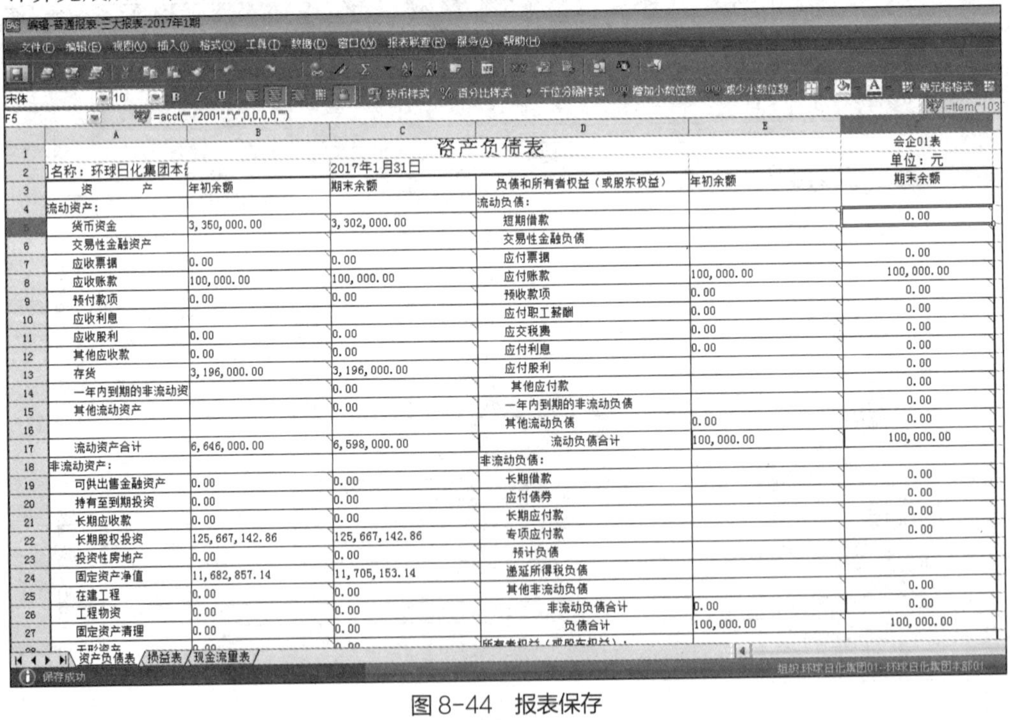

F5 =acct("","2001","Y",0,0,0,0,"")

	A	B	C	D	E	F
1			资产负债表			会企01表 单位：元
2	名称：环球日化集团本		2017年1月31日			
3	资　　产	年初余额	期末余额	负债和所有者权益（或股东权益）	年初余额	期末余额
4	流动资产：			流动负债：		
5	货币资金	3,350,000.00	3,302,000.00	短期借款		0.00
6	交易性金融资产			交易性金融负债		
7	应收票据	0.00	0.00	应付票据		0.00
8	应收账款	100,000.00	100,000.00	应付账款	100,000.00	100,000.00
9	预付款项	0.00	0.00	预收款项	0.00	0.00
10	应收利息			应付职工薪酬	0.00	0.00
11	应收股利	0.00	0.00	应交税费	0.00	0.00
12	其他应收款	0.00	0.00	应付利息	0.00	0.00
13	存货	3,196,000.00	3,196,000.00	应付股利		0.00
14	一年内到期的非流动资		0.00	其他应付款		0.00
15	其他流动资产		0.00	一年内到期的非流动负债		0.00
16				其他流动负债	0.00	0.00
17	流动资产合计	6,646,000.00	6,598,000.00	流动负债合计	100,000.00	100,000.00
18	非流动资产：			非流动负债：		
19	可供出售金融资产	0.00	0.00	长期借款		0.00
20	持有至到期投资	0.00	0.00	应付债券		0.00
21	长期应收款	0.00	0.00	长期应付款		0.00
22	长期股权投资	125,667,142.86	125,667,142.86	专项应付款		0.00
23	投资性房地产	0.00	0.00	预计负债		
24	固定资产净值	11,682,857.14	11,705,153.14	递延所得税负债		
25	在建工程	0.00	0.00	其他非流动负债		0.00
26	工程物资	0.00	0.00	非流动负债合计	0.00	0.00
27	固定资产清理	0.00	0.00	负债合计	100,000.00	100,000.00

资产负债表 / 损益表 / 现金流量表

保存成功

图 8-44　报表保存

打开报表制作页面，单击【新刷】按钮，选择相应报表，单击【审批】按钮完成报表审批，如图 8-45 所示。

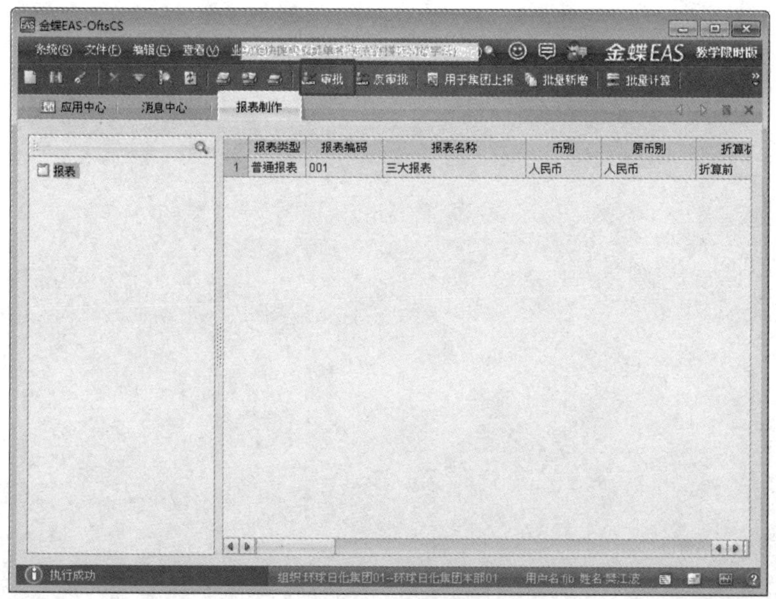

图 8-45 报表审批

8.3 练习任务

练习 1：

公司鼓励内部员工参加美容师认证资质培训，培训费为 5 000 元，若员工获得资质证书，公司承担一半培训费。

2019 年 8 月，环球日化集团本部共 10 人获得资质证书，公司将退还一半的培训费给员工。2019 年 8 月 30 日，共享中心集中结算支付货款，本部出纳陈晓陶(cxt+学号)提交付款单到共享中心审批。

练习 2：

2019 年 7 月 16 日，环球日化深圳销售有限公司销售员林莉莉反馈本月工资多发 500 元，林莉莉向环球日化集团对公账户支付 500 元。环球日化深圳销售有限公司出纳张合凯(zhk+学号)收到款项，提交收款单到共享中心审批。

练习 3：

环球日化深圳销售有限公司总账会计陈军波(cjb+学号)结束 2017 年 1 月的所有业务，生成结转损益凭证并过账。

练习 4：

环球日化集团本部总账会计樊江波(fjb+学号)新增并计算 2019 年 7 月的三大报表。

第 4 篇

财务运营管理

第 9 章

共享运营管理

9.1 系统概述

运营管理是对提供的产品或服务进行设计、运行、评价和改进的活动。通过对价值链上的各项活动进行分析和设计，提高组织运作效益，协调组织活动并不断优化。具体的运营管理流程如图 9-1 所示。

运营管理常见的活动包括：制定科学高效的运作体系，养成规范良好的作业习惯；确保工作按制度执行，不断检查执行的效果；随着组织的发展不断优化，创新工作流程。

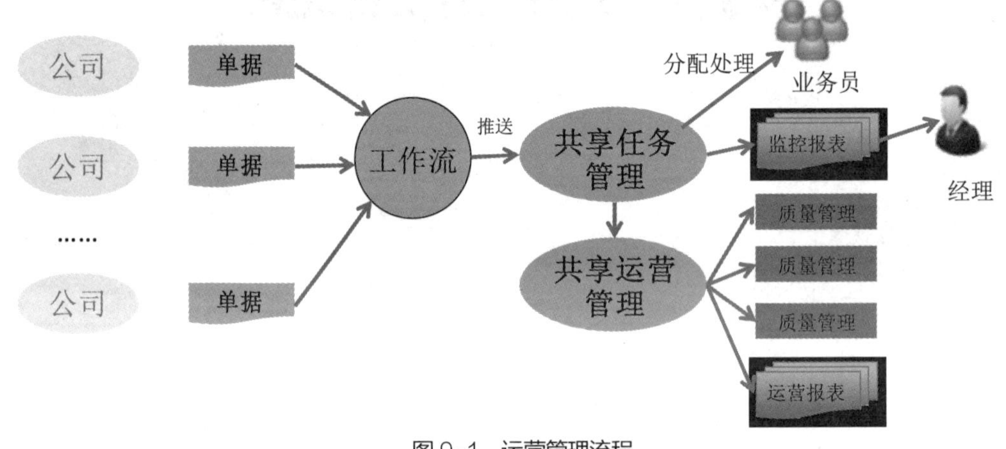

图 9-1 运营管理流程

9.1.1 质量管理

1. 模块简介

质量管理功能主要是由质检管理员对质检方案进行管理，执行质检方案后可分配任务给质检员进行质检，主要是对在共享任务池中审核完成的单据进行抽检，实现对整个流程的质量监控并实现风险可控。另外，如果启用信用管理功能，质检结果会影响提单人的信用评级及共享审核人的绩效评估。质量管理流程如图 9-2 所示。

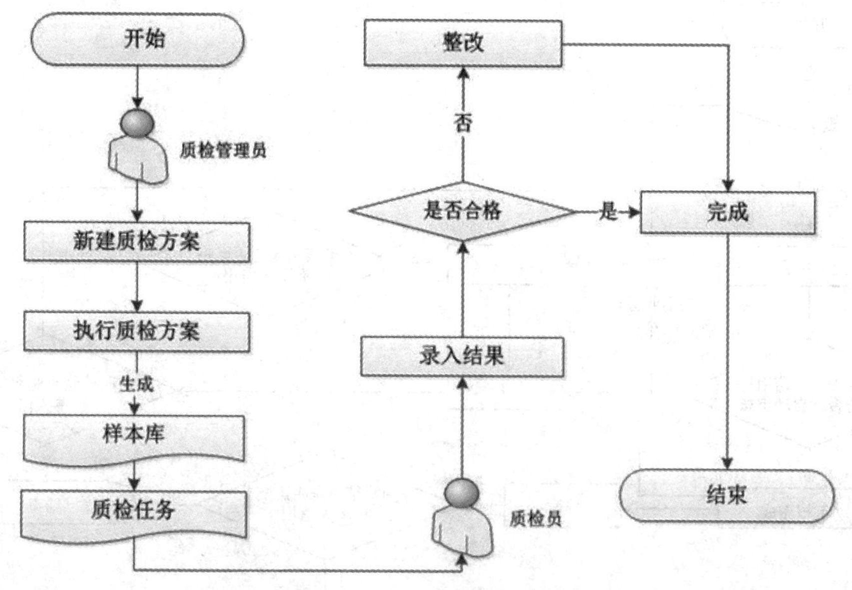

图 9-2 质量管理流程图

2. 名词解释

(1) 质检管理员，负责共享任务处理的质量稽核管理，主要的职责为质检不合格原因维护、执行质检方案、维护样本库，以及质检任务的分配和管理。质检管理员可操作的主要功能包括：不合格原因管理；质检方案管理；执行质检方案；启用/禁用质检方案；设置质检方案的执行调度；质检样本库查询；质检任务查询；样本库分配；样本库删除；样本库的关闭；样本库的导出；质检任务分配；质检任务删除；质检任务导出。

(2) 质检员，质检工作的执行者，在系统中的主要职责是对质检任务进行检查并录入结果、对有问题的质检任务跟踪整改。质检员可操作的主要功能包括：质检结果录入；查看单据；查看影像；查看审批记录；导出质检任务。

(3) 质检任务池，汇集需质检的项目，由审计质检员在任务池中对质检任务进行检验并录入检验结果，并对有问题的质检任务跟踪整改情况。

(4) 质检方案，由质检管理员建立的抽检规则，可手工执行或者自动执行。

(5) 质检样本库，质检管理员执行质检方案后所抽取数据的总称。

9.1.2 信用管理

1. 模块简介

信用管理功能目前主要是针对用户的信用管理，用户的信用等级会影响用户提交报销流程时共享审核流程的差异。而信用等级的升降级又和共享审核、质检、抽检的结果录入有关联。信用管理流程如图 9-3 所示。

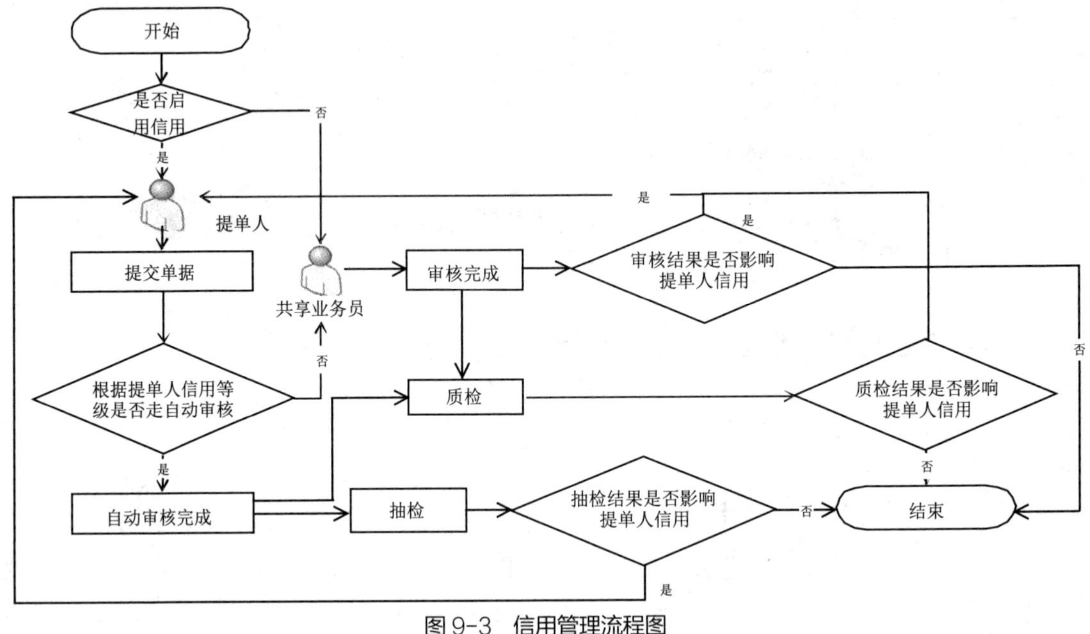

图 9-3 信用管理流程图

2. 名词解释

信用管理员，是对提单人的信用以及共享信用规则的管理。主要职责是维护信用等级、设置信用参数、设置信用升降级规则、维护信用档案、查看信用日志。信用管理员可操作的主要功能包括：信用档案查询、信用变更日志、信用参数设置、信用等级设置、信用升降级设置。

9.2 质量管理设置

9.2.1 用户角色权限

↗ 用途与目的

使用质量管理功能需要设置质检管理员和审计质检员 2 个角色。质检管理员的主要职责为维护质检不合格原因、维护和执行质检方案、维护样本库、质检任务分配和管理。质检员的主要职责是对质检任务进行检查并录入结果、对有问题的质检任务跟踪整改。质检管理员和质检员需同时分配 EAS 功能权限及用户才能使用。

↗ 栏位说明

角色设置字段说明，如表 9-1 所示。

表 9-1 角色设置字段说明

数据项	说 明
编码	用户手工录入，不可以为空，也不能重复
名称	用户手工录入，不可以为空，也不能重复
角色类型	必录，可选质检管理员或质检员
单据类型	必录，为每种单据的类型
描述	非必录

↗ 操作说明

质检管理员和质检员都无须分配组织，建好后的质检管理员和质检员再分配给用户使用。

用户 sscadmin 登录 EAS 网页端，选择【财务共享】-【共享服务后台管理】-【权限管理】-【角色管理】选项，在角色编辑页面新增质检管理员和质检员单据，如图 9-4 和图 9-5 所示。

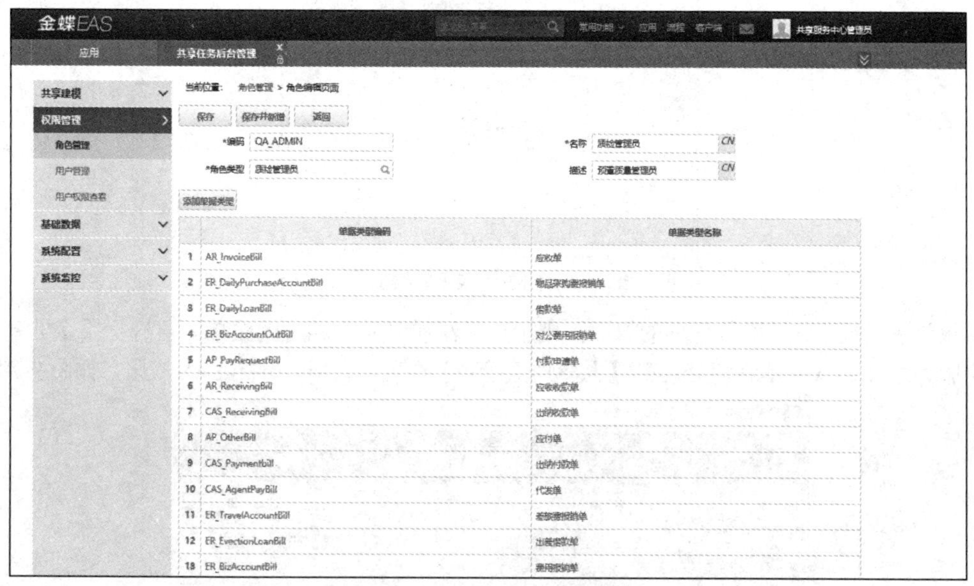

图 9-4　质检管理员新增

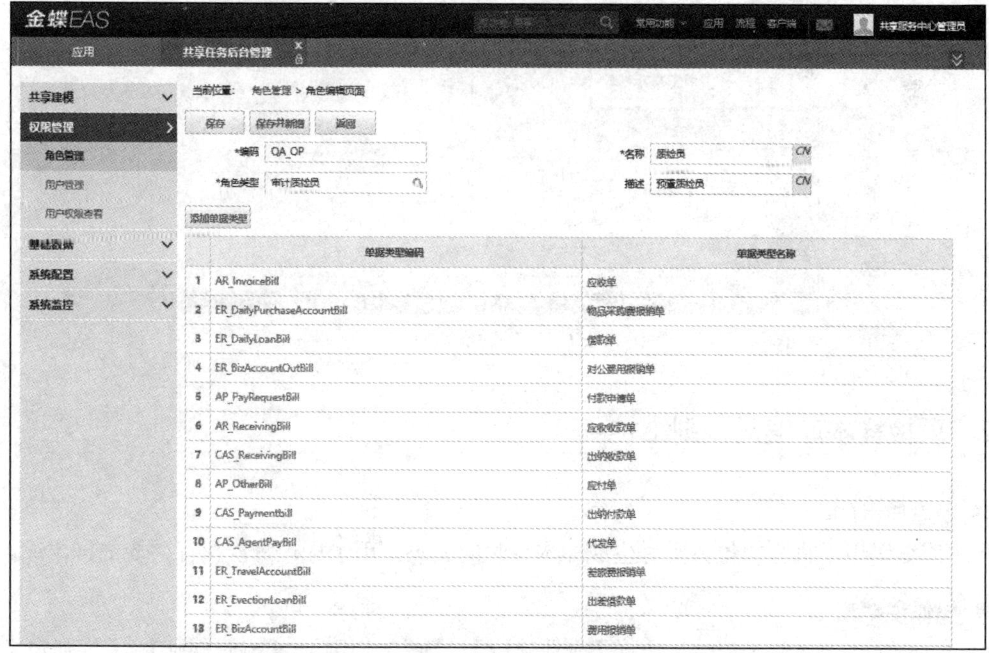

图 9-5　质检员新增

如果只分配 EAS 功能权限而没有分配角色权限，那么会出现提示，如图 9-6 所示。

图 9-6 角色权限未分配提示

如果没有分配 EAS 质量管理的权限，则用户无法看到质检相关的菜单。可选择【企业建模】-【共享服务管理】-【共享运营处理】-【共享质量管理】选项，为用户分配 EAS 权限，如图 9-7 所示。

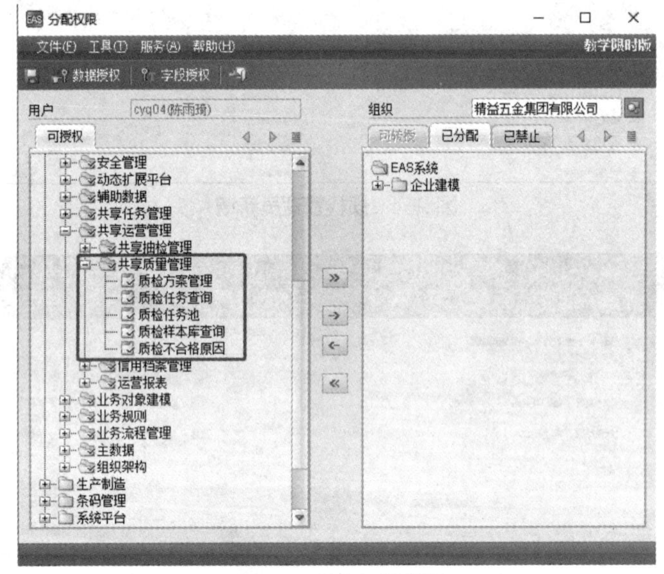

图 9-7 角色权限分配

9.2.2 质检样本库编码规则维护

↗ 用途与目的

样本库编码用于执行质检方案时生成样本库时的编码，用于标识每次执行生成的样本库。

↗ 操作说明

用户 user 登录 EAS 客户端，选择【企业建模】-【业务规则】-【编码规则】-【规则定义】选项，单击【企业建模】-【共享服务管理】-【样本库】选项，新增样本库的编码规则，如图 9-8 和图 9-9 所示。

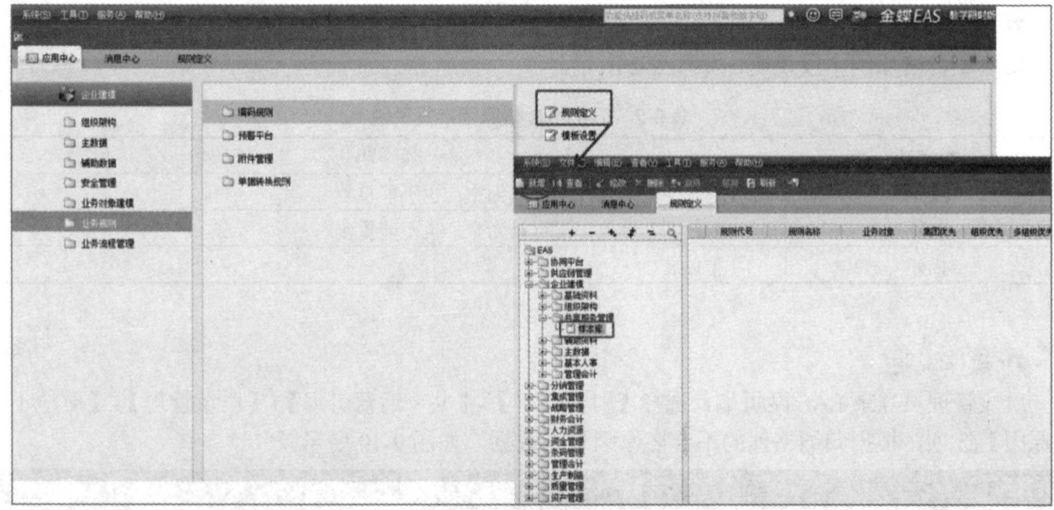

图 9-8 规则定义

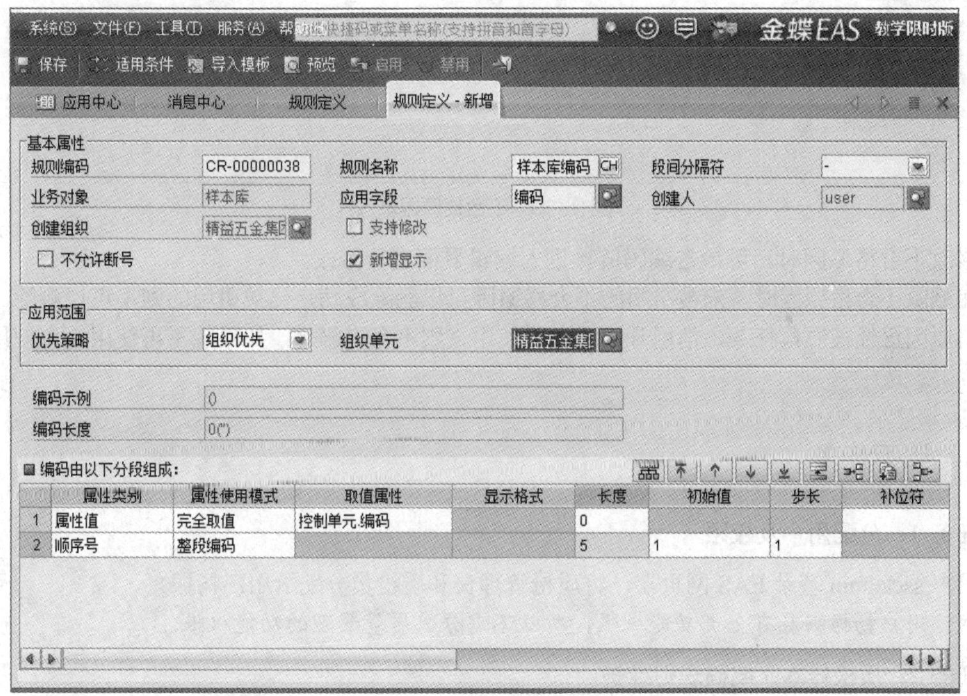

图 9-9 样本库编码规则新增

9.2.3 不合格原因维护

↗ 用途与目的

不合格原因是质检员在进行质检录入时选择的原因，录入结果可以选择多个不合格原因，一个不合格原因也可以被多个质检任务引用。后续通过不合格原因确定对制单人信用等级及共享审核人员的绩效考核。

栏位说明

质检不合格原因字段说明，如表 9-2 所示。

表 9-2 质检不合格原因字段说明

数据项	说 明
编码	用户手工录入，不可以为空，也不能重复
名称	用户手工录入，不可以为空，也不能重复
描述	非必录

操作说明

质检管理员登录 EAS 网页端，选择【财务共享】-【共享运营管理】-【质量管理】-【质检不合格原因】选项，根据归纳整理的不合格原因录入数据，如图 9-10 所示。

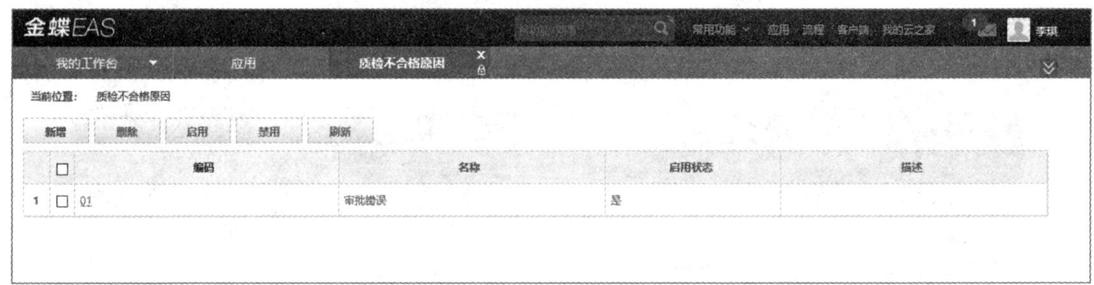

图 9-10 不合格原因录入

修改不合格原因时，可单击编码链接进入编辑界面进行修改。

在删除不合格原因时，未被引用的不合格原因可以删除成功，已被引用的则不可以删除。如果不合格原因已经被质检任务、信用升降级设置使用，则不允许删除，如果想不再使用，可使用禁用功能。

9.2.4 练习任务

任务 1：分配用户及权限

用户 sscadmin 登录 EAS 网页端，将质检管理员和质检员分配给用户杨振兴。

注：*用户杨振兴具有全部功能权限，所以不需分配质量管理的功能权限。*

任务 2：质检样本库编码规则维护

信息管理员康路达登录 EAS 客户端，根据表 9-3 中资料维护质检样本库编码规则。

表 9-3 质检样本库编码规则

规则编码	默认	
规则名称	样本库编码	
应用范围	优先策略	集团优先
	组织单元	环球日化集团+姓名
属性类别	属性值	属性使用模式为完全取值；取值属性为控制单元.编码；长度为 0
	顺序号	属性使用模式为整段编码；长度为 5

任务 3：不合格原因维护

质检管理员杨振兴登录 EAS 网页端，根据表 9-4 中资料维护质检不合格原因。

表 9-4 不合格原因

编 码	名 称	启用状态
默认	审批结果错误	是

9.3 信用管理设置

9.3.1 启用信用参数设置

↗ 用途与目的

要使用信用相关功能，需要启用信用管理参数。

↗ 操作说明

用户 administrator 登录 EAS 客户端，选择【系统平台】-【系统工具】-【系统配置】-【参数设置】选项，启用信用管理参数路径为【企业建模】-【共享服务管理】选项，在参数列表中将参数名称设置为“启用共享服务信用管理”，将参数值设置为“是”，如图 9-11 所示。

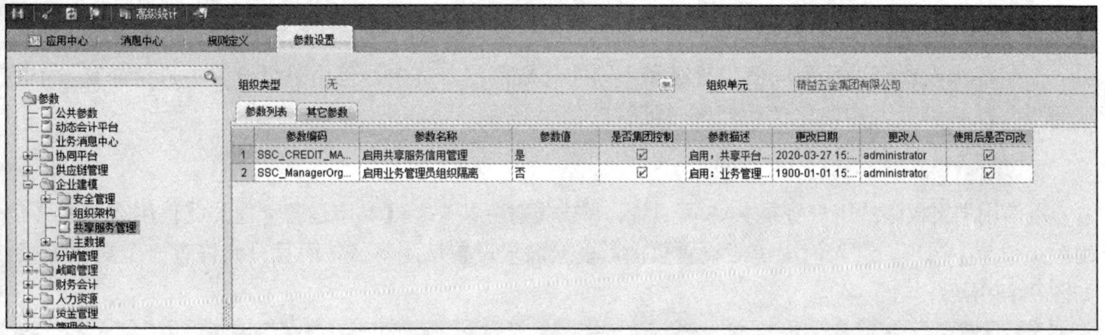

图 9-11 信用管理参数启用

9.3.2 分配信用权限

↗ 用途与目的

用户要使用信用管理的功能，需要分配 EAS 功能权限才能使用。

↗ 操作说明

用户 administrator 登录 EAS 客户端，选择【企业建模】-【安全管理】-【用户管理】选项，打开用户管理界面。选择需要分配信用管理权限的用户，选择用户后单击【分配权限】按钮。授权路径为选择【企业建模】-【共享运营管理】-【信用档案管理】选项，分配该权限，如图 9-12 所示。

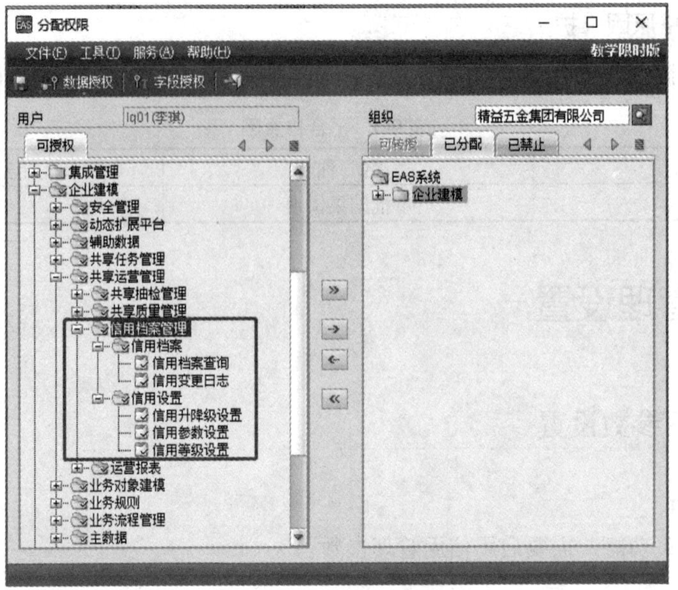

图 9-12 用户权限分配

9.3.3 信用等级设置

用途与目的

信用等级设置可设置不同信用等级和不同的分数范围。其中，信用等级设置中只允许有一个默认等级，默认等级为初始化信用档案时默认的信用等级。

操作说明

有信用档案权限的用户登录 EAS 网页端，单击【财务共享】-【共享运营管理】-【信用管理】-【信用等级设置】选项，进入信用等级设置页面。根据需求设置信用等级，而且只允许有一个默认等级，如图 9-13 所示。

	编码	信用名称	信用分数范围从	信用分数范围到	默认分数	默认等级	描述
1	1	优秀	90	100	90	是	
2	2	良好	80	89	80	否	
3	3	及格	60	79	60	否	
4	4	差	0	59	0	否	

图 9-13 信用等级设置

9.3.4 信用档案初始化

用途与目的

信用档案初始化主要用于系统初次使用信用功能时，对系统中的用户初始化信用等级，为系统建立一套信用档案。

➚ 栏位说明

信用档案字段说明，如表 9-5 所示。

表 9-5 信用档案字段说明

数据项	说 明
用户账号	来源系统所在的用户账号
用户名称	来源系统所在的用户账号
组织	来源系统所在的用户的所属组织
信用等级	用户的信用等级
信用分数	用户的信用分数
本年不合格次数	本年不合格次数(共享审核、质检、抽检)
不合格总次数	不合格总次数(共享审核、质检、抽检)
来源系统	用户来源的系统

➚ 操作说明

有信用档案权限的用户登录 EAS 网页端，单击【财务共享】-【共享运营管理】-【信用管理】-【信用档案查询】选项，进入信用档案查询页面。单击【初始化】按钮完成信用档案的初始化，如图 9-14 所示。

图 9-14 信用档案查询初始化

注：已经初始化的系统不能再重新初始化。

9.3.5 信用档案修改

➚ 用途与目的

信用档案支持手工修改用户的信用等级。

操作说明

有信用档案权限的用户登录 EAS 网页端，单击【财务共享】-【共享运营管理】-【信用管理】-【信用档案查询】选项，进入信用档案查询页面。选择需要修改信用等级的用户，单击用户账号链接，进入修改界面进行信用档案的修改，如图 9-15 所示。

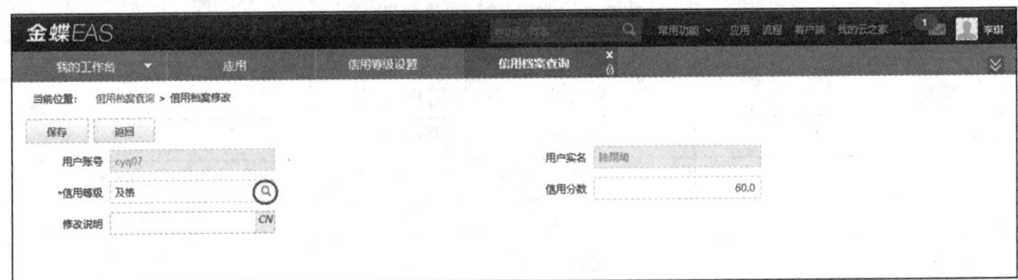

图 9-15 信用档案修改

9.3.6 信用参数设置

用途与目的

用于设置影响信用的单据类型，以及影响信用的数据种类。

操作说明

有信用档案权限的用户登录 EAS 网页端，单击【财务共享】-【共享运营管理】-【信用管理】-【信用参数设置】选项，进入信用参数设置页面。单击【增行】按钮新增影响信用的单据类型。设置影响信用的数据种类，包括共享审核、共享抽检、审计质检，默认为否，不启用就不参与自动更新信用等级分数和等级结算，如果要启用可把它修改为是，如图 9-16 所示。

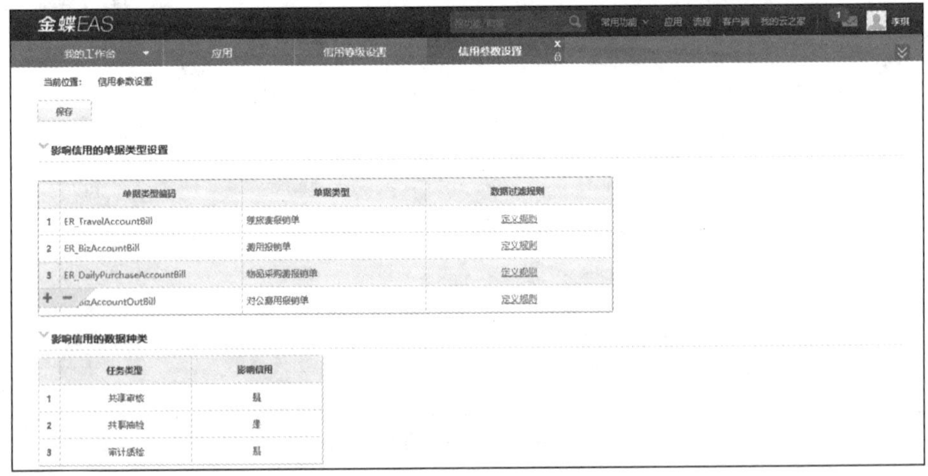

图 9-16 信用参数设置

注：共享审核，只对人工审核的结果起作用；共享抽检，只对自动审核的抽检结果影响信用等级和信用分数；审计质检，由于只是对审核通过的单据进行抽检，所以只对降级有影响，合格的不加分，不合格的降级或减分。

9.3.7 批退原因设置

↗ 用途与目的

用于管理功能配置可选的批退原因。设置任务类型时为其选择适用的原因，以及业务员在处理任务时审批不通过需选择批退的原因等。

↗ 栏位说明

批退原因字段说明，如表 9-6 所示。

表 9-6　批退原因字段说明

数据项	说　明
编码	用户手工录入，不可以为空，也不能重复
名称	用户手工录入，不可以为空，也不能重复
描述	非必录

↗ 操作说明

新增批退原因。用户 sscadmin 登录 EAS 网页端，选择【财务共享】-【共享任务后台管理】-【基础数据】-【批退原因管理】选项，进入批退原因管理界面。单击【新增】按钮新增批退原因，输入必填信息，单击【保存】按钮新增批退原因，如图 9-17 所示。

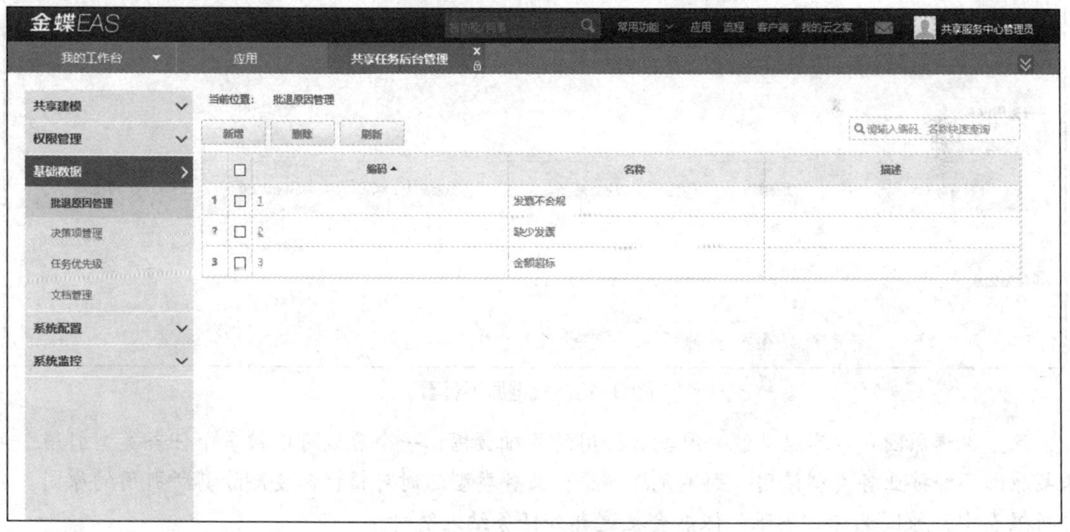

图 9-17　批退原因新增

建好的批退原因，在使用时还需在功能配置上分配相应的原因才能使用。选择【财务共享】-【共享任务后台管理】-【共享建模】-【任务类型】选项，在任务类型序时簿中选择【批退原因】选项，在批退原因界面单击【添加批退原因】按钮，新增需要的批退原因，如图 9-18 所示。

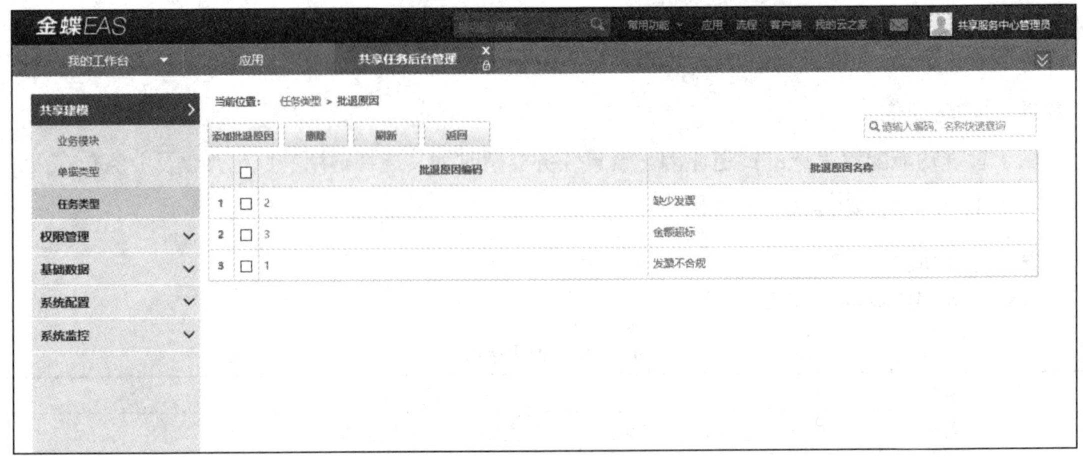

图 9-18 任务类型分配批退原因

配置好后，在审批单据时，单击审批不通过选项可以查看批退原因，如图 9-19 所示。

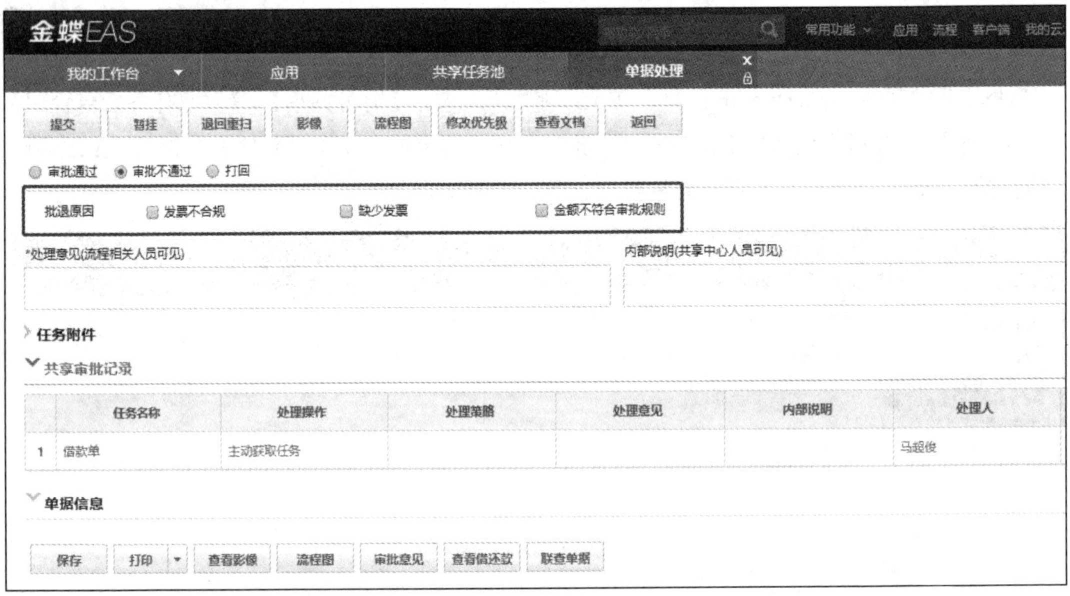

图 9-19 批退原因查看

注： 批退原因是共享服务统一维护和公用的基础数据，一个原因可以被多个任务类型引用。如果某原因已经被业务类型使用，则不允许删除。业务类型随时可根据需要删除其所引用的原因，在分析报表中，原因选择“不限”依然会把这部分任务纳入统计。

9.3.8 信用升降级设置

信用升降级设置有两种控制方式：按照信用分数的加减来决定信用等级；按照信用规则来升降级，这里选择前者。信用分数升降级设置字段说明，如表 9-7 所示。

表 9-7　信用分数升降级设置字段说明

数据项	说　明
每单新增分数	每单给提单人信用增加相应的分数，信用分数达到信用等级的上限后自动向上升级
减分数据种类	信用参数设置中“影响信用的数据种类”启用时才显示，不启用则不显示，通过如下 3 种原因对应的分数来减分： 共享审核批退原因—来源于基础数据的原因 共享抽检不合格原因—来源于抽检不合格原因 审计质检不合格原因—来源于质检不合格原因
每单最高减分	每单给提单人信用增加相应的分数，信用分数达到信用等级的上限后自动向上升级

↗ 操作说明

有信用档案权限的用户登录 EAS 网页端，选择【财务共享】-【共享运营管理】-【信用管理】-【信用升降级设置】选项，进入信用升级设置界面。切换到按信用分数升降级页面配置，增加加分及减分数据项，如图 9-20 所示。

图 9-20　信用分数升降级设置

按照信用分数升降级，即用户的信用分数达到升级或降级的标准自动升级或降级。

每次共享审核、共享抽检、审计质检录入结果后，立刻根据结果对提单人的信用分数进行加减并升降级。具体的升降级规则如下。

1. 按信用分数升降级规则

(1) 根据参数设置中的“影响信用的单据类型设置”来确定单据来源，以及数据过滤规则来确定数据对象。

(2) 每次加分后，如果个人信用分数已经达到上一等级下限，就修改个人信用等级上升一级，如未影响等级则不更新。例如，目前某人信用分数为 79 分，信用等级为 C 级，加一分后变成 80 分，而 80 分属于 B 级，此时修改用户信用等级为 B 级。

(3) 每次减分后，如果个人信用分数已经达到下一等级下限，就修改个人信用等级下降一级，如未影响等级则不更新等级。

(4) 如果加分超过 100 分，则不再增加分数，级次也不再增加，保持最高级次。

(5) 如果减分会导致出现负数，则不再减少分数，级次也不再降低，保持最低级次。

(6) 减分时，取所有原因对应分数合计值，如果有设置减分下限，则所减分数不超过减分下限，超过时取下限分数。

2. 按信用分数升降级算法

(1) 共享审核

- 共享审核最末级审批通过后，提单人的信用分数增加。
- 共享审核审批不通过，提单人的信用分数根据所选批退原因设置的对应分数减少，如没有可减分的批退原因，则不减分。
- 共享审核的加减分只针对人工审核的单据，自动审核通过的单据不包含在内。

(2) 审计质检

- 审计质检结果录入为合格：如果前期共享审核时已经加过，则不增加信用分数。
- 审计质检结果录入为不合格：如没有可减分的不合格原因，则不加分也不减分，如果存在减分项，则先减掉按设置增加的信用分数，然后根据所选不合格原因设置的对应分数减少。

9.3.9 练习任务

信息管理设置的所有任务由所有同学协助完成，即只需一人设置，其他人补充修改。

任务 1：启用信用管理参数

信用管理设置，一个数据中心只设置一次。用户 administrator 登录 EAS 客户端，根据表 9-8 中资料启用信用参数。

表 9-8 信用参数

参数名称	参数值
启用共享服务信用管理	是

任务 2：信用等级设置

信息管理员康路达拥有信用管理的权限，因为在建立集团阶段已为其分配全功能权限角色。信用管理员康路达登录 EAS 网页端，根据表 9-9 中资料设置信用等级并完成信用档案初始化。

表 9-9 信用等级

编 码	信用名称	信用分数范围	默认分数	默认等级
1	优秀	90~100	90	否
2	良好	80~89	80	是
3	合格	60~79	60	否
4	不合格	0~59	0	否

任务 3：信用参数设置

信用管理员康路达登录 EAS 网页端，根据表 9-10 和表 9-11 中资料设置信用参数。

表 9-10 影响信用的单据类型

编 号	单据类型
1	费用报销单
2	差旅费报销单
3	借款单
4	出差借款单

表 9-11 影响信用的数据种类

任务类型	影响信用
共享审核	是
共享抽检	否
审计质检	是

任务 4：批退原因设置

用户 sscadmin 登录 EAS 网页端，根据表 9-12 中资料设置批退原因。

表 9-12 共享审核批退原因

批退原因编码	批退原因名称	分配任务类型
1	金额不符合审批规则	费用报销单、差旅费报销单、借款单、出差借款单
2	发票不合规	费用报销单、差旅费报销单、借款单、出差借款单
3	缺少发票	费用报销单、差旅费报销单、借款单、出差借款单

任务 5：信用升降级设置

信用管理员康路达登录 EAS 网页端，根据表 9-13 中资料设置信用分数升降级。

表 9-13 信用分数升降级

共享审核通过		
每单新增分数	5 分	
共享审核不通过		
减分数据种类	减分原因	减分数
共享审核批退原因	金额不符合审批规则	10 分
共享审核批退原因	发票不合规	10 分
共享审核批退原因	缺少发票	10 分
质检不合格		
减分数据种类	减分原因	减分数
审计质检不合格原因	审批结果错误	5 分

9.4 质检方案管理

9.4.1 质检方案

用途与目的

质检方案是质检管理员用来维护抽取单据的规则，可以设置抽取某种单据类型、某个组织或者某个时间段的单据，还可以按单据上的字段来抽取，抽取完的任务还可以选择自动分配或者手工分配给质检员。另外，质检方案不仅支持手工执行，而且可以设置调度自动执行，如每月月末执行抽取一次。

栏位说明

质检方案字段说明，如表 9-14 所示。

表 9-14 质检方案字段说明

数据项	说 明
编码	用户手工录入，不可以为空，也不能重复
名称	用户手工录入，不可以为空，也不能重复
单据类型	按 F7 选择，可选的单据类型为质检管理员权限范围内的单据类型
描述	非必录
任务分配方式	质检完自动分配：执行质检方案后抽检任务自动分配给质检员 手工分配：执行质检方案后需质检管理员手工分配给质检员
任务期限	样本库创建日期到计划完成时间的时间段
质检方式	按比例抽检：符合抽检条件的单据按照一定的比例进行抽检 按样本数抽检：符合抽检条件的单据按照一定的数量进行抽检
时间范围类型	人工审批的单据以终审时间为范围，自动审批的以影像上传时间为范围
抽选组织	抽选的组织为单据上的财务组织
比较属性	比较属性为单据上的字段，可按单据字段进行过滤抽取，需配置规则字段及工作流

操作说明

1. 操作前提

(1) 抽取的时间范围，如果抽取的是共享审核的单据，那么时间范围为最终审核通过的时间。

(2) 抽取的对象是共享终审完成的任务，包含审核类、记账类、下推、处理类的任务。

2. 操作步骤

新增质检方案。质检管理员权限用户登录 EAS 网页端，选择【财务共享】-【共享运营管理】-【共享质量管理】-【质检方案管理】-【质检方案新增】选项，进入质检方案新增页面。填入抽检规则，如图 9-21 所示。

图 9-21 质检方案新增

启用/禁用。选择要启用或者禁用的质检方案，单击列表界面的【启用】和【禁用】按钮，如图 9-22 所示。

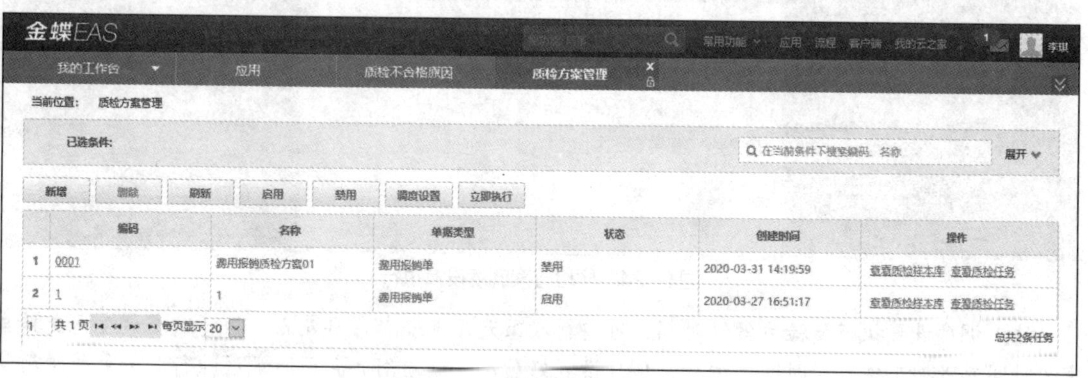
图 9-22 质检方案启用/禁用

注： 禁用状态的质检方案可以修改，启用状态的质检方案则不允许修改，只能查看。已生成样本库并且有质检任务的质检方案不允许删除。质检方案只有启用才能立即执行或者按调度执行，禁用状态的质检方案不允许执行。

9.4.2 质检方案执行

↗ 用途与目的

质检方案执行主要有两种方式：手工立即执行；按照调度设置的执行。

↗ 操作说明

质检管理员执行质检方案，生成样本库。质检管理员权限用户登录 EAS 网页端，选择【财务共享】-【共享运营管理】-【共享质量管理】-【质检方案管理】选项，进入质检方案管理界面。

立即执行，是指建好后的质检方案立即执行。在质检方案管理界面，单击【立即执行】按钮，可立即执行质检方案。执行后将可以查看是否抽取到单据，如图 9-23 所示。

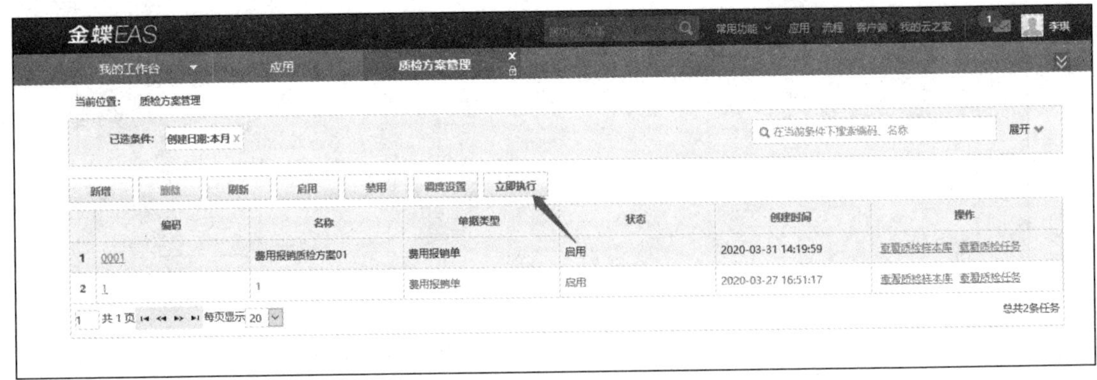

图 9-23 质检方案立即执行

调度设置执行，是根据指定的时间系统自动执行质检方案。在质检方案管理界面，单击【调度设置】按钮，设置后会按照设置的条件执行调度，如图 9-24 所示。

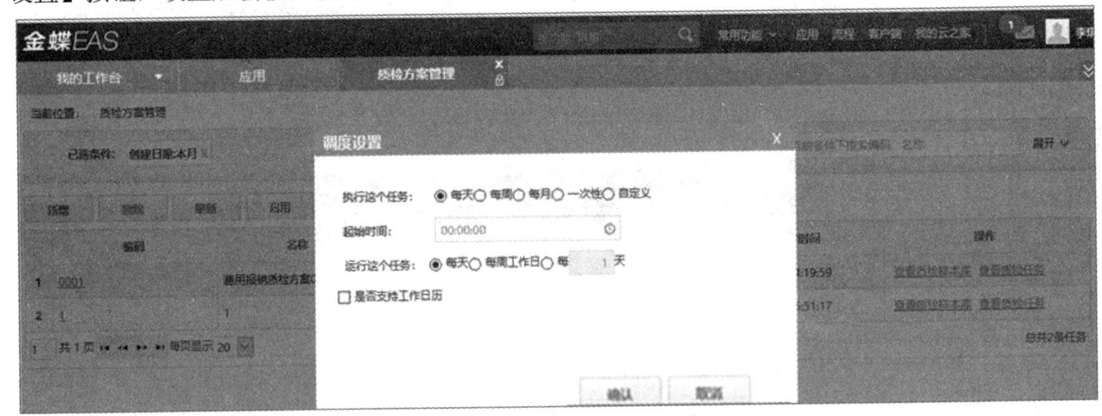

图 9-24 质检方案调度设置执行

注： 调度设置执行质检方案的时间，可安排在每天几点或者每月几点，执行这个调度也支持自定义时间或者按工作日历时间来运行。调度设置好后，必须启用才会按照调度执行，如果是禁用状态则不会按照调度执行。

9.4.3 查看样本库

↗ 用途与目的

质检方案执行后可在质检方案管理界面查看生成的样本库，查看当前执行的质检方案后的样本库，也可查看所有生成的样本库，可删除、分配、导出、关闭样本库中的质检任务。

↗ 操作说明

质检管理员权限用户登录 EAS 网页端，选择【财务共享】-【共享运营管理】-【共享质量管理】-【质检方案管理】选项，查看质检样本库。质检方案管理界面查看样本库与质检样本库界面一致，只是默认查询条件不一样。查看样本库，默认选择当前质检方案的样本库，单击查看样本库链接进入查看样本库界面，如图 9-25 所示。

图 9-25　样本库界面查询

样本库查看界面，如图 9-26 所示。

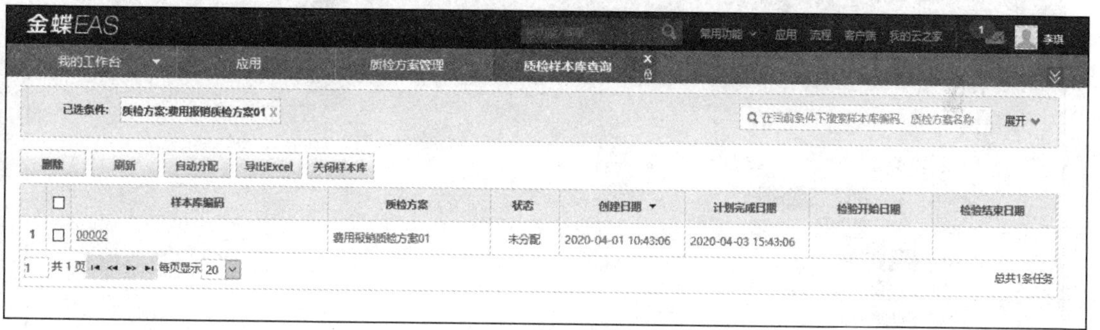

图 9-26　样本库查看界面

注： 打开质检样本库查询界面，默认查询本月的数据，也可根据创建日期、方案名称、状态来查询。未分配状态的样本库可执行自动分配，将样本库的质检任务分配给质检员。只有已完成的样本库才能关闭，未分配及未处理的样本库不能关闭。

9.4.4　查看质检任务

↗ 用途与目的

质检方案执行后可查看抽检出的质检任务，也可查看所有的质检任务。

↗ 操作说明

质检管理员权限用户登录 EAS 网页端，选择【财务共享】-【共享运营管理】-【共享质量管理】-【质检方案管理】选项，查看质检任务。从质检方案管理界面打开查看质检任务，默认为当前选择的样本库的质检任务，操作路径如图 9-27 所示。

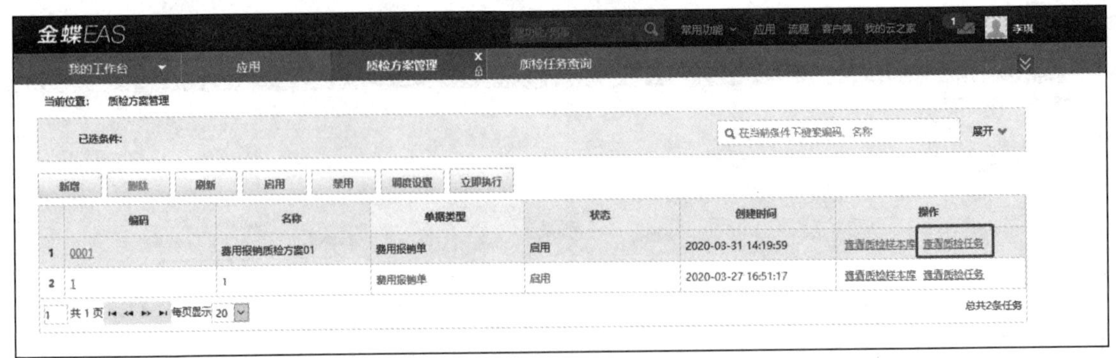

图 9-27 质检任务查询

查看质检任务，打开默认的是所选的样本库的质检任务，也可查看所有的质检任务，如图 9-28 所示。

图 9-28 质检任务查看

注： 打开质检任务查询界面，默认所选的查询条件为接收条件为本月，样本库为最新的创建时间的样本库，状态为处理中的任务。质检任务还可以根据创建日期、质检方案、样本库、质检员、状态、检验结果来查询。处理中的任务根据接收日期来查询，其他状态按创建日期查询。未分配的质检任务可执行任务分配，可以把质检任务分配给质检员进行检验。已分配的质检任务未处理完成也可以重新分配质检员。

9.4.5 质检结果录入

↗ 用途与目的

质检结果录入由质检员录入质检任务的结果，为合格或者不合格，不合格时要选择不合格的原因。

↗ 操作说明

质检员权限用户登录 EAS 网页端，选择【财务共享】-【共享运营管理】-【共享质量管理】-【质检任务池】选项，默认打开的是处理中状态的质检任务，如图 9-29 所示。

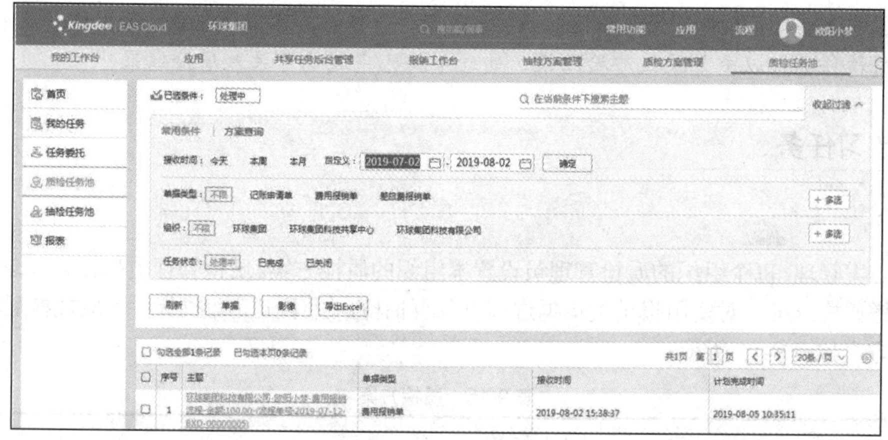

图 9-29 质检任务池

单击主题链接，进入质检结果录入界面，显示质检任务，如图 9-30 所示。

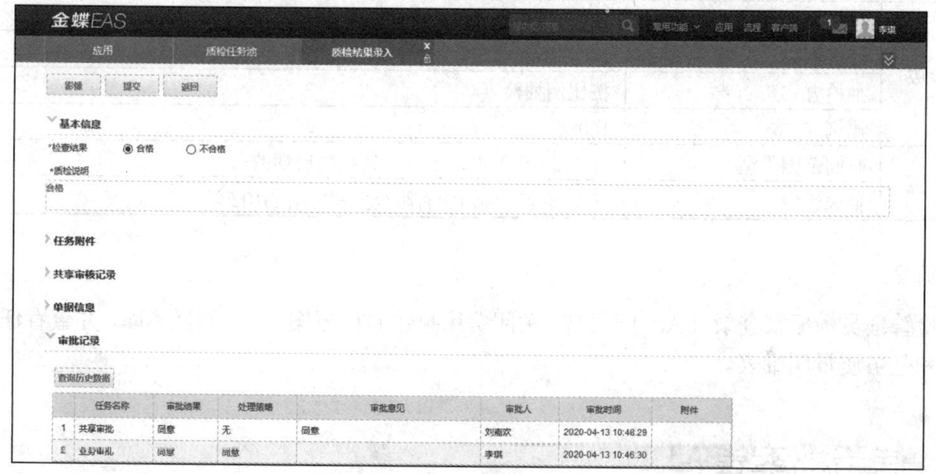

图 9-30 质检结果录入

质检结果录入界面显示检查结果和质检说明必填项。录入质检结果合格或不合格，如果录入质检结果为不合格时，需选择不合格原因，如图 9-31 所示。

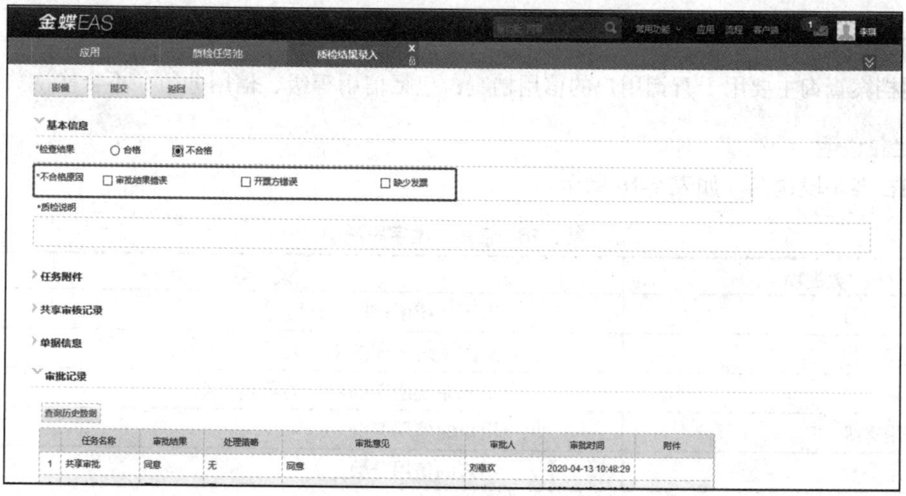

图 9-31 质检结果不合格界面

注： 在质检结果录入时可录入质检结果、查看附件、查看共享审核记录、单据信息及审批记录。未关闭的质检任务可以重复录入质检结果，处理中及已完成均可录入质检结果。

9.4.6 练习任务

任务 1：

质检方案管理，每个组织的质检管理员设置本组织的质检方案。质检管理员杨振兴登录 EAS 网页端，新增质检方案，对费用报销类单据进行百分百抽检，并手工立即执行，完成抽检后将结果录入。质检方案如表 9-15 所示。

表 9-15 质检方案

基本信息	编码	0001+学号
	名称	费用报销质检方案+学号
	单据类型	费用报销单
抽检参数	任务分配方式	抽检完自动分配
	任务期限	24 小时
	抽检方式	按比例抽检
	比例	100%
抽检范围	时间范围类型	介于 2020 年 1 月 1 日，到系统日期的前一天
	抽选组织	环球日化深圳销售有限公司+姓名(h0102.学号)

任务 2：

质检管理员杨振兴登录 EAS 网页端，关闭费用报销质检方案+学号的样本库，并查看任务质量统计表和任务质量明细表。

9.5 信用档案管理

9.5.1 信用档案查询

↗ 用途与目的

信用档案查询主要用于查询用户的信用档案，包括信用等级、信用分数、不合格次数等。

↗ 栏位说明

信用档案字段说明，如表 9-16 所示。

表 9-16 信用档案字段说明

数据项	说　明
用户账号	来源系统所在的用户账号
用户名称	来源系统所在的用户账号
组织	来源系统所在的用户的所属组织
信用等级	用户的信用等级
信用分数	用户的信用分数
本年不合格次数	本年不合格次数(共享审核、质检、抽检)

(续表)

数据项	说 明
不合格总次数	不合格总次数(共享审核、质检、抽检)
来源系统	用户来源的系统

↗ 操作说明

使用信用档案权限的用户登录 EAS 网页端，选择【财务共享】-【共享运营管理】-【信用管理】-【信用档案查询】选项，在信用档案查询页面查看信息。

9.5.2 信用变更日志

↗ 用途与目的

信用日志用来查询每个用户的信用档案的升降级或加减分的情况，以及发生的原因。即使用户信用已经降到最低级等不能升降级、加减分的情况，只要应该对信用进行操作都要记录信用日志。

↗ 操作说明

有信用档案权限的用户登录 EAS 网页端，选择【财务共享】-【共享运营管理】-【信用管理】-【信用变更日志】选项，在信用变更日志页面进行信息查询。

9.5.3 练习任务

任务：信用档案管理

每个组织的信用管理员查看本组织用户的信用。信用管理员康路达登录 EAS 网页端，查看用户高宏明的信用档案，以及信用变更日志。

9.6 运营分析报表

运营分析报表，是用于运营分析的统计报表。

9.6.1 任务进度统计表

↗ 用途与目的

任务进度统计表主要用来统计各种任务处于待分配、待处理、已完成三种状态的分布情况。

↗ 操作说明

用户登录 EAS 网页端，选择【财务共享】-【共享任务管理】-【共享任务处理】-【共享任务池】-【任务进度统计表】选项，或者选择【财务共享】-【共享任务管理】-【统计报表】-【任务进度统计表】选项，系统进入任务进度统计表界面，如图 9-32 所示。

我的工作台
应用
任务进度统计表
当前位置： 任务进度统计表
已选条件： 统计维度:任务类型,组织,处理人 日期:本周
展开
任务进度统计表
待分配, 5.24%
处理中, 1.16%
已完成, 93.61%
待分配
已完成
处理中

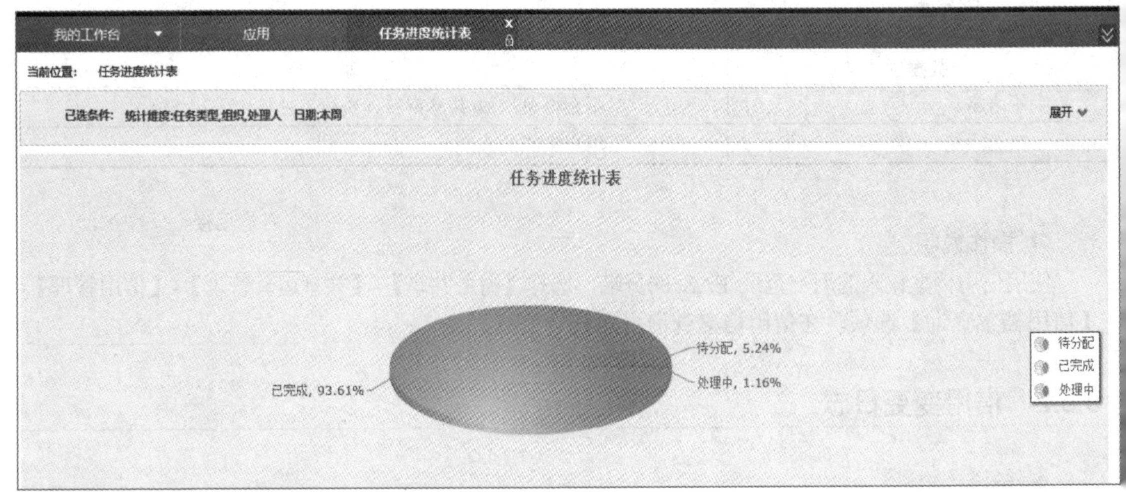

图 9-32 任务进度统计表

饼图展示的是根据过滤条件查出的所有数据的待分配、未处理、已完成数据的分布情况。

界面下方的列表则按照用户所选的统计纬度，分类展示数据分布情况。单击表格里统计纬度任意列的链接，可打开当前分类下的数据分布饼图，如图 9-33 所示。

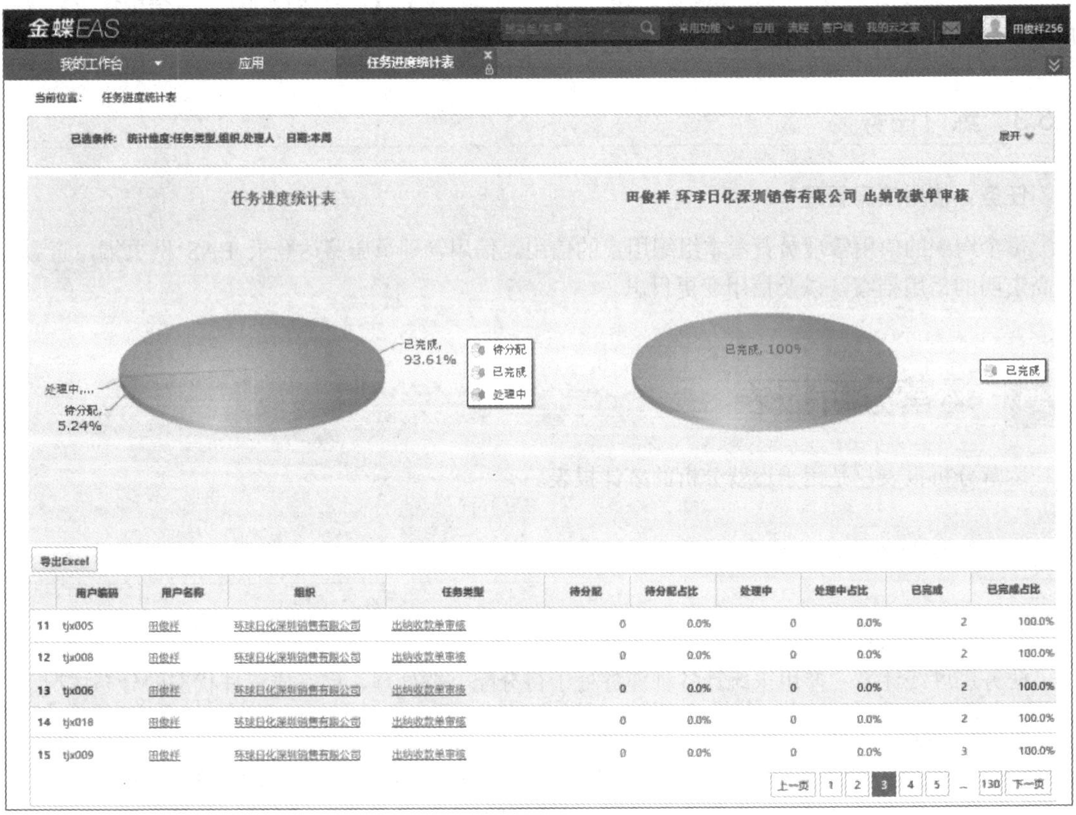

金蝶EAS
田俊祥256
我的工作台
应用
任务进度统计表
当前位置： 任务进度统计表
已选条件： 统计维度:任务类型,组织,处理人 日期:本周
展开
任务进度统计表
田俊祥 环球日化深圳销售有限公司 出纳收款单审核
已完成, 93.61%
处理中,...
待分配, 5.24%
待分配
已完成
处理中
已完成, 100%
已完成
导出Excel
用户编码 用户名称 组织 任务类型 待分配 待分配占比 处理中 处理中占比 已完成 已完成占比
11 tjx005 田俊祥 环球日化深圳销售有限公司 出纳收款单审核 0 0.0% 0 0.0% 2 100.0%
12 tjx008 田俊祥 环球日化深圳销售有限公司 出纳收款单审核 0 0.0% 0 0.0% 2 100.0%
13 tjx006 田俊祥 环球日化深圳销售有限公司 出纳收款单审核 0 0.0% 0 0.0% 2 100.0%
14 tjx018 田俊祥 环球日化深圳销售有限公司 出纳收款单审核 0 0.0% 0 0.0% 2 100.0%
15 tjx009 田俊祥 环球日化深圳销售有限公司 出纳收款单审核 0 0.0% 0 0.0% 3 100.0%
上一页 1 2 3 4 5 ... 130 下一页

图 9-33 任务进度统计表(按统计纬度)

任务进度统计表过滤条件说明，如表 9-17 所示。

表 9-17　任务进度统计表过滤条件说明

过滤条件	说　明
统计纬度	提供业务类型、组织、处理人三个统计纬度，至少选择一个，可多选 统计表中的数据按照统计纬度进行分类统计
日期	默认选中本周，可根据需要选择其他选项或者自定义统计时间 任务的参与统计时间为：待分配任务，用创建时间来统计；处理中任务，用接收时间来统计；已完成任务，用完成时间来统计
业务类型	默认选中不限，统计所有业务类型的任务 可选中一个或多个业务类型来统计
组织	默认选中不限，统计选中业务类型下所有组织的任务 可选中一个或多个组织来统计
处理人	默认选中不限，统计选中业务类型和组织下所有处理人的任务 可选中一个或多个处理人来统计

任务进度统计表字段说明，如表 9-18 所示。

表 9-18　任务进度统计表字段说明

报表字段	说　明
用户编码	处理人对应用户的编码，统计纬度之一 如果统计纬度没选择处理人，则此列不显示
用户名称	处理人对应用户的名称，统计纬度之一 如果统计纬度没选择处理人，则此列不显示
组织	统计纬度之一，按照任务类型对应的组织进行统计 如果统计纬度没选择组织，则此列不显示
任务类型	统计纬度之一，按照任务类型进行统计 如果统计纬度没选择任务类型，则此列不显示
待分配	当前过滤条件下，当前统计纬度组合下，未分配的任务数量
待分配占比	当前过滤条件下，当前统计纬度组合下，未分配的任务数量占所有任务数量的比例
处理中	当前过滤条件下，当前统计纬度组合下，等待处理的任务数量
处理中占比	当前过滤条件下，当前统计纬度组合下，等待处理的任务数量占所有任务数量的比例
已完成	当前过滤条件下，当前统计纬度组合下，等待处理的任务数量
已完成占比	当前过滤条件下，当前统计纬度组合下，未分配的任务数量占所有任务数量的比例

9.6.2　个人效率统计表

↗ 用途与目的

个人效率统计表主要用来统计已完成单据的处理效率，包含每月或每天平均处理的任务数量、平均每小时处理的任务数量，图表里还同时展示了每天或每月按时和超期完成任务的数量。

↗ 操作说明

用户登录 EAS 网页端，选择【财务共享】-【共享任务管理】-【共享任务处理】-【共享任务池】-【个人效率统计表】选项，或者选择【财务共享】-【共享任务管理】-【统计报表】-【个人效率统计表】选项，系统进入个人效率统计界面，如图 9-34 所示。

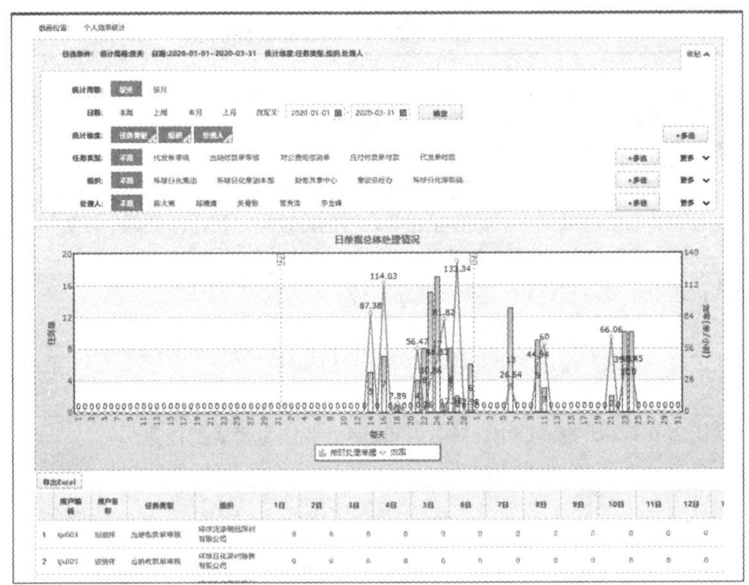

图 9-34　个人效率统计表

个人效率统计表过滤条件说明如表 9-19 所示。

表 9-19　个人效率统计表过滤条件说明

过滤条件	说　明
统计周期	按天：统计每天的任务处理量、平均工作量、每小时的任务处理量 按月：统计每月的任务处理量、平均工作量、每小时的任务处理量
日期	根据统计周期不同，日期也提供了不同的选项。按天来统计时，一般不超过一个月来计算
共享中心	过滤条件之一，默认选中不限当前用户有权限的共享中心
外部系统	默认不限，单据所属来源，可选一个或多个系统来查询
统计纬度	提供任务类型、组织、处理人三个统计纬度，可多选，至少选择一个统计纬度 统计表中的数据按照统计纬度来进行分类统计
任务类型	默认选中不限，统计所有任务类型的任务 可选中一个或多个任务类型来统计
组织	默认选中不限，统计选中任务类型下所有组织的任务 可选中一个或多个组织来统计
处理人	默认选中不限，统计选中任务类型和组织下所有处理人的任务 可选中一个或多个处理人来统计

个人效率统计表字段说明，如表 9-20 所示。

表 9-20　个人效率统计表字段说明

报表字段	说　明
用户编码	处理人对应用户的编码，统计纬度之一 如果统计纬度没选择处理人，则此列不显示
用户名称	处理人对应用户的名称，统计纬度之一 如果统计纬度没选择处理人，则此列不显示
组织	统计纬度之一，按照任务类型对应的组织进行统计 如果统计纬度没选择组织，则此列不显示

(续表)

报表字段	说　明
任务类型	统计纬度之一，按照任务类型进行统计 如果统计纬度没选择任务类型，则此列不显示
日或月	按照日期、任务类型、组织过滤条件，根据统计纬度分类统计本日或本月处理完成的任务总数
平均工作量	完成任务总数/统计的天数或统计的月数
平均效率(单/小时)	完成任务总数/完成所有任务耗费总小时数

9.6.3 个人任务排名表

↗ 用途与目的

个人任务排名表是根据任务量和处理效率来计算当前业务员的排名，以及展示其他业务员的排名。

↗ 操作说明

用户登录 EAS 网页端，选择【财务共享】-【共享任务管理】-【共享任务处理】-【共享任务池】-【个人任务排名表】选项，或者选择【财务共享】-【共享任务管理】-【统计报表】-【个人任务排名表】选项，系统进入个人任务排名界面，如图 9-35 所示。

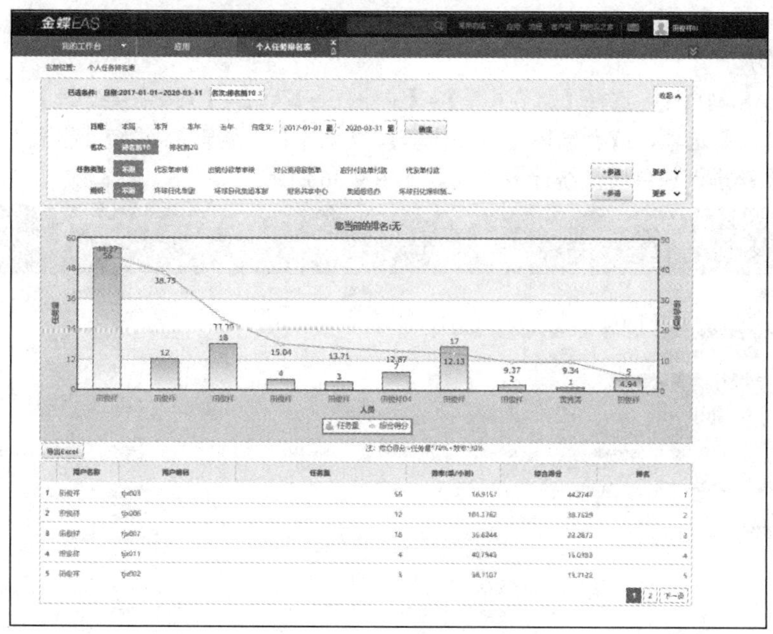

图 9-35 个人任务排名表

个人任务排名表过滤条件说明，如表 9-21 所示。

表 9-21 个人任务排名表过滤条件说明

过滤条件	说　明
日期	取数的日期范围
名次	取排名的前多少名，系统提供取前 10 名和 20 名两种
业务类型	默认选中不限，所有业务类型一块排名。 可选中一个或多个业务类型来取数排名
组织	默认选中不限，所有组织一块排名。可选中一个或多个组织来取数排名

个人任务排名表字段说明，如表 9-22 所示。

表 9-22 个人任务排名表字段说明

报表字段	说　明
用户编码	排名业务员对应用户编码
用户名称	排名业务员对应用户名称
任务量	按过滤条件获取，处理完成任务总数量
效率(单/小时)	完成任务总数/所有完成任务耗时总小时数
任务排名得分	排名得分=(100/参与人数)×(参与人数－排名名次+1)
效率排名得分	排名得分=(100/参与人数)×(参与人数－排名名字+1)
综合得分	综合得分=任务排名得分×70%＋效率排名得分×30%，百分比可由系统管理员在共享服务后台的参数管理中修改
排名	根据综合得分最终获取的名次

9.6.4 任务质量统计表

↗ 用途与目的

任务质量统计表主要用来统计处理任务过程中的各种异常，包括审批不通过、挂起、退回重扫的分布情况。

↗ 操作说明

用户登录 EAS 网页端，选择【财务共享】-【共享任务管理】-【共享任务处理】-【共享任务池】-【任务质量统计表】选项，或者选择【财务共享】-【共享任务管理】-【统计报表】-【任务质量统计表】选项，系统进入任务质量统计表界面，如图 9-36 所示。

图 9-36 任务质量统计表

任务质量统计表过滤条件说明，如表 9-23 所示。

表 9-23 任务质量统计表过滤条件说明

过滤条件	说 明
统计纬度	提供业务类型、组织、处理人三个统计纬度，可多选，至少选择一个统计纬度 统计表中的数据按照统计纬度来进行分类统计
日期	默认选中本周，可根据需要选择其他选项或者自定义统计时间
业务类型	默认选中不限，统计所有业务类型的任务 可选中一个或多个业务类型来统计
组织	默认选中不限，统计选中业务类型下所有组织的任务 可选中一个或多个组织来统计
处理人	默认选中不限，统计选中业务类型和组织下所有处理人的任务 可选中一个或多个处理人来统计

任务质量统计表字段说明，如表 9-24 所示。

表 9-24 任务质量统计表字段说明

报表字段	说 明
业务类型	统计纬度之一，按照业务类型进行统计 如果统计纬度没选择业务类型，则此列不显示
组织	统计纬度之一，按照业务类型对应的组织进行统计 如果统计纬度没选择组织，则此列不显示
处理人	统计纬度之一，如果统计纬度没选择处理人，则此列不显示
处理总数	当前业务类型/组织/处理人中，完成处理任务的总数
批退数	当前业务类型/组织/处理人中，审批不通过的任务总数
批退率	批退率=批退总数/处理总数 当前业务类型/组织/处理人中，审批不通过的任务占处理完成任务的百分比
退回重扫数	当前业务类型/组织/处理人中，曾经退回重扫的任务总数
退回重扫率	退回重扫率=退回重扫数/处理总数 当前业务类型/组织/处理人中，曾经退回重扫的任务占处理完成任务的百分比
挂起数	当前业务类型/组织/处理人中，曾经挂起的任务总数
挂起率	挂起率=挂起数/处理总数 当前业务类型/组织/处理人中，曾经挂起的任务占处理完成任务的百分比
异常数	当前业务类型/组织/处理人中，批退、退回重扫、挂起的任务总和
异常率	异常率=异常数/处理总数 当前业务类型/组织/处理人中，有异常的任务占处理完成任务的百分比

9.6.5 任务质量明细表

➚ 用途与目的

任务质量明细表主要用来查询审批通过和曾经发生过异常的任务明细。

➚ 操作说明

用户登录 EAS 网页端，选择【财务共享】-【共享服务管理】-【共享任务处理】-【共享任务池】-

【任务质量明细表】选项，或者选择【财务共享】-【共享服务管理】-【统计报表】-【任务质量明细表】选项，系统进入任务质量明细表界面，如图 9-37 所示。

图 9-37 任务质量明细表

任务质量明细表过滤条件说明，如表 9-25 所示。

表 9-25 任务质量明细表过滤条件说明

过滤条件	说 明
日期	默认选中本周，可根据需要选择其他选项或者自定义统计时间 过滤日期为任务的处理日期
业务类型	默认选中不限，查询所有业务类型的任务 可选中一个或多个业务类型来查询
组织	默认选中不限，查询选中业务类型下所有组织的任务
处理人	默认选中不限，查询选中业务类型和组织下所有处理人的任务 可选中一个或多个处理人来查询
处理方式	选择所有或不同处理方式的已完成处理的任务
批退原因	审批不通过的原因，处理方式选择“审批不通过”时该条件显示

任务质量明细表字段说明，如表 9-26 所示。

表 9-26 任务质量明细表字段说明

报表字段	说 明
业务类型	任务所属的业务类型
组织	任务所属的组织
用户名称	处理任务的业务员
主题	任务主题
批退原因	任务审批不通过的原因，只在处理方式选择审批不通过时才显示
接收时间	任务分配到业务员的时间，只在处理方式选择审批通过、不通过、打回时才显示

(续表)

报表字段	说　明
处理时间	任务处理的时间
耗时	耗时=处理时间－接受时间，只在处理方式选择审批通过、不通过、打回时才显示
优先级	任务的优先级

9.6.6 练习任务

任务 1：任务进度统计表分析

共享中心总经理杨振兴登录 EAS 网页端，查看并分析任务进度统计表，及时处理状态为处理中和待分配的任务。

任务 2：个人效率统计表分析

共享中心总经理杨振兴登录 EAS 网页端，查看并分析个人效率统计表。

任务 3：个人任务排名表分析

共享中心总经理杨振兴登录 EAS 网页端，查看并分析个人任务排名表。